教学的
生态

王映学 / 著

华东师范大学出版社

·上海·

图书在版编目(CIP)数据

教学的生态/王映学著. —上海:华东师范大学出版社,2022
ISBN 978-7-5760-2878-2

Ⅰ.①教… Ⅱ.①王… Ⅲ.①课堂教学-教学研究
Ⅳ.①G424.21

中国版本图书馆 CIP 数据核字(2022)第 083468 号

教学的生态

著　　者　王映学
责任编辑　王丹丹
责任校对　张亦驰
装帧设计　刘怡霖

出版发行　华东师范大学出版社
社　　址　上海市中山北路 3663 号　邮编 200062
网　　址　www.ecnupress.com.cn
电　　话　021-60821666　行政传真 021-62572105
客服电话　021-62865537　门市(邮购)电话 021-62869887
地　　址　上海市中山北路 3663 号华东师范大学校内先锋路口
网　　店　http://hdsdcbs.tmall.com

印　刷　者　上海盛通时代印刷有限公司
开　　本　787 毫米×1092 毫米　1/16
印　　张　23.75
字　　数　419 千字
版　　次　2022 年 12 月第 1 版
印　　次　2022 年 12 月第 1 次
书　　号　ISBN 978-7-5760-2878-2
定　　价　72.00 元

出　版　人　王　焰

(如发现本版图书有印订质量问题,请寄回本社客服中心调换或电话 021-62865537 联系)

前　言

在多年的教学生涯中,我曾注意到这样的现象:教师对学生的悦纳程度不仅影响学生对教师的认可度,也会影响学生彼此间的悦纳水平;教师对学生学业结果的解释方式与使用取向不仅会影响学生的学业效能感,也会影响课堂教学的氛围。后来接触了生态学的一些研究,我发现生态学强调的也正是这样的观点:一切生物体之间以及生物体与其环境之间都存在相互作用的关系。这样我便萌发了以生态学的观点和方法思考教学的想法。

教学生态研究即从生态化的视角,聚焦教学情境中师生与环境间的交互关系,考察教学情境中各因子间的相互影响及其效应,是教育心理学、生态心理学等学科融合出现的一个新的研究领域。

全书分为十章。第一章从生态及生态学、生态学的主要原理、教学生态研究的理论基础及其与学科的关系出发,以个体发展的生态系统模型及学习者在家庭、社区和学校之间的身份转换的角度提出教学生态的研究内容与研究方法。尽管本章涉及对生态学原理和有关理论的介绍,但并未拘泥于这些原理和理论,而是将成长中的个体置于特定的时空场域,从个体成长场域转换的角度提出教学生态关注的内容并构建基本的逻辑框架。

第二章至第十章构成教学生态研究的主要框架,大体分为两部分,即课堂教学生态和教学生态的支持性系统,前者是主体部分,包括第二章到第七章的内容;后者仅涉及三章,即第八章到第十章的内容。

第二章主要探讨课堂物理环境对师生教学的影响。我们都有这样的体验,身处何种物理环境,不仅会影响自己的行为方式,也会影响行为活动的效率。课堂物理环境涉及的因素很多,但本章主要聚焦教室采光和照明、教室微小气候与噪声以及课堂环境陈设对师生教学的影响。例如,密闭教室空间内的微小气候(湿度、二氧化碳浓度等)不仅直接影响师生的身心健康,也影响师生认知加工活动的效率;我国偏南方学校冬天的冷不适及夏天的热不适室温环境均会影响课堂师生的教与学。

第三章涉及课堂空间形态对师生教学活动的影响。在课堂这样的三维空间里,学生的座位排列形式不仅折射教师的学生观和教学观,也直接影响师生的交流机会与互动质量。学生在课堂中所处的位置会影响其课堂参与的频率和机会,这是常识,但这种影响到底呈什么样的形态? 这种因座位安排而导致的学生卷入机会的差异到底是怎样发生的? 经历着怎样的时相? 同样一片课堂天地,为什么总会存在活动的"中心区"和"边缘区"? 这些问题都是本章要探讨的内容。

第四章集中探讨课堂上最为常见的教师行为——课堂提问。课堂提问是分析教师课堂行为的核心指标。走进任何一堂课,我们很难发现没有提问的课堂,但师生课堂提问的生态效应究竟如何? 例如,教师提问的分布与机会、教师提问的层次对学生思考的后效以及学生提问对教师教学的反馈效应,都是需要我们探讨和分析的问题。

走进不同课堂,我们能明显感受到班级间的课堂氛围差异,这种差异往往与教师教学品质有关。教师教学品质(第五章)涉及的内容很多,本章主要探讨教师信念、教师期望以及教师移情对学生的影响。教师对学生持有的信念会影响教师的所作所为。例如,教师若认为学生的"目前态"都是"暂时态",就会对自己影响学生的能力持肯定态度,也会以发展的眼光看学生。教师期望也是如此,对学生持有不同期望的教师会对学生有截然不同的行为输出,这种行为输出会影响学生的学业行为,而学生的学业行为变化又成为教师对学生形成不同期待的信息输入源。移情能够滋养移情,多站在学生角度思考和处理问题,不仅会改善师生之间的关系,也会明显影响学生之间的关系,而师生间的融洽关系总会正向影响学生的学与教师的教。

第六章聚焦于教师教学方法。教师的教法影响学生的学法,满堂灌是我们非常熟悉的一种课堂生态,在这样的课堂上,多养成学生乖顺、一律化与无条件接受的学习生态;相反,合作式的、启发式的课堂教学会促生学生完全不同的学习性向和学习风格。我的教学经验告诉我,越是鼓励学生在课堂上提出问题、大胆质疑教师,不仅越易于养成学生批判性的学习性向和思维品质,也越有助于教师的专业成长。

第七章是教师教学评价,教学评价是课堂生态乃至教育生态的显著预测因子。对教学评价结果的解释和使用,会对师生的教与学及学校办学产生导向性影响。教师往往拿阶段性的学生学习结果作为某种资源(如学生座位、学生角色)分配的依据,学校常常以之作为教师教学效果衡量和外部控制的凭据,教育管理部门会以学生学业成绩作为考核学校办学质量并进而配置教育资源的圭臬。教学评价是教学不可分割的组成部分,对其结果的解释方式与使用取向会影响到课堂师生的教学,从而形成具有增力性或减力性的教育生态。

从第八章开始,我们的分析路径从课堂转向课外——影响教学生态的支持性系统。其中的学校文化生态(第八章),探讨包括学校精神和办学理念、校园墙报文化在内的学校文化与学校精神对师生课堂教学的影响;不仅如此,学校的治理风格及沟通模式直接影响学校领导—教师—学生间的互动方式和相处关系。如果说课堂氛围多受教师这一变量影响的话,那么学校氛围则多受制于学校的领导风格和治理方式。

第九章将分析的视角转向家庭教育生态。聚集于课堂这一天地的师生,均来自各具性格化的家庭,而每个家庭的包括家庭规模和家庭类型的家庭结构、家庭社会经济地位与可利用的家庭教育资本、家庭教养方式等,都会让身处课堂的师生带有明显的家庭色彩,不了解师生尤其是学生身处的家庭教育生态,我们就难以理解学生的多样性和个性化,也就缺少了理解并解决课堂上学生学习及行为问题的线索和维度。

不仅家庭教育生态会影响师生的课堂教学生态,社会教育生态也是影响教学生态的重要变量,因此,第十章便转向社会宏大教育图景对师生教学的影响。例如,国家教育方针、教育政策及教育法规对课堂教学生态的影响,我们身旁无处不在的影子教育及由此产生的教育焦虑,类似“撤点并校”这样宏大的国家政策对教育生态的影响,无不渗透于学校教育教学的方方面面。

从生态学的角度研究课堂教学,国内外同行也有不少尝试性的探索,本书是这些探索性研究的一部分。从课堂观察与实证的角度系统探讨课堂生态因子及其关系,从微观层面分析课堂教学主体与情境因素的关联效应,本书还是有自己的独到之处的,也是尽了心力的。当然,现在呈现在各位面前的文本质量如何,不能以笔者是否尽了心力来说明,还需时间来检验。研究中存在的问题多为本人视野与能力所制约,有待从读者诸君的批评性阅读及净友式建议(来言请至 phwangyx@126.com)中进一步修改和完善。

王映学
2022 年元宵节于扬州

目　录

第一章　教学生态概述

第二章　课堂物理环境

第三章 课堂空间形态

第四章 教师课堂提问

第五章　教师教学品质

第六章　教师教学方法

第七章　教师教学评价

第八章   学校文化生态

第九章   家庭教育生态

第十章　社会教育生态

参考文献

第一章　教学生态概述

不同类型的情境会让参与其中的人们产生特有的角色、活动与关系模式。

——[美]尤里·布朗芬布伦纳(Urie Bronfenbrenner)

　　教学是发生在特定情境中的活动,这种活动因参与主体及发生情境的作用模式而出现不同的生态。人们通常从"广狭"两义来理解教学,广义的"教学"(instruction)是指促进学生学习的一系列事件,这些事件通常由外在于学习者的环境(包括教师)所引发;而狭义的"教学"(teaching)指的是一个人向学习者讲授或者演示某些材料(Gagné,2005,pp.3-4)。换言之,狭义的教学即我们通常所讲的课堂教学,广义的教学除课堂教学之外,还包括课堂教学之前的教学材料开发、教学计划编制以及教学评价准备等,也包括课堂教学之后的学生学习辅导、学习结果分析与评价等。不论狭义还是广义的教学,都涉及教学主体——学生与教师——与其情境之间的作用模式,这种发生于特定情境中的主客体作用模式及其效应构成了教学生态所关注的基本内容。

　　本章主要讨论三方面的内容,即生态与生态学、生态学的基本模型与主要原理,教学生态研究的理论基础及其与相邻学科的关系,教学生态的研究内容与方法。

一、生态与生态学

(一) 生态

　　生态是我们非常熟悉的一个概念,但要对这样一个人人都用、似乎不言自明的概念进行学理上的探讨和界定又显得比较困难。研究人员在提及相关概念时,更多提及的是"生态学"而非"生态"。有观点认为,生态是指生物在一定自然条件下生存和发展的状态(黎祖交,2003);生态是与生物有关的各种相互关系的总和,不是一个客体(钱正英等,2005)。笔者认为,可以从两个层面来探讨"生态"这一概念。

　　第一个层面是状态层面,通常作名词用。我们讲的"生态"一般指一种存在的状

1

态,或变化的结果,如学术生态、政治生态。"生"强调有机体的生长过程,生长过程离不开特定的生长条件以及与周围环境之间的相互作用,是动态的;"态"强调有机体经由生长而达到的一种暂时的态势,是静态的。生是因,态是果。实际上,这种因果关系只能在有机体的某一生存片段可以识别得了,若放大其生命宽度,则很难识别何者为因、何者为果的。生态即生命体或可以发育的物体在一定的条件下或活动环境中发展、成长的情况和样子,其本质是生命及其多样性,是整体性、开放性和共生性(汪霞,2005)。前述黎祖交(2003)和钱正英等人(2005)即是在状态层面理解生态这一概念的。

第二个层面是方法论层面,通常作形容词用。"生态"往往指思考问题的角度或看待世界的方法,指向问题的认识论和科学方法论层面,如生态观、生态视野。生态是一种哲学,一种科学,一种美学和工艺学,……是世界观和方法论,是一种科学的思维方法(王如松等,2004,p. 3)。基于哲学的认识论,"生态"往往强调以整体性、系统性的观点去理解世界;基于科学的方法论,"生态"不仅强调观察世界时环境事件之间的相互作用过程,也强调这种作用过程所产生的结果及其后续效应的分析。

本书即在状态和方法论这两个层面接受并使用"生态"这一概念:前者多指教学主客体作用及其效应;后者多指分析这种作用及其效应的方法。

(二) 生态学

从词源学的角度考察,"ecology"一词来源于希腊文,由词根"oikos"和"logos"演化而来,前者指"家庭"或"住所",后者指"研究"(Odum 和 Barrett,2005,p. 1)。因此,生态学原本指研究生物栖息环境的科学。生态学(ecology)一词最早于 1858 年出现在博物学家索罗(H. D. Thoreau)的书信中,但他并未对这一术语进行界定;最早明确界定"生态学"这一概念的是恩斯特·赫克尔(Ernst Haeckel),他于 1869 年提出生态学是研究动物与有机和无机环境的全部关系的科学(孙儒泳,2001,p. 5)。

之后,有关"生态学"的说法可谓见仁见智(孙儒泳,2001,pp. 5 - 6):英国生态学家埃尔顿(Elton)将生态学界定为"科学的自然史";苏联生态学家卡什卡罗夫(Кашкаров)对这个界定作了扩展,他认为生态学应研究生物的形态、生理和行为上的适应性;澳大利亚生态学家安德列沃斯(Andrewartha)认为生态学是研究有机体分布(distribution)和多度(abundance)的科学;加拿大著名生态学家克雷布斯(Krebs)主张,生态学是研究决定有机体的分布与多度的相互作用的科学;美国生态学家奥德姆

(Odum)则认为,生态学是研究生态系统之结构与功能的科学;我国生态学家马世骏提出,生态学是研究生命系统和环境系统相互关系的科学;美国生态学家小米勒(Miller Jr., 1999, p. 74)则总结道,生态学是研究生物体之间以及生物体与非生物环境(包括阳光、温度、湿度和营养物质)之间相互作用的科学。对生态学及其内涵演变的较详尽的考察可参见范国睿(2000)的研究。

综上,生态学是:(1)生物学的分支学科,研究生物与其环境之间的关系以及特定有机体与其环境之间的复杂关系;(2)社会学的分支学科,研究人类群体与其地理和社会环境的关系及其调整(Agnes, 2001, p. 451)。生态学的核心思想是生物之间、生物与其赖以生存的环境之间"相互作用"。

(三) 生态学的基本模型与主要原理

作为研究教学生态的著述,我们注重吸收生态学的一些概念和原理,一方面是"拿来主义",作为我们阐释教学生态的基础;另一方面,了解并熟悉生态学的概念和原理,有助于我们从动态的相互作用论的角度看待教学问题。

1. 生态系统模型

要说明生态模型,需要先明确生态系统(ecosystem)这一概念。生态系统是在一定区域中共同栖居着的所有生物与其环境之间由于不断进行物质循环和能量流动过程而形成的统一整体;它不仅仅是一个地理单位,还是一个具有输入与输出、有着一定自然或人为边界的功能系统单位(Odum 和 Barrett, 2005, p. 15)。因此,也有研究者直接将生态学看作是研究生态系统的结构与功能的科学(李振基等,2000, p. 2)。简单地讲,任何一个生态系统都包含非生物环境(即无机环境,包括驱动整个生态系统运转的能量和热量等气候因子、生物生长的基质和媒介、生物生长代谢的材料等)和生物成分(生产者、消费者和分解者)。生态系统主要涉及在一定的时空范围内,生物与生物、生物与非生物之间通过持续不断的物质循环和能量流动而形成的相互作用、相互依存的功能状态。从结构来讲,生态系统包括形态结构和营养结构,前者是指生态系统在内部和外部的配置、质地与色彩;后者是一种以营养为纽带,将生物和非生物结合起来,构成以生产者、消费者和分解者为中心的抽象结构(李振基等,2014, pp. 9 - 10)。在上述生态系统中,将生物存在不可缺少的环境条件叫作生态因子,如湿度、食物等;将生物体外部存在不可缺少的环境条件叫环境因子,如气候、空域等。显然,环境因子包含生态因子。

如前所述,生态系统是一个功能单位,而这种功能主要表现为物质流、能量流和信息流(孙儒泳,2001,p. 7)。不论物质流、能量流还是信息流,都涉及生态系统结构之间的输入与输出,这样就涉及了生态系统的模型问题。

(1)奥德姆等人的生态系统模型

从生态系统层面探讨生态学问题,需要以简化的模型说明生态系统最基础的特征和功能。模型是指模拟真实世界某种现象的公式,当模型中的参数发生变化,或增加新的参数,或去除旧的参数时,经计算机模拟的模型就能够预测可能产生的结果。图1-1是生态学家奥德姆和巴雷特(Odum 和 Barrett,2005,p. 10)提出的分室模型。

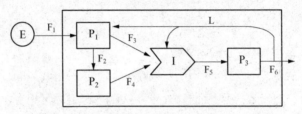

图 1-1 模拟生态系统的 5 个重要基本成分的分室图

(E=能源;P_1—P_3=状态变量;F_1—F_6=能流途径;I=相互作用函数;L=反馈环)

在图1-1中,特性 P_1 和 P_2 相互作用(I)产生或者影响特性 P_3,系统在一种能源 E 的驱动下,产生 5 个能流途径 F,F_1 代表输入,F_6 代表输出。因此,一个有效的生态模型至少要有 5 个因素或者组分(Odum 和 Brrett,2005,p. 9),分别是:①一种能源或者其他外界强制函数(E);②状态变量,P_1,P_2,……P_n;③能流途径,F_1,F_2,……F_n,表示特性与特性或特性与强制因子之间的能量流动或者物质传输;④相互作用函数(I),强制因子和特性之间相互作用,修正、放大或控制流动,或产生新的"涌现性"(参见本章"生态学的主要原理"部分);⑤反馈环(L)。

教学生态研究介绍这一模型,是因为该模型可以从信息流的视角说明课堂教学中的一些基本问题。例如,如果 P_1 为课堂作业的质量,P_2 为课堂作业的数量,这是课堂作业存在的两种基本状态,在教师因素(E)介入(F_1)之后,P_1 与 P_2 相互作用(I)会出现一个新的特性或存在(P_3,如学生减负或增负),这种减轻或增加学生的负担可以多种形态表现出来(F_6),也可通过反馈环(L)回馈前面的教学状态或特性(教师布置给学生的作业数量、质量以及学生完成作业需要的时间)。显然,上述生态学模型体现了一种生态学的系统观,用之于课堂教学,有助于我们从教学之系统的、功能的角度,从整体的而非局部的视角考察教学问题。

(2) 布朗芬布伦纳的生态系统模型

布朗芬布伦纳(Bronfenbrenner,2005)认为,影响个体发展的环境是极其复杂的,这些环境可以用不同的"层次"来刻画:微系统、中系统、外系统和宏系统,见图1-2。

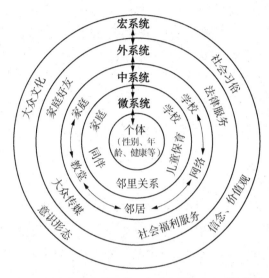

图1-2 布朗芬布伦纳关于人类发展的生态系统模型

上述模型图并不难理解。就周围环境系统对个体的影响强度而言,微系统对个体的影响最大,也最为持久。需要指出:第一,上图中的四大系统,不仅系统内的各因子间存在双向影响,而且不同系统之间也都存在双向影响;第二,个体与其生境中的各因子之间表现为交互性的关系。就这一理论的介绍见本章后面有关教学生态研究的理论基础部分。相信我们每个人都有独特的、个体化的、可说明影响自己发展的生态系统模型,这从下面学生的叙述中体现得非常明显:

> 我在两三岁的时候就被带到了北京,和爸爸妈妈一起生活在一个四合院里。在这里生活的我很是活泼外向,安徽和山东的小姐姐们、已不太记得的叔叔阿姨、北京本地的老奶奶,都住在这个一砖一瓦都被洗刷得干干净净的大四合院里。我们虽然没有直接的血缘关系,但都很熟络,像是一家人一样相互关心照顾。我是院子里唯一一个小孩儿,所以我在安徽小姐姐那里时常能讨到她特意给我的零食;跟着山东小姐姐学会了她们的方言童谣;北京老奶奶把我当成她们这片土地上的孩子,对我妈妈说你这孩子的普通话说得不

对,于是有了老奶奶的每日熏陶的我变成了操着一口"京普"的江苏孩子。[1]

一个用于描述、解释并预测生态系统的简单模型对于生态学的研究是必要的,这一生态模型对我们理解发生于课堂中的教学生态也是有益的。但是,我们也应清醒地知道,生态模型是对现实复杂生态系统的简化表达,现实情境中的要素及其相互作用要比上述任何一种模型复杂得多。例如,相信我们任何一个个体成长所涉及的生态系统模型都比上述模型有着更具体、更生动的细节,也有着更为丰富的内涵。因此,对教学生态涉及问题的考察,我们基于这一模型但绝不囿于这一模型。

2. 生态学的主要原理

生态学原理通常涉及个体生态、种群生态、群落生态与生态系统生态的具有普遍意义的基本规律和原理。这些原理一般经由实践观察而来,具有高度的概括性和普适性,基于实践又高于实践,不仅对认识生物种群有指导意义,而且对我们关注的教学生态也具有一定的参考价值。

李振基等人(2014,pp. 3 - 4)将生态学的基本原理归纳为 10 个方面,分别是系统性原理、稳定性原理、多样性原理、耐受性原理、动态性原理、反馈原理、弹性原理、滞后性原理、转换性原理和尺度原理。这些原理对我们理解教学生态尤其是课堂教学生态有一定的借鉴作用。但是,本书希望在更微观的层面探讨对我们理解课堂教学生态有指导功能的生态学原理。结合近年来在生态学方面的学习并请教生态学方面的专家,下面我们介绍六个主要原理。

涌现性原理(principles of emergence)。组织层次的一个重要意义是组分或者子集可以联合起来产生更大的功能整体,从而突现新的功能特性,这些特性在较低层次是不存在的。因此,每个生态层次或者单元上的涌现性(emergent property),是无法通过研究层次或单元的组分来预测的。一个化学的例子是,氢气和氧气结合可以生成水,对两种气体的特性研究绝不可以代替对水的特性的研究;一个生态学的例子是,某种藻类和腔肠动物演化成珊瑚,会形成一个高效的营养循环机制从而在低营养供给的水体中维持高效的生产力;一个课堂生态的例子是,某一学生的行为(如课堂回答问题)往往是随机的、不确定的,但在班级课堂情境中,面对变化着的教师及其他学生行为,其课堂回答问题的行为也许会出现涌现性。所以,对某一层次的研究也许有助于对另一层次的研究,但另一层次是经由前面的层次重新组合而产生的新的功能体。

---

[1] 贯穿于本书各章节凡以第一人称叙述并以"楷体"出现的内容,均来自对学生、家长等的访谈,例外会标注说明。

　　多效应原理（multieffect principle）。美国环境学家小米勒（Miller Jr.，1999，p.156)指出,一切事物都是彼此关联的,我们尽在其中。换言之,我们的任何行为都不是孤立的,对自然界的任何侵犯都具有无数效应,其中许多效应是不可逆的。实际上,这一观点最早是由美国生物学家加勒特·哈丁（Garrett Hardin）所提出,他指出,"我们无法只做一件事",这被称为"人类生态学第一定律"（Miller Jr.，1999，p.156）。这一定律也可称为多效应原理,它包含着两个"确定",即人类行为的多样性与行为影响的多样性;也包含着两个"不确定",即人类行为的不确定性,以及由此造成的后果的不确定性。总之,人类行为对生态和环境的影响非常巨大,任何人类的行为对生态系统都会有影响,这些影响不是单一的,而是多样化的。课堂情境中各因子间的相互影响无不如此。

　　生物多样性原理（principles of biodiversity）。地球上生命的所有变异,指地球上所有植物、动物和微生物所拥有的全部基因以及各种各样的生态系统。生物多样性通常包括遗传多样性、物种多样性和生态系统多样性。衡量多样性的两个常用指标是物种丰富性（species richness）和物种异质性（species heterogeneity;孙儒泳,2001,p.394）。物种丰富性即物种数目,即一个生物群落或栖息地生物种类的数量;物种异质性是指物种的个体数量是否均匀,越均匀,其异质性就越高。是什么决定了物种的异质性? 有一种"空间异质性学说",认为物理环境越复杂多样,物种异质性就越高（孙儒泳,2001,p.403）。例如,地形变化越复杂,植被垂直结构越复杂,群落中所包含的小生境越丰富多样,栖息在那里的动物种类就越多。同样,学校师生的性别、种族、地域来源以及家庭结构等人口学变量越多样,个体间异质性就越高,课堂生态就越发显得丰富多样。

　　相互作用原理（principles of interaction）。这是生态学的基本原理,该原理认为,两个物种的种群总会发生相互作用,这种作用有正性（＋）、中性（0）和负性（－）之分,其组合便有 00、－－、＋＋、＋0、－0 和 ＋－。其中的三种组合（＋＋，－－，＋－)还可以再行组合,从而出现两个物种间的多样化相互作用及其关系,见图 1-3。

图 1-3　两个物种间相互作用的坐标模型（Odum 和 Barrett，2005，p.256)

　　上面涉及两物种间的相互作用原理主要有:

　　（1）中性作用（neutralism）,物种间各种群之间彼此不受影响。

(2) 相互竞争（competition），为了利用有限的共同资源，两个种群之间所产生的不利或有害的影响，称为竞争。可以分为直接相互干涉性竞争和资源利用性竞争，前者表现为种群相互激烈抑制；后者表现为一个种群在竞争短缺资源时间接抑制另一个种群。

(3) 共生作用（symbiosis），一个种群以不同方式影响着另一个种群的生存。按其相互影响效用可以区分为偏害共生（amensalism，一个种群受抑制，另一个种群不受影响）、偏利共生（commensalism，一个种群受益，而另一个种群不受影响）、寄生作用（parasitism，一个种群寄生于另一个种群，寄生者通常小于被寄生者）和互利共生（mutualism，对两个种群的生长和存活都有利，在自然条件下彼此不能离开而独立存活）。

(4) 捕食作用（predation），一个种群通过直接攻击抑制另一个种群，但从不依赖后一个种群。

(5) 原始合作或兼性合作（protocooperation），合作对每一个种群都有利，但不是必需的。

耐受性原理（principle of tolerance）。亦称耐受性定律或谢尔福德耐性定律（Shelford's law of tolerance），该定律认为，生物对其生存环境的适应有一个生态学最小量和最大量的界限，生物只有处于这两个限度范围之间才能生存，这个最小到最大的限度称为生物的耐受性范围。用生态学的语言讲，在生物的生长和繁殖所需要的众多生态因子中，任何达到或超过生物耐受限度的条件均称为限制条件或限制因子。换言之，各种生态因子都存在着一个生物学的上限和下限（即所谓的"阈值"），它们之间的幅度就是该种生物对某一生态因子的耐性范围（又称耐性限度）。

在此基础上，德国化学家利比希（Liebig，1840）进一步发现，作物的产量一般不是受到水、二氧化碳之类本身大量需要而自然环境中也很丰富的营养物质的限制，而是受到需要量虽少但在土壤中也非常稀少的元素（硼、铁等）的限制。据此他提出"植物的生长取决于处于最小量状态的营养物质"的观点，被称为"利比希最小因子定律"。

竞争排斥原理（principle of competitive exclusion）。也称高斯原理（Gause's principle）或高斯假说（Gause's hypothesis）。苏联学者高斯（Gause，1934）通过实验发现，两个相似的物种竞争的结果是极少能占领相似的生态位，而是以每个物种各占有某些特别的食物，并具有优于其竞争者的生活方式互相取代。用生态学的语言来讲，两个物种不能同时或者不能长时间地在同一个生态位生存。因为两者之间会展开竞争，获胜的一方可以留在原来的生态位继续生存。另一方为了继续生存，或改变自己的居住地,或改变饮食习惯,或改变自身习性(如改日行性为夜行性,以便在时间上与获胜的一方分离),进化适应以延续生命。竞争排斥的好处在于催生了种群生存方式的多样性和栖息地适应的广泛性。

上述六条生态学的主要原理对于我们认识并理解教学生态中的各种现象都具有一定的借鉴作用,也会在本书后续章节的论述中有所体现。

二、教学生态的研究基础

本部分讨论两个问题:教学生态研究的理论基础及其与相关学科间的关系。前者主要介绍教学生态研究的主要理论来源;后者说明教学生态研究的学科交叉关系。

(一)教学生态研究的理论基础

1. 勒温的场论

长久以来,心理学对"为什么"的问题或者动力问题(dynamic questions)充满兴趣。勒温认为,要回答类似的问题,就要弄清楚心理事件、发生情境与发生结果之间的关系。如果我们以 B 代表行为或心理事件,以 S 代表人及整个的情境,B 便可视为 S 的函数:$B = f(S)$(Lewin,1936,p. 13)。勒温进一步指出,心理学所描述的整个情境可区分为人(P)及其环境(E)。每一心理事件都取决于人的状态及其所处的环境,因此上述的 $B = f(S)$ 公式可转换为 $B = f(PE)$,即人的行为是个体特性与其环境之间的函数(Lewin,1936,p. 14)。勒温指出,凡属科学的心理学,都需讨论整个的情境,即人和环境的状态。由此,勒温提出"心理生活空间"(psychological life space)的概念,意指一个人在某一时间内的行为所决定的全部事实(Lewin,1936,p. 15)。心理生活空间泛指某一时刻影响行为的各种事实的总体,既包括个体内在的信念、感情和目的等,即所谓的"心理场",也包括被个体知觉到的外部环境,即所谓的"环境场"。

勒温借用物理学中的"场"(field)这一概念提出自己的"场动力理论"。勒温宣称,场论很难被称为通常意义上的理论,最有可能将其视为一种方法论,即一种分析因果关系并建立科学结构的方法,这种方法体现在对有关变化条件"性质"的某种一般性的陈述,而且这样的陈述具有"分析性的"(逻辑的、先验的)或者"实证的"特征(Lewin,1951,p. 45)。场论具有六个方面的重要特征:采用建构性而非分类的方法;对事件的动态方面感兴趣;心理学而非物理学的方法;始于对整体情境的分析;对系统问题和历史问题的区分;场论的数学表征(Lewin,1951,p.60)。这六大特征足以刻画勒温"场论"的方法学思想,是课堂教学生态研究的重要理论基础之一。

场动力理论包括场论与动力论两大理论,由生活空间和心理紧张系统两大核心概念构成。勒温将"生活空间"定义为在任何特定的时间所存在的所有事实,而在个体心理学中,生活空间通常包含为个体所意识到的环境与人(Lewin,1951,pp.v-vi)。勒温的重要概念有"存在"(existence)、"相互依存"(interdependence)以及"时代性"(contemporaneity),将这些概念串并起来就可以描述其场论:在个体生活的特定时间内,存在着大量的物理事实(外部的环境事件)和心理事实(认知、情绪、动机等),这些事实彼此依赖,对个体的影响具有即时性的特征。勒温指出,"场"往往具有动力性和交互性特征,只要人内在的"心理场"存在需求,就会产生内部力场的张力,即"紧张系统"。人体动力的产生就是源于人自身内部心理紧张系统的释放,在此过程中,作为"环境场"的外部事件常常起着引发作用。

2. 班杜拉的交互作用理论

与勒温的"场论"高度关联的一种理论是班杜拉(Bandura,1986)的社会认知理论。众所周知,行为主义心理学家认为,人的行为(R)是由其引发的结果(S)决定的,可称之为单向决定论,此即 S—R 的行为模式。然而,单向人格决定论的观点就像单向环境决定论一样,都是不能令人满意的(Bandura,1986,p.31)。多数心理学家尤其是持认知观和建构主义观的心理学家同意某些形式的相互作用模型,认为个体的行为是人与环境相互作用的产物。

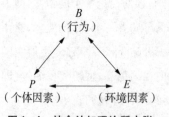

图1-4 社会认知理论所主张的交互关系图解

班杜拉(Bandura,1986)的社会认知理论赞成三方交互性的作用观,如图1-4所示。

社会认知理论认为,人既不是由内部力量驱动的,也不是被外部刺激自动塑造和控制的(Bandura,1986,p.25)。人的行为(B)、个体因素(P)及其所处的环境(E)之间是交互性的影响关系,用班杜拉(Bandura,1986)自己的话讲,人的机能的实现是根据三合一交互式作用模型解释的。在这一模型中,行为、个体因素和环境因素三者作为相互的决定因素共同发挥作用。这种影响关系并不意味着双向影响力量的对称性,换言之,相互影响的模式和力量在互为因果方面并非固定不变的(Bandura,1986,pp.32-33)。我们结合图1-4推论,当环境条件(E)对个体行为(B)予以强有力的限制时

（个体在交通指示灯路口），环境往往是作为压倒一切的决定因素出现的；而当情境限制较弱时（在少受拘束的广场散步），个人的喜好（P）便起决定作用。班杜拉指出，从相互作用论的观点看，寻找行为之最终的环境原因的做法是一种无效的做法。这是因为，在三者之间的相互作用过程中，同一事件（E）有时会充当多重作用——可能是环境刺激、行为反应或者是行为结果带来的强化物。

与行为主义的 $S—R$ 范式比，班杜拉的三因素双向交互作用模式具有更为强大的解释力，它不仅可以说明不同个体的行为、环境与个性之间的差异性，也可以说明同一个体因环境的变化而表现出来的行为差异与行为多样性。如课堂师生的问答环境（E）、某一学生的准备状态（P）与其对师生作出应答（B）之间的关系，便是这样的双向作用关系，任何两个变量间的影响关系都是双向而非单向的，而且这种双向影响都会产生后续效应。与勒温（Lewin，1936）的"场论"所强调的"心理生活空间"相比，社会认知理论所强调的交互作用的观点更清晰，也更具生态学的思想。

3. 布朗芬布伦纳的生物生态学理论

布朗芬布伦纳（Bronfenbrenner，1979，2005）的生态学理论也可以称作生态系统理论。他认为，在人的整个生命历程中，一个活生生的、成长中的个体与即时性的并嵌于更大背景之中的情境之间发生相互关系并深受其影响（Bronfenbrenner，2005，p. 107）。受勒温（Lewin，1936）的 $B = f(PE)$ 的启发，布朗芬布伦纳（Bronfenbrenner，2005，p. 108）提出了 $D = f(PE)$ 的变式，即人在其生命历程中的某一特定时刻的状态，是由个体特征与环境特征共同作用的结果。这种发展观又有"过程—个体—情境"模型（the process-person-context model）和时序系统模型（the chronosystem model）之分，前者关注对个体与环境特征相互作用的发展过程及结果的变量分析（Bronfenbrenner，2005，p. 115），即不但注重个体发展的结果，也注重对产生结果之过程有效性的评估；后者聚焦于因个体生活事件或经历而引发的发展变化，这些事件或经历有可能源于外部环境，也有可能源于个体内部环境（Bronfenbrenner，2005，p. 119）。

生物生态学理论强调个体内外环境对其发展的影响，这些环境构成个体发展的复杂"圈层"关系。其中内环境包括生物性因素和心理性因素；外环境又可以分为微系统、中系统、外系统和宏系统，如图 1-2 所示。

（1）微系统

这是个体在其成长中最为接近并直接接触的环境结构。微系统是成长中的个体在特定的物理和物质条件下所经历的活动、角色及人际关系模式（Bronfenbrenner，1979，p.22）。微系统包括家庭、学校、社区邻里以及儿童保育环境。在微系统层面，人际影响表现为两个方向：一个方向是包括家庭生态在内的微环境对孩子的影响；另一个方向是孩子的成长经历、活动方式也会影响周边的邻近环境，尤其是对父母和教师的认知及行为的影响。尽管这种双向影响是各系统发生影响的基本方式，但微系统对个体的影响最大，影响效应也最为持久。

（2）中系统

中系统既是微系统，但又不同于微系统，它是成长中的个体积极参与各微系统之间的连接性活动。换言之，中系统表现为儿童在家庭、学校及邻里等之间的连接性活动中所受到的影响。这种在微系统相互关系当中的活动表现出新的形式：别人会主动参与到交互性的情境中来，出现社会网络中的中间环节以及情境当中正式与非正式的交流等（Bronfenbrenner，1979，p.25）。这一点从图1-2中可以清楚地看出来。来自学生的报告也许可以更清晰地反映中系统对个体的影响：

> 我们社区邻里之间的精神文化氛围非常好，家长们都很重视对孩子的教育，经常会聚在一起互相讨论教育问题。因为担心孩子从学校回家后在阅读方面的教育跟不上学校的要求，所以家长们对于孩子的早期阅读习惯的培养尤为重视。因此，家长们曾聚在一起商量对策，最后取得的共识是，以后每个家庭去邻居家串门的时候，都要求各自的孩子带上自己喜欢的故事绘本。所以在我的记忆中，妈妈每周会带我去邻居家一两次，去之前都会要求我带着自己喜欢的故事绘本，与邻居家的小伙伴一起分享阅读。大人们在客厅闲聊说话，同时他们也照顾到房间里的我们，说话很轻；而房间里的我们则在一起阅读故事绘本，并相互交流分享。

（3）外系统

外系统包含了较大的社会系统，如家庭好友、大众传媒、社会福利服务等。个体也许并不直接参与到外系统层面的双向关系中，但因外系统与中系统以及宏系统的双向作用，他们总会受到积极的或消极的影响。需要注意的是，外系统常常包含发生于两种或两种以上情境之间的联系与过程，其中至少有一种情境不含成长中的个体，但其中发生的事件又会对个体参与其中的即时情境产生影响（Bronfenbrenner，2005，p.148）。合适的例子包括父母的工作场所、兄弟姐妹所上的学校、父母的网友以及地方当局的教育管理部门等。

（4）宏系统

宏系统常常被视为儿童成长所处的文化环境,包括大众文化、意识形态、信念、价值观以及社会习俗等。宏系统指在微系统、中系统和外系统存在的或可能存在的亚文化与整个社会信念体系及意识形态在形式与内容方面的一致性(Bronfenbrenner,1979,p. 26)。例如,虽然同样是学校或者幼儿园(微系统),但它们不仅在不同宏系统(如不同国家)的形式与内容方面存在差异,对于不同的社会阶层而言,也存在形式与内容方面的巨大差异。可以将宏系统视为特定文化、亚文化或其他更广泛社会背景的社会蓝图(Bronfenbrenner,2005,p. 150)。

（二）教学生态研究与相关学科的关系

教学生态研究需要多学科融合的支撑,这种融合体现在:一方面,要理解教学生态,需要以其他相关学科的概念和原理为基础;另一方面,也是更重要的,教学生态的研究需要相关边缘学科的方法论来支撑。教学生态研究与其他相关学科间的关系见图1-5。

可以认为,要研究教学生态问题,就需要理解与教学生态有关的教育学、心理学、生态学与社会学(我们暂称Ⅰ类学科)。这些学科构成教学生态研究的基础学科,由这

图1-5 教学生态研究与其相邻学科的关系

些Ⅰ类的基础学科交叉后又出现教育心理学、社会心理学、教育社会学、社会生态学、教育生态学和生态心理学(我们暂称Ⅱ类学科)。而这些Ⅱ类学科是与教学生态研究直接相关的支撑学科,可以说,教学生态就是上述Ⅱ类学科交叉融合之后出现的一个新的研究领域。

下面我们简要介绍上面提及的Ⅱ类学科。

教育心理学:是教育活动心理学化的结果,主要研究个体学习的过程及影响学习过程的内外条件,以及有关学习的不同学说和观点。教育心理学的研究对象有着明确的边界——仅关注学校情境中的有关学生学习的内部事件和外部事件。

社会心理学:社会心理学是心理学和社会学的交叉学科,是研究个体社会行为的

13

科学。具体而言,社会心理学是一门研究人们如何看待他人、如何互相影响,以及如何与他人互相关联的科学(Myers,2013,p. 4)。我们都有这样的亲身体验,个体在群体中与在群体之外的行为有很大的不同,这不仅是因为在群体中,"我"的存在方式会影响到他人,他人及他人的关系也会影响作为个体的"我"。因此,社会心理学主要涉及个体在群体中的社会思维、社会影响和社会关系。

教育社会学:被誉为"美国教育社会学之父"的佩恩(Payne,1928)认为,教育社会学是描述和解释个人如何透过社会关系以获得并组织经验的一门科学(吴康宁,1998,p. 2)。尽管该学科产生于社会学和教育学之后,但这门学科并不是这两门学科相结合的产物,而是社会学用于教育领域的产物(吴康宁,1998,pp. 15 - 16)。吴康宁认为,教育社会学主要是运用社会学原理和方法对教育现象或教育问题的社会学层面进行"事实"研究的一门学科,是社会学与教育学的中介学科。

社会生态学:人们关注生态问题起始于自然生态,即动植物与其环境之间的相互关系。之后研究者开始以生态学的理论和方法考察社会问题,主要关注人类的社会组织及社会行为与生态和环境之间的关系。社会生态学的研究主要聚焦三方面的问题:一是从社会生物学的角度,研究生物的社会行为,研究方向偏向行为科学;二是从社会学的角度,研究社会文化与生态和环境的关系;三是从人类生态学(亦即人与自然的关系)的角度,研究社会与自然界的相互作用。

教育生态学:"教育生态学"的出现时间(Cremin,1976)并不长(范国睿,2000,p. 15),距今也不到半个世纪的时间,是生态学研究成果应用于教育实践活动的结果,该学科以生态学的原理和方法考察个体在教育尤其是学校教育中的行为。以生态学的观点考察教育行为,关注学习者与教育环境中各生态因子之间的相互影响。

生态心理学:自心理学独立于哲学之后,研究人员一直努力将心理学的研究创建为像自然科学那样规范的科学研究范式,即将心理学的研究建立在科学的实验研究之上,但出现的问题之一便是剥离了机体心理活动以及生活于特定情境的意义。为克服这一局限,研究人员开始将生态学的观点引入心理学的研究,注重个体心理活动与其特定生活情境的关系,强调即时的、具体的情境对个体心理的影响,更加注重心理学研究的外部效度。因此,生态心理学就是以生态学的视角和方法,研究人与环境关系的一门学科。

当然,本书介绍上述学科,绝非认为Ⅱ类学科就是Ⅰ类学科简单"糅合"的结果,学科之间的交叉产生新的学科,至少需要以下条件。

一是学科本身的条件。尽管学科在交叉之前有着各自明确的边界,但学科间却有着独特的互补性的研究方法。在学科交叉前,它们各自可以看到对方看不到的问题;而在学科交叉融合之后,出现的新学科又确实可以发现原有学科看不到、发现不了的新问题。

二是现实问题研究的条件。现实中的问题不能也难以借助某单一的学科基础进行分析和研究,解决问题需要在现有学科框架的基础上进行变革,重新厘清学科间的逻辑关系。例如,教学生态就是这样的研究领域,它既不是心理学在教学中的简单应用,也不是教育学在课堂社会情境中的简单推广。教学生态研究需要来自教育学、心理学、生态学和社会学的综合原理与方法,考察的是社会情境中发生的即时性事件。笔者对这一点深有体会,为完成这部著述,需要参考大量的来自不同领域的研究成果,具体表现在:文献参阅不仅量大,而且显得比较"杂",尽显学科融合的特征,这从本书参引的文献中可以明显反映出来。

融合了的学科看待同一现象,看到的自然也就不一样了,此即前面提到的"涌现性"原理。诚如孙隆基先生(2015,p. 5)所言,"某一套社会科学的理论,确实能够'看到'其他的社会学说'看不到'的现象,但同时它却不可能'看到'由其他的角度才'看得到'的现象"。当我们站在某一学科角度考察教学的时候,一定也存在"得失"的问题,即在我们看到自己"想看到"的问题时,也可能意味着迷失理应考察但又看不到的问题。这一点是任何学科领域的研究人员都应谨记在心的。

读者一定明白,考察教学生态问题,一定涉及学校情境中的问题,学校情境中的问题一定是教育的、心理的、社会的和生态的。这就不难理解上述两个层面的学科研究基础对教学生态研究的意义了。那么,涉及不同Ⅰ类学科和Ⅱ类学科的教学生态,主要研究什么问题,又采用什么样的方法呢? 这便是本章想要探讨的最后一个问题。

三、教学生态的研究内容与方法

(一) 教学生态的研究内容

教学生态研究聚焦于学校情境中的师生和环境间的互动关系,主要包括两大块内容,一是课堂教学生态,二是教学生态的支持性系统。支持性系统主要涉及学校文化生态、家庭教育生态和社会教育生态。这样的构建逻辑从图1-2中影响个体发展的生态系统之"微系统"和"中系统"可以体现出来。

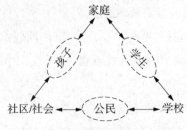

图1-6 学校、家庭与社区/社会相
互关系中的个体影响模式

将图1-2中的"微系统"和"中系统"予以适当
转换，就可以生成图1-6所示的"家庭—社区/社
会—学校"相互作用模式。

从图1-6中可以看出，个体的成长涉及三大
场所、场所关系及不同场所身份的转换。

1. 家庭与社区中的"孩子"

任何个体，就成长的早期环境而言，对其影响
最大也最为深远的当然是其原生家庭，然后是其
居所所在的社区（包括邻里、街坊等）。家庭与社区面对的成长主体身份是"孩子"，其
中社区/社会教育生态对个体的影响不容低估，有关的内容详见本书第十章。下面即
是社区影响个体的一个例子：

> 我所在的社区是设有专门的小型图书馆的——小区里有专门的图书馆
> 是一件很方便的事情，对于爱看书的我和妈妈而言实在是再好不过了，每周
> 妈妈都会带我去一两次。正是得益于这个小型图书馆，我才能在年幼时期总
> 有看不完的故事绘本。每次去图书馆都是我最兴奋的时候，因为馆里故事书
> 很多，每次去了我就不愿意回家。妈妈从来不会限制我的阅读时间，所以我
> 每次至少会在那里待半天，而这半天时间几乎都用来阅读各种故事绘本。

2. 家庭与学校中的"学生"

任何个体，在其生命的早期都是居养于各自家庭中的，家庭的影响尤其是家庭教
育生态（详见第九章）对个体的影响极为深远，个体一生的经验与成长色彩总会带有明
显的家庭生态之烙印。家庭与学校共同面对的个体身份是"学生"，学生的身份在家庭
（孩子）与学校（学生）之间不停地转换。在家庭里，学生深受其家庭教育生态的影响，
而学生自然会将这种影响以增力或减力的效应带进学校和课堂，为课堂教学生态增添
鲜明的家庭教育色彩。

3. 学校与社区中的"公民"

学校是青少年主要的学习与成长场所，个体生命的1/4～1/5的时间在学校（从幼
儿园到大学毕业）中度过。有人提出，学生每天在校学习、活动的时间有7～8小时，中
午在校用餐的学生时间可达9～10小时（杨立军，2008，p. 147）。因此包括课堂教学
生态在内的学校生态对学生的学习感和学习特质影响巨大，这部分内容构成本书的主
体，包括第二章到第八章的内容。学校常常面对的是来自不同家庭的孩子，也是在各

不相同的社区里成长起来的孩子,于社会而言,学校与之面对的个体身份是"公民":一方面,社区教育生态对学校的教学生态有很大影响;另一方面,学校的教学和文化生态又给予社区以弥散性的巨大文化辐射与广泛影响。下面的例证即是这种相互影响的一个证据:

> 我们社区临近学校,社区里就住着多位教师。每天早晚,我都会看到他们跑步健身或者拿着一本书坐在石桌旁聚精会神地阅读,也会有一些老人在读报。与其说他们是教师,倒不如说是长辈似的朋友,因为他们每天会叫我们这些上学的孩子到亭子那边写作业,遇到不懂的问题他们还会给我们讲解,有时还顺带讲一些小故事。古人说:"近朱者赤,近墨者黑。"在他们的影响下,我们这群孩子都有了阅读的习惯,也懂得认真思考,一丝不苟地去完成每件事……

基于对上述三大场所及其转换关系的分析,可以大致地勾勒出教学生态研究的基本内容,见图 1-7。

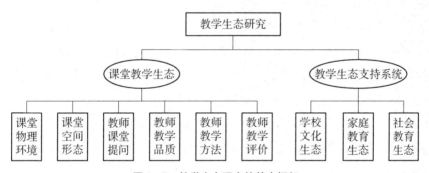

图 1-7　教学生态研究的基本框架

我们将教学生态的研究问题分为两大块:课堂教学生态和教学生态支持系统。其中课堂教学生态有课堂物理环境(教室采光与照明、教室微小气候及课堂环境陈设等)、课堂空间形态(座位排列、班额大小、空间位置等)、教师课堂提问(提问分布、提问质量及提问与师生互动等)、教师教学品质(教师信念、教师期待、教师移情等)、教师教学方法(教学理论与实践、教学模式与学生学习、教学媒介与师生互动等)以及教师教学评价(评价及其功能、教师测验伦理与公平以及教师教学评价后效等)。因为生态的研究取向,所以上述课堂教学生态均秉持这样的理念,即从相互作用论的视角阐述系统中各因子间的生态效应。

教学生态支持系统包括学校文化生态、家庭教育生态和社会教育生态。由于学生在校的时间总是在校园度过的,所以学校文化生态,包括学校精神与办学理念、校园墙报文化、学校制度及其治理方式、学校员工及其同事关系等也是影响教学生态的重要变量,这便是我们将学校文化生态纳入教学生态考察的理由。诚然,教学生态的构建主要涉及课堂教学生态和学校文化生态,但也不能忽视家庭教育生态和社会教育生态的扩张性影响。因此,本书也将家庭教育生态和社会教育生态纳入到教学生态考察的范畴,并将它们视为教学生态的支持性系统。

(二) 教学生态的研究方法

实证主义创始人、法国哲学家孔德(A. Comte)曾经指出,任何知识形态都经历了三个发展阶段,即借助于超自然的力量解释万物本性的神学阶段、以抽象的概念代替超自然力量的形而上学阶段和通过观察与实验发现现象之间因果关系的实证阶段(叶浩生,2008)。勒温(Lewin,1936,pp. 11 - 12)则将科学的发展时期分为思辨期、描述期及建构期,三个时期各有不同的研究目的和范式。

前已述及,心理学从哲学中独立出来的那一天起,其开拓者就试图将心理学的研究与其母科学——哲学——从方法学上进行切割。心理学的创立者、德国心理学家冯特(Wundt, 1879)一开始就以心理物理学的实验方法,试图将心理学的研究建立在科学的方法论基础上,并使之成为一门像物理学那样的实验科学。

根据研究的程序和描述的方法,科学研究的方法大体分为量化研究和质化研究。量化研究强调控制条件下的观察,而质化研究强调自然情景条件下的观察,两者都以经验观察为基础(叶浩生,2008)。两种研究方法在心理学的发展过程中出现过曲折和摇摆:心理学从哲学中独立出来之前,有关心理学思想的研究大都散见于哲学著作中,心理学思想与哲学思想合一;研究方法则多以哲学的思辨为基调。自心理学独立以来,研究者誓要将心理学建立为一门与其母科学——哲学完全不同的学科,心理学先驱尝试将心理学的研究建立在以经验观察为基础的量化研究之上。毋庸置疑,心理学家的这些努力逐渐摆脱了长期以来心理学研究显得主观且效度不高的局限,也取得了令世人瞩目的成就。但问题也不容否认:心理科学毕竟不同于如物理学、化学那样的实验科学,后者是作为实体存在的,是可以观察并验证的;前者存在现象,却并不存在特定的实体,可以观察但并不一定能够验证。理由是,作为实体的物理现象和化学现象在特定条件下是稳定的,而作为现象出现的心理活动是易变的,尤其随主体活动情境的变化而变化。因此,即便通过量化研究得到的研究结果是真实的,但不一定具有外推的性质。

法国启蒙思想家狄尔泰(W. Dilthey)提出了两种科学的观点,即精神科学和自然科学(叶浩生,2008)。他认为,精神科学以心理学为基础,使用质化的描述方法,其基本取向是理解;自然科学使用客观的量化方法,其基本取向是解释。

如果不持有任何学科壁垒式的偏见,我们可以断言,控制条件下的经验观察为心理学的大厦建立起了基本的框架和理论基石,前述Ⅱ类学科中的基础研究大都是基于这类研究的。但完全的心理学大厦的建立,不但有赖于控制条件下的经验观察,也有赖于自然情境下的经验观察。例如,借助量化研究,我们可以知晓学生在课堂中的空间位置与其学业成绩有无关系;但这种关系(如有)是怎样发生的,在特定的个体身上有什么具体的表现,则只能通过质化的研究方法来揭示。

因此,教学生态研究对两种研究取向持完全开放的态度,我们认为,教学生态研究的方法不能由先入为主的研究取向来决定,而要由教学生态研究的目标和具体问题来决定。教学生态研究教育教学情境中的个体及其与特定情境之间的相互关系,对这种关系的描述既需要控制条件下的系统观察,也需要自然情境下的开放式观察。因此,下面常见的方法仍然是教学生态研究绕不开的基本研究方法。

1. **问卷法与访谈法**

问卷法(questionnaire method)即书面形式的访谈,是研究者搜集数据资料的一种有效方式。在教学生态研究中,会在多层面应用问卷法来搜集相关的资料。在筛选问卷过程中,首选的当然是那种使用广泛并为研究人员一致认可的问卷:较为权威的来源、明晰的问卷维度以及表明问卷质量的信效度。问卷是一种工具,工具愈有效,得到的调查结果愈可信。如果研究中缺乏合适的问卷,以下几点是要注意的:(1)可以编制合乎要求的问卷。即使我们有着很方便的选择,但合乎某一特定研究所需的问卷不一定都是现成的,这就涉及问卷的编制。但编制问卷是比较专业的工作,需要在专业人员的指导下进行。问卷编制的一般程序是:确定研究的中心概念→基于文献解析概念的内涵与范围→编制访谈问卷(开放性问题)→限定范围的小样本调查→构建问卷维度及层次结构→结合文献与试测再分解细化问题→以较大样本量为基础的初测→根据测试结果增加(高相关)或删除(低相关)个别项目→考察问卷的信效度→可用测试问卷。(2)切忌将现成的问卷进行简单拆解或删减得到问卷的做法。大家知道,一份有着较高信效度的问卷,恰如一张设计良好的建筑图纸,不能根据自己的好恶或需要随意"改梁换柱"。同样,问卷的随意增删会影响问卷本有的信效度,信效度的减损自然会影响到对以之为据所搜集到的数据资料的分析。

访谈法(interview method)是研究人员比较熟悉且介绍较多的一种方法。与问卷法不同的是,访谈必须是面对面的,是研究人员与研究对象通过当面的交流、讨论从而获得研究资料的一种方法。如果说问卷法更多是一种书面访谈的话,那么访谈法则是一种面对面的问卷调查。就教学生态研究而言,采用访谈法需要注意:(1)与其他访谈一样,一个结构严谨且具可行性的访谈提纲(结构)非常重要。我们可以从新闻工作者的访谈工作中得到启示,记者要采访某一当事人或调查某一事件,要通过大量的文案研读了解采访对象的哲学倾向、政治主张、认知风格与人格特征等(人物要素),以及事件的历史缘由、所处的政治经济文化背景、事件的目前状态与事件当事方的关切等(背景要素)。没有这些大量的事前准备或"台下"功夫,不但难以调查我们所关注的问题,有时还会出现许多尴尬甚至冲突。教学生态涉及教育教学情境中的各个方面,大到学校的文化制度建设,小到课堂学生的作业布置,都涉及特定情境的各类环境因子,因此访谈前确定一份好的提纲结构非常重要。例如,图1-8是我们面向教师和学生的"作业布置"所拟的访谈提纲结构。

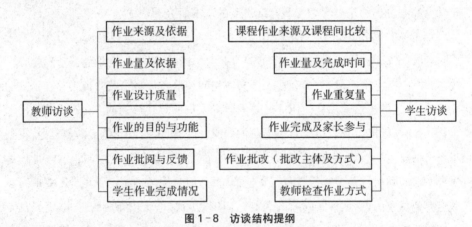

图1-8 访谈结构提纲

2. 实验法与观察法

(1) 实验法

实验法是控制条件下的观察,但往往也是高度简化了情境复杂因素之后的模拟观察,其优点是有较高的内部效度,可以较为清晰地解释变量之间的关系,能够回答我们关注的教学情境中若干因素间的关系。但其不足也是显而易见的:尽管可以说明变量之间的关系,但不能说明这种关系是如何发生的;尽管会说明实验中若干变量之间存在的因果关系或相关关系,但由于教学情境中影响师生行为的因素比较复杂,可以说是难以列举的,所以简化了的实验设计所得到的结果解释力往往不高,即所谓的"外部效度"不高。而课堂观察可以部分地克服并弥补实验法的这些不足,可以采择到大量能够解释变量作用机制的补充信息。

(2)观察法

观察是不外加任何干预的自然条件下的感知活动,是近年来学者研究课堂教学问题时广为采用的一种方法。课堂观察是很难的,没有足够的经验或者缺乏训练的新手,常常面临走进课堂后手足无措的情形。因此要保证课堂观察的质量,需要做好以下几点:①观察的对象。有研究者(佐藤学,1999,p. 219)认为课堂观察的对象包括教师、学生、教材与学习环境;另有学者(Reed 和 Bergemann,2005)则认为包括教师、教室、学校、课程以及学生(校内观察部分)。两位研究者所主张的课堂观察对象基本相同,由上述观察对象可以衍生出更多的次级考察要素,包括教师、学生及环境之间的互动关系,尤其是师生之间、生生之间的互动关系,以及学生作业完成情况等。②观察的技术。这是课堂观察的关键,也是衡量课堂观察质量的核心指标。课堂观察涉及的技术很多,这里主要讨论三个问题。

一是与课堂观察目的有关的观察结构或框架。因为课堂是一个准社会化的学习情境,许多事件的发生具有即时性、不可预测的特征。正如日本教育家佐藤学(1999,p. 188)所言:"教室是许多'事件'发生的场所。事件并非教师或学生基于特定的意图故意引发的事。在预期或意图下发生的事情,只能称为'结果',而非'事件'。所谓'事件',即出乎教师及学生的意图或算计,在当下造成全新状态与全新关系的事。'事件'发生于'当下',只会一次性出现,必定对某个有名有姓的个体造成'特异性'经验。"因此,如果观察者缺乏一个与观察目的高关联的观察结构,不但容易为眼前发生的即时事件所纷扰,也容易将课堂观察表征为师生行为的"顺时性"记录。

二是观察过程中的事件记录与编码。编码就是将前面提及的课堂观察结构的相关指标或事件用图、表或符号来表达,观察者非常明确这些编码系统所指,在课堂教学中会有效记录自己要观察的教学事件。有了这样的观察结构和编码系统,就可以避免课堂上手忙脚乱、眉毛胡子一把抓的情况。图 1-9 是一个我们对教师课堂提问的观察结构及编码的例举,这对进入课堂之后的教师提问观察也许是有益的。

对于课堂观察及其编码,并无一定的程式化"标准"样本可用,只要便于我们观察

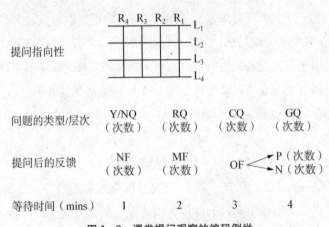

图1-9　课堂提问观察的编码例举

注：(1)提问指向性，R即秧田式座位中的"列"，L即"排"，如RL(43)即第四列第三排的学生；(2)问题类型，Y/NQ(对错问题)、RQ(回忆式问题)、CQ(综合式问题)、GQ(生成式问题)；(3)提问后的反馈，NF(没有反馈)、MF(适度反馈)、OF(过度反馈，其中P为积极的，N为消极的)。

和记录就是可用的工具，原因在于这种课堂观察与编码具有极大的主观性和情境性。里德和贝尔格曼(Reed 和 Bergemann，2005)在其《课堂观察、参与和反思》的"校内观察"(第二部分)部分有比较详细的介绍，可以参考。

三是观察的客观性与准确性。心理学的研究告诉我们，我们看到的往往是我们"想"看到的。我们看到的结果通常是以我们的经验、价值及信仰为基础的(Reed 和 Bergemann，2005，p. 21)，在观察目的比较明确、对课堂观察的事项有着倾向性预期的时候，尤其会出现这样的情况。克服这种倾向的一个做法就是将观察记录分为两栏，左栏记录课堂感知到的事件，对事件的记录以感知为依据，不超越感知觉范围增加或删减"事件"；右栏记录对感知事件的思考或者加工。感知事件的记录尽量做到客观、真实，思考或加工事件尽管带有主观和预期，但尽量做到思考周延、推论有据。

③观察者的行为。观察者以何种身份介入观察？是以"旁观者"的身份还是"当局者"的身份？以旁观者的身份进行观察，通常是将自己置于教室的后方或者前方，而这两种"置身"方式又有着不同的观察取向。在一般的教学观摩中常见座椅排列于教室后方，参观者从教室的后方观察授课者的场景；从教室后面能够看到的，只有教师的教法(佐藤学，1999，p. 229)。因此，这种置身教室之后的课堂观察，其观察的取向主要是教师的教学行为。而"置身"前方的课堂观察(笔者更多是这种情形)，能够全览课堂中的学生，其观察的取向主要是学生的学习行为。毋庸讳言，这两种置身教室前后的

做法都会不同程度地影响学生的学习和教师的教学,尤其是置身教室前方的课堂观察。

"当局者"是课堂观察者以学习者的身份出现在学生课堂中的某一座位处。就位置而言,可视课堂观察对象与重点而调整观察者的"置身"空间;就身份而言,他/她就是一名学习者,只不过观察者所关注的课堂事件、参与方式与学习者不同而已。

3. 文本分析法与测量法

（1）文本分析法

文本分析(text analysis)是研究者通过研读可视化文本(文字符号的或视频音频的)诠释文本特征与意义的过程。文本分析法常见于文学评论之中,强调从文本表层到深层,以便挖掘为普通阅读所难以把握的深层含义(马忠等,2016)。文本分析法一般追求三个方面的目的[①]:(1)寻找文本所具有的意义,这个意义可能是文本自含的(文本本身所具有的意义),也可能是外加的(研究者基于自己的阅读、分析与研判所给予文本的意义)。(2)描述文本内容的结构与功能,文本内容的结构关乎构成文本的要素及其构成方式;功能则涉及文本内容的用意与目的。(3)了解文本产生的相关变量,即文本出现的前因后果。

就教学生态研究而言,文本分析的对象大体可分为两类:一类是可视化文本,包括文字类的学生作业、教师教学文件、学校管理文件,表现为学校墙报文化的教室墙报、标语、挂图,以及视频资料等;另一类是音频化文本,如教师和学生的上课音频资料、师生的音频活动记录、校歌以及校园广播等。本书第七章(教师教学评价)和第八章(学校文化生态)都会涉及这种研究方法的应用。

（2）测量法

有关测量及其相关概念,我们会在第七章(教师教学评价)专门论述,此处从略。测量涉及三个基本要素或者程序:测量的特征或属性、测量的法则以及测量结果的标定。就测量的特征或属性讲,可以有物理测量与心理测量之分。物理测量通常涉及在物理三维空间确定客体属性的度量,如长度、时间、重量之类的度量;心理测量常涉及个体心理品质,如能力、个性以及悦纳度等的度量,这种测量通常以各类心理测验作为基本的工具。

测量法即设计全套操作方案,以便将测量的属性分离出来进行观察研究。在确定

---

① 文本分析的本质,来源于 http://www.doc88.com/p-9783361563785.html。

了要测量对象的特征或属性之后,最为重要同时也比较困难的就是确定测量的法则。按照一定法则对测量的特征或属性的度量结果以某种数值来标识,便是测量结果的标定。例如,要测量学生对教师的悦纳度(特征或属性),就要确定测量维度和测量方式(测量法则),并以特定结果或方式表示学生对教师的悦纳度(测量结果的标定)。

就教学生态研究而言,测量是一种常用的研究方法。其中既有物理量(如教室亮度、早自习教室的噪声大小、课堂学生密度等)的测量,也有心理特征(如课堂氛围、同学关系以及教室拥挤感)的测量。前者的测量技术大都比较成熟,对测量的结果一般较少有异议;后者测量用的工具存有不同程度的建构性,测量的结果常常会受到具体情境的影响。

第二章　课堂物理环境

教学活动是在一定的物理环境中进行的,这个环境在一些非常重要的方面限制和规定着学生学习和发展的可能性。

——[美]奥托·戴克(H. Otto Dahlke)

从第二章到第七章,我们将从生态的视角集中讨论课堂教学问题。生态学关注特定生境中的因子及其相互影响,因此从生态的角度探讨课堂教学问题,自然就将关注点放在课堂环境的构成要素及其相互作用和影响方面。

早在 20 世纪 30 年代,美国学者沃勒(Waller,1932)在其《教学社会学》(*The Sociology of Teaching*)一书中就这样写道:"人类生态学研究受制于竞争过程的人及其机构在时空中的分布,似乎存在一种特有的课堂生态。"(p. 161)作者并未对"课堂生态"这一概念明确说明,而仅从学生在课堂中所处位置及其与师生互动的角度进行了描述。而多伊尔和庞德(Doyle 和 Ponder,1975)认为,长期以来,对课堂教师行为的研究缺乏解释课堂事件与过程的模型建构,因此他们将课堂生态定义为"教学环境中影响行为并相互关联的过程及事件网络"(p. 183),并认为这是教学研究中一直受到忽视的维度。他们认为,重视这一涉及教学过程及其事件的课堂生态研究,就有必要搜集更多有关课堂生态变量的数据。而李森等人(2011)则认为,课堂是一种独特的生态,这种生态具有自然生态和文化生态的双重属性(p. 58),并具有整体性、协变性和共生性这样的生态特征(p. 59)。

由于课堂生态涉及的问题很多,许多研究人员多采用列举的方式探讨课堂生态问题,所以有关课堂生态的因子可谓见仁见智。例如,埃里森等人(Ellison 等,2000)将课堂生态分为社会/心理关系、教学技术核心、物理结构和组织程序、纪律与课堂管理,以及态度、知觉与期望五个维度(p. 1);莫里森和奥克斯福德(Morrison 和 Oxford,1978)认为可以从功课、教师角色、学生活动、小组规模、同学关系、活动顺序、学生选择以及教师数量八个方面考察课堂环境的维度;还有研究(OECD,2009)认为课堂环境涉及课堂的物理环境、社会系统、氛围、规范与价值观。国内方面,有研究者(田慧生,1996,p. 8;张大均等,2015,pp. 523 - 524)将课堂环境(教学环境)分为物理环境和心理环境;也有研究者(陈琦等,2005,pp. 480 - 489)将课堂环境分为物理环境和社会环境;还有研究基于课堂生态主体的角度将课堂生态环境①分为客体性课堂生态环境、派生性课堂生态环境和客体性课堂生态主体三类,其中的客体性课堂生态环境即指那些独立于课堂生态主体而客观存在的物理因素,包括教室颜色和温度、课桌、教室光线和照明等(李森等,2011,p. 58);另有研究者认为,课堂生态研究的基本功能单位是课堂生态系统,具体包括课堂生态系统的结构、功能和形态及其结构与功能的优化和调控(孙芙蓉,2011)。

作为课堂生态的重要构成因子,课堂物理环境具有可视听、嗅味以及触摸等感知特征。国外有研究者(Lang,2002,p. 1)基于 31 名中学教师的个案研究,将教师认为重要的课堂物理环境分为大小与布局、照明与眩光、噪音与音响、温度与通风、饰面与陈设以及交流手段六个方面;也有研究者(Murray-Tiedge,2012)主张从温度、空气质量、噪声、照明、颜色以及建筑物特征来考察课堂的物理环境。国内研究者对课堂物理环境的看法大同小异:课堂的物理环境是教室内一切物质条件所构成的整体环境,包括教室自然环境、课堂活动设施、课堂空间安排三部分(陈琦等,2005,p. 480);教室的光线、温度、色彩、设施以及空间布局、绿化美化、座位编排等都属于课堂物理环境的范畴(郭成,2006,p. 248);课堂物理环境是对课堂内所有活动及活动主体产生直接或间接影响的具象性物质的存在状态,包括自然要素、设施要素和空间布局要素(李晶,2013,p. 8)。

可见,课堂物理环境涉及的因素很多,本章我们主要聚焦物理环境的三个方面,即教室采光和照明、教室微小气候与噪声、课堂环境陈设与墙面布设及其生态效应。

一、教室采光和照明

教室采光有自然采光和人工采光两种,前者即借助自然光或者昼光产生的照明,后者则是借助人工采光的发光体照明。我国《中小学校教室采光和照明卫生标准》

---

① "生态环境"这一提法存在逻辑上的错误,已为生态学界及政府文件、公报所弃用,参见黎祖交(2003)的《"生态环境"的提法值得商榷》一文,本处及其他章节凡出现这一概念时均为引用。

(GB 7793 - 2010)明确规定,"学校教室的朝向宜按各地区的地理和气候条件决定,不宜采用东西朝向,宜采用南北向的双侧采光。教室采用单侧采光时,光线应自学生座位的左侧射入。南外廊北教室时,应以北向窗为主要采光面"。

(一)教室采光现状

基于研究时间、地域分布和研究样本几方面的综合考虑,我们汇总了国内一些研究人员关于教室采光和照明调查与测量的结果,见表 2 - 1。

除了重庆市(陈小琴等,2011)的测量和调查结果是基于旧标准(GB 7793 - 87),其余 8 项研究都是在新标准(GB 7793 - 2010)颁布之后进行的。从研究进行的时间来看,这些测量横跨 8 年时间(2010—2017 年);从研究对象的分布地域讲,几乎涵盖了我国东南西北中主要的地区;从研究样本看,从小样本的 10 所中小学(25～60 间教室)到大样本的 200 所中小学(1 200 间教室),取样有着较好的代表性,可以大体反映我国中小学教室采光和照明的基本现状。

从表 2 - 1 可以看出,教室采光一般要测量窗地比、采光系数以及后(侧)墙反射系数三个指标。按照 GB 7793 - 2010,窗地比不应低于 1∶5,以此标准来衡量,各地所测得的数据结果差异很大:合格率从 47.19%～100.00%。窗地比合格率低,表明通过窗户进入的自然光多受到限制,教室采光自然会受到影响。采光系数能反映当地光气候,采光口的大小、位置、朝向情况,以及室外遮光物等有关影响因素,所以是比较全面的客观指标(陈敏学,2002,p. 216)。研究人员(陈小琴等,2011)通过调查测量,发现楼层高低、窗地比大小和采光方式均会影响采光系数的大小。采光系数的测定对于气象条件有严格的要求,而研究者对这些要求的把握尺度存在着较大差异,所以有研究者认为"采光系数"测定的操作性比较差(杜韡夏等,2005)。因此,可以合理地作出这样的推论,上述包括我国东南西北中的 9 项研究,在教室采光测量中出现的差异至少也有来自测量方法方面的误差,一是测量标准或者工具不统一,二是采光测定的程序在操作性方面较差。

从表 2 - 1 可见,学校的教室采光和照明现状仍然是比较严峻的,地域、城乡之间存在很大的差异。表现在:反映教室采光状况的窗地比合格率在 47.19%～100.00%之间;采光系数在 40.07%～100.00%之间;后(侧)墙反射比在 22.47%～100.00%之间。反映教室照明的课桌面平均照度在 39.29%～100.00%之间;黑板面平均照度在 13.10%～100.00%之间。我们以研究人员(马莉蓉等,2013;芦丹等,2017;李雯婧等,

表 2-1 全国部分地区教室采光调查与测量结果

项目		北京市（卢丹等，2017）	重庆市（陈小琴等，2011）	甘肃省（苏焰等，2017）	广东省（何伦发等，2014）	吉林省（黄晓燕等，2014）
时间段		2014—2016 年	2010 年	2016 年	2011—2012 年	2012 年
调查对象及样本量		昌平区 75 所中小学（小学 44 所，中学 31 所）150 间教室	市区 10 所中小学的 25 间教室	张掖市甘州区 10 所学校 60 间教室（农村 7 所 42 间，城市 3 所 18 间）	200 所学校（2011 年 101 所，2012 年 99 所）的 1 200 间教室	吉林省东中西 9 市 20 所中小学（小学 10 所，中学 10 所）的 364 间教室
采光测量方法		GB/T 5699-2008	—			
照明测量方法		GB/T 5700-2008	GB 7793-87			
教室采光和照明标准		GB 7793-2010	GB 7793-87 GB 50034-2004	GB 7793-2010	GB 7793-2010	GB 7793-2010
教室采光合格率（%）	窗地比	小学 47.19 中学 49.18	100.00	农村 71.40 城市 66.70	2011 年 95.24 2012 年 98.83	自然平均照度/均匀度：95.60/15.10；人工照明平均照度/均匀度：97.00/15.70
	采光系数	小学 56.18 中学 54.10	44.00	农村 100.00 城市 100.00	2011 年 48.68 2012 年 40.07	—
	后（侧）墙反射比/系数	小学 22.47 中学 32.79	—	农村 30.95 城市 27.78	—	
	课桌面平均照度	小学 82.02 中学 72.13	80.00	农村 57.14 城市 66.67	2011 年 99.83 2012 年 100.00	自然平均照度/均匀度：95.60/15.10；人工照明平均照度/均匀度：97.00/15.70
教室照明合格率（%）	黑板面平均照度	小学 38.20 中学 31.15	达到新标准（GB 50034-2004）的为 0.00；达到旧标准（GB 7793-87）的为 0.32	农村 26.19 城市 100.00	2011 年 95.50 2012 年 86.03	自然平均照度/均匀度：20.90/9.90；人工照明平均照度/均匀度：2.90/19.80

续　表

	江苏省(余夕梅等,2016)	四川省(郭元等,2017)	天津市(公飞,2017)	浙江省(顾昉等,2018)
时间段	2014—2015年	2015年	2016年	2015—2017年
调查对象及样本量	浦口区25所中小学(小学14所,中学11所)的150间教室	攀枝花市67所中小学(小学36所,中学31所)的187间教室	东丽区10所学校(小学6所,中学4所)的60间教室	99所中小学,教室594间(城市教室270间,农村教室324间)
采光测量方法	GB 5699—2008	GB 5699—2008		GB/T 5699—2008
照明测量方法	GB 5700—2008	GB 5700—2008	GB/T 18205—2012	GB/T 5700—2008
教室采光和照明标准	GB 7793—2010	GB 7793—2010		GB 7793—2010
教室采光合格率(%) 窗地比	小学:97.62 中学:100.00	小学:58.30 中学:71.00	小学:50.00 中学:75.00	小学:92.90 中学:93.90
教室采光合格率(%) 采光系数	小学:46.42 中学:62.12	小学:72.20 中学:71.00	小学:77.78 中学:75.00	小学:87.90 中学:82.80
教室采光合格率(%) 后(侧)墙反射比/系数	—	小学:36.10 中学:38.70	小学:100.00 中学:100.00	小学:39.90 中学:39.40
教室照明合格率(%) 课桌面平均照度	小学:39.29 中学:65.15	小学:63.80 中学:93.50	—	小学:82.30 中学:85.10
教室照明合格率(%) 黑板面平均照度	小学:13.10 中学:24.42	小学:58.30 中学:22.60	中小学黑板平均垂直照度均为100.00	小学:66.20 中学:66.70

注:(1)国家标准(GB 7793—2010)规定:教室课桌面维持平均照度不应低于300 Lx;教室黑板维持平均照度不应低于500 Lx,度均匀度均不应低于0.7;其照度均匀度不应低于0.7;采光均匀度在0.5—0.7之间。(2)窗地面积比(窗地比)、窗洞口面积与室内地面面积之比;采光系数,在室内给定平面上的某一点的照度与同一时期的室外无遮拦水平面上产生的天空漫射光照度之比,以%表示;反射比,某物体表面上反射的光通量与入射到该物体表面上的光通量之比,以ρ表示;照度均匀度,在规定表面上的最小照度与平均照度之比;维持平均照度,规定表面上平均照度不得低于此数值。参见《中小学校教室采光和照明卫生标准》(GB 7793—2010)。(3)研究样本涉及地域按省市拼音排列,表中"—"系缺失值。

2018)在不同时段对北京市部分中小学的教室采光和照明的调查为例,说明中小学教室采光的变化情况,见图2-1。

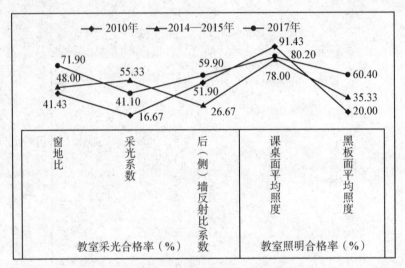

图2-1 北京市部分中小学教室采光调查对照分析

注:上述马莉蓉等人(2013)采用的是《建筑采光设计标准》(GB/T 50033-2001)与《建筑照明设计标准》(GB 50034-2004);而芦丹等人(2017)和李雯婧等人(2018)采用的均为《中小学校教室采光和照明卫生标准》(GB 7793-2010)。

从图2-1可以看出,前后8年(2010—2017年)时间,窗地比从41.43%提高到71.90%,黑板面平均照度从20.00%提高到60.40%;而采光系数、后(侧)墙反射比/系数以及课桌面平均照度等指标则难以从时间维度看到所反映出来的改善性变化。由于上述三项研究采用的标准不同,因此从时间维度反映出来的上述变化是因为采用的标准不一还是测量误差,我们不能确定。

(二) 教室采光的生态效应

教室的光照度①对身处其中的学习者有明显的影响,过于昏暗或明亮的教室照度都让我们很不舒服,这是经验。就照度而言,人对自然光和人工照明的视觉感观有所不同,见表2-2。

―――――――――――――

① 物理术语,是指单位面积上所接受可见光的能量,是光照强度的简称,国际单位为勒克斯(Lux 或 Lx)。

表 2-2　不同光照度水平的视觉感观比较(范国睿,2000, p.235,经整理)

		照度(Lx)	视觉舒适度
自然光		20	视觉疲劳最为严重
		60	视觉疲劳有较明显下降
		180	疲劳程度最轻
人工照明	白炽灯-荧光灯	20	较严重的疲劳
	白炽灯-荧光灯	50	白炽灯的效果优于荧光灯
	白炽灯-荧光灯	125	两者都有较好的效果

从表 2-2 可见,教室照明主要聚焦于课桌面和黑板面的平均照度。课桌面和黑板面平均照度直接与学生的光感受有关,并影响学生的视力。就教室采光而言,通常双侧采光教室的照度要好于单侧采光的教室,而研究人员(陈小琴,2011, p. 18)调查发现,中小学教室的设计多为单侧采光设计(即教室仅有一面是大面积玻璃墙体)。这样靠窗的座位照度较高,越向内照度越低,使得教室内各可视客体在靠近窗户与其他区域之间存在照度差,从而导致教室在任何时刻都存在一定的亮度差。我们知道,视觉具有极大的适应性,即光刺激的持续作用而引起的光感受的变化。如果教室中的主要视觉界面存在较大的照度差,当学生的视线在不同亮度区域之间频繁转换时,我们的视觉系统就需要频繁调节以适应亮度的变化,也就是明适应与暗适应两个时相的交替,这样更易引起视觉的不舒适与疲劳感。研究发现,教室中的亮度差太大时更容易引起学生的视疲劳(李春会等,2008)。

就课堂上学生视知觉的对象和背景而言,一般要求以知觉对象的亮度高于知觉背景为宜,换言之,黑板面的光照度要高于课桌面,作业或书本面的光照度宜高于课桌面。但在实际测量中发现,每间教室的黑板面照度都比课桌面照度低很多,这种现状造成学生要在散射光的照射下注视黑板,增大了学生自身视力的调节度,令学生更容易出现疲劳(陈小琴等,2011)。由此,研究者(陈小琴,2011, p. 10)建议,相近环境的亮度应尽可能低于被观察物的亮度,通常被观察物的亮度为相邻环境的 3 倍时,视觉清晰度较好。

有时教师为了让屏幕投影内容或黑板书写内容(即知觉的"对象")显得清晰一些,常常会关掉教室里靠近投影处的灯光(即知觉的"背景"),笔者也常常这样做;在有的公开课课堂中,教师为突显场面与教学场景,会将教室里所有的灯光都打开,这样教室的亮度提高了,但投影或黑板上的内容常常看不大清晰。所以,教师在其课堂教学中常常面临这种在知觉"对象"与"背景"之间的"得失"权衡问题。图2-2就是这种"得失"权衡的常见应对方式。

图2-2 课堂教学中知觉"对象"与"背景"亮度差的权衡应对

根据笔者自己多年的教学经验以及对中小学课堂教学的观察,现在有着较好教学条件的学校一般都配有多媒体教学设备。因为大多数教师上课要以多媒体设备作为教学的辅助设备,那么要确保投影内容的清晰度,就需要降低教室靠近投影处的亮度(图2-2),这样教师在处理教室光照度的时候就普遍存在着两难选择:为了让学生能清晰识读投影内容,就需要牺牲教室部分局域的光照度;要顾及教室的光照度,就可能会牺牲投影内容的可辨识性。所以,走进有的教室,乍一看很像过去摄影师冲印胶片的暗室,将教室窗户裹得严严实实,完全挡住了自然光。如此,教室中的采光主要来自人工照明,而对人工照明的选择又取决于教师授课过程中投影的清晰度是否满足要求。有研究者(袁景玉等,2016)通过对天津一些高校的调查发现,这些高校的多媒体教室多存在一些自然采光方面的问题:(1)由于缺乏对自然光的控制,太阳光线强时室内容易出现眩光,造成多媒体教室内局部过亮的现象;(2)为解决眩光,多数教室往往会采用遮阳窗帘等应对措施,使得课桌面照度低,影响多媒体教室整体室内照度均匀度,降低了视觉舒适度;(3)遮阳窗帘的使用使得黑板区内的多媒体屏幕的照度值偏低,影响多媒体教室黑板区和多媒体屏幕的照度均匀度。

在现有的设计条件下,不论教师如何应对,总会出现"顾此失彼"的现象。为了解决这一冲突,有研究者(陈泉等,2016)主张自然光与人工照明相结合的联合控制系统,通过加入百叶窗控制太阳光进入室内的角度及数量,避免太阳的直射,在照度不足的地方,采用人工照明补光达到照明要求。有研究者(李振霞等,2009)则提出,适当对室外自然光加以控制可以明显改善屏幕的清晰度,辅以人工照明的目的在于在保证屏幕清晰度不下降的前提下,改善课桌面、讲台及多媒体操控台的照度,为教室创造良好的光环境和视觉环境。但也有研究(袁景玉等,2016)基于实际的测量从多媒体教室平面优化设计、采光口反光板优化设计以及优化模拟对比等提出了多媒体教室兼顾自然采光方面的建议。

基于课堂观察,我们发现在中小学的课堂教学中存在许多"手段-目的"的异化现象:为了让学生看清楚自己呈现的内容,许多教师会选择牺牲自然采光和教室人工照明的做法,学生长时间处于这样的"暗室",实际上就是处于某种程度的"暗适应"状态,因此下课后学生走出教室常常出现目眩现象,需要一个"明适应"的过程。自然,这种做法绝非长远之计。不说人工照明产生的照明能耗,长久在人工照明条件下也会影响个体的身心健康成长。自然光具有极高的生理卫生价值,同时自然光对人的心理状态也产生强烈的影响(李振霞等,2009)。通过身处教室学生的切身感受,也许能帮助我们更好地理解教室采光与照明的生态效应:

> 在我初三那年,由于升年级换到了一间向南的教室,晴天的时候教室里阳光充足,尤其是一到下午三四点照进教室里的阳光就特别刺眼,而且阳光直射黑板右侧,受反光影响,右侧黑板的板书内容在那段时间我完全看不见。对处于初三的学生,下午依旧有各门主课,尤其是上数学课时,听不懂题目、看不清黑板(受强烈光线的影响)时更容易变得烦躁,学习动机不可避免地受到影响。

图 2-3　坐在教室后排学生(左)及多媒体教室的光照度(右)

当教师进行 PPT 演示的时候,有时因为教室光线比较昏暗(图 2-3 右),学生不得不将自己的全部视知觉聚焦于 PPT 上,此时与学生进行有效的面对面的"即时行

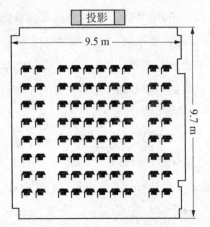

图 2-4 坐在教室第 1~2 排两侧的学生处于能见度较差的状态

为"并让学生对知识产生兴趣并非易事(Craig 和 Amernic,2006)。研究人员(Stires,1980)发现,坐在教室前-后及中间-边缘的学生,在视听方面均存在极为显著的主效应:与前排的学生比,坐在教室后排的学生报告视听效果差;与坐在教室中间位置的学生比,坐在边缘的学生也有同样的报告。不仅如此,教师过多依赖教学课件,产生的问题就是坐在教室不同位置学生的能见度问题。就笔者的亲历性经验而言,学校多媒体设备的安装,往往要同时考虑黑板的利用:投影置于中间,黑板的利用率较低;置于左、右两侧(左侧居多),黑板的利用率提升,但学生尤其是位于教室两侧学生的可视化下降。例如,笔者曾在自己上过课的一间教室(如图 2-4 所示)做过一次测算,在一间长 9.7 米、宽 9.5 米的教室,投影在黑板正中间。当学生坐在第一排左侧并与投影中心成 33.6° 夹角时,学生基本看不清投影的主要内容;坐在第二排左侧的时候,这一可视化夹角是 39.8°。想必坐在右侧同排的学生也是如此。

上述问题并非个例,而是带有普遍性的问题。坐在教室两侧的学生,常常面临这样的问题:长时间同侧固化注视方位,既不利于学生的学习卫生保健要求,关键是学生的可视化效果也会受到影响,尤其是那些坐在投影左侧的学生更是如此,图 2-5 就是从教室第一排左右两侧学生座位采得的照片。

图 2-5 坐在教室第一排左右两侧学生视野中的黑板与投影

这就涉及教室中的能见度(visibility)问题,能见度是教室环境设计最基本的考量。教室的布置要确保学生能清楚感知(主要是视听)所有的教学内容(投影、教材及作业、板书),教师亦可清晰感知学生的学习活动,并且可以让学生全程感知课堂中的有效师生互动。在教学中,笔者常常面临这样的能见度问题:因为投影置于教室前正中,教师如果要补充板书,就只能写在黑板(或白板)的左右两侧,但这样往往会"顾此失彼",不论写在哪一侧,坐在另一侧的学生尤其是坐在前侧的学生常常看不到,这让教师在板书时比较犯难。正如斯泰尔斯(Stires,1980)所言,尽管在教室的任何地方都可以集中注意,但有些位置会促进注意,而有些位置集中注意则会变得比较困难。

可以认为,教室采光与照明及对学生的影响是一个实实在在的课堂物理环境问题,但对其引发的教学生态还没有引起足够的重视,至少国内的现状就是这样,从表2-1中来自全国主要地区的调查可以部分地支持这一看法。

二、教室微小气候与噪声

教室微小气候和噪声均属于教室卫生关注的范畴,前者主要涉及教室温度、湿度、二氧化碳(CO_2)浓度、风速以及辐射等;后者则涉及课堂师生所感受到的声音响度。

我们在日常生活中更多用"噪音"而非"噪声",或两者混用。但严格说来,两者其实不同:"噪音"是物理学的术语,指音高和音强变化混乱、听起来不和谐的声音,是由发音体不规则地振动而产生的声音,与"乐音"相对;而"噪声"则是环境科学用语,泛指嘈杂、刺耳并干扰人们休息、学习和工作的声音(《现代汉语词典》,2005,p. 1702)。根据以上区分,我们在后面的探讨中采用"噪声"这一概念。

(一) 教室微小气候与噪声现状

按照《学校卫生综合评价》(GB/T 18205-2012)的要求,对教室微小气候的测量时间为每年冬季,一般在当年11月至下一年1月,10时和14时各测一次,取平均值作为代表值。对 CO_2 浓度的测量(GB/T 18204.24-2000)和对噪声的测量(GB/T 18204.22-2000)都有严格的测量程序。对教室微小气候的评定分别依据《中小学校采暖教室微小气候卫生要求》(GB/T 17225-2017)和《中小学校教室换气卫生标准》(GB/T 17226-2017)来执行。而对教室噪声的评定依据《图书馆、博物馆、美术馆、展览馆卫生标准》(GB 9669-1996)执行。噪声的评定标准见表2-3。

表 2 - 3 《图书馆、博物馆、美术馆、展览馆卫生标准》(GB 9669 - 1996)

项 目		图书馆、博物馆、美术馆	展览馆
温度,℃	有空调装置	18~28	18~28
	无空调装置的采暖地区冬季	≥16	≥16
相对湿度,%(有中央空调)		45~65	40~80
风速,m/s		≤0.5	≤0.5
二氧化碳,%		≤0.10	≤0.15
甲醛,mg/m³		≤0.12	≤0.12
可吸入颗粒物,mg/m³		≤0.15	≤0.25
空气细菌数	a. 撞击法,cfu/m³	≤2 500	≤7 000
	b. 沉降法,个/皿	≤30	≤75
噪声,dB(A)		≤50	≤60
台面照度,Lx		≥100	≥100

注:《学校卫生综合评价》(GB/T 18205 - 2012)规定,教室的噪声评价依据《图书馆、博物馆、美术馆、展览馆卫生标准》(GB 9669 - 1996)来执行。

从表 2 - 3 可知,教室的卫生评价涉及的内容较多,难以一一述及,我们主要围绕教室温度、CO_2 浓度、噪声来阐述其课堂生态效应。

对教室温度的测量研究更多出现在北方的教室卫生评价中。表 2 - 4 是九项代表性的教室卫生调查与测量的结果。

从表中可以看出:

(1) 从地域看,这些研究覆盖我国东西南北中的九省市;从时间跨度看,涉及 2013—2016 年的四年时间,时空线索可以基本反映该时段内我国中小学校教室卫生的基本现状。

(2) 从研究样本看,从小样本的 10 所学校、60 间教室(苏焰等,2017;么飞,2017)到大样本的 316 所学校、1 874 间教室(刘焕芳,2019),学校大都包括城市和农村的中小学校,研究样本有较好的代表性。

(3) 从室内温度的测量结果看,有三省市(甘肃、四川、天津)全部达标;另外三省市(北京、江苏及山西)的达标率均在 88% 以上。要说明的是,河南省(王颖等,2017)的供暖达标率普遍较低,平均在 10.81%(小学)~16.67%(中学)之间。研究人员(王颖等,2017)指出,就调查样本而言,城市的合格率略高于农村但也相对较低,学校普遍缺

表2-4　全国部分地区教室微小气候与噪声调查与测量结果

项目	北京市 (卢丹等,2017)	甘肃省 (苏焰等,2017)	广东省 (常树丽等,2016)	河南省 (王颖等,2017)	江苏省 (余夕梅等,2016)
时间段	2014—2016年	2016年	—	2015年	2014—2015年
调查对象及样本量	昌平区75所中小学(小学44所、中学31所)的150间教室	张掖市甘州区10所学校60间教室(农村7所42间,城市3所18间)	深圳市宝安区共124所中小学(小学和中学各62所,其中公立学校48所、民办学校76所)的1385间教室	信阳市七县两区116所中小学,其中小学74所(城小17所、乡小57所)、中学42所(城中22所、乡中20所)	浦口区25所中小学(小学14所、中学11所)的150间教室
测评依据与标准	中小学校教室采暖温度标准/GB/T 17225-1998;学校卫生综合评价/GB/T 18205-2012	学校卫生综合评价/GB/T 18205-2012	学校卫生综合评价/GB/T 18205-2012	学校卫生综合评价/GB/T 18205-2012	学校卫生综合评价/GB/T 18205-2012
教室室内温度(%)	小学:88.76 中学:90.16	农村:100.00 城市:100.00		小学:10.81(城小29.41,乡小5.26) 中学:16.67(城中18.18,乡中15.00)	小学:97.62 中学:100.00
教室CO_2浓度(%)	小学:65.17 中学:55.74	农村:57.14 城市:44.44	小学:93.41 中学:97.19 公立:92.82 私立:96.74	小学:95.95(城小100.00,乡小100.00) 中学:80.95(城中80.00,乡中80.00)	小学:100.00 中学:100.00
教室噪声(%)	小学:100.00 中学:100.00	农村:57.14 城市:66.67	小学:57.12 中学:62.87 公立:52.42 私立:64.73	—	小学:61.90 中学:65.15

续表

时间段	山西省 (刘焕芳,2019)	四川省 (郑元等,2017)	天津市 (公飞,2017)	浙江省 (应享频等,2017)
	2015—2016年	2015年	2016年	2013—2014年
调查对象及样本量	原平市316所学校,其中小学267所,中学49所(城区学校28所,农村学校288所)共1874间教室	攀枝花市67所中小学(小学36所,中学31所)的187间教室	东丽区10所学校(小学6所,中学4所)的60间教室	金华市浦江县39所中小学校(2013年21所,2014年18所,其中农村23所,城镇16所;小学23所,中学16所)
测评依据与标准	学校卫生综合评价 GB/T 18205-2012	学校卫生综合评价 GB/T 18205-2012	学校卫生综合评价 GB/T 18205-2012	学校卫生综合评价 GB/T 18205-2012
教室室内温度(%)	城区:92.86 农村:88.28	小学:100.00 中学:100.00	小学:100.00 中学:100.00	—
教室CO_2浓度(%)	城区:85.12 农村:76.00	小学:100.00 中学:100.00	小学:100.00 中学:100.00	100.00
教室噪声(%)	城区:79.80 农村:81.10	小学:63.90 中学:45.20	小学:100.00 中学:100.00	城区小学:0.00 城区中学:26.32 乡镇小学:26.15 乡镇中学:37.50

注:(1)依据《中小学校教室换气卫生标准》(GB/T 17226-2017),教室内空气中的CO_2日平均最高容许浓度应≤0.10%;依据《中小学校采暖教室微小气候卫生要求》(GB/T 17225-2017),在学习时间内,教室中部(距地面0.8m~1.2m)的气温为18℃~22℃;教室水平温差和垂直温差均不宜超过±2℃;教室噪声依据《图书馆、博物馆、美术馆、展览馆卫生标准》(GB 9669-1996),教室噪声限值≤50dB。(2)表中的数值均为达到上述标准的百分数。表中"一"系缺失值。南方省份(广东、浙江)未涉及教室温度测量。(3)研究地域分布按省市拼音序排列。

乏冬季教室采暖设备且学校并没有安装冬季采暖设备的意识[1]。

（4）从室内 CO_2 浓度的测量结果看，地域之间差异明显：完全达标的有四省市（江苏、四川、天津和浙江），而其余五省市（北京、甘肃、广东、河南和山西）都在 $44\%\sim100\%$ 之间。甘肃省（$44.44\%\sim57.14\%$）和北京市（$55.74\%\sim65.17\%$）的 CO_2 浓度测量达标率较低，与通风换气不足等原因有关（芦丹等，2017）。

（5）从室内噪声的测量结果看，完全合格的有北京和天津两所直辖市，其他七省的合格率在 $74\%\sim100\%$ 之间，其中在浙江省（应享频等，2017）涉及的研究样本中，城区小学的 32 间教室的噪声测量结果全部不合格。城区噪声达标率较低，主要原因在于这些学校均位于城区中心局域（应享频等，2017）。

就环境噪声而言，笔者的观察发现，存在所谓的"三高"现象：城区学校要普遍高于乡村学校，大班额教室高于小班额教室，低年级高于高年级。噪声污染尤以小学低年级为甚，笔者曾听过一节幼小衔接的课，充盈于教室间的噪声让久居其间的师生不堪忍受。可惜的是，笔者当时手头缺乏测量教室环境噪声的一套普通声级计，所以未能精确测量到当时课堂的噪声数值(dB)。

上述九项对教室微小气候和噪声的测量研究，采用的测量标准均为中华人民共和国卫生部等部门(2012)联合发布的《学校卫生综合评价》(GB/T 18205-2012)，采用的标准（见表 2-4 下注）统一，因此测量结果有着较好的一致性和可靠性，可以反映测量时段内(2013—2016 年)我国中小学校教室微小气候的基本概貌。

（二）教室微小气候与噪声的生态效应

教室的微小气候与噪声对身在其中的师生会产生多方面的影响，而且这种影响会产生多路径的增力或减力效应。

1. 教室中的微小气候及其生态效应

在未有极端温度的情形下，人们不大关注课堂温度的生态效应。换言之，研究者对课堂温度的关注，多出现在室温偏低（偏北方）或偏热（偏南方）的学校。

温度不仅影响学习者的智力活动水平，也影响其操作能力。不仅如此，温度还会影响个体的情绪。路遥(1988)在其《平凡的世界》中就有这样的描写："随着气候渐渐

---

[1] 实际上，调查涉及地域——河南省信阳市位于该省南部，按照 20 世纪 50 年代我国政府划定的供暖南北分界线（北纬 33°附近的秦岭—淮河一带），该市属于不集中供暖的局域，但地处又较偏北，达标率低与此不无关系。

转暖,他(金波)的情绪却不知为什么越来越糟糕。奇妙得很!季节往往能影响人的心境。"(p. 296)当气温超过人体温度的时候,人不仅易怒易躁,也容易出现攻击行为。

塞佩宁等人(Seppänen 等,2003)的研究发现,在 25℃~32℃ 的范围内,温度每增加 1℃,个体的表现会下降 2%;而在 21℃~25℃ 的范围内,则未发现这样的变化。马尔尚等人(Marchand 等,2014)指出,与舒适的声温环境相比,在非舒适环境下的声音与温度对个体的学习表现有更大的负面影响。崔等人(Cui 等,2013)比较了 5 种不同温度(22℃,24℃,26℃,29℃,32℃)对大学生学习动机与学习表现的影响,认为适合于该项研究的适宜温度是 22℃~26℃(25.8℃ 时学习效率最高),与冷不适环境相比,热不适环境对个体的学习动机与表现更具负面影响。蒋婧等人(2019)发现,对整体学习效率而言,15℃ 时学习效率的各项指标最佳;在偏冷环境下中小学生的学习效率较高;环境温度过高或过低都会使受试者的学习效率降低,而且热环境下的学习效率比冷环境下的学习效率更低。但也有研究者指出,由于特定环境的唤醒效应,在温度舒适区之外的表现更好(Cui 等,2013)。换言之,温度舒适度与个体表现之间并不一定呈对应的线性关系,而与特定环境对个体的学习任务唤醒或者要求有关。

隋学敏等人(2019)以西安市某大学供暖季的大、中、小三类典型教室为研究样本,对上课状态下的教室室温和 CO_2 浓度进行了监测,见图 2-6。

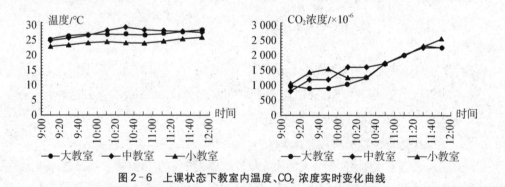

图 2-6 上课状态下教室内温度、CO_2 浓度实时变化曲线

从教室温度变化(左图)可以看出,大、中、小不同教室的温度变化具有一致性,即各教室温度均呈缓慢持续上升趋势,测量期间三类教室的温度上升 3℃~5℃,其中只有小教室的平均温度符合国家冬季采暖季 16℃~24℃ 的标准规定(GB/T 18883 - 2002)。大、中教室的平均温度均超出上述标准规定,教室内存在过量供暖现象。过量供暖不仅有损能源利用,也会降低人体舒适感。从 CO_2 浓度的变化(右图)可见,三类

教室内的 CO_2 浓度均随时间的推移而逐渐升高。研究者(隋学敏等,2019)报告,在监测时间内,大、中、小教室的 CO_2 浓度平均值分别为 $1\,465.8 \times 10^{-6}$、$1\,581.1 \times 10^{-6}$ 和 $1\,692.1 \times 10^{-6}$,均超出国家标准($\leqslant 0.10\%$ 即 $1\,000 \times 10^{-6}$,GB/T 18883-2002)的上限规定。王锋青(2004,pp. 40-41)通过对大、中、小三种班额的比较发现,大型班级(90 ± 15 人)和中等班级(60 ± 15 人)的教室全年课末 CO_2 浓度的平均值都高于 $1\,000$ vpm(即 $\geqslant 0.10\%$,vpm 为百万分之一),此即意味着,在大中型班级开展教学活动的师生,全年有将近一半的时间置身 CO_2 浓度高于 $1\,000$ vpm 的课堂环境中;事后比较发现,大班和中班全年课末平均 CO_2 浓度显著高于小班($p < 0.05$),大中班之间无显著差异。

金艳伶等人(2015)通过对北京市两所中小学(共 8 间教室)的研究发现,CO_2 浓度在 $0.032\% \sim 0.199\%$ 之间,低值均出现在学校放假和非上课时间,浓度高值均出现在上课时间(7:00~16:00),超出国标日平均值 0.10%(GB/T 18883-2002)的规定;从季节看,冬季 CO_2 浓度每小时均值和最大值超标的次数最多,其后分别为夏季、秋季、春季。李和常(Lee 和 Chang,2000)基于香港地区 5 所学校的测量表明,上课时关闭门窗和空调系统,以及教室过于拥挤都会导致室内 CO_2 浓度的升高。

笔者在江苏扬州一小学的课堂观察中发现,十月下旬的教室尚未有任何供暖,课堂上显得较冷。学生身体表现出来的"冷态"随处可见:面部肌肉、书写时的用笔、身体不舒展以及有些学生因伤寒出现的阵发性咳嗽。笔者曾长期体验过西北农村中小学 20 世纪 70 年代末到 80 年代初冬季教室采暖状况:通常在教室中间架一个烧煤的铁炉,温度严重不足,所以经常出现学生冻伤并在上课期间跺脚生热的情况。众所周知,我国政府于 20 世纪 50 年代划分的"秦岭—淮河"(北纬 33°)南北供暖分界线比较偏北,此线以北的学校进入每年的 10 月底或 11 月初到次年的三月底或四月初,都要集中供暖。根据笔者的观察,在供暖教室,为防止热空气外溢以及冷空气的入侵,教室通常门窗紧闭。如果采用烧煤取暖,则教室的空气质量就会雪上加霜;而"秦岭—淮河"线以南的广大地域,冬天一般不集中供暖,为保持教室内的温度,师生通常也会选择紧闭门窗,如果在大班额教室(50 人以上)上课,教室的空气会显得非常污浊。所以,在冬季偏南方的一些学校,我们常常发现这种"温度"与"CO_2 浓度"达标不能兼顾的现象。王锋青(2004,p.36)通过对浙江某大学大、中、小三种班级规模的教室的对比研究发现,大型班级(90 ± 15 人)和中等班级(60 ± 15 人)的教室,其课末 CO_2 浓度高于 $1\,000$ vpm(即 $\geqslant 0.1\%$)的时间主要集中在当年的 11 月到次年 4 月这段低温时期。

不言而喻,门窗紧闭,室内空气必定污浊。室内外空气缺乏交换,供氧不足,时间长了,人会感到不适,出现头晕、咽干舌燥、胸闷欲吐等症状。在这样的环境下遑论学习,就是从事简单的智力活动,效率也难以保证。请看下面的类似描述[1],也许我们并不觉得生疏:

> 从秋末一直到来年的春天结束,可以说所有学校的学生在上课时都是把后门和两边的窗户关得严丝密缝的,室内外的清浊气体根本无法交换,学生呼出吸进的气体都是室内高浓度的 CO_2,六七十号的学生挤在一个毫无空气对流的教室里上课,试问解题的思路、想象的思维怎能提高,在缺氧的环境中记忆力又怎能不受影响……

研究人员认为,与其他室内的污染物一样,教室内的污染物主要是 CO_2 和细菌总数。对于教室内的污染物,有研究者(翟金霞等,2004)发现,空置教室内的 CO_2 浓度和细菌总数均显著高于室外($p < 0.01$),教室内细菌总数远远超标;有人活动的教室内 CO_2 浓度和细菌总数高于空置教室($p < 0.01$),而且 CO_2 作为空气污染的一个指标,与教室内的细菌总数呈正相关。还有研究者(隋学敏等,2019)发现,在人员密度较小的自习状态下,教室内的 CO_2 浓度远低于上课状态,因此人员密度与教室内的 CO_2 浓度具有明显的相关性。

人体的舒适温度评价受主客观两方面因素的影响,环境因素涉及室内温度、相对湿度、风速和空气平均辐射温度;而主体因素涉及个体体质、气候适应性、从事任务及情绪状态等。根据生态学的生物耐受性原理(参见第一章),身处教室的师生自然也存在一个温度受限范围,见图 2-7。

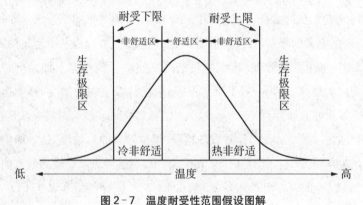

图 2-7　温度耐受性范围假设图解

---

[1] 来自网络资料:https://wenda.so.com/q/1378240228062257。

要指出的是,上述温度舒适区、冷/热非舒适区均为动态值:不同季节、不同地域形成的气候适应以及其他微小气候因子都是影响因素。例如,有研究提出,对人类健康最适宜的室内温度为 16℃～20℃,18℃为最佳的适宜温度(马振予,1987);而另有研究(赵融等,1996)则提出 23℃～25℃为至适温度(感到不热不冷的温度)范围,室温上限以不超过 29℃为宜。当然让人感到舒适的温度也离不开湿度、空气质量以及风速等因素。例如,研究人员一致认为,室内舒适度适宜的相对湿度为 30%～40%。马尔尚等人(Marchand 等,2014)发现,在非舒适范围内,温度对学习效率的负面影响更大;崔等人(Cui 等,2013)研究了 5 种温度条件下(22℃,24℃,26℃,29℃,32℃)对大学生学习效率的影响,结果显示 25.8℃时学习效率最高,暖不适比冷不适对学习效率的影响更大。而蒋婧等人(2019)的研究发现,在稍冷环境下受试者学习效率较高;热环境下学习效率下降 11.2%,冷环境下学习效率下降 2.5%,环境温度过高或过低都会使受试者的学习效率降低;热环境下的学习效率(88.3%)比冷环境下的学习效率(97.0%)低,表明暖不适导致学习效率下降的幅度更大一些。许多研究发现,学生学习效率最高点对应的热感觉倾向于更冷一侧(蒋婧等,2019)。换言之,较高的学习效率多出现在温度舒适区偏下限一侧(图 2-7)。

学界把人对"冷耐受"的下限温度和"热耐受"的上限温度,分别定为 11℃和 32℃。需要指出的是,由于受诸多因素的影响,这一耐受区间仍然是一个"流动"的区间。

经验也告诉我们,当环境温度达到或超过人体温度(36℃～37℃)时,大脑的消耗会明显增加,智力激活水平下降,而且人会感到烦躁不安甚至出现攻击行为。

2. 教室中的噪声及其生态效应

就噪声对学生学习的影响,学者更多关注的是外部噪声,即学校周边或教室周围出现的噪声。例如,有研究者(Lang,2002,p. 14)报告,相比处于安静环境中的学校,位于嘈杂环境中的学校之学生学业成绩更为逊色。还有研究者(Evans 和 Maxwell,1997)发现,长期的噪声环境会显著($p<0.001$)负向影响学生的阅读成绩,其中言语感知发挥着中介效应:长期的噪声接触与言语感知呈显著负相关($p<0.001$),而言语感知与阅读能力又呈显著正相关($p<0.01$)。

实际上,更为常见的往往是来自因课堂教学活动而产生的噪声,所以我们更关注产生于课堂活动的噪声及其生态效应。教学活动产生的噪声多出现于集体性的学习活动:学生早读、教师在授课过程中的提问、语言课上的学生朗读、以小组形式的讨论以及音乐课上的唱歌与器乐演奏等。

　　早读是中小学尤其是小学低年级的必修课。以笔者所观察的学校为例,小学生上午第一节课是 8:50 开始,在此之前,每个班级都安排有将近一小时的早读时间。这个时间段一般由教师指定的一名学生来组织并督促学生的学习,教室内的噪声往往比较高,限于研究条件,笔者未能测量到这一时段的噪声均值。

图 2-8　早自习阅读(左)与上课背诵(右)的小学课堂

　　研究人员(Lang,2002,p. 15)发现,如果工作环境中的声音是正常的或者难以避免的,也许会令手头的任务有所分心但不至于到烦人的地步;如果个体觉得噪声是能够且应予控制的时候,那么它就会变得更加令人分心和烦躁。

　　不论课程性质与年级高低,课堂提问都是常见的教学组织活动。课堂提问中的噪声多出现在小学低年级的课堂中,在一二年级的课堂上,学生大都比较在乎自己得到叫答的机会。因此,常常可以看见学生"争先避后"回答问题的场面(参见第四章的有关内容),这个时候经常会出现噪声过高的现象,而且呈"此起彼伏"的态势。

　　朗读是语言类课程尤其是语文课最常见的教学活动形式,常见于小学中低年级的早自习和语文课上。在语言课的教学中,教师常常要求学生的朗读能做到"字正腔圆",读出声来,所以学生在阅读过程中往往会高声朗读,希望在集体阅读中显示出力量,显示出气势,显示出自己的声势。在集体朗读环境下,课堂噪声往往较高,而且一般高出室内卫生标准(≤50 dB)的上限。笔者在一次小学二年级的语文课上,就注意到学生在齐声朗读的时刻声响过高,超过了有些学生的噪声耐受范围,因而出现学生捂耳朵的现象(图 2-9 左)。不仅如此,在学生室内的其他活动中,也会观察到这种学生捂耳朵的情形(图 2-9 右)。

　　笔者注意到,在学生"齐声"回答问题或朗读课文过程中,也出现过教师捂耳朵的现象,当时既有出于对教师个人的尊重,也有时间未及的问题,因而没能将当时的情景

图2-9 学生在课堂阅读与课间活动中的"捂耳朵"现象

拍摄下来。笔者曾有幸听过一节"幼小衔接"（幼儿园大班和小学一年级合班课）的示范课，在整个40分钟的课堂上，可以说学生全程处于"沸闹"的状态。只有在学生齐声朗读的时候，这样的噪声才会降下来，但学生齐声朗读时的噪声强度也不低，只是感觉到的噪声低于其他时段。这节课有一名授课教师，三名维持课堂秩序的教师（小学一名，幼儿园两名），授课教师维持课堂的高频词是"安静"。在"幼小衔接"这样的课堂上，教师讲得越多，课堂上的"失序"就越发严重。本身小学一年级的学生与幼儿园大班的学生不论年龄、认知水平还是自控能力都很难区分，幼儿园学生上课的常态"助长"了本身自控水平相对较低的小学一年级学生，造成课堂上的噪声叠加效应。坦率而言，笔者在听课的全程，鼓膜始终处于可感的振动状态，并不时本能地捂住自己的耳朵。限于条件，也未能测得当时教室的"噪声"均值（dB），但课后笔者根据课堂噪声的强度与噪音强度的界定水平，估计当时教室的噪声强度起码在80 dB左右！师生在这样的课堂环境中上课，其听力的损害是不言而喻的。

音乐课中的噪声可以说是室内声环境的"常态"。不论是声乐课还是器乐课，都不可避免地出现高噪声的现象。笔者熟悉的一位音乐老师（教授器乐），曾为间歇性耳鸣所困扰，后来这位老师去看医生，医生结合其职业经历及综合性诊断，将该症状确诊为因长期处于噪声环境而导致的阵发性耳鸣。

尽管研究人员多将中小学的环境噪声超标归结于"周边交通、建筑工地等产生噪声，又没有采取有效的隔音措施"等学校的外部声源，但学生的学习活动，尤其是学生的阅读课以及音乐课中的噪声污染，业已成为影响师生身心健康的一种重要噪声污染源。正如有研究者（余夕梅等，2016）所指出的，学生长期在噪声超标的环境中学习，听课效率会受到影响，听力也会下降。

噪声对学习的影响因学习者所从事学习任务的性质而异。根据笔者的观察,相比于个体性的智力活动,学生在集体性的智力活动中有着更高的噪声耐受性。例如,在集体性的游戏、竞赛性质的体育活动或是室内集体朗读时,学生的噪声耐受上限似乎会提高;而在个体性的学习活动如自习、默读以及计算等内部智力活动时,噪声对学生的影响往往比较明显,学生可忍耐的噪声阈限也会比较低。

可以看出,现有研究多是有关采光/照明、温度和噪声等单变量物理因素对学习者影响的研究,但也有个别研究者(Hygge 和 Knez,2001)考察了噪声、温度与室内照明对学生认知活动的综合影响,结果表明:对文本的长时记忆回忆中,噪声和温度之间存在交互作用;对带有情绪色彩词汇的自由回忆中,噪声和照明之间存在交互作用。在我们的课堂情境中,合理而适中的采光、温度、湿度以及声响是衡量教室环境质量的可靠指标,也是影响学生学习绩效的重要环境变量。研究人员(李森,2005)认为,在颜色柔和、温度适中、光线充足、亮度适度的教室环境中进行教学活动,课堂生态主体必然心情舒畅,精神饱满;反之,则容易疲劳,情绪低落。

三、课堂环境陈设与教室墙面布设

涉及课堂物理环境的可测量特征,除了上面的教室采光、微小气候和噪声,课堂环境陈设与教室墙面布设也是重要的可测量属性,也是影响课堂教学的重要环境变量。对美国1050名教师的综合调查发现,良好的室内设计可以改善学习环境,并进而改善学生的学习和学业成绩(Lang,2002,p.16)。在幼儿教育阶段,教学环境、教学内容、教学方法和教师构成课程的四大要素,其中教学环境被称为"隐性课程",即通过幼儿的感知器官潜移默化地对他们产生影响,进而影响教学效果(吴放,1999)。

基于对课堂物理环境的观察与认知,笔者提出两个基本的判断:第一,就教育影响而言,越是低龄学习者,课堂环境陈设对其影响越大;第二,就年级走向而言,越是高年级,课堂环境的陈设越趋向于简单。我们所看到的最为丰富的教室环境陈设往往在幼儿园,最简单的常常在基础教育的中高年级阶段。高年级的教室环境布置一般是"黑板+白墙",内容固定,形式单一(谢翌等,2008)。

教育环境的研究通常分为两个层面:学校层面和班级或者课堂层面(江光荣,2002,p.53)。学校层面的教育生态我们会在第八章专题论述。班级或课堂层面涉及的物理特征很多,朗(Lang,2002,p.6)认为有空间大小、形状、照明、朝向、音质、温度、通风、室内陈设、墙面装饰、技术能力及(设备)连接。从可感知、可测量及学习构成要件的角度,我们主要从课堂环境陈设、教室墙面装饰以及学生桌椅排列等方面来考察课堂环境层面的布设。其中的教室墙面装饰(主要是墙报文化)在本书第八章(学校文化生态)会涉及,学生桌椅排列是第三章(课堂空间形态)要探讨的内容。因此,本部分主要聚焦课堂环境陈设与教室墙面布设两方面的内容。

(一)课堂环境陈设

　　课堂环境陈设对活动于其中的师生之影响不言而喻。苏霍姆林斯基(1983,p. 105)将课堂环境陈设视为学生成长的外部条件和基本手段,认为其是包括学生周围的一切陈设在内的学校物质基础,首先它是一个完备教育过程必不可少的条件,其次它又是对学生精神世界施加影响的手段,是培养他们的观点、信念和良好习惯的手段。从教育者的主观愿望讲,教室布置之目的在于扩展学生学习的深度与广度、培养学生的认知态度与兴趣、增进学生思考与欣赏的机会、结合生活信息与教育以及促进师生感情与互动(张新仁,1999,pp. 84-85)。因此,一方面,人有根据目的和意图创设课堂环境的能力;另一方面,初步定格并在形塑中的课堂环境又给予生活、学习其中的学习者以浸润式影响。

　　毋庸讳言,不论在家庭、社区、学校乃至课堂中,人人都有一种趋同化的环境"完形"需求,即师生都有改变环境以满足其工作或学习目标的倾向,同时也都有因环境改变而转换自己的工作或学习方式的需要。换言之,身处教室这样的特定环境中,我们既有环境布设或调整的需求,也有因环境布设或调整而带来的身心放松与愉悦感(图2-10),请看学生的说法:

图2-10 整洁清爽的教室物理环境陈设

当我的课桌变得干净时,当老师的讲桌、老师的板书变得整洁时,我进入学习状态就会更快。这也许与为什么许多人都愿意去图书馆有关,图书馆的噪音很小,人们很容易就进入状态,着手做自己的事。

相信我们都有这样的环境布设需求,即不论在家庭还是学校或是工作场所,都希望有一个整洁清爽的环境,这种环境不但具有动机引发和激励功能,也有工作效能改善的功能。但也需要指出,整洁、干净且肃静的环境并不一定助推所有的人。有的人在上述课堂环境下学习能更快进入状态且效率更高,而有的人也许在别样的环境下学习会更为投入,这其实与学习者所形成的生活习惯、环境亲适性及场认知风格有关,下面的例证就生动地反映了这一点(Parsons 等,2005):

艾丽西亚开始在下课或没课时上图书馆……但她很快发现自己花了很多时间却做不了太多事。图书馆似乎太大,灯光太亮、太安静、椅子太大,也不能带点心和饮料进来。她发现自己一坐下就东摸西摸,玩手指或者哼歌……她在学校小吃店更能专心做功课,餐厅柔和的灯光、背景音乐、聊天声、可以随意挪动的桌椅以及点心都更有助于她的学习。(p.416)

类似的极具个性化的"场适应性"我们其实并不陌生。一般而言,我们大都喜欢在整洁安静的环境下学习或工作,在这样的环境中我们往往更易进入状态,也更有成效。但并非人人如此,由于个体生活经验、习惯倾向及场认知的差异,有的学习者(如上述的艾丽西亚)也许在相对"失序"的环境中学习会更为有效。所以,课堂物理环境对学习者的效应,绝非简单的某种映射关系,而更有可能存在这样的作用路径:可感知的物理环境→个体(个性以及场认知风格等)感知→环境适应性加工→环境或场所生态效应。这实际上又触及到班杜拉(Bandura,1986)所提出的个体行为(B)、个体因素(P)及其所处环境(E)之间的交互关系问题(本书第一章图 1-4)。

笔者观察到,中小学经常会有面向家长、教师或专家的开放性课程,由于原有教室空间受限,许多学校将教学场所临时调整至学校报告厅或是专用的多媒体教室,这样做的方便之处不言而喻:宽敞明亮的大厅,加上配备比较齐全的数字化教学设施,会让包括学生在内的所有踏足者有耳目一新之感,因而有着明显的场所增力效应。但也常常伴随如图 2-11 所示的问题:因为要确保视听一体化音效设备的良好运行,常常需要在室内临时布设一些基本的辅助性设施,这些设施不仅有碍师生教学活动的开展,有时难免会成为师生潜在的伤害源。

如图 2-11 所示,教室配备有便捷且具实效性的辅助技术设备,教师往往持欢迎

图 2‐11　示范课或开放课教室里的技术设备及连接设置

的态度。但前提是便于教师尤其是那些中老年教师对技术设备的使用,且有良好的技术联通效应——不仅教师可以有效呈现自己想要展示的教学内容,这些内容展示出来之后也有利于学生有效获取并理解。以笔者多年使用有关技术设备的亲历性及观察性经验来看,在易用性与有效性之间,如不能兼得,青年教师更乐意选择后者,而中老年教师更愿意选择前者。观察发现,当技术设备的使用与教师过去的教学(依教师年龄与所教学科而异)相左时,教师常常对之持拒斥的态度,而更乐意采用传统的"粉笔＋黑板"方式组织教学;但技术倡导者和娴熟者更愿意将教室配备的技术设备当作传统教学中的"粉笔＋黑板"来熟练使用。当人们发现自己实现目标的途径受阻时,他们或采取积极应对即改变的策略,或采取退守的消极维持策略,而选用何种策略,则有赖于具体情境、过往经验以及其他特征变量的影响(Lang,2002,p. 18)。

　　在课堂环境陈设中常常遇到的另一个问题是:学生桌椅的可移动性。就笔者接触到的情形而言,现在的中小学以可移动式桌椅排列居多,高校则多以固定的排列为主。可移动式桌椅配置是学生学习本位的,固定化桌椅是学校管理本位的。在中小学课堂上,教师常常会根据教学需要随时调整课桌排列的形式(参见第三章),这种调整服务于教师教学与学生学习组织形式的需要,不仅是必要的,也是可行的。朗(Lang,2002,p. 34)通过对教师的访谈发现,68％的教师希望可以移动学生桌椅以满足教学需要,50％的教师对学生桌椅能够灵活调整感到满意。

　　物理环境布置会支持或阻碍目标的达成。当个体面临(与目标达成或任务实现)不匹配的环境时,通常有两个选择:或者改变自己的需要,或者改变环境布置(Zimring,1981)。从小学到中学,学生一天的三分之一甚至一半的时间都是在学校里度过的,而教室又是学生学习和活动的主要场所。一个好的教室布置,可以在潜移默化中改变学生的行为,提升学生学习的效率,达到"境教"的功能(张新仁,1999,

p. 133)。人们之所以如此重视课堂的物理环境,是因为他们注意到,学校的物理环境与学生的学业成绩之间存在某种明确的关系。例如,朗(Lang,2002,p. 22)在考察了学校诸多物理环境特征之后指出:第一,学校设施缺乏且陈旧会减损学生的学习效果,反之,现代化的可控的物理环境可以改善学生的学习过程;第二,学校设施对不同年级及学科的学生表现会有不同的影响。

(二) 教室墙面布设

教室墙面布设在某种程度上表征着学校和教师的生活和职业追求,也是学校课程文化的价值追求与表达,它既可以是一种条件性的课程资源,也可以是一种素材性的课程资源(谢翌等,2008)。墙面布设是"隐性课程"的重要内容,对学生的学习和人格成长发挥浸润式教育功能。本部分我们从教室墙面颜色和墙面文化两方面简略阐述教室墙面布设及其生态效应。

1. 墙面颜色布设

课堂环境陈设中的颜色及其搭配是我们可感知的比较突显的环境元素。我们知道,颜色具有显著的物理特征,如色相、纯度和明度;从视知觉的角度讲,有饱和度、亮度和色调。同时人们很早就发现颜色也具有一定的心理效应,如冷(绿、蓝、紫)、暖(红、橙、黄、棕)色是大家非常熟悉的一种色觉现象,这种由特定通道的刺激(如视觉)引起另外通道(肤觉)之感觉的现象,心理学称作联觉。我们都有这样的共识性经验,高血压、心脑血管方面的患者房间或者病房不可以是暖色设计;航班或旅客列车外层的颜色或白色或绿色,都是中冷色调,这些都是基于颜色联觉现象的设计。

至于课堂环境,常见的教室墙面颜色设计大都是白色或其他中冷色调的墙裙,这样的设计显然是有科学依据的。颜色不但可以美化人们的生活,而且由于颜色的美同它本身的物理关系,还会影响人的情绪和心理活动……五颜六色一经映入人的眼帘,除了能引起人们产生明暗、冷暖、轻重、远近等感觉,还能产生兴奋、忧郁、紧张、轻松、烦躁、安定等心理效果(叶学良,1989,p. 242)。因此,学校尤其是教室的颜色设计与调配,一定是以这种颜色的美学为依据设计的。研究人员发现,按照颜色产生动力原则粉刷的学校,其学生在社会习惯、健康、安全习惯和语言、艺术、算数、社会学、科学以及音乐才能方面均有很大进步(Malandro 和 Baker,1982,p. 179)。

2. 墙面文化布设

关于教室墙面布设的类型及其生态效应,我们会在第八章专题论述,这里仅简略涉及。根据墙面布设内容的性质,我们可以将其分为稳定的与变动的部分。前者主要指向励志类的格言警句及人物图像,通常张贴于教室两侧;后者主要指向班级动态、学生个人学业及临时性的信息发布等,通常展示在教室前(黑板两侧)、后(黑板报)。

相对稳定的格言警句类墙饰多以名人名言为主。这类墙饰又表现为两种形式,或者表现为"人言分离"的名言类,即表现为"不见其人,只现其言"的格言警句类;或者表现为"人言合一"的名人名言类(图2-12[①])。两种布设方式以后一种更好,原因是:"数形结合"的呈现方式不仅符合儿童思维发展的特点,也可以降低儿童认知加工过程中的认知负荷(王映学等,2013,p. 63)。

图2-12　教室墙面装饰中的名人名言

我们说这一类墙面布设比较稳定,原因是:第一,名人名言往往反映着人类的普世价值和追求,具有较高的人文教育与价值关怀;第二,这类墙饰不论是内容还是形式,普遍适用于不同年龄的儿童;第三,这类墙报的形式通常由学校统一设计,制作比较精良,且花费了一定的成本。"稳定性"一词本身包含着双层含义:既然是稳定的,就意味着一贯性与一律性;但稳定必然意味着变化的缺失,因而难免令人感到单调与乏味。

一般而言,就知觉的刺激特性而言,越是新奇变化的刺激,人越容易知觉到,这是知觉的一条基本原理。所以对这类墙面文化的关注,往往是学生在刚刚进入到特定新环境的时候,但前提是这些装饰不同于自己原来教室的墙面布设。若是不同年级间的

---

① 我们搜集到不少布设于教室四周的此类图片,但因拍摄效果欠佳,故用基本类同的网络图片代之。

墙面布设雷同,则这种起始的注意指向也谈不到。所以从这一点来看,墙面布设应该体现儿童的年龄与认知发展特征,不同年级的墙面布设应有所变化。

名言警句类墙饰涉及名人名言,这些名言都是名人基于个人的亲历经验、认知与体验的高度概括,具有极高的教育和激励功能,如"知者不惑,仁者不忧,勇者不惧"(孔子)、"在所有批评家中,最伟大、最正确、最天才的是时间"(别林斯基)都是具有这种价值的名言,读之令人豁然开朗。笔者也观察到,总是有学生在课间有意或无意注意到这样的墙面文化;不仅如此,教师在教学过程的间隙,有时也会驻足于这些墙报之前,仔细品味其中的一些内容。所以,这些被人们称为"隐性课程"资源的墙面文化有着难以估量的教育价值。但是,毋庸讳言,任何认知都是基于特定情境的,名人之名言也是如此,基于名人情境的认知体验于我们而言就是替代性经验。心理学家(Bandura,1986)强调替代性经验的学习与教育价值,这是毫无疑问的。但替代性的经验往往远离了特定的情境,我们也许会生成一定的认知,却往往缺乏亲历者那样的情绪情感体验,所以有人讲,只有理论的提出者才能深刻理解该理论,这是很有道理的。尽管我们不否认这类格言警句所具有的教育价值,但因为高度概括抽象以及远离学习者的具体情境,所以置身课堂的观察者也常常有遥不可及的疏离感和时空隔离感,这一点也是无需回避的。

教室墙面装饰中有时也会出现偏"政宣类"的人物展示,如曾几何时,学校走廊或教室内张贴的"少年英雄"。首先需要申明,这里无关对他们的任何不敬,要提及的是这类倡导性教室布设的教育伦理问题,比如不分条件地鼓动或者倡导少年儿童向一些英雄人物学习,就涉及我们在这里讲的榜样伦理或者教育伦理问题,而对于认知能力尚有限的低龄儿童尤其如此。这其中涉及的问题很多,这里不再述及。

另一类变动不居的墙面文化是教室黑板报,见图2-13。这类墙面布设一般置于教室后墙,是学校文化生态(参见第八章)的重要组成部分。

图2-13 作为教室墙面布设的黑板报

黑板报多是班级生态的,是班级信息、动态及个人作品的展示栏。据笔者的观察,班级黑板报常常是学校或教师或学生设计理念与意图的体现。其中,学校统一、格式化的设计也时有体现。研究人员(李晶,2013,p.36)基于对一所小学五六年级的课堂观察及学生访谈,发现课堂物理环境的陈设主要还是受教师主导的,而教师的布置意愿又多反映学校的要求,学生在其中承担的主要角色是负责提供素材并按教师要求布置实施,而体现学生想法与成长收获方面的内容不明显。用教师自己的说法,就是(李晶,2013):

> 在课堂物理环境的布置中,孩子的痕迹比较少,孩子的想法什么的无法从布置中展现出来。学校规定要统一、整齐、美观,你看那个"中国符号"的展示板,齐刷刷的都是找专门的人设计和刻制的;再看教室里面,学校统一布置了后黑板,定期统一检查,墙壁什么的不让动,怕弄脏了、弄乱了。学校规定了这样的一个前提,我们就是想让学生按照自己的想法做,也有心无力啊。学校根本就不给我们老师和学生主动权,学校说怎么做就得怎么做,我们是处于受支配的地位。(p.36)

有时黑板报也会由学生来主导布设,这种情况常出现于高年级的班级,但也与教师对学生的信念有关。有的教师倾向于让学生主导设计,自己仅提供指导;而有的教师更倾向于自己总体规划,让学生"增砖添瓦"。

黑板报所展示的内容,也可以部分地反映班级生态或者班级氛围。若"板展"内容以班级成绩或个人学业信息为主,就无疑在引导一种教育竞争的文化,表达着学校和教师"对考试成功的期待"(谢翌等,2008),这是一种倡导个人竞争的班级文化生态。在这样的班级里,个体竞争常常比较激烈,教师看重学生学习的结果,师生均以结果论"英雄",长此以往,就会促生一种"竞争多于合作"的课堂生态。若"展板"更多展示的是突显学生特长类的作品,如书法、绘画、读书心得或者感言之类的内容,如果教师本着"人人都能"的学生观和教育观,每个人都有机会展示自己的作品,每个人都有自我表现的机会,这样的课堂,也许会促生与前一种完全不同的课堂生态:彼此了解的、认可的且倾向于合作的。不仅在学生之间,而且在教师之间都可以形成一种欣赏、鼓励和协助的班级氛围。若"展板"更多呈现的是学校守则或者班级契约,后者诸如学生听课、作业完成、课间休息等方面的要求,也许传递的更多的是一种对学生"控制"的信息,强调如此墙报文化的班级生态是不确定的:或者形成守规则讲契约的生态,但也可能驯养一种"照章办事""墨守成规"而缺乏变通的生态,从而养成一种外部控制的班级治理风格。还有的"展板"多展示与社会政治宣传、地方倡导的习俗礼仪等有关的内容,这些内容由于缺少学生个体的"具身"信息,远离学生的学习情境与个人经验,所以学生对其的关注度常常并不高,这类"展板"更具墙面文化布设的形式特征而缺乏实质特征。实际上,班级黑板报所展示的内容非常广泛,难以一一列举,较为详细的分类参见第八章的有关内容。

第三章　课堂空间形态

近水楼台先得月,向阳花木早逢春。

——北宋·苏麟《断句》

　　课堂是学校教学活动的主要场所,也是师生沟通和交流的主要空间。"空间"(space)一词来源于拉丁文"spatium",原指"距离"(distance)或"延伸"(stretch);中世纪晚期,一些研究者以之指称"容器"(container),意指特定的位置感(sense of locus)或场所(place);之后,笛卡尔将"spatium"原初所指进一步引申为长、宽、高三个维度(Elden,2009),这也就确定了我们今天对空间这一概念的基本理解。这里提及的两个基本概念,即"空间"和"场所"有所不同:前者是更具数学化的、抽象的外加概念,后者是更具体验性的、与具体环境相遇并具生活感的形式;前者显得更大、少个性化,后者是更加局域性的、与个体关联的;前者指"在那儿"(out there),后者指"在这里"(in here);前者具有边界并具排他性,后者更为开放和分散(Elden,2009)。讨论课堂空间形态问题,在许多方面都离不开这两个概念。

　　实际上,人们一开始将空间主要理解为物质空间。之后,研究者认为有必要把空间的代表和在空间中的生活经验都列入空间实践的领域。这样就有了物质空间和社会空间之分,而它们进一步又可细分为地理空间、生存空间、文化空间、交往空间以及虚拟空间等(汪天文,2004,pp.58-59)。

　　可以从广狭两义来理解课堂空间,广义的课堂空间泛指课堂内整个的物理环境;而狭义的课堂空间则指课堂教学参与者人际组合的空间形态(吴康宁,1998,pp.343-344)。本章所论及的课堂空间形态主要包括物质空间形态和社会空间形态,具体而言,前者主要涉及学生座位排列、班级规模(社会密度),后者则涉及学生空间位置及师生互动性的交往关系。

一、课堂座位排列形式及学生座位安排

课堂座位排列是教室物理环境的重要内容,其形式变化多样,但其目的无外乎便于学生之间、学生与教师之间的交流与协作,从而促进学生的学习,培养学生人际合作与交流的态度和能力。学生在教室的座位安排有赖于教室密度、活动性质、教师的教学方法、教室的物理空间以及形状等因素(Sommer,1967)。本部分我们讨论两个问题,一是教室座位排列形式,主要涉及座位的空间排列;二是学生座位的安置形式,主要涉及学生在课堂的空间位置。

(一) 课堂座位排列形式

座位排列形式其实折射了教育者的包括学生观、学习观和教学观在内的教育观,教育观会直接影响教室座位的布置,而座位的布置自然也会影响师生的互动方式及师生交流的体位,影响着教学过程的组织和教学活动的开展。

从课堂管理的实践看,课堂桌椅的排列有多种变式,也有多种不同的叫法。我们主要按教师本位和学生本位这样的视角来探讨课堂座位的排列。

1. 教师本位的课堂座位排列

所谓教师本位,就是便于教师管理和控制,以教师方便组织教学为出发点来设置学生座位,教师仍然是教学活动的组织者和主导方,学生是参与者。对于大家而言,教师本位的座位排列是我们最为常见、也最具共识性的一种座位排列方式,见图3-1。

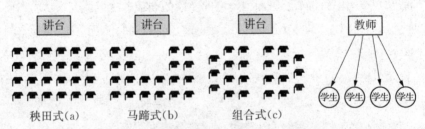

图3-1　教师本位的座位排列及其交流模式

这种座位排列方便教师对课堂教学的组织及对学生的管理和控制,是教师主导的,尤其适合于教师讲授为主的课堂教学。这样的空间被细致地分割,每个人都有确定的位置,每个位置都有固定的人,位置由前后左右所确定,每个人是单一的原点,点

成线，线成面(刘云杉，2004)。从教师的角度讲，自己在讲授时，所有的学生面向教师所在的方向，学生的课堂学习行为和参与状态，尽在教师的掌控之中。教师不仅方便整齐划一地组织课堂教学活动，也能及时发现教学进行过程中出现的各种"异相"；从学生的角度讲，教师本位的座位编排方式便于学生与教师之间的直接交流，学生更能从教师的主导性活动中得到有益的反馈信息，对那些更加依赖教师外部组织和管理的低年级学生来讲，他们也乐于接受这种教师本位的学生座位安排。

对秧田式排列的研究发现，以这种方式组织教学的一年级学生，在学习活动中专注的行为要比围绕桌子而坐者高；而且在这种座位编排中，教师的称赞次数要比圆桌式多四倍(张新仁，1999，p. 98)。也有研究者(Murray-Tiedge，2012)指出，马蹄式编排(图 3 - 1b)是师生双方均乐于接受的一种座位编排方式，原因是这种座位编排便于对话与控制。来自师生的亲身体验是，在这种以教师本位编排座位的课堂中，那些对学习充满兴趣的学生往往会选择坐在离教师较近的座位，而那些逃避型的学生则尽可能坐在靠近门口的位置(Weinstein，1979)。

尽管从教育理念来看，不存在有问题的座位编排方式，只存在有问题的座位编排利用。但是，上述我们常见的秧田式座位编排方式也易引发一些不良后效：便于师生互动的座位排列并不一定利于学生之间的互动，尤其是课堂中的协作式学习；而且，这种行列式的座位编排容易让那些处于教室后排及两边位置的学生被"边缘化"。所以有研究者认为，这样的座位安排是一个被纪律所解析的空间，所推崇的是严格的纪律、忠诚的态度、不反思的吸纳(刘云杉，2004)。

2. 学生本位的课堂座位排列

学生本位的课堂座位排列见图 3 - 2。这种座位编排的主导思想是以学生为本，将学生按照不同人数(3～6)分组编排座位，尽管有着多样化的排列变式，但有一点不变：体现学生学习过程、突显以学生为本的分组理念。这种座位排列不仅便于组内学生之间的交流与协作，也便于师生之间的互动与合作，是课堂协作式学习中常见的座位排列形式。

不论怎样的变式，学生本位的座位编排都是以小组形式出现的，这种形式的座位编排更便于学生组内的交流与合作，是一种适合协作式学习的座位编排方式。这种方式对那些需要学生之间互帮互学的、讨论式的学习尤其方便。由于小组的人数不是很多，这种方式有利于学生的参与，学生面对面地探讨问题，不仅有助于学业上的进益，也有助于培养学生之间的协作精神。教师以小组为单位，学生分组完成学业，教师以

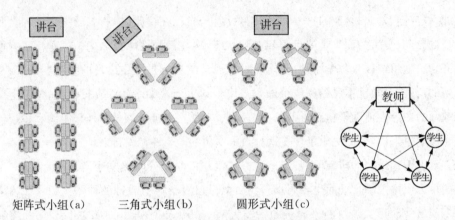

矩阵式小组(a)　　　　三角式小组(b)　　　　圆形式小组(c)

图3-2　学生本位的座位排列及其交流模式

小组为单位评价学生的学业表现,有助于培养学生之间的互助、合作及团队精神。

　　研究人员(Becker等,1973)通过对大学教师的访谈发现,在小规模的班级授课时,66％的教师选择研讨式或者半圆形式的座位安排,26％的教师选择圆形式的座位安排,而只有6％的教师选择秧田式的座位排列。研究人员更愿意将座位安排与其倡导的教育信念联系起来。例如,主张进步主义教育的实践者更喜欢让学生围坐成圆形式而不是秧田式,因为在他们看来,圆形式座位安排常常被看成是民主的体现:每组同学都能够面对面、完全平等。教师们之所以喜欢圆形式排座是因为这种座位排列能引导学生交谈,每位学习者都可以彼此看到和听到(Brookfield,1995,p. 11)。然而,正如硬币有正反两面一样,圆形式座位的安排同样具有双重性:对那些自信、喜欢发言和习惯于学术文化氛围的学生来说,圆形式排座相对没有什么可怕之处,因而他们感到是适合的、可靠的和自由的;但对那些容易害羞,对肤色、相貌和衣着有自我意识,不习惯理性对话,害怕学科术语和学术氛围或者因为缺乏教育而感到不安的学生来说,圆形式排座的经历是痛苦的和受辱的(Brookfield,1995,p. 11)。也有研究认为,在这种座位编排中,学生容易分心,出现的坏习惯比行列式多三倍,而且来自教师的称赞次数也较少(张新仁,1999,p. 99)。但一线教师可能更多考虑的是基于特定空间和场所的可行性与便捷性,请看教师的说法(李晶,2013):

　　　　我觉得现在这种课堂物理环境的布置(指秧田式)就挺好的。如果想让孩子们围成圈,呈圆形排列,并在中间留出孩子们展示和活动的地方,那么主要问题是没有空间,那得是20人左右的小班额可以做的。现在我们学校每个班级的人数差不多都在40人左右,教室就那么大,只有现在这种一排一排

的座位摆放方式,才能有效地利用每一寸空间,看上去还比较宽松,感觉不拥挤。(p. 42)

我们以大学生为研究对象,发现大学生对马蹄式座位排列的选择比例最高,反映了大学生对这种座位编排的选择偏好;大学生对座位的选择在公共课与专业课之间存在显著差异(段宝军等,2015)。我们的研究(杨琳,2014,p. 31)也发现,中学生的课堂空间偏好在性别上有显著差异,女生更偏爱小组合作型;课堂空间偏好在学业成绩上也有显著差异,学业成绩优异的较偏好秧田式,学业成绩落后的较偏好小组合作式。不论学生本位还是教师本位的座位排列,也不论座位排列如何变形,其宗旨都在于方便师生之间、学生之间的交流与合作,而任何形式的交流与合作都要有利于教学活动的组织与教学目标的达成。

(二) 学生座位安排

教师基于自己所在学校的传统及其教学理念与经验,对学生的座位安置会有多种多样的方式,综合起来,主要有以下一些方式。

1. 按身高排列学生的座位

这种座位排列有着看似客观公正的可视化依据:以学生的身高为依据,从前到后按学生的身高增序编排。比较常见的排列方式是,教师仅凭目测即对学生的前后位置进行安排;个别教师为了排除学生尤其是学生家长对座位编排的疑虑,会以学生的身高测量信息为依据安置学生的座位。以身高安排学生座位的结果是,那些在班级中相对较矮的同学始终坐在前排位置,相对较高的同学则一直坐在教室的后排位置。按理说,这种座位安排以学生身高为主要依据,也是教师编排座位需要遵循的主要原则之一。但在实际的教育教学实践中,在具体的课堂实践中常常因各种各样的原因而发生变异,请看学生自己的遭遇:

> 初中的时候,我身高不高,属于发育晚的那种。我的班主任是位男老师,他将我安排到倒数第三排,这是初一时候的事。当时,因为矮,我看不见黑板,我前面的同学都比我高,所以初一的时候我的成绩直线下降,每次的考试结果在年级都是一百多接近两百名的样子。到了初一下学期,我还是在后三排移动。我注意到,班主任对有些成绩不好,学习也不认真,可家里经济背景比较好的学生显得非常关心,他们的位置都在教室前三排稳定不动。我记得很清楚的是,我们班有个同学又胖又高,却坐在教室第二排正中

间,很多同学都觉得他挡住了后排学生的视线,可班主任就是当没听见,完全不理会。

研究人员(Stires,1980)也注意到了这种按身高安置座位所存在的某种系统性歧视:这种以学生自身的携带特征为依据的座位安置看似公平且具有操作性,但个体仅仅因为身高或者自己的姓氏而被指定座位,常常意味着某种系统性的歧视。

2. 按性别搭配排列学生的座位

按性别编排学生的座位是常见的座位排列方式,通常有两种方式:同性别的安排与性别交叉的安排。前者即将同性别的同学安置为同桌,多见于中学阶段的后期(高中阶段)和大学阶段(多为自选式);后者多见于小学阶段和中学阶段的初中阶段。以笔者的观察,在小学阶段很少有同性别安排学生座位的现象。

综合起来,性别交叉的座位安排为学生及家长所偏爱,原因是,男女不同性别的学生作为同桌,不论行为习惯、学习习惯还是学习品质等方面,都具有互补优势。当教师将性别交叉的座位安排与下面提及的学科成绩互补的方式结合起来的时候,这种座位编排更为可取。

3. 按学生优势互补排列学生的座位

按学生优势互补排列学生的座位,即教师安排座位时以学生的学科学习优势为主要的考虑维度,又有多种取向。

(1)高成绩组合

即教师在编排学生座位时,按照最近的学生测验成绩,以"等位"相配的方式,将成绩较高且接近的同学排列为同桌,是一种奖励式座位安排。根据我们的观察,这种排列方式比较少,但在课堂座位编排中确实存在,往往为那些高成绩学生的家长所认可。请看学生的报告:

> (进入新的学校后)经过几周的学习,我发现镇小学的生源比村小学的优秀一些,我在村小学时候的学习尚属不错,进入镇小学只能算是中等偏上。老师在学期初给我安排的同桌的成绩差不多是班级前三名,这给了我很大的压力,但同时也给了我很大的动力。上课时,她笔记记得很详细,老师一带而过的知识点她也记录下来。课后,大部分同学都会出去玩,她总是第一时间完成作业……在她的影响下,我的成绩逐渐提高。之后,我俩会比着谁的作业写得快,谁的考试成绩更高一点,也会在课后一起讨论一些难题,这种相互学习、相互竞争的学习模式,给了我很大的学习动力。

（2）学科成绩互补式组合

这种互补式组合又分几种情况：高低成绩的互补式组合和学科成绩的互补式组合。高低成绩的互补式组合即笼统地将阶段内高低成绩的学生组合搭配，教师这样编排的目的是让高成绩学生对低成绩学生提供学习上的帮助。这种组合中的同桌帮助看似是单向的，实际上是双向的，即高成绩学生在帮助低成绩学生的过程中往往会经历体验式的学习。学科成绩的互补式组合，即不同学科高低成绩者互补式安排。在这种座位排列中，由于同桌有着各自的学科优势，教师安置的本意在于同桌之间在具体学科学习中能够互帮互学，共同进步。

（3）学生能力的互补式组合

来自理论与实践的证据表明，同在一室之内的学生，每位同学都有自己的长短，这是毋庸置疑且难以回避的。有的学生在课堂上之所以有更多积极的或消极的学习体验，往往就与个体已有的长短有关。有的教师在安排或者调整学生座位的时候，会考虑将不同性格或者能力的学生安排为同桌，这样的安排显然体现了教师的良好愿望，即以 A 之所"长"带 B 之所"短"，且常常也可以出现不错的联动效应。请看学生自身的说法：

> 在学校里，我虽然性格很好，乐于助人，交往沟通能力强，但学习能力差，不懂得该如何学习。我班上的王同学是班里的佼佼者，唯一的不足是交往沟通能力欠佳。班主任张老师深知我们各自的长短，没有说破，没有当面指责，而是让我们坐在一起，成为同桌，让我们在潜移默化中相互学习。只要我们身边有这样一位同桌作为自己的榜样示范，久而久之，我们各自就能"长善救失"，达到取长补短的效果。

对上述高低成绩的互补式组合的座位编排之优劣，我们收集到的资料并不一致。下面是一位研究生就这种座位安排提及的亲历性经验（上）及观察性经验（下），自己亲历的经验与观察到的经验是两种截然不同的生态：

> 进入六年级下学期后，有着多年带班经验的班主任改变了以往按身高编排教室座位的方式，而代之"以优带差"的方式，让成绩较好的学生与成绩较差的学生两两配对，成为同桌……课余时间班主任也会找"优等生"谈话，鼓励他们在学业上给予同桌关心和帮助。在这样的座位安排之下，我对自己的认知有了这样的定位：我是优等生，我应当帮助作为"差生"的同桌 A。于是，在上课前发现同桌的书本和文具摆放不整齐时，我会主动帮助他摆到位；

在上课发现同桌开小差时,我会及时提醒他认真听讲;在课堂讨论时得知同桌有正确的答案时,我会鼓励他积极举手发言;在课堂提问时发现同桌遇到难题无法解答时,我会及时在课后为他讲解,直到他完全弄懂;在课后布置作业时,我会用小纸条详细记录好每一门课的作业与要求,在放学时递给同桌并提醒他不要漏带或者漏写作业。

坐在我们后排的一对同桌(姑且称作学生 B 和 C)则有着截然相反的行为表现。学生 B 是一名性格开朗但较为自负的男生,作为全家人都宠爱的对象,他常常觉得自己比其他人都好,习惯以自我为中心,看不起班级中的"差生"。学生 C 是一名性格内向且自卑的女生,她是许多班级中典型的"像空气一般"存在着的学生。这样两位同学做同桌,学生 B 从未积极帮扶学生 C,而是常常取笑学生 C 的成绩和作业情况;学生 C 因为内向自卑的个性心理特征,也很少主动向学生 B 求教,更多的是放弃认真学习,并经常性出现不交作业、考试成绩极不理想这样的状况。

(4) 低成绩组合

即将阶段内在测验中取得低成绩的学生编排为同桌,是一种惩罚式"隔离"的座位编排方式。这种编排方式虽不为学校所提倡,但在一些教师的座位安置中确实存在,是最为低效也备受诟病的一种座位安置。

4. 按学生意愿自由组合座位

在小学乃至初中阶段,这种自由组合式的座位排列采用得比较少,但在高中阶段的课堂上还是可以见到,尤其是在学生比较"整齐划一"的"重点"班或实验班,教师对学生的座位编排往往比较随意。根据我们的不完全调查,当学生根据自己的意愿自行选择座位时,学业因素并非其首要考虑的因素,非学业因素即同学关系或者个人偏好才是其座位选择的首要考量。当然,也有个别学生首要考虑的是学业而不是非学业因素。在这种座位编排中,常常存在让个别学生很尴尬的境况,即总是有学生被剩下而无人愿意与之同座。

这种座位安排方式充分尊重了学生个人的意愿,但因为学生选择座位因素的多元性,这些因素有可能有利于课堂学业学习,也有可能会成为干扰学生学习或教师课堂教学的不利因素。早在 20 世纪 30 年代,沃勒(Waller, 1932, p. 161)就提出过学生在座位选择中的特定分布:选择坐在前排的学生是一些过度依赖型的人,也许还有一些非常热心的学生;而坐在后排的是叛逆者,他们通常反抗权威,也对抗父亲的形象。以笔者在大学多年的亲历性经验来看,学生在自由选择座位的时候,有两个明显的特征:一是座位空间位置相对固化,二是学生的同桌常常比较固定。前已提及,这种座位安排对那些总是在他人选择中"被剩下"的同学来讲,看似"无欺"的自由组合式的座位编排,却常常成为这类学生累积的消极体验的引发事件之一。

5. 通过抽签排列学生座位

这种座位编排通常采用抽签或者电脑编号随机排列学生的座位,是一种看似极为公平公正但却是一种多消极效应的座位排列方式,在实际的中小学学生座位编排中极少被采用。学校较少采用这种座位安排方式,并不意味着学校情境中没有这样的安排。我们发现,这种座位编排的出现往往是在学生家长过于在乎自己孩子在课堂中的位置,而学校不得不回应家长的呼吁或要求时迫于无奈的一种应对方式。

实际上,这样的座位安排常常具有一系列的后发效应:以随机的或者电脑编号的方式排座,完全去除了课堂的具体情境,会引发学生及其家长的不满,导致诸多的课堂管理问题,因此往往不具可行性,更谈不上良好的教学生态。概而言之,这种座位编排是一种"以乱致乱"的座位安排方式。

6. 按阶段内的成绩表现调整座位

与其说这是一种座位排列的方式,不如说是教师临时调整座位的方式更为恰当。在有的课堂上,教师会根据学生短期内的学习成绩、学习态度、课堂表现而对学生的座位作临时性的调整,往往是将那些表现进步的同学安置于学生自己比较喜欢的位置上;将表现不够好的同学以一种惩罚的方式安置到偏后靠"边缘"的位置。有的老师则采用多样化的做法,如允许阶段内考试成绩好的学生自由选择座位,而将成绩差的学生安排在某种特定的局域内。下面是两位学生的报告,可以看出教师的不同座位编排对学生的不同影响:

> 就我初中的大部分老师来说,学优生坐在三、四排,学困生坐在最后两排是最常见的教师对座位的编排方式,但我的班主任有一次改变了这样的编排方式:他将班级等分为 A、B、C、D 四个小组,前十名按照身高坐在 A 等级组,中上成绩的学生坐在 B 等级组,依次类推。在此之前,我一直以为按照自己在班级十几名的成绩排名应可以坐在 B 等级组,但最后却被安排到了 C 等级组的第三排。对此,我感到十分失落,觉得自己坐在 C 等级组与自己的成绩不符,自己坐在这样的座位就成了班里的中下等学生。由此我对学习的热情

明显下降,直到一个月后的考试结束后,班主任又按常规的座位编排将我调整到了原来的座位,自己的心情才渐渐好起来……

我初中就读于一所全封闭的寄宿制学校,每周有周考:周六为考试时间,下一周的周三是出成绩的日子。我们班主任的做法是,本周的成绩将决定未来一周的座位安排。老师将考试倒数1~7名的学生安排在最后一排,倒数8~14名的学生是第一排,第二排是连续退步两次及平时学习态度不端正的学生,第三排为退步最大的7名同学的座位,其余的同学则可以自行选择同桌和座位……我曾因连续退步两次被安排坐过第二排,当时我感觉自己被钉在了"耻辱座"上,之后常常为了能够具有自由选择座位的权利,我非常关注自己的考试结果。

可以看出,上述两位老师均以阶段内的考试成绩为依据对学生的座位进行调整,其共同点是:两位教师都以阶段内的考试成绩为依据,将学生的座位调整与成绩结合起来。但两位教师的用意各有不同:或者通过座位的重新调整对学生(考试成绩出现退步或倒数的学生)予以警示,或者通过座位调整将这些学生纳入课堂空间的"活动区",当然大部分教师都不忘对成绩优异学生的奖励性座位调整。由此,我们可以将教师以成绩为依据进行的座位调整大体划分为活动区安置和边缘区安置两类,前者多表现为强化与关注,后者表现为惩罚与忽视。不论有何不同,学生对这种以成绩为依据的座位调整常常充满担忧或者羞耻感,当然也不排除对教师的这种做法的抱怨甚至怨恨。从学生身份走过来的我们并不缺乏这种体验:有时老师会将"问题孩子"特意安排在一个比较孤立的空位上。从好处讲,这样做是对学生的警示,旨在让其安心听课;往坏处讲,就是不让这样的学生干扰别的同学。下面即是这样一例:

一次,我到教室里接孩子,看见他坐在最前面一排唯一的一张靠墙的桌子边。"看,老师多关心你,让你一个人坐最前边,免得上课讲话。"我一半讨好地说道。"那是惩罚座位,班上最差的才坐那儿呢!"当着教室里的许多人,A老师毫不留情地甩过一句。(王伟群,1998)

笔者在听课过程中也注意到了这样的情况。在一次小学三年级的数学课上,笔者发现学生都是按照男女同桌安排的,但就第二列最后一排的两个座位是分开的。当问及授课教师这样安排的缘故时,这位数学教师说,这种排列方式都是由班主任决定的,就是隔离在上课时存在问题行为的学生,不然两个学生坐在一起尽讲话了。

二、学生座位安排与学生学业表现

人们很早就开始注意学生在课堂的座位位置与其学业表现之间的关系了。沃勒（Waller，1932，p. 161）在其《教学社会学》一书中就曾这样描述道：那些坐在教室前排靠中间的学生与教师的关系更亲密，能够在更近的距离关注教师，因为在这些学生的注意力范围内，相互竞争的对象较少；不仅如此，他们还有一个更大的优势，就是根据手势和体姿等非言语方式与教师进行全面的交流，而这样的交流便利是坐在远处的学生所难以观察得到的。

教室是活的，是有机的（Parsons 等，2005，p. 416）。教室中的每位学习者都是活生生的有着不同家庭背景、个性与学习风格的个体，这使得每一个课堂空间都是一个独特的场域。而每位学习者不同的学习风格及其偏好的学习情境，使得每间教室都存在高度个性化的学习氛围。从生态学的视野考察课堂座位的排列，重点自然不会放在座位的物理排列方式，而在于不同物理排列方式对师生互动及学生学业的影响，这也是本章我们欲探讨的重点。

课堂座位与学生学业表现方面的研究发现是多样的，结果并不很一致。但人们共同性地发现，坐在教室不同位置的学生受教师的关注程度不同，而学生选择坐在什么样的位置（在自己能选择座位的前提下），往往受其自身的前置变量——学业效能、学业成绩、自我概念以及对教师的悦纳或对课程的偏好程度——的影响。对此，有两种不同的解释——环境假说和自我选择假说（Stires，1980）。前者认为学生的座位对自己与教师的课堂互动机会及其成绩有决定性的影响；而后者认为，学生自身的前置变量决定了其对座位的选择，而这种座位选择影响学生与教师互动的机会与学习结果。

学界关于课堂座位编排的研究，多限于教育学、心理学和生态心理学三个不同的学科领域，基于不同学科视角对课堂座位的编排有各自不同的考察重点，其中的生态学视角多偏重学生座位编排与其学业成绩之间的关系，以及课堂座位排列与学生卷入及师生互动方面的研究（王映学等，2017）。本部分我们探讨两个问题：座位安排与学生的学业成绩之间的关系，座位安排与学生卷入及师生互动之间的关系。

（一）座位安排与学生的学业成绩

关于座位安排与学生学业成绩的关系的研究不少，但研究结果并不一致。如格里菲斯(Griffith,1921)的研究表明,处在教室前排位置学生的成绩稍低于处在中间位置学生的,并且随着座位位置的远离,学业成绩逐渐降低;法恩斯沃斯(Farnsworth,1933)发现,课堂座位偏好与学生成绩之间具有显著的相关性,偏爱前排的学生比偏爱后排的学生成绩更好;贝克尔等人(Becker 等,1973)指出,学生的座位选择与其学业成绩之间存在相关,即处在前排中间位置的学生的学习积极性更高,学习更主动,更喜欢教师,学业成绩也更好;本尼迪克特等人(Benedict 等,2004)则认为,选择教室前排位置学生的学习成绩更有可能得 A,而选择后排位置学生的学习成绩得 D 和 F 的可能性更大。与上述研究不同,斯泰尔斯(Stires,1980)发现,处于前排和后排学生的成绩无显著差异。尽管问卷调查表明,高成绩及高参与的学生更愿意坐在教室前排靠中间的位置,但研究者认为这更多的与个人倾向而非座位位置有关(Weinstein,1979)。莱文等人(Levine 等,1980)发现,坐在教室前半部分的学生比坐在后半部分的学生取得的测验分数更高,得出这一结论的前提是,只有在座位是自己选择而非分配座位的时候。斯泰尔斯(Stires,1980)发现,座位选择对测验成绩的主效应显著,即选择座位条件下的学生在测验中的得分高于未选择座位条件下的学生;中间-边缘变量也存在主效应,即选择坐在中间的学生在测验中的成绩要高于坐在边缘的学生,而且与后者相比,坐在中间的学生对课程及教师的评价也更高。格里菲斯(Griffith,1921)得到了更为具体的研究结果:坐在教室前排学生的成绩比坐在中间的学生低 3%～8%,坐在教室后面两排的学生与坐在中间的学生存在近 10%的显著差异。

尽管上述研究结果并不一致,但研究者仍倾向于认为,课堂座位对学生的学业成绩具有重要的影响,它们之间存在关联。我们(王映学等,2017)以甘肃省某高校 148名小学教育专业三年级本科生(他们系自主选择座位)的研究发现:选择中区、中前区的学生超过一半(累积 54%),选择边缘位置(左后区、右前区、右后区)的学生相对较少(累积 10.2%);大学生的任职类型、课程性质、科目专长、教师悦纳度与座位区域选择之间均存在相关;教室的不同座位区域在学生的标准化学业成绩上的差异显著,即坐在教室中前区、中区、左前区 3 个区域学生的学业成绩明显高于其他 6 个区域学生的学业成绩。

需要指出,我们的研究是基于大学生对座位的自主选择,在这种情形下,学生学业成绩与其座位选择之间存在比较复杂的关系,这其中会受课程性质及学生对教师的认可度等认知因素的影响。我们(王映学等,2017)发现,就课程性质而言:在公共课上,选择中区、中后区的人数占 42.6%,而在专业课上,选择中前区、中区的人数占

51.0%,经 χ^2 检验,结果表明大学生在公共课和专业课上的座位区域选择有显著差异($p<0.01$)。与较无感或接纳度较低的教师(累积 43.3%)比,学生在其比较认可的教师(累积 64.9%)的课堂上,会更多选择中前区的位置,两种情形下存在极显著差异。斯泰尔斯(Stires,1980)采用被试间设计,有 275 名学生参加了同一门课的两种实验:一组学生可以自选座位,另一组学生的座位随机分配,结果表明,两个班坐在教室中间部分学生的测验成绩与课程评价均高于坐在课堂边缘的学生。

学生的座位选择与学业成绩存在相关,只表明两变量之间存在关系。我们自然要问,两者存在因果关系吗?即因为成绩好而选择了利好的位置还是因为选择了利好的位置使得学习成绩改善了呢?有人(Pichierri 和 Guido,2016)探讨了羞怯等人格变量在座位位置与课堂参与之间的中介作用,结果发现:在低、中、高三种不同的羞怯值下,学生座位位置与成绩呈负相关,随着害羞程度的增加,座位位置与学习成绩的关系强度从强负效应($b=-0.791$)变为弱负效应($b=-0.334$)。这一研究结果意味着,高羞怯确实会降低坐在教室前面带来的学习表现方面的优势。戴克曼和雷斯(Dykman和 Reis,1979)的研究也发现学生人格特征的中介作用:学生的自我概念影响了其对座位的选择,而学生选择的座位位置导致不同的师生互动机会,这种互动又反过来影响学生的自我概念。这样就自然引出我们下面要讨论的话题,即课堂座位排列与学生卷入之间的关联问题。

(二) 座位排列与学生卷入

学生卷入指学生将心理资源投入与学业有关的活动中。从学生卷入方式和作用对象来讲,有两种形式的卷入:一是积极卷入自主性的学业活动中,包括听课、各种形式的作业及小组活动(图 3-3a);二是积极参与到教师引发的学业活动中,涉及对教师提问的回应、对教师的课堂行为保持警觉和关注以及课堂展示作业等(图 3-3b)。实际上,还有一种形式的学生卷入,或许是一种高质量的卷入,即学生并未有外显的学业活动,但却有着积极的大脑认知加工活动:教师的教学活动对其来讲,或者释疑解惑,或者引发了更多的疑问与思考,甚至引发学生对教师教学的一种质疑和批判。这样一种高质量的学生卷入常见于思维能力尤其是批判性思维能力得到充分发展的学习者身上,或者皮亚杰所称的处于"形式运算阶段"的具有系统思维能力的学习者身上。

图 3-3　学生学业性卷入(a)和互动性卷入(b)

　　研究发现,坐在前排及教室中间过道两边的学生,会比其他学生获得更多与教师进行对话的机会(Good 和 Brophy,2008,p.24)。换言之,与坐在其他区域的学生比,坐在教室前面靠中间的学生与教师有更多的互动机会,他们卷入课堂的机会多,教师对他们的期待也较高,得到教师回应的可能性也比较大。这种观察研究也得到学生亲历性经验的证实:

　　　　初二上学期我一直坐在教室的后两排,跟我们班比较调皮的几位同学称兄道弟,上课容易开小差。我想认真听课,无奈邻近的同学总是絮絮叨叨,同桌间小声讲话,这导致了我初二的成绩不那么理想。到了初二下学期,老师对座位进行了调整,我离开了最后两排的"休闲娱乐区"。此后,我与老师的互动也有所增加,我上课也更专心听讲了,各科成绩也有了起色。到了初三,我竟然"鬼使神差"地被调整到第二排,可谓"天时地利人和",我占据了很好的空间位置,再加上老师对我的"关照",成绩突飞猛进,在最后的中考中取得了理想的成绩。

　　　　关于教师对学生座位的安排,现在网络上流行的一种说法是:教室中前几排学生的座位是学霸区,中间偏后几排是休息娱乐区,最后几排是 VIP 休闲专区……当学生被调到教室后面时,他们就会产生心理暗示:"老师认为我学习成绩退步了,老师不重视我了。"事实证明,当学生的座位被调整至后排时,他们也往往将自己定位为不受教师欢迎的学生。

　　大量研究发现,坐在不同位置上的学生,其课堂卷入的方式及程度会有差异。有研究者指出,就学生在课堂上的卷入而言,其与教师的距离可能是一个关键因素,即与教师相近的学生有更多的眼神交流以及非言语沟通的机会(Weinstein,1979)。学生在圆形座位编排中的任务卷入最高,在小组座位中次之,在秧田式中最低(Rosenfield等,1985)。观察发现,学生所处的课堂位置与学生的课堂卷入确实存在关联。例如,科内亚(Koneya,1976)报告了对大学生上课参与的所谓"三角区"(即从前排起到中排中间座位止)的研究,结果显示,与坐在后排的学生比,选择中排和前排座位的学生更富创造性、积极性,上课也更专心。萨默(Sommer,1967)的研究发现,学生参与师生互动的范围主要集中在教室的前排及中央,大致呈 T 字型,教室前部和中部有平均61%的学生进行主动发言,而且成绩更高;相比之下,位于教室两侧和后部的31%的学生则与老师互动得较少;在教室前排或中间位置的学生与老师进行语言、眼神以及提问的互动机会多,研究者称这些区域为 T 型区域或优势区域,而教室两侧或后面的区域被称为弱势区,该区域的学生与老师的互动和课堂参与的机会相对较少。而诺尔斯(Knowles,1982)则认为,这样的结果可能与学生对座位的选择有关,因而包含着下面其中一种或两种情形:其一,学生的自我选择在起作用,即更聪慧、更健谈或者对课程更感兴趣的学生选择坐在了前排靠中间的位置;其二,生态影响在发挥作用,即座位所在位置导致更频繁的参与和更高的成绩。

之所以出现这样的结果,格里菲斯(Griffith,1921)将其归结于四种可能的因素:(1)依赖于距离的感知因素,即坐得离教师越近的学生有着更佳的视听机会;(2)依赖于距离的注意指向因素,即坐在教室适中位置的学生更容易专注于教师讲授的课程而非与课程不相关的一些细节(如教师的面部表情变化、衣着及手势特征);(3)因座位位置而生成的期望因素,即前排的学生认为他们不用费力就能学会教师所讲的内容,后排的学生认为自己处于不利地位,而中间位置的学生认为自己既不受宠也不受疏远,故必须专注于课堂教学;(4)"社会融合"(social integration)因素,与坐在教室边缘的学生比,物理空间紧邻以及群体的兴趣与活动使得两种空间位置的学生对教师的讲授产生两极分化现象,即坐在教室边缘的学生显得更为漫不经心,坐在中间互相紧邻的学生更倾向于互相连为一体。这种现象实际就是后来心理学家所称的"社会助长效应"。

从课堂空间分布形态来看,又有中心位置的学生卷入与边缘位置的学生卷入。中心位置的并不一定是课堂空间中心的,而是就教师、学生的认可度而言,那些受教师高度认可、同学比较认同的同学就是这里所讲的"中心位置的卷入者";相反,那些教师忽视的、同学无视的学生,即此处所讲的"边缘化的卷入者"。一个经常可以观察到且有趣的现象是,由于受教师的高度认可和同学们的认同,中心位置的学生有时会按他人期待的方式卷入课堂教学,而非按自己所愿的方式。换言之,他们的课堂卷入行为及方式会被"绑架";与这类学生不同,处于边缘位置的学生更多是基于自己的真实愿望,而非他人期望的方式参与到课堂教学中。著名学者钱理群(2016)也讲到过类似的现象:

> 在我看来,知识分子,特别是像我这样的人文知识分子,处在中心位置既不正常,还常常容易失去自己。就像当众演讲一样,你说的不一定是你自己想要讲的,而是听众期待你讲的话,这是处在中心位置必然付出的代价。处在边缘,就可以得到一种解放,可以说自己想说的话,而不必看别人的脸色说话。(p. 176)

处于课堂中心位置的学习者,有时也会出现这种"身不由己"的课堂卷入,有关这一问题的心理学分析参见本书第四章的相关内容。

笔者在课堂观察中发现,那些处于"边缘"位置的学生觉得距离教师比较远,因而卷入度较低,且课堂上与学习无关的行为明显偏多,但在讲台上或者在教室里走动的教师看来,学生的一举一动一览无遗。如果教师无视这些学生的课堂行为,那么可以断言,是教师不想,而非不能!有研究人员考察了涉及课堂教学的16个有关变量,发现学生课堂位置与教师悦纳度、课程参与、课堂卷入以及距教师远近等变量均存在显著效应(Dykman 和 Reis,1979)。

心理学研究发现,在知觉活动中,存在着"整体优先"的现象,即整体水平的加工先于局部水平的加工(彭聃龄,2004,p. 134)。心理学家通过速视器测定发现,在极短的时间内(0.1 秒),成人一般可注意到 4~6 个没有关联的外文字母、8~9 个黑色圆点、3~4 个几何图形或汉字。要注意的是,上述知觉范围的研究结果并非知觉广度,而是对知觉广度的回忆量。在知觉广度的研究中,对知觉数量的报告涉及两个认知阶段:知觉和对知觉印象的回忆,因此存在知觉容量大于回忆容量的现象(Solso 等,2005,p. 70)。将这一研究成果应用到课堂情境中,当教师站在一个中等规模的教室中时,首先感知到的是一个"抽象"的整体班级,然后才是整体中的局部(个别学生)。问题的关键既不是教师知觉的整体,也不在于知觉的局部,而在于教师局部知觉的对象。我们观察发现,在一个 45~50 人的中等规模的教室中,教师一般处在教室前正中或左前方,在特定的时间内,教师视知觉的学生人数基本与前述速视器所测定的注意对象一致,即视知觉可把握的数量在 4~5 位学生。当教师将自己的视知觉指向这些有限对象的时候,其他学生或教室环境就落在了其视知觉的背景中。而当学生成为教师知觉对象的时候,不仅学生的唤醒水平会提高,其与教师互动的概率也随之明显增加。

来自管理学的研究也支持心理学家有关知觉数量的研究结论。管理学有一个管理幅度(span of control)的概念,指上级管理者有效组织管理下属的可能人数。管理工作要遵从基本的管理原则,其中的"管理幅度原则"认为,管理幅度是有限的,即一个上司直接领导的下属不应超过5~6人;研究人员通过对管理幅度的深入研究发现,当管理幅度以算术级数增加时,管理者和下属间可能存在的相互交往的人际关系数将以几何级数增加。因此,管理学主张的管理幅度应该限制在"至多5人,可能最好是4人"的范围(雒永信,2006)。

日常经验告诉我们,我们对某些环境线索的注意优先于其他线索,被注意到的线索通常会得到进一步的加工,而未被注意到的线索则不会(Solso等,2005,p. 76)。来自理论与实践的研究一致表明,学生在教室的特定位置确实会影响学生的学习成绩。如果不是这样的话,那么就难以解释何以许多学生的家长——尤其是小学和初中学生的家长非常在乎自己孩子在教室的座位位置。通过现场观察,我们也发现,坐在前排靠中间的学生与老师有着更多的眼神交流,有着从学业卷入到互动卷入的多形式课堂卷入。而且,教师对那些积极而高频课堂卷入的学生也抱有更高的期待。需要注意的是,研究者(Pichierri和Guido,2016)发现,与影响学生行为的其他因素(如人格特征等)不同,教室座位位置是一种典型的可由教师控制的环境变量,而且可以毫不费力地加以调整。也正因如此,学生的座位编排成了个别教师行使威权的杖柄,甚至不乏以调整学生座位为手段的某种利益交换,这在我们与大学生的交流中也有报告。

三、班级规模与课堂生态

生态学有一个种群密度(population density)的概念,指单位面积(或体积)空间中的生物个体数量。具体来说,它是指种群数量与空间面积(或体积)的比值。为便于操作,研究者提出了两个概念:社会密度(social density)和空间密度(spatial density)。面积不变而变化个体数目,这属于社会密度,它关注固定空间里有多少人(人/平方米);个体数目不变而变化面积,这属于空间密度,它关注不同空间中的相同人数(平方米/人)。心理学的研究发现,这两种密度计算产生的心理效应有所不同:前者强调人太多,后者主要关注空间太少;与高空间密度相比,高社会密度引起的不良反应更为明显(吴建平等,2011,p. 263)。

（一）中小学教室密度调查

由于人口数量、经济发展水平以及教育资源丰度存在差异，国家间的班级规模差异悬殊。欧洲的小学一般是 100 人左右，日本的小学是 200 人左右，中国的小学则多在 1 000 人以上；欧洲学校的班额一般是 16～22 人，而亚洲是 40～50 人（曾国华等，2013）。有研究者（王牧华等，2011）基于 60 多所学校的问卷调查表明，我国中小学大班额的现象比较突出，51～60 人的班额占 21.2%，61～70 人的班额占 26.2%，70 人以上的班额占 31.4%。

在中国，重点校的班级规模通常较大，数据分析表明，重点小学和普通小学的平均班级规模分别为 52.75 人和 40.64 人，重点初中和普通初中分别为 54.87 人和 51.45 人（薛海平，2015）。研究人员关注班级规模问题，原因之一在于教育的各当事方都很在乎这一问题。如有研究者（Bennett，1996）比较全面地说明了校长、教师及家长对班级规模的看法：大多数校长觉得班级规模对学校而言是一个值得重视的问题，认为非常重要、重要以及不甚重要的比例分别是 63%、13% 和 1.3%；几乎所有的教师都认为班级规模对教与学的质量有影响，教师认为班级规模或是最重要的问题（18%），或是最重要的问题之一（67%）；家长对班级规模的关注与其孩子所在的班级高度关联，超过 96% 的家长认为班级规模会影响教与学的质量；家长认为，教室理想的人数应该是 22 人，但谈及自己孩子所在班级的人数时，家长又认为学生数应该更少些。

笔者于 2019 年 9—10 月对江苏省 Y 市市区 9 所中小学 87 间教室的课堂学生密度进行了调查和测量，结果见表 3-1。

本次调查的 9 所学校都处于城区，学校班级人数普遍比较多（50 人左右），学生社会密度较高，因而普遍显得有些拥挤。就调查学校而言，人均面积达标率不高。但个体对某一空间是否觉得拥挤取决于诸多变量：过往经验、个人空间偏好、对在场他人的熟悉度以及当下活动的类型（Weinstein，1979）。

尽管我们以固定教室面积内所容纳的学生数量来衡量课堂学生密度（即社会密度），这种测量是反映课堂学生密度的常用指标，但我们在实际调查中发现，因为教室空间设置上的问题，反映在人均面积内的"实际面积"是打了折扣的：几乎每间教室的前后左右尤其是前面讲台的不少空间是空间密度（人/平方米）不好计算在内的。因此，以教室落地面积内的学生数估计学生密度或者人均面积，尽管是通用的测量方法，但有时难以估计教室内的学生拥挤程度。而改以教室桌椅覆盖区内的学生数量更能真实反映课堂学生的感受密度，或者教室中的拥挤程度。如图 3-4 中的教室的学生

表 3-1　江苏省 Y 市 9 所中小学部分教室的学生密度一览表（面积单位：平方米）

W 小学

班级	N	S_1	d	S_2
一(7)	52	62.34	0.83	1.20
二(1)	50	61.12	0.82	1.22
四(3)	48	55.68	0.86	1.16
四(4)	52	55.68	0.93	1.07
五(1)	48	55.35	0.87	1.15
六(1)	54	55.35	0.98	1.03
六(4)	54	64.31	0.84	1.19
六(7)	55	51.84	1.06	0.94

J 小学

班级	N	S_1	d	S_2
二(2)	55	56.16	0.98	1.02
三(2)	55	88.92	0.62	1.62
四(3)	55	58.32	0.94	1.06
五(2)	59	57.60	1.02	0.98
五(5)	58	59.76	0.97	1.03
五(7)	58	59.40	0.98	1.02
五(10)	58	59.40	0.98	1.02
六(13)	63	57.60	1.09	0.91

G 小学

班级	N	S_1	d	S_2
一(2)	38	43.74	0.87	1.15
一(3)	39	43.74	0.89	1.12
四(2)	54	65.00	0.83	1.20
四(4)	53	68.23	0.78	1.29
五(1)	53	63.75	0.83	1.20
五(2)	53	67.18	0.79	1.27
五(4)	52	67.28	0.77	1.29
六(1)	53	57.00	0.93	1.08

D 小学

班级	N	S_1	d	S_2
一(2)	52	57.81	0.90	1.11
四(1)	54	66.67	0.81	1.24
四(2)	54	66.67	0.81	1.24
四(3)	53	66.67	0.80	1.26
五(1)	53	66.67	0.80	1.26
五(3)	51	66.67	0.77	1.31
六(1)	45	66.67	0.68	1.48
六(4)	45	66.67	0.68	1.48

M 小学

班级	N	S_1	d	S_2
四(3)	45	53.56	0.84	1.19
四(5)	46	53.86	0.85	1.17
四(6)	46	50.21	0.92	1.09
四(9)	46	41.68	1.10	0.91
四(12)	46	44.47	1.03	0.97
四(13)	47	60.52	0.78	1.29
四(14)	46	70.45	0.65	1.53
五(4)	49	53.28	0.92	1.09

X 小学

班级	N	S_1	d	S_2
三(6)	42	65.06	0.65	1.55
三(7)	43	65.06	0.66	1.51
四(1)	53	65.06	0.82	1.23
四(2)	52	65.06	0.80	1.25
四(4)	52	65.06	0.80	1.25
五(1)	49	65.06	0.75	1.33
五(2)	49	65.06	0.75	1.33
五(3)	49	65.06	0.75	1.33

续 表

班级	N	S_1	d	S_2	班级	N	S_1	d	S_2	班级	N	S_1	d	S_2
D小学					**M小学**					**X小学**				
					五(7)	48	63.32	0.76	1.32	六(1)	58	65.06	0.89	1.12
					五(10)	49	58.21	0.84	1.19	六(4)	56	65.06	0.86	1.16
					六(7)	48	63.00	0.76	1.31	六(5)	56	65.06	0.86	1.16
					六(8)	50	63.00	0.79	1.26	六(6)	55	65.06	0.85	1.18

班级	N	S_1	d	S_2	班级	N	S_1	d	S_2	班级	N	S_1	d	S_2
S小学					**Z小学**					**H小学**				
二(2)	42	55.19	0.76	1.31	二(3)	43	41.00	1.05	0.95	三(2)	46	62.11	0.75	1.35
三(1)	48	58.48	0.82	1.22	四(1)	51	48.59	1.05	0.95	三(5)	46	61.21	0.75	1.33
四(1)	44	55.19	0.80	1.25	四(4)	55	48.59	1.13	0.88	四(3)	46	62.84	0.73	1.37
四(3)	43	55.19	0.78	1.28	五(5)	50	48.59	1.03	0.97	四(4)	47	61.86	0.76	1.32
四(4)	43	58.82	0.73	1.37	五(6)	50	48.59	1.03	0.97	五(5)	44	61.85	0.71	1.41
四(5)	44	55.19	0.80	1.25	六(1)	51	48.59	1.05	0.95	五(1)	44	64.89	0.69	1.48
五(1)	45	58.48	0.81	1.30	六(2)	51	48.59	1.05	0.95	五(2)	43	64.37	0.67	1.50
五(3)	53	58.48	0.91	1.30	六(3)	52	48.59	1.07	0.93	五(4)	45	61.51	0.73	1.37
五(4)	52	59.72	0.87	1.15	六(5)	53	48.59	1.09	0.92	五(5)	43	61.69	0.70	1.44
六(2)	50	60.03	0.83	1.20	六(6)	53	48.59	1.09	0.92	六(2)	51	61.67	0.83	1.21
六(5)	50	55.19	0.91	1.10										

注：(1) N 指班级学生数，S_1 指教室面积，d 指学生密度（人/平方米），S_2 指人均面积；(2)人均面积的国家标准：小学≥1.36平方米，中学≥1.39平方米（学校卫生综合评价，GB/T 18205－2012）。

图3-4 高密度的小学课堂

坐落区密度仅以传统的教室密度指标难以看出来,但改以学生坐落区这一衡量指标就会有更为直观的感受。

为此,笔者于2019年同期对Y市7所小学的41间教室的学生坐落区密度进行了测量,结果见图3-5。

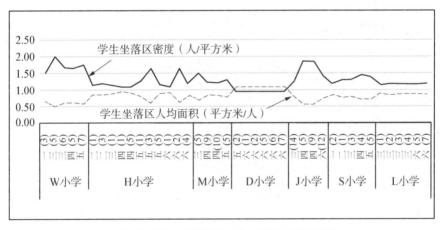

图3-5 7所小学教室的学生坐落区密度折线图

注:图中的学生坐落区密度以教室桌椅范围内的学生数来衡量,即教室学生数/桌椅所占面积。桌椅所占面积的测量方法为:教室前以学生课桌前置桌腿落地点测量,教室后以学生座椅后置凳落地点测量,教室左右各以学生课桌左右腿落地点测量。

从表3-1和图3-5均可以看出,学生坐落区的密度与人均面积呈近似"轴对称"曲线:单位面积内的人数越多,则人均面积越少。尽管都是基于教室内学生数和教室面积之间占比的估计,但学生坐落区密度关注的是单位面积的学生数量(即"社会密度");而学生坐落区人均面积关注的则是教室中学生人均所占的面积大小(即"空间密度")。与学生坐落区密度这一参量比,学生坐落区人均面积更能直观反映教室的拥挤程度。

研究人员(Weinstein, 1979)发现,在简单的任务处理中,拥挤等环境压力源的负面影响相对较小;只有当任务负荷与压力源负荷要求超过个体的信息加工容量限制时,实质性的负面影响才会出现。有人(佐藤学,1999, p. 49)则直截了当地指出,一个教室有 40 名学生,不但剥夺了学生及教师的创意,更加深了教学上的种种困难。

(二) 班级规模与课堂教学生态

在建筑面积固定的课堂中,班级规模越大,班级密度越大,空间越拥挤,对教学的负面影响就越大(汪霞,2001)。有研究基于大样本的调查数据分析发现,班额对教师教学行为与学生成绩、学习兴趣的关系具有负向调节作用(李勉等,2020)。芬恩等人(Finn 等,2003)提出了一个班级规模影响学生学习行为和教师教学行为,并进而影响学生学业成绩的假设路径,见图 3 - 6。

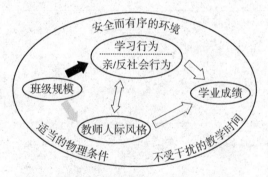

图 3 - 6　班级规模与学习行为、教学行为及学业成绩之间的假设关系

注:图中黑色箭头表示班级规模对学生学习行为的影响;灰色箭头表示对教师教学行为的影响。

从图 3 - 6 可以看出,班级规模对学生学业成绩的影响是通过影响学生的学习行为和教师的教学行为实现的。换言之,师生行为在班级规模对学生学业成绩的影响中发挥了中介作用。

教室的社会密度或空间密度可以让我们了解特定面积内的学生数量大小。换言之,通过两种学生密度的衡量指标,我们知晓的仅仅是教室的拥挤度,我们难以由此知道班级的学生数量,即班级规模(class size)。班级规模或称班额,是指分配并编入由某一名教师指导的、固定的一个班级的学生数(冯芳,2014);或经常出现在课堂中并由教师全权负责的学生数,如果这些学生每天出入教师的课堂并在课堂名册里面,就应计算在班额之内(Harfitt，2015，p. 6)。广义来讲，班级规模就是学生总数与班级数的比值，通过这一比值可以了解大到一国家、一地区，小至一学校的班级学生数量。因此，广义上讲的班额实际上就是统计学意义上的平均数；从狭义上讲，班级规模就是编入一个班并由一个教师管理的实际学生数，即统计学意义上的累计数。在学校管理实践中，班级规模有理论规模与实际规模之分，前者即登记在册的班级学生人数，后者即实际参与课堂教学活动的学生人数。就我国的中小学而言，在高质量的学校，实际规模总是大于理论规模；而在中等偏低质量的学校，理论规模常常大于实际规模。本章仅在实际班级规模层面讨论问题。

有研究者(Graue 和 Rauscher，2009)指出，班级规模、生师比(pupil-teacher ratio，PTRs)与小班化(class size reduction，CSR)会经常被互用，其中最常见的错用就是将班级规模与生师比同义看待。班级规模与生师比是衡量学校学生学习环境和教师教学环境的指标性数据，但两者不同：班级规模指的是一个教学班的学生数，可以反映学生的学习环境、教师的教学工作环境和工作量；而生师比指某一单位全体学生数量和全体教师数量之比，这既是反映教师的平均教学工作量的指标之一，也是反映教育投入和质量的指标之一。

我们关注的问题还是指向班级规模的生态学问题：班级规模对学生学习和教师教学的影响是怎样的？班级规模与学生学业成绩到底是怎样的关系？

1. 班级规模与学生学业成绩

几乎所有关于班级规模和学生成绩的研究都采用测量学生成绩的方法，而由于人们对教育目标的定位有着巨大的差异，所以对学生学业成绩的测量各有偏重：更多涉及的是基本知识和基本技能；个别则强调复杂思维、问题解决和通用能力。因此，现有有关班级规模和学生成绩的研究可能没有涉及学生在较高层次思维技能方面的学业成就(Odden，1990)。

有关班级规模与学生学业成绩的关系，国内外的研究比较多，但呈现在我们面前的研究结果并不一致。

奥登(Odden，1990)在其研究中系统介绍了格拉斯和史密斯(Glass 和 Smith，1979)对美国各类学校涉及班级规模的 100 多项研究，以及格拉斯及其同事(Glass 等，1982)基于 77 项相关研究的元分析研究。这些研究资料跨越 70 余年，涉及 12 个不同国家的 90 万名学生，包括 725 项比较研究。结果表明：(1)班级规模与学生成绩之间存在着明显的强相关，725 个效应中的 60% 的研究结果表明，学生在小班中表现出较高的学习成绩;(2)学生在小班学得更多;(3)每班学生人数必须控制在 20 人以下、15 人以上,这样方能对学生成绩产生重要影响;(4)与 30 名学生的课堂比,15 名学生的课堂的学生成绩会提高 10 个百分点。此外,也有研究(Harfitt,2015,p. 32)通过对来自贫困地区 14 所小学的纵向研究发现,与对照组(常规班)相比,在小班化的数学与阅读教学中,1~3 年级学生在年末的学业表现优异;当这些学生回归常规班之后,他们在之后的 4~7 年级的学业表现持续优于其同伴。

有关班级规模最具影响力的研究当属美国田纳西州的师生成就比率项目(the tennessee student teacher achievement ratio,STAR)。这项被海蒂(Hattie,2005)称为"谈论得最多、印象最深且最具影响力的班级规模研究"(p. 390)涉及 79 所学校的将近7 000 名学生,研究对象从幼儿园 5 岁到小学三年级的学生,历时 5 年(1985—1989年)。研究发现,在阅读及数学课中,分在小班(13~17 人)的学生表现得明显优于常规班(22~25 人)的学生,其中 15 人左右的小班学生获益最多,尤其是那些处境不利的学生(Hattie,2005)。

国内研究人员发现,班级规模与学生参加课外补习有一定的关系。班级规模对学生是否参加课外补习有显著的正向影响,班级规模越大,学生参加课外补习的可能性越高;班级规模对学生的数学成绩有显著的负向影响(薛海平,2015)。而胡咏梅等人(2015)发现,班级规模对数学成绩有显著的影响,当规模达到 40 人时,对学生数学成绩的正向影响最大,而且班级规模对数学成绩的影响均呈倒 U 型曲线。

与上述支持性的研究结果不同,一些持不同意见的研究人员认为,仅仅缩小班级规模并不能提高学生的成绩,现有的研究并没有告诉我们对所有学科合适的各年级最佳班级规模。他们认为班级规模与成绩有着复杂的关系,这种关系与学生类型、教师特征和教育资源等课堂特征有关。例如,在一些大型的国际化测验(PIRLS、TIMSS 以及 PISA①)中,许多东亚学生始终比其西方同伴表现优越,而东亚学生大都是在典型的大班中完成学业的。换言之,这些研究表明,学生的学业成绩表现与班级规模大小

---

① PIRLS 是"国际阅读素养进展研究"(progress in international reading literacy study)的缩写,由国际教育成就评价协会(IEA)所发起,用以评估不同国家或地区的小学四年级学生的阅读能力,2001 年起该项目每五年举办一次;TIMSS 是"国际数学和科学研究趋势"(trends in international mathematics and science study)的缩写,由 IEA 于 1995 年启动,是用以评价 4、8、12 年级学生数学和科学成绩的研究项目,每四年举办一次;PISA 是"国际学生评估项目"(the program for international student assessment)的缩写,是经合组织(OECD)于 1997 年启动,用以评价义务教育阶段(15 岁学生)教育成效的研究项目,主要涉及阅读、数学、科学的测验,每三年进行一次。

的关系不大,课堂中的学生人数多少并不重要(Harfitt,2015,p. 6)。2015 年初,经合组织(OECD)教育与技能部主任安德烈亚斯·施莱歇尔(Andreas Schleicher,PISA 负责人)为 BBC 写了一篇文章,其中提到了"一流学校制度的七大秘密"。在该文中,他驳斥了小班化所谓的优点,声称 PISA 结果未能表明班级规模和学习结果之间的任何关系,不论一国之内还是国家之间都是如此(Harfitt,2015,p. 7)。

2. 班级规模与学生课堂卷入

班级规模与学生学业成绩之间关系的研究结果之所以不完全一致,一个重要的原因是,许多研究者在关注两者之间的关系时忽略了其他因素的作用。例如,佩德(Pedder,2006)通过观察研究发现,班级规模对学生学业的影响不是直接的,并指出忽视课堂参与者从事教学决策和行为的危险,图 3-6 就说明了这一点。不少教师报告,学生取得的成绩与自己的教学质量和课后所付出的辛勤劳动高度关联。换言之,教师在课堂教学中花费的时间越多,学生的成绩改善得越明显。

哈菲特(Harfitt,2015,p. 86)通过同一教师执教两个不同班额(一大一小)的对比发现,在小班课上,教师会提出更多的开放性问题,并有更多的例证及跟进性的问题;相比于大班课,小班课上的教师有更多指向个别学生的互动,这种个别化教学对课堂氛围和学生学习结果似乎有着积极影响。贝内特(Bennett,1996)也报告,小班额的课堂常常与学生行为、学生作业评价、学与教的质量以及教师给予学生个人的关注程度等因素之间存在正相关。对小学生的研究(Finn 等,2003)发现,与大班课堂比,小班课堂的学生会有更多的学习行为卷入,且课堂扰乱行为更少;学生在小班课堂的亲社会行为会增加,缩小班级规模有助于改善教师的人际互动风格,而这反过来又影响到学生的课堂卷入。

课堂中的师生互动多种多样,表现为课堂提问、感知觉层面的非肢体接触、学生阅读与练习中的答疑、辅导以及结果反馈等。从更广泛的意义上讲,师生互动自然还应包括师生双方因一方的教/学活动而引发的疑问与思考。作为一名有 30 多年教学经验的教师,笔者既亲历过大班额的教学,也偶尔在小班额的课堂教学过(多是选修课),与前者相比,在小班额的教学中,教师与学生的互动明显更频繁:有着更频繁的师生提问,与学生有高频率的视觉交流,更能关注到学生学习中出现的个性化问题并予以回应。特别值得一提的是,在小班额的教学中,教师能更快地记住学生的姓名。教师若能在大班额的教学中准确记住学生的姓名,学生多认为这是教师关注自己的体现,也往往会高频率卷入到课堂学习中。相反,在班级规模较大的课堂上,教师更多的是面向"集体"而非"学生"教学。更恰当地讲,在大班额的课堂上,教师似乎在更多地履行自身的"授业"角色而非"育人"角色。下面是两位学生对大班额教学的描述与感受:

> 小学时我所在的班级有 60 多人,教室面积不够大与学生人数过多导致每个学生的座位空间狭小,距离狭窄的座位使我想弯一下腰或伸一下腿都很困难。在如此拥挤的教室里,特别容易感到倦怠烦躁,教室的最后面放着垃圾桶、笤帚、簸箕等清洁工具,而这些工具与最后一排的学生紧挨着。在这样的班级环境下,我们对于坐在教室里学习这件事的兴趣大大下降。

> 记得自己小学数学课是一个大班额的课堂,教室中坐得"满满当当",在这样有限的空间内,教师调整学生座位时可谓是"寸土寸金",颇费周折。经常出现的问题是,学生的学习空间不足,过于拥挤,学生之间也很容易交头接耳。因为空间有限,有的学生的位置就安排在教师的讲桌旁,听课效果并不好。太过拥挤的教室布置会分散学生的注意力,物理环境的严重缺失直接影响了学生的学习效果。

调查发现,当问及教师若减少其班级人数,他们是否会改变自己的课堂行为这一问题时,82%的教师持肯定看法(在超过 30 人的班级,这一比例会达到 90%),教师所改变的做法依次是:对个体提供更多的注意、重组课堂与教学空间、组织更多的小组教学、进行更加个性化的评估及任务匹配活动、组织更多的实践活动并创设微型的学习小组(Bennett,1996)。哈菲特(Harfitt,2015)分别从教师和学生的角度报告了小班化教学的益处,从教师的角度看,六位受访教师对其小班教学的经历都持积极肯定的看法。基于对教师的访谈,哈菲特(Harfitt,2015,pp. 58 - 61)发现,小班化教学对教师教学至少有下面这样几点影响值得称道:改善课堂管理、便于课程计划、促进教师对教与学的思考以及便于教师更了解自己的学生。有教师反映,在大班课堂教学上,自己更像教师(more of a teacher),而在小班课堂上,自己则更像自己(more myself;Harfitt,2015,p. 59);尽管教师一致反映,他们在同时教授大班与小班时的课程准备是相同的,但在课堂教学进行中却有所不同(pp. 59 - 60);在小班教学中,教师对学生的理解、期待以及教师自己的心理负荷也会产生变化;在小班教学中,师生的"亲密度"也会有所改善,这种关系上的改善是双向的(pp. 62 - 63)。通过对教师的访谈发现,大多数教师偏爱选择在小班额(20 人之内)授课,教师对学生卷入程度的满意度与班级规模成反比(Becker 等,1973)。

从学生的视角看,哈菲特(Harfitt,2015)通过对六所学校 274 名学生的团体访谈发现,小班课堂中的学生(这些学生都有大班学习的经历)普遍感觉到:有着更强烈的归属感和集体感;学生将教师视为小班集体的一员;学生能得到更多的同伴支持;学生更愿意参与到学习活动中;在课堂上以英语交流时的焦虑感降低,来自同伴的负面评价减少;与大班课堂中的学习相比,学生在小班课上感觉"有失颜面"的经历有所减少(p. 99)。元分析的研究发现,在其他条件相同的情况下,学生在小班课堂上学到的东西更多(Glass 和 Smith,1979)。这样的研究结果也能得到学生说法的支持:

> 高二文理分科后,由于文科生比较少,所以学校将原来每班 60 多人变成了每班 40 人左右,班级规模变小。座位编排方式也从原来的全班同学面对讲台而坐,变成 10 人一组,每组同学两两面对面而坐。当时,我很开心,因为自己在人数比较多的集体中存在感极低,很少有人会注意到我。这种改变促使我上课发言表现得更积极,希望能在一个新集体中崭露头角,并且这种因班级规模缩小而带来的座位编排方式促使同学们的学习积极性也都高涨了。

(三) 课堂教学中的"边缘人"

从社会学的"异乡人"(the stranger)到"边缘人"(marginal man),人们很早就开始关注那些游离于社会主流文化或主流群体之外的人。受这一概念的启示,人们开始关注课堂中那些游离于当下教学活动的人,于是便有了"课堂边缘人"的提法。

1. "边缘人"与"课堂边缘人"

最早提出"边缘人"这一概念的社会学家帕克(Park,1928)在其《人类迁移与边缘人》一文中这样描述道:

> 当允许他参加与其一道生活的人们的文化生活时,就会出现一种新型的人格,即文化混血儿:一个人生活并密切分享于两种不同民族的文化生活与传统中。即便允许,他从来不愿意改变自己的过去与传统;由于种族偏见,在其试图寻求新的立足之地时并不能得到完全接纳。他是那种处于两种文化和两个社会边缘的人,且从未完全渗透和融合。(p. 892)

之后,西姆索娃(Simsova,1974)提出,边缘人是在两个或多个生活圈子之间处于心理不确定状态的人,反映在其灵魂深处,表现为和谐与否以及拒斥与吸引的冲突。对于边缘人的看法,存在两种不同的理论:一种是心理学理论,另一种是社会学理论(Johnston,1976)。其中,心理边缘化是一些族群成员的典型现象,通常生发于这样的情境:(1)生活于两种文化环境中,自己的族群文化被视为低级文化;(2)族群成员已达到一定程度的同化;(3)被同化的个体又被主流文化的群体成员所拒绝;(4)即便两种文化中的群体成员都彼此开放,族群成员在自己的文化与主流文化之间的选择仍存在不确定性。也有人认为,为理论界普遍认同的"边缘人"有两方面所指,一是从他所在社会群体中孤立出去、未真正被他人所接受的人;二是具有"边缘人"性格特征的人(王亚男,2018)。

课堂中的"边缘人",是指那些或因教师和同伴排斥、遗忘,或因自身原因(心理、性格、身体状况等)而在日常课堂教学情境中偏离教学价值观,拒绝参与教学、主动游离到教学活动边缘的学生个体或群体(亓玉慧等,2015)。图3-7就是课堂"边缘人"各种表现形态中的其中几种。

图 3-7 课堂上的"边缘人"

就笔者观察所及,几乎每一课堂上都有这样的"游离学生"。他们在课堂上的游离表现各有不同:或玩或睡或画或读,不管表现形式如何,其共同特征是,自己的活动与教师的课堂教学或学生的学习活动出现游离。基于课堂观察,笔者将学生在课堂上的游离表现分为两种类型:一种是完全性游离,我们称之为活动游离(off-activity),即学生完全游离于课堂教学活动之外,游离者与课堂师生的活动呈异步状态。例如,在笔者的一次听课中,就在我左侧旁的一名学生,课堂上全程与学习活动完全分离,自己在课桌上"画画",且一边画一边擦拭,显得并不"游离",只是完全卷入到另外的活动中。另一种是间断性游离,我们称之为任务游离(off-task),在这种类型的课堂游离中,学生基本没有脱离课堂教学活动,但间断性出现离开特定任务而从事与任务无关的活动。就以笔者当时听课时的情形而论,图3-7的a、b图中的两名同学是我们上面所称的活动游离者,c图中的一名同学是任务游离者。课堂中的"边缘人"多为活动游离者。笔者也观察到这样的游离者,即游离者的心思不在教师的教学上,但却能回答教师的问题。课后与学生交谈,问到何以出现这样的情形,学生讲,老师讲的这些内容他的爸爸已经给自己讲过了。就是说,这类学生在进入课堂之前,就已经掌握了当下学习的内容,这意味着学生在课堂上并没有发生真正意义上的学习,这也是个别学生出现任务游离的根本原因。不论是哪一种类型的课堂游离,我们发现,在教学活动进行过程中,多数教师与游离学生能很好地做到互不"干涉"。

基于不同的视角,这种课堂"边缘人"又有自决边缘人与他决边缘人、形式性边缘人与实质性边缘人、积极边缘人与消极边缘人之分(亓玉慧等,2015)。笔者不同意上述分类中所主张的"积极边缘人犹如'众人皆醉我独醒'的状态,这类学生不满足于通过精彩问答博取教师欢心,也不希冀在激烈的课堂讨论中表现自己"的观点。这样的分类在形式上有一定的合理性,但从实质上看,所谓的"积极边缘人"与我们所讲的课堂"边缘人"不是同一范畴的概念。课堂边缘人有共同的特征:他们或者主动地或者被动地游离于课堂教学活动或任务之外,他们未能参与到真正的教学活动中,他们与课堂教学活动是隔离的,是不被教师或同伴所接纳、所认同的。而且,学生所处的状态(被隔离、置身教学之外)与学生学业成绩存在某种关联,由于学生游离于班级群体之外,长此以往,其学业成绩往往较差;在成绩单一评价的现行教育体制中,这样的学生往往自我效能感较低,低成绩的评价结果会进一步让学生被隔离于群体之外。

2. 课堂"边缘人"的形成机理

作为课堂存在的学生个人,既是个体的也是社会的,既是生物的又是精神的。课堂"边缘人"是一种暂时的状态——学生偏离教学价值追求,游离于教学活动之外。出现这样的状态有着复杂的因素,是个体的及社会的因素催生了课堂中的"边缘人"。我们拟从交互作用的视角——也即生态学的视角探讨课堂"边缘人"形成的过程和机理。

任何个体的经验既要以其先天的生物特征来说明,也要以其后天的环境经验来刻画,但个体在面对挑战时的应对方式在很大程度上决定着自己的生态位。而个体应对挑战的方式主要或者更多受家庭教育资源和学校教育经验所影响,如图3-8所示。

课堂"边缘人"的生成是一个系统性的问题,在特定的情境中,在面对某一边缘学生的时候,其生成因素既具体又复杂。我们承认,如图3-8所示的三因素相互作用是高度简化了的模型,将问题转化为上述三因素的交互作用模型只是便于问题的说明和解释。其中的"家庭教育资源"参见本书第九章的相关论述,此处不再涉及。

首先,成为课堂中的"边缘人",与学生个体的"内部状态"高度关联。那些客观上存在某种生理缺陷或自我身体意象偏低的学生,那些性格比较内向、胆怯、羞于在集体

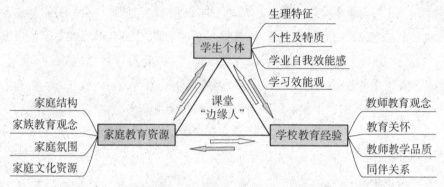

图 3-8 课堂"边缘人"生成因素及作用机理

中自我表达的学生,那些在自己过去的学习经历中多体验失败、低自我效能感的学生,往往更有可能成为课堂中的"边缘人"。有着这些个体特征的学生,因为自卑或自我能力低估,在课堂上最容易成为低卷入的边缘学生;在课堂外,也容易成为比较孤僻、难以与学生相处的被孤立者。其次,成为课堂上的"边缘人",其学校教育经验也是极为重要的环境因素。从知觉学习理论的角度讲,个体在面对一个由部分构成的整体时,存在"整体优先"的倾向,即整体水平的加工先于局部水平的加工。但在整体知觉中,构成整体的特异刺激(静止背景上运动的刺激、颜色及形状有异于周围刺激)往往容易成为个体知觉的对象,而知觉对象之外的刺激则落到了知觉的背景区。在一个中等偏大的班级中,那些活跃的、积极卷入课堂教学并能及时回应教师问题的学生往往更容易为教师所注意到,并与这些学生保持相对较高的互动;相反,那些低频卷入课堂教学,由于存在各种顾虑而很少回应教师的学生,更多会落入到教师注意的背景当中。另外,教师的教育理念也是重要的学校教育因素。如果教师认识到教育是"普惠性"的,教育的伦理在于面向所有的学生,而非"择优而教";如果教师能有正确的"教育观"和"学生观",确信自己的教育教学事件能够有效地影响学生,认识到学生目前的状态是"暂时态"而非"终结态";如果教师有着更多的"同理心",能换位思考,站在学生的角度,站在自己孩子的角度,对学生抱有积极的期待,则看待问题的角度和处理方式自然有所不同。假如教师具备上述的诸多"如果",课堂上的"边缘人"对来自教师的感观则会有不同,也自然会以别样的方式回应教师的教学活动。据笔者的一位实习学生反映,她所在的班上有一位男同学,该同学在语文课上完全没有"进入"课堂,既不回答教师的问题,也未与课堂同步,而是看其他与教师课堂教学无关的书;但在数学课上,这位同学却像换了一个人似的,卷入度很高,且积极回答教师的问题,呈现完全不一样的卷入状态。同一学生在不同课堂上的卷入差异,显然与教师因素的关联度很大。

除了教师因素,合作互助、包容兼听的班级氛围也是教育经验的重要组成部分:在一个互帮互学、同桌互助的课堂上,在一个鼓励多样化、延缓判断、包容弱者的课堂上,边缘学生生成的客观条件相对比较贫瘠,而这样的课堂又有赖于教师的经营与培育。有研究者(张森等,2016)认为,若班集体同学团结集中,越是互帮互助、齐心协力,那么班级中的边缘人数就越少,或者说正常学生出现边缘现象的次数就越少。

基于大量的课堂观察,笔者认为边缘学生常常有如下特点:(1)课堂中的"边缘人"可能是少数个体,也可能是由不同个体组成的一个或多个特殊群体;(2)活动的个别性与孤立性,处在边缘的学生都是独自活动的,就活动的大众性和趋同性而言,他们都是"孤家寡人";(3)个别学生成为课堂"边缘人",既有学生自身的原因(性格、身体状态及学业成绩),也有自身之外的原因,主要表现为来自外部环境尤其是教师或同伴的忽视、冷漠甚至孤立;(4)学生活动与教学活动的异步性,边缘学生也有活动,但往往与教师课堂教学活动和其他学生的学习活动不同步、不合拍;(5)受到(或自我)孤立或隔离的学生往往成为游离于整个课堂教学活动的全程性"边缘人";(6)不论课堂内还是课堂外,这些学生都与同学交流较少,即使有交流,也多表现为消极的负面交流。

笔者深信,不论学生自身因素,还是环境因素,都难以单独解释课堂"边缘人"的生成原因,学生在课堂中的行为更多取决于其面对特定情境时所采取的应对方式,正是不同的课堂应对方式造就了学生不同的课堂生态位。

第四章　教师课堂提问

善问者如攻坚木,先其易者,后其节目,及其久也,相说以解;善待问者如撞钟,叩之以小者则小鸣,叩之以大者则大鸣,待其从容,然后尽其声。

——《学记》

课堂提问是教师教学行为必不可少的组成部分,也是影响学生学习品质的重要外部事件之一。如果说教学过程是理解性教学的核心,那么有效提问就是整个教学的生命线(Dantonio 和 Beisenherz,2001,p. 44)。

教师是"专业问题的制造者",课堂提问是教师激发学生思考和学习的基本方式之一(Gall,1970)。在中小学课堂上,我们几乎观察不到没有提问的教学。早在 1912 年,罗米特·史蒂文斯(Rommiett Stevens)通过对教师课堂提问的观察,发现教师在课堂上提问的数量格外惊人——平均每天提问 395 次,其中绝大多数提问(约占总数的 2/3)都与死记硬背的记忆问题直接相关(Dantonio 和 Beisenherz,2001,p. 27)。课堂观察发现,在六年级的历史课上,教师所提的 77% 的问题仍涉及事实类问题,仅有 17% 的问题需要学生思考;对一所实验高中为期一周的课堂观察研究发现,教师 71% 的问题为事实类问题,29% 的问题需要学生深思熟虑地回答(Gall,1970)。研究人员(Dantonio 和 Beisenherz,2001,p. 27)感慨道,在 90 年之后(1912—2001 年),我们的课堂仍然没有发生足以驳斥史蒂文斯(Stevens,1912)所见的任何改变,即教师在课堂上仍然让学生回答低水平的、以记忆为导向的问题。这些问题根本不要求学生展开任何具有反思性、创造性或批判性的思考。国内有研究者(郭华,2002,p. 172)观察了 19 节课,发现教师共提问 387 次,平均每节课提问约 20 次,每 2 分钟提问一次,与教师频频提问相反的是,学生每节课主动提问平均不足一次,而且教师所提的问题基本上是记忆性、重复性的,很少提理解性问题,更缺少创造性问题。

教师课堂提问涉及教育学、心理学等诸多学科领域的问题,不仅关乎对教师教学质量的评价,也关乎教师的教学理念、教师教学伦理及教育公平等方面的问题。因此,本章我们将其作为一个专题来探讨。

一、课堂问题及提问

课堂问题(problems/questions in the classroom)与提问(ask questions)显然不同，但若身临其境，我们有时往往难以判断教师的有些行为是"问题"还是"提问"[①]。例如，当教师以这样的口吻告诉学生："如果你知道答案，请举起你的小手！""还不懂的请举手？"这是问题还是提问？像这样的教师言语行为在课堂上并不鲜见，因此，有必要先讨论"问题"与"提问"这两个基本概念。

(一) 课堂问题

提到"问题"这一术语，英文中有"problem"与"question"之分，两者有所不同。前者对应的词是"solve/settle-problem-solution"，多指数学或物理等自然科学中需要处理并且待解决的问题，有时也暗含说话者认为难解决的问题；与之不同，"question"对应的词是"ask-questions-answers"，多指学校或课堂这种场合中等待答复或需要进行思考才能得到答案的问题。

与心理学的诸多概念一样，对"问题"的理解，也有多样化的解释，比较有影响的有问题空间说、经验缺失说和成分说(王映学等，2008，p. 238)。尽管就问题的表述不尽相同，但多数心理学家认为，所有的问题都含有三个基本成分：①已知条件(given)，指已经明确知道的、关于问题的条件的描述，即问题的起始状态；②目标(goal)，指关于构成问题结论的明确描述，即问题要求的答案或最终状态；③障碍(obstacle)，指解决问题所要进行的一系列操作，当然这些操作步骤不是显而易见的，必须间接地通过一定的认知加工过程，才能移除起点与目标之间的障碍。

尽管上述心理学对"问题"的界说更适合"problem"层面的含义，但放在课堂情境中，问题涉及的"已知条件"或"起点状态"即学生已经掌握、学习材料已经提供的或教师已经言明的状态。缺乏这些"已有状态"的知识或经验，就难以回答课堂中的任何问题，即便是"是不是""好不好"或"对不对"这样"幼稚园"式的问题。课堂所提问题的目

---

① 本部分我们试图区分"问题"与"提问"这两个概念，两者确实不同，但在其后的行文中，包括涉及相关研究的时候，常常是在未严格区分的情形下使用的。

标就是基于学习者已有知识,经由不同程度的认知加工(记忆、分析、综合进而生成新观点)提供问题的答案,这个答案视不同水平的加工而有所不同。这就自然涉及问题的"障碍",即已知状态(given)与目标状态(goal)之间的空间,回答课堂问题就是逐步消除两者之间的空间或移除障碍的过程。

我们认为,课堂问题是经由师生互动而出现的某种认知上的缺失、矛盾或冲突状态,这种状态具有静态的性质,往往引发学习者认知上的某种张力和不平衡。换言之,身处课堂的师生双方,不论已有准备状态如何,对于未知的领域而言,总是处于"问题"状态。与任何问题一样,课堂问题总是就学习者的已有知识经验而言的,任何超越学习者已有经验,个体利用已知而不能解决的状态,即问题。

(二) 课堂提问

如果说课堂问题具有静态性质的话,那么课堂提问往往是动态的。针对同样的问题,可以有不同的问法,而不同的问法则会导致学生不同的认知加工和思维水平。试看下面的例证:

例证 1

课堂问题:"质数"与"合数"

课堂提问 1:什么是"质数/合数"?

课堂提问 2:你能结合例证说明"质数/合数"吗?

课堂提问 3:将"11~20"的自然数分成质数和合数两类。

例证 2

课堂问题:"Unit 3"的 15 个单词

课堂提问 1:请正确拼读这 15 个单词。

课堂提问 2:请以其中的 5 个单词分别造句。

课堂提问 3:请围绕其中 10 个左右的单词说或写一段短文。

上面的两个例证都是基于同一课堂问题的不同提问,但提问要求学生的认知加工水平不同,要求学生的认知深度和心理资源卷入程度也不同,相关的问题我们在后面还会提及。

课堂中好的问题[①]能引导学生关注课程目标所要求的内容或思维操作,能够引出

————————

① 这即是一个将"问题"等同于"提问"的例证,类似的表述在后面的行文中还有很多,不再说明。

多个回答而非局限于一个正确答案(Dantonio 和 Beisenherz,2001,p. 175)。一般来讲,课堂提问就是将前述的问题转换为一个明白无误的祈使句或疑问句,教师提问所涉及的"名词"往往指向学习的问题;"动词"指向学生回答问题所需要的认知加工。结合上述例证,其中的"质数""合数"即要学习的内容,也即问题;而提问部分涉及的记忆(提问 1)、理解(提问 2)和应用(提问 3)则更多涉及不同水平的认知加工。如何将课堂问题转化为课堂提问,转化为认知层次不同的课堂提问?这涉及认知学习结果的分类问题,我们在本章的后面部分还会详细讨论。有研究者(Dantonio 和 Beisenherz,2001,p. 177)认为,核心问题具有三个关键特征:(1)清晰简洁,运用学生能理解的语言,问题或信息不复杂;(2)中心明确,运用能指定内容和规定实现课程目标所需的认知操作的措辞;(3)具开放性,选用的词汇能从尽可能多的学生身上挖掘大量多样化的回答。

(三) 课堂提问的功能

问题可用来重新调整学生的注意力,提醒他们课堂规则与程序,通过运用好的问题,调动学生参与学习的积极性,防止学生出现不端行为(McMillan,2001,p. 115)。有关提问的功能,国内外研究者基于不同的视角有过多维度的分析和讨论(陈羚,2006)。佩特和布雷默(Pate 和 Bremer,1967)向 190 名 1～6 年级的小学教师征求提问的三个重要目的,结果发现:68%的教师认为,提问的目的在于"通过检查学生的学习来检验教学效果";54%的教师认为提问的目的是"诊断";47%的教师回答是"检查学生对特定事实的回忆";只有 10%的教师认为提问的目的是"要求学生运用事实进行归纳并做出推断"。

不论学科性质、教学任务、教师专长如何不同,课堂提问都是教师组织教学的基本方式。课堂的提问功能自然也是研究人员考察课堂教师行为比较关注的一个视点。既然课堂提问是教师最为常见的高频率课堂行为,那么这种行为的用意何在?功能何求?课堂提问的功能总是与完成特定的教学任务和目标关联的,换言之,是教学任务或教学目的决定了课堂提问的功能,功能服务于教学目标和任务。

1. 学业诊断功能

提问的最终目的是获得有关学生理解和进步的信息(McMillan,2001,p. 115)。教师提出的问题是针对特定内容的,指向特定内容的提问往往具有学业诊断的功能。这样的提问常常出现于课程教学的开始,教师通过提问旨在检查学生是否具备相应的知识或技能,从而为新授内容提供学习的基础。例如,教师在讲授"质数与合数"概念时，会在教学之始提出这样的问题：哪位同学能说说什么是"约数"？这样的提问通常在教学开始前的复习检查环节抛出。之所以提出这一问题，一方面"约数"概念与新授内容（"质数与合数"）有关；另一方面，通过提问将新授知识与学生已有知识关联，做到"温故而知新"。所以，提问的诊断功能就在于了解学生学习的基础，教师对学生的回答既不群组比较，也不进行评价，而在于检查学生是否具备接受新内容学习的已有知识基础。通过诊断性提问，如果教师认为学生具备了新授课的知识基础，即进行新的教学；如果教师认为学生尚不具备相应的基础，则不会进入新授课，而是花一点时间来回顾学生已学过的且与当下讲授内容有关的已学知识。

教师的教学行为会影响学生的学习行为，教师在课程教学中总是提出这种诊断性问题，就可以培育师生双方的学科内在逻辑：于学生而言，使他们易习得这样的学习倾向，即将新学习的内容与自己已学过的内容结合起来；于教师而言，学生学习新内容常见的困难是难以将新知识与已有知识结合起来，从而造成理解上的困难。学生往往看不到新旧知识之间的关联，对学生学习过程中这种困难的感知和了解，可以让教师更多顾及教学中的"诊断性提问"。

2. 课堂组织功能

提问的课堂组织功能在于实现课堂教学的承前启后，即在课堂导入、教学过渡以及收尾等方面发挥效用。由于课堂组织是贯穿于教学全程的，因此这种旨在组织课堂的提问可以在课堂教学的首尾及中间出现。在教学的开始，其主要功能是导入和调整学生的注意与预期。教师有时提出的问题并不期望学生进行应答，而是引出当下要讲授的课题，如在学习电磁感应现象时，教师可以这样提问："电流可以产生磁场，那磁场可否产生电流？"教师抛出这样的问题，并不希望学生能回答它，而在于通过"设置悬念"引出后面要讲授的课题，起着课堂导入和引发学生学习预期的目的。在教学过程中，教师也会提出这种旨在组织教学的问题："好！我们已经明白了什么是分数，那么，分数大小和将整体'1'分成的份数有什么关系呢？"显然，教师提出这样的问题，也并不期求学生来回答，而旨在引出后面有关"认识分数大小"的内容。所以，出现在教学中的这些提问主要发挥着"承上启下"的功能。在教学的结尾，教师也会提出一些问题，如"我们今天都学了哪些内容呢？"这些问题既是指向学生的，也是指向教师自己的，不论指向谁，其功能在于复习与总结。指向学生，是希望在课程结束前对学过的内容进行回顾；指向教师，则往往是师生一道对刚刚学过的内容予以系统总结。

具有课堂组织功能的问题，有助于培养师生处理教与学活动中的"外部逻辑"——

教学活动中的程序性问题。教师一贯性的这种做法会影响学生,学生习得了这种学习中的组织性方法之后,可以在自己的学习及生活中有意识地运用这种具有组织功能的策略。

3. 教学相长功能

"学然后知不足,教然后知困。知不足,然后能自反也;知困,然后能自强也。故曰:教学相长也。"(《礼记·学记》)教学从本质上讲是"相长"的,从参与教学的个体自身讲,教师通过教学,通过与学生的课堂互动,往往会知晓自己尚未清晰理解之处,也会有新的发现与顿悟;学生通过学习方知自己在某一领域存在的不足和疏漏。所以,越学习的人越发知晓自己在某一领域的无知。教师提出的问题,常常会在学生中引发不同的回答,有些回答往往是教师自己未曾料到的,这一点笔者在自身的课堂及对他人的课堂观察中都有发现。所以,教师的课堂提问有时不仅可以引发学生的思考,促进其学习,而且有时也会因为来自学生的超乎寻常的回答而引发教师自己的思考,从而促进并引领自己的专业成长。

提问的相长功能是双向的。例如,若教师总是提一些低质量的涉及事实回忆或"记忆搬运"的问题,对学生而言,容易养成以"记忆"为主的认知加工方式;对教师而言,易形成一种遇到问题缺乏深度思考而简单化处理的教学风格。相反,若教师提出需要学生高层次认知加工的问题(后面论及),则不但有助于提升自己的思维水平和教学品质,也会促生学生学会思维的学习生态。

4. 教学评价功能

将提问指向评价,主要偏重课堂提问的检查功能。这样的提问往往是在课程教学进行过程中或结束时提出的,旨在检查学生的学习结果并按照教学目标对学生的学习变化进行判断,这种评价类似于布卢姆等人(Bloom 等,1981)提出的形成性评价。带有评价功能的课堂提问,可以指向整个班级,也可以指向学生个体。不论指向整体还是个体,目的都比较单一,即检查学生对学习内容的掌握水平并及时给予反馈。教师提出这样的问题,对学生的影响显而易见:即时的教学内容要及时掌握,这是对学生学习的基本要求。教师提出更具评价功能的问题,也只是手段而非目的。这类提问还有一个更重要的目的,即通过提问改进教师的教和学生的学,这是下面我们要讨论的另一课堂提问的功能。

教师在教学过程中或教学结束时提出这类涉及教学评价的问题,对自己而言,是对教学效果的关注,是对教学目标达成度的检省;对学生而言,教师的这种提问风格可以培养学生阶段内对自己的学习结果的自我反思、自我检查和自我评估能力。

5. 教学改进功能

课堂提问还有教学改进的功能，而这一功能又与上述评价功能不可分离。就提问的内容讲，教师提出的问题总是指向学生正在学习的内容的，借助课堂即时提问，有助于教师进行教与学的分析及改进。首先，分析教学目标实现的起始状态，即学生是否具备新学习的已有知识，前述"学业诊断功能"中提及的提问就是在教学之始旨在了解学生已有状态的提问，这种提问可以让教师确定是先开始新的教学还是先弥补学生某一知识点方面的疏漏。其次，在教学过程中，教师通过提出具有检查学生学习效果的问题，往往可以发现学生在学习方面存在的问题——进而发现自身教学需要改进和加强的地方。学生学习方面存在的问题既有自身的原因，当然也有教师教学方面的原因，所以有心的或者善于反思的教师，往往可以通过提问反思并改进自己的教学。

教师形成研究自己的教学行为——包括课堂提问——的习惯，于己于学生都是一件值得肯定的事。对教师而言，有助于其分析、总结并反思自己的教学，并进一步改进教学，促进其专业成长；而教师这样做的最大受益者是学生，善于自我批判和反思教学的教师，总会将某种程度的教学改进反映在以后的教学活动中，而任何形式的教学改进之终极受益者都是学生。不仅如此，一位善于总结反思、善于内归因的教师，久而久之，也能影响学生学会内归因的习惯和倾向。教师面对教学中的一些问题，首先从自身而非学生方面找原因；学生面对学习中出现的诸多问题，也逐渐学会先从自己而非教师方面找理由。

6. 心智发展功能

一个好的问题可以启发心智，可以让他人学会思考。正如丹托尼奥和贝森赫兹（Dantonio 和 Beisenherz, 2001, p. 37）所言，在学生学习课程概念时，教学提问能够为特定的认知操作提供焦点和结构。教师提出的问题，总是需要学生的某种认知加工，而学生回答问题的过程也是其认知加工过程的展示。从某种角度来看，学生的回答就是学习之窗，教师可以通过它进入学生的大脑；当走进学生之窗时，我们就会豁然开朗，就会明白学生知道了什么，了解的程度有多深及怎样看待这些想法（Dantonio 和 Beisenherz, 2001, p. 48）。

可以合理地推断，能提出开启学生心智问题的教师，也一定是一位认真倾听学生回答问题的教师。因为倾听学生回答问题意味着剖析其认知加工过程，因而也能更理解学生的学习过程，而通过理解学生的认知过程，也才能更好地理解学生认知加工的结果。所以,借助师生双向性的提问,可以让他们彼此更懂得、理解各自的认知过程,深化教学过程中的彼此理解和教学融合。

二、教师提问与学生的认知加工水平

教师提问及与之关联的学生认知加工水平是课堂提问涉及的一个焦点问题,也是研究人员涉猎较多的一个领域,所以我们将其作为课堂提问的一个单独问题来讨论。

尽管教师提问有前述多样化的功能,但引发学生思考、培育学生的思维能力和品质是其重要功能之一。提问若要引发学生思考,就要确保问题的层次和质量,而问题质量又有赖于教师的认知能力和教研水平。有研究者(何声清,2015)通过专家-新手的对比研究发现,新手教师课堂提问的内容多聚焦于描述性问题(51.9%)和回忆性问题(33.3%);而专家教师课堂提问的内容更倾向于解释性问题(33.3%)和分析性问题(30.8%)。

教师问的方式不仅影响学生答的方式,自然也影响学生的思维方式。在本章开始提及的最早关注教师课堂提问的史蒂文斯(Stevens,1912)就注意到,教师可以说是"无堂不问",其中占提问总数的 2/3 都与死记硬背的记忆问题直接相关(Dantonio 和 Beisenherz,2001,p. 27)。国内顾泠沅等人(2003,p. 8)报告,高密度提问是教师课堂教学最为常见的教学组织方式,教师提问中记忆性问题居多(74.3%),推理性问题次之(21.0%),强调知识覆盖面,创造性问题(1.9%)极少,没有批判性问题。林李楠等人(2015)认为,教师提出的问题类型决定着学生回答的方式,当教师提出的问题是封闭性问题时,学生的回答主要是事实型的;而当教师的问题涉及开放性的情形时,学生的回答绝大多数是思考型的,极少数为事实型的回答。就是说,教师的提问方式与学生的回答方式之间存在着高度的关联性。

(一)关于课堂提问的分类理论

有助于教师课堂提问的分类系统比较多,50 多年之前,有人认为至少有 11 种可供教师采用的教师课堂提问分类系统(Gall,1970)。本部分我们主要介绍两种代表性的课堂提问分类理论,一种是布卢姆等人(Bloom 等,1956)提出的教育目标分类理论及其修订(Anderson 等,2001),另一种是吉尔福德(Guilford,1959)提出的智能三维结构理论。

1. 布卢姆教育目标分类理论及其修订

布卢姆等人(Bloom 等,1956)基于个体所出现的教育经验结果的变化,从结果测量的角度将认知领域的教育结果分为知识、领会、运用、分析、综合和评价六级,每一类型的教育经验结果又分出若干亚类。45 年之后,安德森等人(Anderson 等,2001)对该分类进行了修订,详见表 4-1。

表 4-1　布卢姆等人的教育目标分类(认知领域)及其修订

(Bloom 等,1956)		(Anderson 等,2001)	
具体的知识、处理具体事物的方式方法的知识、学科领域中的普遍原理和抽象概念的知识	知识 Knowledge	记忆 Remember	再认、回忆
转化、解释、推断	领会 Comprehension	理解 Understand	解释、举例、分类、概要、推论、比较、说明
一般观念、程序或规则的运用,专门性的原理、观念和理论的运用	运用 Application	应用 Apply	执行、实施
要素分析、关系分析、组织原理的分析	分析 Analysis	分析 Analyze	区分、组织、归属
进行独特的交流、制定计划或操作程序、推导出一套抽象关系	综合 Synthesis	评价 Evaluate	核查、评判
依据内在证据来判断、依据外部准则来判断	评价 Evaluation	创造 Create	生成、计划、产生

可以看出,布卢姆等人(Bloom 等,1956)的分类偏重教育经验习得的结果,所以六级分类名称用的都是"名词",即他们的分类强调学生学习之后的经验变化;与之不同,安德森等人(Anderson 等,2001)修订后的目标分类强调认知过程,所用的分类层次均为"动词",这是修订前后的第一个较大的不同。分类学的修订者(Anderson 等,2001)指出,分类学涉及目标的分类,目标的陈述包括一个动词和一个名词,前者一般描述预期的认知过程,后者一般描述期望学生掌握或建构的知识。因此,修订后的分类框架,安德森(Anderson 等,2001, pp. 25-26)从两个维度(知识-认知过程)来考察学习经验的变化。他们在原分类的基础上将知识维度分为事实性知识、概念性知识、程序性知识以及元认知知识四类;认知过程维度分为记忆、理解、应用、分析、评价与创造,见表 4-2。

表4-2　"知识维度"与"认知过程维度"分类表

知识维度		认知过程维度					
		记忆	理解	应用	分析	评价	创造
事实性知识	术语知识、具体细节和要素的知识						
概念性知识	分类或类目的知识,原理和概念的知识,理论、模型和结构的知识						
程序性知识	具体学科技能和算法的知识,具体学科技术和方法的知识,何时运用适当程序的标准的知识						
元认知知识	策略性知识,包括情境性和条件性知识在内的关于认知任务的知识、自我知识						

　　修订者主张,可以从两个维度(教育经验结果和认知加工过程)对学习者的学习变化进行测量,这是两者第二个极大的不同。如果说布卢姆的分类学是基于教育经验结果之"静态"分类的话,则修订后的分类学是"动态"的:就以两种分类中都提及的"事实性知识"而言,原分类中仅提及三类知识(表4-1),修订之后,同为"事实性知识",但可以从多重认知加工层面(记忆-理解-应用-分析-评价-创造)来测量(详见第七章的相关内容)。下面,我们从两种分类的视角提出各自合适的例证。

　　(1) 结合布卢姆等人(Bloom 等,1956)教育目标分类的提问例证

　　　　Q_1:你能说出布卢姆"教育目标分类学(认知领域)"的分类结果吗?(知识)

　　　　Q_2:请结合学科例证用自己的话说明该分类中的"领会"?(领会)

　　　　Q_3:请利用这一分类框架检查你对该框架的学习结果?(运用)

　　　　Q_4:请评析这一分类框架的长处与不足?(分析、综合与评价)

　　(2) 结合安德森等人(Anderson 等,2001)"两维"分类的提问例证

　　　　Q_1:请完整回忆布卢姆"教育目标分类学(认知领域)"的分类框架?(记忆——概念性知识)

　　　　Q_2:你能结合"中日甲午战争"(1894—1895 年)这一战例说明构成战争的要素有哪些吗?如果中日之间再次发生战争,你能预测战争的可能结局并说明作出如此预测的理由吗?(分析、评价、创造——事实性知识)

　　　　Q_3:请应用这一框架评价学生学完"have/has been""have/has gone"句

式之后的学习变化?(应用——概念性知识)

Q_4:请结合自己的学习或工作说明解决问题中使用"逆推法"这一策略的条件及效果。(理解、应用、分析——程序性知识)

可以看出,对于任何要学习的内容(前述"课堂问题"),我们可以从不同的认知加工过程来提出问题。显然,这样的两维分类表对教师的课堂提问设计有重要的参考价值,不同的提问方式对学生的认知加工深度也提出了不同的要求。

2. 吉尔福德的智力三维结构模式理论

美国心理学家吉尔福德(Guilford,1959)的智力三维结构模式理论认为,智力活动是人在头脑中加工(操作过程)客观对象(内容)从而产生知识(产品)的过程,因此,智力结构应从操作、内容、产品三个维度去考虑。智力的操作过程包括认知、记忆、发散、聚合、评价 5 个因素;智力加工的内容包括视觉的(具体事物的形象)、听觉的(具体事物的音频)、符号的(字母、数字和其他符号)、语义的(词、句的意义及观念)、行为的(本人及他人的)5 个因素;智力加工的产品包括单元、分类、关系、系统、转换、蕴涵 6 个因素。见图 4-1。

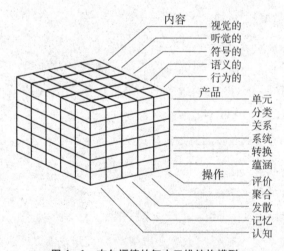

图 4-1　吉尔福德的智力三维结构模型

按这一模型,三维结构的不同组合就可以生成不同的问题,同一内容(如符号的)经过不同的操作(记忆或认知)就可以得到不同的产品。通过例证来说明:

内容:智力的三维结构模型图(符号的)

操作:对三维模型的认知加工(记忆与认知)

产品：你能结合具体学科例证演示三维结构模型吗？（转换）

可以看出，智力的三维结构模型以三个维度为框架，三维结构及其亚类的不同组合就可以有 $5×5×6＝150$ 种结果。而这样的智力结构模型对教师的课堂提问构建有着巨大的启发意义，关键是我们能够懂得并深刻理解这一分类的思想及其实质。

（二）教师提问层次及与之关联的学生认知加工水平

教师课堂提问伴生于自己的教学，因此教育的各关注方自然期待好的课堂提问。好的提问是促进学习的燃料，沃尔什和萨特斯（Walsh 和 Sattes，2005）将好的问题称为优质问题（quality questions），认为优质问题有四个特征（2005，p. 20）：①能够达成一个或更多的教学目标；②关注重要的课程内容；③能够促进在规定的认知水平上思考；④清晰地阐明所要问的内容。大量的教育经验告诉我们，不同的问题会引发学生不同水平的认知加工，也会培养学生不同的学习品质。

基于上述两种理论提出的问题分类极其广泛多样，有分为知识性问题、说明性问题和评价性问题三类的（熊梅，1992）；有分为知识性问题、理解性问题、应用性问题、分析性问题、综合性问题和评价性问题六类的（吴德芳等，2002）；还有分为低认知水平的问题（回忆型问题、理解型问题、运用型问题）和高认知水平的问题（分析型问题、综合型问题、评价型问题）两大类的（申继亮等，1998）。可以看出，这些分类基本都是基于布卢姆的教育目标分类学，没有涉及修订后的"两维"分类体系，也鲜有涉及智力"三维"结构模型的分类。

我们试图将上述两种理论用于课堂提问的设计，这样也就有各种不同层次的提问。提请注意的是，这里的"不同层次"有两方面所指，一是教师所提问题的层次，二是学生回答问题的层次，两者都需要师生深度的认知加工和心理资源卷入，而且学生的问题回答层次往往有赖于教师的提问层次。

1. 选择式提问

常常是"二选一"提问，这样的提问也被称为是"幼稚园式"的。教师向学生抛出的问题往往要求他们在暗含答案的提问中进行选择，如"对不对""是不是""好不好"等不一而足。在某教师讲授"广玉兰"（小学六年级）的一节课上，教师要求学生"身子静下来、脑子动起来"之后，即提出这样一个问题："你见过广玉兰吗？"不论北方或南方，换言之，见过还是没有见过"广玉兰"的学生，都是有答案的；再如教《草船借箭》一课，有位教师这样设问（王素琴，2015）：谁借箭？借上了吗？诸葛亮聪明吗？周瑜最后怎样了？研究人员（顾泠沅等，2003，p. 9）通过对一节几何课的观察发现，这种机械判断是否的问题竟然占到学生问题回答类型的 37.1％！这样的提问存在两个危险：一是鼓励学生猜测，二是问题的分析含量低（Good 和 Brophy，2008，p. 235）。因此可以看出，这类提问并没有期待学生通过回答问题获得什么信息，学生也无需动用多少心理资源加工教师的提问。当然这类提问不构成课堂教师提问的常态，但也能在教师的课堂提问中经常观察到。

要指出的是，这类提问我们难以置于上述两种理论框架内分析，原因在于，我们从中既难以看出知识维度（或内容维度），也难以分析学生的认知加工过程。

2. 呈现式提问

这类提问有各式各样，但回答往往千篇一律，学生无需任何复杂的认知加工，直接或凭借自己的常识经验，或从教材，或从教师的诱导式提问中回答教师的问题，是一种"拷贝式"的回答。如教师讲授《挺进报》一课，一开始教师问"1949 年秋天，重庆地下党主办什么报纸？""报纸由谁领导了"等（陈慰冰，1990）。对教师而言，这类问题往往随口而来，并且表现为"满堂问"。因为此类提问的随意性，教师无需事先进行提问的设计，讲到哪里便问到哪里。对学生而言，就是将课本或学习材料中涉及的相关信息"完整"地复现出来，是"搬运式"的。学生的回答与学习材料中的内容越一致，教师越容易判断学生的回答情况，而且这样的回答也最容易得到教师的正面回应。

从前述"两维"理论分类（表 4 - 2）讲，这类提问涉及的就是"事实性知识"，要求学生的认知过程是"记忆"；从智力"三维结构模型"（图 4 - 1）讲，"内容维度"是视听的，"操作维度"是记忆的，"产品维度"是单元的。我们在本章开始，即提到这种以记忆为主的呈现式提问，而且这样的教师提问及学生回答仍然构成中小学课堂提问的基本面。课堂为这样的提问所主导，长此以往，出现的画面往往是，课堂显得很活跃，教师有问学生有答，但因为提问涉及的学生认知加工水平比较低，养成学生仅能够机械地"拷贝"信息，不会思考，难以质疑，学生自己很难"生成"问题。

3. 组合式提问

此处我们用"组合式"而非"综合式"，是因为这类提问仅涉及学生对问题相关信息的组合性的表浅加工，尚难以达到对信息的"综合"。"综合"是在分析基础上的信息整合，而我们此处所讲的"组合式"提问达不到"分析进而整合"的认知水平。在笔者听过的一节语文课上，讲《彭德怀和他的大黑骡子》，教师事先布置了学生预习，因此上课开始,教师即问:"这篇课文讲的是什么?"乍一看,这类提问看似上述的"呈现式提问",其实不然。这类问题也需要学生对所学的信息进行适当概括或者转换,语文学习中教师提出的有关"中心思想""段落大意"大都是这一类的问题。

从"两维"理论分类(表4-2)讲,这样的提问涉及的是"事实性知识"或"概念性知识",要求学生的认知过程是"理解";从智力"三维结构模型"(图4-1)看,"内容维度"是符号的或语义的,"操作维度"是认知的,"产品维度"是转换的。显然,这一类问题需要学生更高层次的认知加工,需要学生用自己的话进行概括或总结或提炼,是需要学生"动脑"的问题。学生经常接受这样的提问,对其综合概括能力的培养无疑有一定促进作用。

如果按照认知加工水平分类的话,我们可以将上述三类提问及其派生的回答称作低层次问题(lower-level questions)。要指出的是,这样的低层次问题并非完全没有益处。奥姆罗德(Ormrod,2000,p. 554)指出,这样的提问也有若干好处:第一,它们可以让教师确定学生有关某一主题的已有知识和错误的可能所在;第二,教师可以让学生将自己的注意保持在进行的课程上;第三,有助于教师弄清楚学生是否成功掌握课堂材料,或是否与某一知识点混淆;第四,给予学生监控其理解——确定自己是否理解呈现的信息或是否需要帮助或澄清性解释——的机会;第五,当问题涉及学生早先已学过的材料时,教师鼓励复习那些材料,有助于促进学生之后更好地回忆。

4. 综合式提问

我们将此处讨论的"综合式提问"及后面的"生成式提问"统称为高层次问题(higher-level questions)。这类提问通常要求学生超越其已习得的信息来完成新知识的建构,例如,高层次提问可以是要求学生提出某一概念的新例子,使用新的原理解决问题,或对某因果关系提供可能的解释(Ormrod,2000,p. 555)。也有研究者(Dantonio 和 Beisenherz,2001,p. 49)将这类提问称为加工性提问(processing questions)。加工性提问就是能"促进学习者反思自己的初始回答,进而能帮助他们理解被自己隐藏在表面观点背后的思想"的提问。这类提问主要用于激励学生更全面地理解学习内容,并建构一个更为完善的认知操作。这类提问常常紧跟学生对低层次提问的回答之后,例如,在学生回答"梯形"的面积计算公式(呈现式问题)的基础上,教师接着问:"你是怎么得到这个计算公式的?""你能结合梯形图演示说明这一公式是怎么来的吗?"

从教师的角度讲,这样的提问显然需要他们事先研读教学材料并进行精细设计。

换言之，教师提出这样的问题，首先需要深度认知加工，没有教师的深度认知卷入，就难以提出这一类问题。对学生而言，这类提问常常超越了现有信息，不仅要求学生对所学的知识进行跨章节/单元的分析与综合，也包含对现有观点、方法和框架的判断与质疑。而且，这类提问往往会产生"溢出效应"：教师基于深度加工的提问引发了学生的深度思考和认知卷入，学生的回答反过来又引发教师的思考和对自己所提问题的反思。正如丹托尼奥和贝森赫兹（Dantonio 和 Beisenherz，2001，p. 50）所言，正是通过学生的回答，而不是教师的提问，才能发现学生知识的广度和深度。

将这类提问置于"两维框架"（表 4 - 2）内，我们就能发现，不论何种类型的知识，只要偏于认知过程的"分析、评价和创造"，都可以提出类似的问题并进行相应认知过程的回答；将之放在智力"三维结构模型"（图 4 - 1）内，则任何亚类的"内容"（视觉的、听觉的、符号的、语义的和行为的），只要偏向深度的"认知操作"（发散、聚合、评价），就可以得到更高层次的产品（问题加工的结果及其表达）。

5. 生成式提问

这里所讲的"生成式提问"是：第一，通过教师的提问，超越给定信息生成新的信息，包括新的观念、方法或框架；第二，通过教师的提问，并不能提供问题的答案，却引发了学生更多的疑惑。前一种情形我们可以称之为教学活动中的创造性学习，是学生的"顿悟"或"觉悟"，常伴有无可名状的情绪性喜悦与兴奋；后一种情形可以称之为"困境式学习"，是基于学生深度加工后出现的困惑、质疑与批判。如果包含课堂提问在内的教师教学能产生这样的学习变化，那当然是高层次的学习体验。所以，从某种意义上讲，就高等教育阶段的教学而言，真正好的教学并不在于"答疑解惑"，而在于"引疑生惑"。例如，在学习心理学中，高频率出现的两个术语是"学习"（learning）与"表现"（performance）。要求学习者能结合例证阐述两个概念的异同，是上述"综合式提问"，在此基础上，教师进一步追问：这两个概念对于学校的学生品德评定有何启发和意义？显然，这一提问超越了现有学生学习的信息，既不能通过"呈现式"回答解决问题，也难以通过"综合式"回答化解疑难，而只能基于现有信息，进行深度认知加工，生成新的认知概念、观念或者框架。

将"生成式提问"置于"两维框架"（表 4 - 2）内，对于任何形态的知识，只要偏向"创造"的认知过程，就可以生成相应的答案及对问题的思考结果；将之置于智力"三维结构模型"（图 4 - 1）中，不论何种形式的内容，只要进行深度的"认知操作"（发散/聚合思维），就可以生成别样的"产品"（分类、关系、系统或蕴涵）。

三、课堂提问涉及的另外几个问题

基于对小学课堂教学的观察,笔者发现学生回答问题的比例随年级的升高而明显下降:一年级学生自主举手回答问题的比例在90%以上,而到了六年级,这一比例不到20%!在一年级听课后进入六年级(或反之)的课堂,这种对比所表现出来的年级差异尤其明显。而到了八年级的课堂,学生举手回答问题的比例更低,新手教师(实习生)往往要求学生"跟答"或拿着学生名单叫答;到了高一年级的时候,课堂中主动举手回答问题的比例比初中生又低。从对教师的访谈得知,低年级学生在课堂回答中常常出现"南郭先生"现象,即有的学生积极举手并非是想要回答问题,而仅仅是不能在他人面前"落下"。在小学低年级的课堂上,有时出现学生连教师所问都没有搞清楚而"从众式"举手的现象。在一次听课中,笔者就曾遇到这样的情形:高高举手的学生被教师叫起来回答问题,结果学生不知教师所问,因而受到教师的批评。

提问被视为教师课堂教学行为的主要分析要项,是研究教师课堂行为的主要指标之一。在研究教师教学行为并被广泛使用的互动分析系统(system for interaction analysis;Flanders,1970,p. 34)中,提问(asks questions,第4类)被看作是研究教师行为的10个主要维度之一。国内有研究者(何声清,2015)从提问对象、提问内容、提问方式及提问反馈四个维度来刻画教师的课堂提问。实际上,涉及课堂提问的关注点比较多,前述问题层次或者提问所引发的认知加工水平即是核心问题之一,下面我们立足教学生态的角度探讨涉及课堂提问的另外四个问题:教师提问对象的分布、课堂提问类型及其后效、教师提问与学生学业之间的关系以及课堂提问的机会。

(一)教师提问对象的分布

依笔者多年的中小学课堂观察经验,教师课堂提问对象的分布主要表现为以下几种形态。

1. 散点式随机分布

"散点式"是从教师提问指向的结果而言的,"随机分布"是就教师提问的过程来讲的。前者指向教师提问对象的分布状态,后者强调教师确定提问对象的过程和概率。从教育机会公平的角度看,教师的教学首先涉及教学过程中的提问机会问题。就教师的课堂提问而论,常常涉及一个公平分布(equitable distribution)的问题,即一个班级里所有学生都尽可能平等地被叫到的一种策略(Kerman,1979)。

从教师提问的角度讲,他们提问指向的对象是随机分布的,我们在听课中也常常能观察到这种随机式的提问:不论学生是否做好了回答问题的准备,教师的提问指向往往呈随机化的散点分布。支配教师这样提问的原因主要有两方面:有的教师一直就是这样做的,当问及何以这样做时,教师的第一反应就是自己的"直觉"——没有理由,就一直这样做。换言之,教师表现出了倡导性的实践,但说不出支配这样做的理由;有的教师则明确讲,自己这样做就是贯彻教学机会中的公平,认为坐在自己课堂的每一位学生享有同等的参与机会——包括得到提问的机会。显然,这类教师不仅有着明确的实践性理论,也有明确的支配自己教学行为的倡导性理论。

从学生回答问题的角度讲,这种提问最大的效益在于能确保所有学生高度卷入课堂教学。不论从我们自己的教学实践还是从对中小学的课堂观察与访谈,我们发现,散点式随机提问能确保每一位学生都有被问到的可能,因而大家的注意力都比较集中,有助于将学生的心理资源集中到与教师提问相关的学业活动上来。这一点也得到其他研究人员(张春兴,1998,p. 517)的认同:指定学生回答时,绝对避免任何顺序,以免形成学生预测,如此,则会让所有学生知道,任何人都随时有被指定回答的机会,因而不得不随时对教师说的话加以注意。

2. 聚集式特定分布

顾名思义,"聚集式"提问的对象通常存在"堆积"现象,即教师提问指向高频率出现在课堂的特定区域。有研究者(周双,2011,p. 18)认为,教师的站位直接影响了提问后叫答的覆盖面,这在客观上营造了提问过程中的不公平氛围。一般来说,从横向看,坐在前面几排的学生比靠后坐的学生被提问的概率要大;从纵向上看,中间几列或者靠走廊座位上的学生被提问的机会也比坐在靠墙两列的学生多,在学生座位平面图上形成了"T"型区间。我们的研究(王映学等,2017)也发现,在大学生自主选择教室座位时,坐在教室中前区、中区、左前区的学生的学业成绩明显高于其他区域,我们称之为"学业优胜区",并且坐在这一区域的学生相较其他区域的学生,师生互动的机会也多,课堂卷入更频繁。

从教师的角度看,模式化地将课堂提问的对象指向特定区域也许有各种理由,但是仔细探究,就会发现所谓的特定区域实质上是特定的学生:或者是高期待的表现较佳的学生,或者是低期待的表现不佳的学生,或是被提问有助于维持课堂纪律和组织功能的特定学生。有趣的是,尽管有的教师提问学生时确实存在聚集化倾向,但若就这样的倾向与当事教师交流的时候,他们大都持否认的态度:既否定这样的聚集式结果,也否认出现这种结果的任何人为意图。实际上,国内外的研究人员都注意到了这种现象。国内,有研究人员(周双,2011,p. 28)以特定教师为对象对这种现象进行了研究,在将结果反馈给他们时,他们大多数都惊讶无比,并且都认为这根本不是有意造成的,自己也没想到在无意识的情况下竟然会"偏爱"这一区域的学生。国外,乌贝斯等人(Wubbels 等,1992)发现,课堂中的师生对教师行为的知觉存在差异,教师的自我知觉总是比学生对他们的知觉偏好。研究者由此推论,教师的自我报告可能更多是他们的理想而非实际的行为。值得注意的是,这种聚集式提问指向似乎更多与教师变量有关,学校类型不是关键变量。笔者曾在不同层次的学校听过各年级、不同课程的课,一个大体的观感是,不管在怎样的学校,总可以发现倾向于聚集式指向的教师课堂提问。还有一种课堂提问的"聚集式"表现形式,即教师指向学生的提问看似"随机的",但这种随机仅指向举手的学生。

从学生的角度讲,指向特定区域的教师提问为学生所形成共识之后,其弊害是明显的。第一,学生会有充足的理由认为,教师的课堂提问对象是有选择的,这是一种教学过程中的不公平,而且被提问的学生并不全都认可教师的做法:有的学生认为自己经常被提问是来自教师的关照和鼓励;而有的学生则认为,自己多次被提问是一种否定和责罚。第二,处于特定区域外的学生会游离于教师的问题之外,凭以往的经验,他们确信教师不会问到自己,因而也不思考教师提出的问题。于是,这种指向特定区域的课堂提问就派生了难以避免的问题,根据从这些被问及的学生身上所获得的信息,无法让教师知晓其他没有被问及的学生是否掌握了其希望掌握的内容。换句话讲,通过特定指向的学生提问,由于样本的代表性不够,教师难以了解学生学习的真情实况。不论哪种,上述之任何一种情形都偏离了教师提问的本意。当然,有的教师压根儿就没有所谓的"本意"。

3. 约定式规则分布

在教学过程中,有些教师喜欢按照师生都知晓的某种约定式规则来提问,比如按座位(列式或行式)、学号或者课堂分组等。这样的提问方式与前述两种不同,学生知晓教师提问的顺序和需要回答问题的学生。有人(施良方等,1999,p. 206)认为,按一定形式依次请学生回答问题的、学生可预见的规则叫答方式要比随机叫答方式教学效果好,理由是规则的叫答方式可减轻学生的焦虑,有利于集中注意。

站在教师的角度看,约定式的提问有着大家都明白(不一定认可)的规则,省却了教师提问中因人为选择因素而产生的认知负荷,似应体现了教学中大家所倡导的公平,将更多因提问而派生出来的问题转移到学生身上。但从学生的角度看,这种可预期的提问方式最大的问题在于,因为学生的回答顺序往往是明确可期的,所以学生既顾不上倾听前面同学的回答,更难以在前面同学回答的基础上补充性地回答问题,理由很简单:学生将所有的认知资源聚集到"轮到"自己的特定问题上。换言之,这种提问似乎可以降低前述"随机式"提问所引发的焦虑,但学生的认知视野窄化了。另外,在行列式依次回答问题的时候,还会出现一种"多米诺骨牌效应":前面同学的回答及教师理答方式直接会让后继的学生在回答问题时产生"增力"或"减力"效应,这一点我们可以从学生的报告中看得出来:

> 在高三的一次英语课上,老师提出了许多问题让同学们依次起来回答,同学们都很紧张,生怕自己说错了被老师训斥。轮到我前面的同学起来回答问题了,下一个就该我了。结果前面的同学回答错了,受到老师的训斥,这样我更紧张了,以致于我以为老师会让我回答与前一位同学相同的问题。实际上老师要我回答的却是另一个问题,但我因为紧张而没有听清。结果不出所料,我的回答也错了,从而受到老师更加严厉的批评。这样,自然地,我后面的同学就更加紧张了……

课堂提问中的机会不均等是一个非常普遍的问题。上面述及的三种课堂提问分布都不同程度地存在这样的问题。在一次小学数学课上,笔者发现教师提问存在明显的性别交叉倾向,即女教师明显倾向于多提问男同学。我不认为这一次课的提问分布是该教师课堂提问的基本特征,也不认为教师存在数学教学中的性别偏向,但就本节课而言,不仅存在男生提问机会上的聚集现象,也存在少数男生回答机会的聚集现象。当然,须得承认,这种回答问题机会的聚集也是与学生积极主动的课堂参与(认真听课、争先举手)分不开的,就是说,那些积极参与课堂活动的学生会得到更多的提问机会。为了解决提问机会上的这种不均等机会,有的学校提倡使用"提问签"(杨勇,2011):每次提问前,教师先从一个粉红色的盒子里随机抽出一支学生姓名签,让这个学生回答问题;凡被抽到过的姓名签即被放在另一个蓝色盒子里,待每个学生都轮完一次后,再次循环使用。

(二) 课堂提问类型及其后效

课堂提问有多样化的分类,我们的分类更多立足于提问的效应,即从师生互动的角度考察课堂提问的类型。

1. 称名式提问和自愿式提问

顾名思义,称名式提问即教师提出问题之后直接指名道姓让学生来回答问题,教师或者直呼其名,或者按学号,或者"你""那位男生""穿蓝衬衣""靠墙门口"甚而"那位帅哥/美女"等都是这种称名式提问的变式,因此这对学生来讲也是被动式回答问题。称名式提问的不同在于教师叫答时能否说出学生的姓名,不变在于被指名的学生,不管能否回答问题,一旦被叫到,都得对教师的提问作出回应。自愿式提问不同,在教师提出问题之后,学生自主回答问题,这个时候也会出现教师指名提问的现象,但前提是学生有自主回答教师问题的意愿,因此也是主动式回答问题。学生或者自主举手,经教师指名回答问题,或者无需教师指名直接回答。其不同在于是否经过教师指名,相同在于都是出于学生的自主自愿。研究者(顾泠沅等,2003,p. 8)报告,教师提出问题之后,学生齐答、让举手者回答问题的比例分别为41.9%和54.3%。

这就涉及心理学经常提及的"准备状态"(readiness),我们将其界定为"任何现有状态(个体知识、情感与潜能)对新信息接受的适合性"。桑代克(Thorndike,1913)在动物学习的实验研究中,也提及我们现在称之为"准备状态"的问题。他提出了几种形式的准备状态:如果对一个动作序列的强烈愿望被激活,那么顺利地完成那个序列就是满意的;如果那个动作序列受压制或受阻碍而不能完成,那么这种压制或阻碍就是烦恼的;如果动作到了过度疲劳或过度满足的阶段,那么强行使这个动作重复出现就是烦恼的(Bower 和 Hilgard,1981,pp. 45-46)。此即桑代克所提出的"准备律":当一个传导单位做好传导的准备,此时予以传导,就会引起满意;当一个传导单位未做好传导的准备而强行予以传导,就会引起烦恼。这一定律可以拆分来解读:(1)导致满意结果的状态激活是,做好传导的准备即予以传导,没有做好传导的准备时未予传导;(2)导致烦恼结果的状态激活是,做好传导的准备却未予传导,没有做好传导的准备却强行予以传导。将这一原理置于学生对教师提问的准备,也许就容易理解得多:当教师提出问题以后,学生觉得能够回答教师的问题并表现出强烈的回答愿望时,教师给学生回答问题的机会,学生就会表现出满意;教师不给学生机会,则会使其大感失望。相反,当学生对教师的问题无法回答或没有把握回答(愿望未被激活)时,这时教师偏偏让其回答,就会引起学生的烦恼;教师观察到学生没有回答问题的愿望时不予提问,则会引起学生的满意或者是善意的评价。

哈菲特(Harfitt,2015)指出,当教师在教学中给予支持的时候,尤其会频繁叫到学生的名字(pp. 86 - 87);在对教师的个案研究中发现,教师会在小班更多叫学生的名字,而在大班则往往要求整个班级来回答问题(p. 89)。

2. 前置式提问和后置式提问

前置式提问即学生在学业活动(阅读、练习等)之前提出问题,学生带着问题进行学业活动;后置式提问则相反,在学生完成学业活动之后提出问题。这两种提问的目的和功能均有不同。研究人员假设,问题在前将影响学生的选择性知觉,是一种顺向影响;问题在后,将影响学生对已阅读过的材料的注意量,更多地重复阅读问题中提到的信息,是一种逆向影响(皮连生,2009,p. 243)。罗斯科普夫(Rothkopf, 1972)系统考察了问题的位置对阅读学习的影响。他将中学生分为甲(问题在前)、乙(问题在后)、丙(单纯阅读,不提出问题)三组。阅读后进行两种测验:一种测验涉及的问题是材料中未提及的信息,测得代表偶然学习结果;另一种测验涉及的问题是材料中提及的信息,测得为有意学习结果。结果表明:就有意学习的测量结果看,有问题的两组(甲、乙)学生的成绩好于单纯阅读组(丙组),而问题在前组又好于问题在后组;就偶然学习的测量结果看,问题在后组胜于问题在前组。其后,关于历史和地理的阅读研究发现,提出问题的两组的即时测验和延后一周测验的有意学习成绩均优于单纯阅读组;但问题在后组的偶然学习成绩显著优于问题在前组的成绩(皮连生,2009,p. 243)。

上述有关阅读中问题位置的研究对课堂教学中的学生提问有着相似的效用。在实际的课堂教学中,就笔者观察所及,教师所提问题更多是前置式问题,即教师更关注有意学习的结果与测量。其积极效应是,前置式问题有着明确的导学功能,学生将自己的注意和学习主要指向与提问有关的方面,多关注有意学习;但其消极效应也不用回避,因为学生的注意资源与学习紧紧围绕教师的提问进行,所以忽视或者无视对与提问无关的信息的学习在所难免。如若教师的提问是低质量的,或者提问常常流于表浅,则前置式提问也会影响学生的学习取向、学习质量和思维方式。

3. 奖励式提问和惩罚式提问

奖励式和惩罚式提问有两方面所指,不仅指向提问的意图,也指向对提问结果的反馈。如此,奖励式提问指通过提问鼓励与肯定学生,不仅教师认为提问是对学生的肯定,学生也如此认为。而且,以奖励意图驱动的提问,不论学生回答得怎样,在教师那里总能得到肯定性的带有鼓励的反馈。与之不同,惩罚式提问的出发点或者意图是通过提问惩罚学生,因此,这类提问常常以前述的"称名式"出现,而且往往指向那些没有做好回答的准备或不能回答的学生,稍有经验的教师可以轻易地确定这样的学生。

教师之所以提问这些学生,往往指向提问之外的原因——或扰乱课堂纪律,或学业表现不良。而且,在对提问结果的反馈部分,奖励式提问的教师往往会放大回答正确的部分;惩罚式提问的教师往往会放大回答错误的部分,而对学生回答正确的部分要么无视,要么只是简单提一下。我们(王映学等,2006)将这种现象称为课堂教学中提问的不平等现象之一,即对同样问题的回答,教师对其期待较高的学生(不一定全是好学生)的回答倾向于指出正确部分并作补充性反馈;对其期待较低的学生(大多是差生)的回答倾向于忽略正确回答的部分而多指出不足的部分。

学生对惩罚式提问往往会有比较深刻的记忆并伴有强烈的情绪体验,下面就是一例:

> 记得小学开始,由于英语不好,我就被家人送去参加辅导班,同时家人特别交代英语老师要多多"关注我"。就这样,在从小到大的英语课堂上都是老师严肃认真地在讲台上讲解知识点,我一本正经地装作听得很认真的样子。其实我是一句都没听懂或早已开始游神,但多年的经验让我知道,只有这样老师才不会叫我来回答问题;一旦我有任何心虚的表现,"多多关注"我的英语老师就会喊我来回答问题了。这样一种英语课堂环境,让原本学习英语存在困难的我对课堂充满了恐惧,担心被点名,害怕被关注,从而形成了一种恶性循环,导致我的英语成绩越来越差。以后乃至闻英语而色变的地步,害怕英语课堂,害怕英语老师。

有研究者(周双,2011,p. 17)观察发现,惩罚式提问呈现出一个共同的特点:因为出发点在于惩罚学生,所以教师在提问时都伴有负面情绪和不良态度,如生硬或讥讽的语气、板着的脸孔、不屑一顾的眼神,等等。因为本意在于通过提问惩罚学生,所以教师的目的显然不会聚焦于问题及学生对问题的回答,甚至教师不会在意学生的回答,加上在惩罚式提问过程中教师所伴随的言语表情和体姿表情,不但达不到教育的目的,还往往会引起学生的反感,降低学生参与课堂的意愿,助长学生对教师乃至学校的疏离。

4. 功能式提问和程序式提问

前已述及,功能式提问指向提问的某种目的或特定意图,如教师通过提问检查阶段性教学活动之后的学生学习效果,或新的学习开始之前了解学生对已有知识的掌握程度,教师的这类提问均怀有某一明确的目的;而程序式提问则将课堂提问看作是课堂教学结构的组成部分,将提问视为课堂教学不可缺少的程序。在不少"公开课"或"示范课"中,因为教师在乎课堂结构的完整性或听课者对自己教学的评价,所以这种例行性的提问比较常见。在我们的研究(王映学,2013)中,曾提到一例典型的程序式提问:教师讲授的是"大禹治水"这篇课文,但在上课开始的"复习检查"环节提出的问题(①马丽骅给斯大林的信的主要内容是什么? ②书信有哪些格式?)与新授课完全无关。显然,教师在教学环节的设计中,复习检查的指向(功能指向的)似乎是清楚的,但所提的问题既不能为新授课提供支架,也不能以这样的问题组织新的教学,是典型的程序式提问。

5. 理答式提问和忽略式提问

这种提问主要依据学生回答问题之后教师所提供的反馈来划分。理答式提问即学生回答问题之后,教师予以回应。回应的表现形式多种多样:对学生的回答进行顺应性评价,既指出回答好的地方,也指出回答有欠缺的部分;指出学生回答与他人回答或学习内容的异同;对学生予以褒奖或者批评。总之,在这种类型的提问中,学生回答完毕之后都能得到某种程度的信息反馈。"忽略式提问"则不同,由于种种原因,教师在提问并待学生回答之后,缺乏对学生回答问题的反馈与分析,直接转向另外的教学活动,好像不存在学生的回答一样。当然,我们承认,教师这样做多是无意的或者是惯常性的课堂行为,但这样的处理不仅丧失了提问的功能指向,回答问题的学生也往往难掩失望之情,尤其当学生自觉回答比较"完美"而期待教师积极反馈的时候更是如此。与理答方式有关的这两种类型的提问及其派生的课堂生态,我们在日常的课堂中都可以观察到。

6. 单向式提问和双向式提问

就课堂活动主体而言,提问可以有"单向式"与"双向式"提问之分。顾名思义,前者往往指课堂教学活动中单一指向的提问,这种单向更多是教师指向学生的提问。从理论上讲,课堂教学是学生本位的,但引发学生学习变化的一系列外部事件往往由教师所引发。换言之,教师是课堂教学事件的发起者和组织者,课堂提问也不例外。由教师主导的课堂提问,提问的形式、对象和质量等都是教师主导的。双向式提问则不同,在这样的课堂上,既有教师指向学生的提问,也有学生指向教师的提问,真正健康的课堂理应是这种双向式提问的课堂。有研究者(王世敬,2003)断言苏格拉底的"助产术"是教师指向学生提问模式的雏形,而孔子的"启发法"则是学生指向教师提问模式的鼻祖。

教师的教学旨在促进学生的学习变化,而教师提问仅仅是促成这种变化的手段之一。真正好的教学不应限于教师"答疑解惑",而应促成学生"质疑生惑"! 教师向学生提出问题,是要学生来回答;但学生向教师提出问题,不仅是学生自己的疑惑所在,更显学生学习变化的生成。我们做教师的都有这样的经验,一个能提出好问题的学生,至少是部分听懂了教师所讲的学生! 正如美国哲学家、历史学家杜兰特(Durant,1926)所言,"懂得该问什么问题就已经懂得一半了"(p. 65)。所以,课堂是师生对话(dialogue)的场所,而不是教师独白(monologue)的地方! 我们观察发现,课堂提问大多是教师主导下的单向提问,学生甚至视之为当然。这种不健康的课堂生态造就了一种"病理"现象:学生不会提问,也缺乏课堂提问的意识和习惯,有的学生认为向教师提出问题要征得教师的许可,甚至认为未经允许的提问是冒失的或不礼貌的行为。

实际上,从个体成长史来看,孩子是天生的"问题制造者",他们充满对周围世界的好奇,他们有着强烈的探究心,他们从本性上是多疑的、好问的。我们观察发现,在幼儿园和小学低年级的课堂上,学生"七嘴八舌"的现象还比较普遍,但随着年级的升高,不仅学生指向教师的提问逐渐减少,就是学生积极回应教师提问的频率也明显呈降低趋势。其中的原因很多,但与教师不鼓励、不提倡学生质疑,不悦纳课堂上的"多元表达"也有关系。

(三) 教师提问与学生学业的关系

教师提问与学生学业的关系有两方面所指:一是教师提问与学生学业成绩的关系,关注提问对学生学习成绩的影响;二是教师提问与学生学业卷入的关系,关注提问对师生互动的影响,以及教师提问过程中涉及提问对象的"标签化"问题。

1. 教师提问与学生学业成绩的关系

至今,仍有许多教育者和研究者认为,为了提高学生的学业成就,增长学生的知识,教师必须采取高层次提问(Dantonio 和 Beisenherz,2001,p. 30)。如前所述,许多研究认为,用以考查学生知识水平和理解水平的教师提问被认为是低层次提问,而用以考查学生运用、分析、综合和评价能力的教师提问则被认为是高层次提问。但提问引发学生的加工水平的变化与其学业成绩之间到底存在怎样的关系,目前还没有定论。一方面,相关的具有说服力的实证研究比较少,有研究者(刘丽珍等,2016)通过对国内近 30 年(1986—2014 年)发表的关于中小学课堂有效提问的统计发现,其中涉及提问与教学效果关系的仅有 5 篇,占检索文献总数(560 篇)的 0.9%。而以笔者所掌握的资料,国内尚没有发现有关课堂提问与学生学业成绩之间的实证研究,自称实证研究的更多是通过课堂观察或者问卷调查进行的研究。

　　另一方面,现有关于教师课堂提问与学生学业成绩之间关系的研究结果又显得比较混乱。例如,罗森珊(Rosenshine,1976)认为,能力低的学生在回答事实类问题时表现最好,而能力强的学生在涉及探究及重新调整方向方面的问题表现更佳;而雷德菲尔德和卢梭(Redfield 和 Rousseau,1981)通过对教师提问研究的元分析发现,如果教师的教学中高层次问题占优势,对学生的学业成绩会有积极影响;通过对三项研究的梳理,罗森珊(Rosenshine,1976)发现,事实类和单一答案问题与学生成绩呈显著正相关,而比较复杂、有难度及发散性问题则与学生成绩呈负相关;温妮(Winne,1979)通过对18篇调查研究报告的整理分析发现,尚缺乏有力的结论可以表明高认知水平的问题与学生的成绩之间存在正相关。尽管如此,大多数研究者、教师和教育工作者都赞同这样的观点,即"问得好即教得好"(Wilen,1982,p.25)。

　　之所以出现上述不一致甚至彼此矛盾的研究结果,可能的原因是:第一,研究人员对教师提问层次(即提问的低-高层次)的认识与界定并不一致。第二,人们很难确定某种层次的提问就一定能引发学生相应层次的认知加工。也正如古德和布罗菲(Good 和 Brophy,2008,p.234)告诉我们的那样,思考性问题不一定就比事实性问题好,发散性问题不一定好于聚合性问题,高层次问题也不一定比低层次或更简单的问题好。第三,影响学生学业成绩的因素很多,面对多维度、多层次的影响变量,研究人员很难单独分离出问题层次与学业成绩的关系。第四,人们用以衡量学生学业成绩的测量也不一致,有的以低层次的学习变化来衡量,有的则以高层次的认知加工结果来评估。很多有关有效提问技术的建议更多地依靠逻辑而不是依靠研究,因而,研究所提供的那些促进学习成绩的技术可能是靠不住的(Wilen,1982,p.9)。

　　我们尚未做过提问频度、提问质量与学生学业成绩之间关系的实证研究,但基于笔者在高校的课堂教学经验和在中小学课堂的观察,发现在课堂提问中高参与的学生,或者教师高关注的学生并不总是有着上佳的学业表现,这样的观察经验与上述研究结果的吻合度也比较高。

2. 教师提问与学生学业卷入的关系

　　如果说教师提问对学生学业成绩的影响是不确定的话,那么对学生学业卷入的影响则比较确定:不论课堂提问的质量,也不论学生回答问题是否出于自愿,教师通过提问都能够让学生高度卷入课堂学业活动。

　　在课堂观察中,笔者发现,为了得到教师提问的机会,学生除了举手这一常见的肢体动作,往往还伴有其他诸多丰富的言语与非言语表情(图4-2):①站立或半站立;

②口中有"嗯嗯嗯"伴音或"老师、老师"的提示声;③身体前倾;④拍打自己身体的某一部位;⑤始终盯着教师(当教师走动的时候)并随教师的走动调整体位;⑥以教师最为认可的课堂坐姿坐着(坐直或同时将手放在桌子上)。因此,至少就小学中低年级而言,学生对于教师的提问大多显得比较积极,而这样的学生往往也是高学业卷入者。相形之下,那些始终不举手或对教师提问不回应的学生,其学业卷入没有前者高。有趣的是,在集体性沉闷的课堂上,教师为维持课堂活动或"活跃"课堂气氛,更易出现提问中的聚集化倾向!而在那些教师随机提问且覆盖面比较大的课堂上,学生的卷入程度普遍比较高。

图4-2 学生面对教师提问时的伴生性表情

作为课堂教学的主体双方,教师的外部事件设计与学生的个人特征都是影响学生课堂卷入的重要变量。在一所小学五年级的课上,同一教师在两个不同班级授课,学生回答问题时的课堂卷入有着明显的差异。课后笔者就这个现象与授课教师沟通,教师以八字概括:"学生傲慢,自以为是!"或许可以这样理解:学生课堂卷入深受学生个人的特质、习惯、学业效能感或对提问得到的期待结果有关,如笔者在课堂观察中曾跟踪过一位学生,发现他在上午的数学、英语和语文三节课上,始终是教师课堂提问的高卷入者,这种情形我们更有理由从学生特质而非教师的教学事件去解释。

(四) 课堂提问的机会

我们都有这样的体验,课堂上能否得到教师的提问机会,既有教师自身的随机性和系统性因素,也有学生自己的"在课"状态起作用。请看学生的报告:

　　　　对英语每一课的3a部分,我每次都背得特别熟,为的就是第二天老师问
　　到我并能得到表扬。可老师始终不点我的名,这让我非常失望和苦恼。后

来，我慢慢发现老师在提问的时候特别喜欢提问那些抬着头、眼神望着老师的同学。从那以后，只要老师准备检查背诵或者提问，我就以我那渴求老师能够注意到的眼神看着他，结果真是百发百中，无一例外，老师每次都会叫到我。

课堂观察发现，新手教师（实习生）更倾向于以学生是否举手来作为确定学生回答问题的外部线索，而专家教师则有着更丰富多样的学生"在课"线索。这在笔者带队小学教育专业学生见（实）习的过程中得到一致性的印证。可能的原因是，新手教师在面对学生的时候，会将自身更多的心理资源集中于自己事先计划好的教学规划，比如讲授的内容、采用的方法、顺序步骤等，而对于学生层面的信息则难以投放有限的认知资源，所以新手教师更多就以学生举手这样易可感的方式作为叫答学生的依据，这也成为他们最为常用的提问线索。与之不同，同在课堂观察中发现，专家教师会将更多的认知资源分配给课堂中的学生学情，他们随时监控课堂教学中的动态，有时会特意将叫答对象指向不举手的同学，这样做或者是指向公平性的，让更多的学生得到回答问题的机会；或者是课堂组织性甚而是惩罚性的，对部分偏离学习任务的学生予以提示或者纠偏。

与教师课堂提问机会关联的一个问题是提问学生的"标签化"。众所周知，个体社会化的过程也是被"标签化"的过程，我们每个人都因时因地而被赋以不同标签。在校学生会因成绩的差异而被赋以"好学生"或"差学生"的标签；会因在班上的活跃程度被赋以"热情的""活跃的"或"木讷的"标签；以是否担任班级干部而被赋予不同身份等。这些符号化标签是外部赋予的，但赋予的依据往往是学习者个人的经验。尽管经验是个体的，但依据经验赋予的标签往往有着极大的主观性和评价功能——不论带有褒义的还是贬义的标签，均是如此。

调查研究发现，教师在提问中的叫答机会因学生的成绩差异而明显不同。研究人员以学生的学业成绩排名顺序作参照，考察教师对不同类型的学生在提问频次上的差异。结果发现，学优生（成绩前 25％）的人均叫答次数超过中间学生的 2 倍，他们获得澄清、追问等针对性评价的次数也接近中间学生的 2 倍，并且中间学生的人均叫答次数和针对性评价相对学优生和学困生（成绩后 25％）而言也是最低的（洪松舟等，2010）。他们的调查还发现，班干部在课堂教学中会受到教师更多的关注：班干部在课堂上的人均叫答次数是普通生的 2 倍，他们获得教师澄清、引导、追问等针对性评价的比例也高于普通生，而且他们在回答问题之后得到无理答的比例只有普通生的一半。通过对中小学生的问卷调查研究也得出类似的结论(吴晓宁等,2015):学生的学习成绩与其在课堂上主动回答教师提问或者被教师提问的次数之间存在显著差异($p<0.05$)。具体而言,学习成绩优秀的学生在课堂上主动回答教师提问或者被教师提问的次数明显多于成绩良好、中等和差的学生,两者的关系表现为随着成绩等级的递减,学生主动回答或被教师提问的次数也随之降低;调查还发现,学生是否担任班级职务与其在课堂上主动回答问题或被教师提问之间存在显著差异($p<0.05$)。换言之,在班级担任职务的学生在课堂上主动回答教师或被教师提问的次数明显多于未担任干部的学生。

研究人员(洪松舟等,2010)认为,从表面看,教师提问学困生的比例要高于中间生,但指向这类学生的问题多是涉及事实回忆的封闭性问题。这其中更多的是基于学生"标签"的低期待,而非基于其学习经历的差别化对待。还有研究者(沈贵鹏等,1994)发现,教师多倾向于让那些成绩差的学生、群众学生及人际地位低的学生回答一些"判断性""描述性"较强的简单问题,互动持续时间相对较短;而让那些学习成绩好、担任班干部及人际地位高的学生回答一些"论证性"较强的复杂问题,互动持续时间较长。

课堂提问何以出现这种"嫌贫爱富"的"马太效应"? 通过对小学语文教师的访谈,研究人员(周双,2011,p. 20)认为,教师之所以倾向叫那些学习成绩比较好的学生来回答问题,原因是多方面的:(1)这类学生的回答积极性更高;(2)因为时间的限制,希望得到又快又准的回答;(3)比较容易唤起教师的成就感,产生愉悦情绪;(4)担心成绩差一点的学生被叫起来之后因不知道答案而有挫败感;(5)需要培养班级中的"尖子生";(6)缺乏等待的耐心。笔者也做过类似的非正式个案访谈,访谈对象是一名初级中学的副校长,他否认教师平时上课过程中存在这种现象,但也承认课堂教学中这种"挑拣式"提问的存在,尤其是在示范课、公开课这类带有表演性质的课堂上。但是针对这种课堂提问机会上的差异,学生或观察者的感知与教师的认知并不一致:学生或课堂的观察者确实发现有这种系统性的"挑拣式"叫答现象,但教师或者未意识到或者会否认存在这种现象。其实,研究人员(Moore 和 Glynn, 1984)也注意到了这种情形:当教师得知自己在课堂提问中的这种结果时,他们也表示惊讶,而且他们声称并没有意识到自己在提问学生方面有什么不同。

第五章 教师教学品质

一个人在教育方面成功或失败的最为重要的原因也许与其对自己的信念有关。

——[美]亚瑟·康布斯(Arthur Combs)

教师教学品质是构成课堂教学生态的重要主体变量,也是影响学生健康成长的重要外部因素。教师教学品质包含的内容很多,我们将聚焦于影响学生学习和成长的教师内在心理品质,主要围绕教师信念、教师期望以及教师移情三个方面。要强调的是,我们的关注点仍在教师教学品质的生态效应,这种效应可通过第一章提及的班杜拉(Bandura,1986)的交互作用理论(图1-4)来说明。

置于三变量(E-B-P)的交互作用框架内,教师个体因素(P,如信念、期望等)支配着自己一系列的教育教学行为(B),因行为变化不仅会反向影响自己的认知和态度,也会影响课堂环境(E)中学生的学习观念、学习态度和学习行为;而作为结果变量的学生因素不仅会影响教师的行为,也会影响教师的认知与情感。这也是我们基于生态学视角探讨教师教学品质的基本逻辑。

一、教师信念及其生态效应

教师信念泛指一切影响其教育教学行为的观念——意识或未明确意识到的,前者表现为影响教师教学行为且能明确进行心理加工的信念,后者更多表现为教师自己往往没有意识到,但又无时不在影响其自身的行为——多表现为不自觉的或习惯化了的行为。与教师明确意识到的、可控制的行为相联系的信念我们姑且称之为"倡导的信念";与其无意识的习惯化了的行为相联系的信念我们称之为"实践的信念"。不论倡导的还是实践的信念,无不与教师个人的知识与教育经历有关,所以我们就从教师知识与信念之间的关系谈起。

（一）知识与信念

要从作用机制层面区分知识与信念并不容易。克兰迪宁和康奈利（Clandinin 和 Connelly，1987）在考察教师信念研究中所涉及的个人知识结构的起源、用途和意义时，遇到的最大困惑就集中在信念与知识之间的区别，他们发现，多数概念仅仅是拿不同的词指称相同的东西。诚如帕亚雷斯（Pajares，1992）所言，知识与信念密不可分，但信念的情感性、评价性和情节性使其成为新现象得以解释的过滤器。

尽管人们很难将信念从知识中完全分离出来，但研究者（Nespor，1987；Pajares，1992）一致认为，与知识相比，信念有着强烈的情感性和评价性。而且，任何信念都包含代表知识的认知成分，能够唤醒情绪的情感成分，以及需要行动时被激活的行为成分；知识一般是由认知成分、图式化组织以及信念成分组成的一种结构，其中信念具有评价与判断的功用（Pajares，1992）。信念被视为一种类型的知识，人类的一切活动都会受其知识结构的影响，但是这种结构本身并非现实本质的可靠向导，因为所有包括信念在内的知识结构都会影响个体对现象的描述、对周围环境的理解。

与上述理解不同，罗勒等人（Roehler 等，1988）对两者进行了仔细区分：（1）信念是静态的，不论什么情形下，它总是表现为教师头脑中保持不变的永恒真理；而知识是流动的，教师会不断地将来自当下经验的知识整合于自己的已有图式中。（2）信念与理论会被当作一种"流派"（schools of thought）来讨论，而知识是个人独有的；信念常常为情绪氛围所笼罩，而知识在情绪上是中立的。教师信念研究的经典假设认为，教师的行为是受信念支配的。换言之，个体的信念会强有力地影响自己的行为（Pajares，1992）。大多数研究者认为教师的信念和知识直接影响着他们的课堂实践（Spruce 和 Bol，2015），教师的已有知识和信念不仅影响自己的行为，也影响自己对外部事件的认知和解释。与知识相比，尼斯博（Nespor，1987）更强调信念的情感成分，认为信念具有更强的情感和评价成分，而且其影响通常独立于与知识相关联的认知。我们对某一领域的知识不同于对该领域的情感，这种区别类似于自我概念和自尊、自我知识和自我价值感之间的区别。尼斯博（Nespor，1987）指出，知识系统的信息是以语义的方式储存的，而信念系统则驻留于我们的情景记忆中，其材料源于个体的经验或知识传播的文化源泉。信念是基于评价与判断，而知识则基于客观事实；知识系统对评价和批判性检验是开放的，而信念不是（Pajares，1992）。

综上，教师知识与信念明显不同，前者涉及教师知不知的问题，后者涉及教师信不信的问题；前者影响学生知会的范围与程度，后者影响学生知性的方式和力度。

(二) 教师信念及其实证研究

1. 教师信念

教师信念是特具激发性的个人知识,通常被定义为职前或在职教师关于学生、学习、课堂及所教学科的内隐假设(Kagan,1992)。但是,要研究教师信念存在实质性的困难,困难源自信念的定义问题、概念不良界定以及对信念及其结构的不同理解(Pajares,1992)。教师的能力观影响着其看待学生的信念,持"外铄论"的教师更相信包括教学在内的外部事件对学生的强有力影响;而持"生成论"的教师则弱化环境事件对学生的影响。正如斯旺和斯奈德(Swann 和 Snyder,1980)所言,有些教师认为学生的能力是由外部因素促成的,其所采用的教学策略总是能从学生那里得到检验,高能力的学生比低能力的学生表现更好;当教师认为学生的能力乃由内在潜能自发生成时,教师会淡化自己的教学努力,其所采用的教学策略常常在学生那里失验。

但是,要充分理解教师行为的动因,就需要了解隐藏其后的教师信念。从研究取向来看,我们常通过课堂观察和教师行为记录文档分析其教学行为,但教师的信念则难以通过外部观察来确定,理由是,信念不能从教师的行为直接推断而来,因为教师会基于完全不同的原因遵循类似的做法(Kagan,1992)。

实际上,教师宣称的信念(professed beliefs)与研究人员表征的信念(attributed beliefs)往往不一致,而且也不足信。有研究者(Speer,2005)区分过教师所宣称的信念与研究人员所表征的信念,所谓"宣称的信念"即教师所主张或陈述的信念,"表征的信念"是研究人员基于观察或其他数据推论得到的信念。这种信念"二分"是基于"当事人"和"旁观者"的角度进行的划分。实际上,从教师的角度讲,除了其"宣称的信念",还存在一种可称之为"实践的信念"(beliefs in practice),后者又有两方面所指:一是影响自己的教学行为但难以言表的信念("教师的教学哲学观");二是影响自己的教学行为但不想言说的信念("IQ 有高低,学习自然有好坏")。因此,研究人员试图通过访谈、问卷或某种测量手段了解教师信念存在的很多局限,其中一种局限来自众所周知的"隐秘观念"的自我防卫。

有关教师信念研究的视点尽管纷繁多样,但有两点比较一致(Kagan,1992):第一,教师信念似相对稳定且具抗变性;第二,教师信念倾向与与其具有一致性的教学风格相关联,这种教学风格具有明显的跨越不同班级和年级水平的特征。被纳入信念结构的时间越早,信念改变的难度就越大,新获得的信念最容易改变(Pajares,1992)。

2. 教师信念的实证研究

作为一种整体性的结构,对信念进行实证研究并非易事。原因是对其结构复杂性、概念定义多样性及模糊性的理解。就我们所掌握的材料而言,信念研究中涉及的定量研究方法主要是采用问卷调查和课堂实验任务的测量;定性研究方法主要是访谈与课堂观察。下面我们比较完整地呈现了卡根(Kagan,1992)对有关教师信念的25项研究的系统整理,见表5-1。

可以看出,这些研究一致地将教师信念作为自变量,以教师或学生某种可观察的行为作因变量。由于研究者之间、研究人员与研究对象之间在信念或者教师信念的理解上存在很大差异,所以研究人员很难进行规范的实证研究。因此,从方法上讲,这些研究大多采用问卷调查、访谈或课堂观察的方式。正因为存在研究上的难度及相应的局限,卡根(Kagan,1992)在说明教师信念(自变量)与师生行为(因变量)之间的关系时强调,"相关"并非严格统计学意义上的相关,仅表明教师信念与某种外部变量有关。

由于"信念"在界定及操作层面均存在难度,所以这些涉及信念的实证研究确实比较"粗糙",尽管如此,我们还是可以从上述25项研究中概括出以下几点:

(1)从时间跨度讲,这些研究横跨11年(1981—1991年),这一时间跨度足以对教师信念的研究概貌有一个大致的刻画。

(2)从研究对象及样本量看,在25项研究中,仅有4项研究涉及教师和学生(小学生和高中生),其余21项均以教师为研究对象(从幼儿园教师到高中教师)。样本量总体较小,在1~803之间,其中最大样本量为803名教师(Brousseau等,1988)。由于研究对象多涉及教师,因此可以就教师信念对其教学与学生学习影响有一个基本的了解和判断。

(3)从研究方法讲,大体涉及定性与定量方法,以定性研究为主。定性研究包括课堂观察、访谈、教师日志、文本分析及课堂实验任务(自我报告);定量研究方法包括问卷调查、课堂实验任务(引发教师信念)。定性与定量研究相结合,既有群体层面的探讨,也有个体层面的深度分析。

(4)25项研究均将不同类型的教师信念作为自变量,将教师课堂行为和学生的学业成绩作为因变量。同时,这些研究一致揭示了教师信念的影响机制或作用路径:教师信念→教师课堂行为(教师对学生的态度与责任、对待课程的方式、教学方法以及教学评价等)→学生的学业成绩及其课程态度。

表 5-1 有关教师信念的 25 项研究 (Kagan, 1992)

研究者	教师信念类型	研究对象	研究方法	教师信念的显著①相关
Ashton 和 Webb (1986)	教师自我效能感	48 名高中教师	问卷、访谈、课堂观察及学生记录(定量与定性)	教师自我效能感与学生的阅读、数学成绩,以及积极的教师行为有相关联。
Brousseau 等 (1988)	教师信念、自我效能感	332 名职前教师,471 名在职教师	利克特式(Likert-type)问卷(定量)	教师的教龄与自我效能感的降低以及对学生和学校的某些信念有关。
Calderhead (1990)	教师教学形象	12 名小教专业师范生	访谈、对实验任务(担任引发信念)的书面答复(定性)	师范生形象影响了他们对教育课程和课堂实践的看法。
Freeman 和 Porter (1989)	教师关于数学教学方式的信念	4 名小教师	访谈与教师日志(定性)	信念影响教师各自使用数学教科书的方式。
Gibson 和 Dembo (1984)	教师自我效能感	8 名小学教师(高低自我效能感各 4 名)	课堂观察与利克特式态度问卷(定性与定量)	与低自我效能感的教师比,高自我效能感的教师对学生批评较少,在失败的情形之下更具坚持性。
Grossman (1989)	教师对"阅读文学作品"的理解	2 名高中教师	访谈与课堂观察(定性)	教师对文学作品的定位影响他们对教学方法的选择。
Gudmundsdottir (1991)	教师对其所教学科的信念与取向	4 名中学英语教师和 4 名历史教师	访谈、课堂观察、录(音)像及文件(定性)	课堂教学与教师对教材的取向相一致。
Hollon 等 (1991)	教师对科学课堂与教学的信念	2 名初中教师	访谈与课堂观察(定性)	课堂教学与教师信念相一致。
Janesick (1982)	教师信念与课堂事件解释	1 名小学教师	课堂观察、对该教师及学校其他员工的访谈(定性)	教师所作所为与其信念相一致。

① "相关"一词指一般意义而非严格的统计学意义,因为其中的许多研究都定性研究。

续　表

研究者	教师信念类型	研究对象	研究方法	教师信念的显著相关
Johnson 等 (1989)	教师对学生家长所持态度的看法	453 名小学师生	问卷及学校记录（定量与定性）	教师对学生家长态度的看法与学生的成绩有关（如果教师认为父母对孩子是上心的，那么他们的孩子会得到更高的等级）。
Litt 和 Turk (1985)	教师关于课堂上教师作用的信念	291 名高中教师	利克特式问卷（定量）	教师信念与工作满意度和工作压力有关。
Morine-Dershimer (1983)	教师思维与实践原则	2 名初中教师	课堂观察、访谈与诱发性回忆（定性）	课堂实践一般与教师信念相一致。
Morine-Dershimer (1988)	教师就其做法的实际理由	8 名中学教师	课堂教学实录与访谈（定性）	课堂做法与教师有关做法的理由相一致。
Olsen (1981)	形成教师思考教师生行为的基本结构	英国综合中学的 8 名科学课教师	访谈与实验任务（定性与定量）	教师修正新课程以便与自己的信念相一致。
Peterson 和 Comeaux (1989)	教师对教师评价备用系统对好老师的界定的评价	48 名高中英语教师	访谈与问卷（定性与定量）	教师对评价系统的评定等级与其对好老师的界定相关。
Peterson 等 (1989)	关于加减法教学的信念	39 名一年级教师	课堂练习（自我报告）、访谈与实验任务（定性与定量）	教师信念与学生解决数学问题的成绩及教师的做法有关。
Poole 等 (1989)	教师自我效能感	220 名小学教师	课堂练习（自我报告）与问卷（定性与定量）	教师自我效能感与其采用新课程的倾向呈正相关。
Prawat 和 Anderson (1989)	教师有关纪律与学生控制的信念	8 名小学教师，64 名小学生	问卷（定量）	教师信念与学生数学题的测验成绩有关。

续　表

研究者	教师信念类型	研究对象	研究方法	教师信念的显著相关
Rennie (1989)	教师关于学生怎样学习的信念	2 名高中科学教师，62 名高中生	访谈与课堂观察（定性）	教师信念决定了学生课堂参与及其教学的性质。
Roehler 和 Reinken (1989)	教师对"阅读教学"的理解	6 名小学教师，5 名小学生	教师理解的概念图，访谈与课堂观察（定性）	教师对阅读教学理解的复杂性与教学过程中较多的应答性精加工有关。
Smith 和 Neale (1989)	教师教学取向	10 名幼儿园和小学三年级的教师	访谈，录像带，课堂观察及诱发性回忆（定性）	课堂练习与教师取向相一致，练习变化与取向变化相关联。
Smith 和 Shepard (1988)	教师对学生升留级的信念	44 名幼儿园教师	访谈，观察与文本分析（定性）	教师信念与其决策及学校组织要素相一致。
Smylie (1988)	教师自我效能感	56 名中小学教师	课堂观察，访谈与问卷（定性与定量）	高自我效能感与教师做出教法的变化有关。
Stein 等 (1988)	关于如何进行绘图教学的信念	1 名五年级教师	课堂教学录像与访谈（定性）	课堂教学与教师信念相一致。
Wilson 和 Wineburg (1988)	教师的历史学概念	4 名中学历史教师	访谈与课堂观察（定性）	教师的历史学概念影响其计划与组织教学的方式。

3. 教师信念的生态学效应

信念与行为之间的关系是复杂的,部分因为教师持有多重信念,部分因为学生具有诸多特征(Good,1987)。复杂表现之一是,我们很难确切分辨教师信念与行为影响的"因果"关系,即我们常讲的"鸡与蛋"问题。前已述及,教师信念与其知识密不可分,但两者又确实不同:知识的获得相对容易,信念则基于个人的知识,基于个人情境化的经历,形成得相对缓慢;知识往往指向特定的情境或者问题,而信念具有跨情境的特征,因而有着一定的抗变性。教师信念既可能是其教育经验的结果,也可能是其教育行为的原因。我们不妨展开来谈谈这一论断。

(1) 教师信念是其教育经验的结果

这一论断既有认识论的根源,也有学习论的依据。就后者而言,众所周知,行为主义倡导"S—R"研究范式,将心理学的全部研究问题还原为 S—R 问题。结合我们探讨的话题,由于教师亲历性的多种经验(R),自然会出现包括信念在内的学习结果(S),换言之,任何包括教师信念在内的后天经验都是个体经验的结果[①]。也许下面实习生的报告有助于我们更清楚地理解这一点:

> 在为期 8 周的实习中,因为学校有一位教师有事,由我代替该教师承担她那个班英语课的教学。开始时,学生还算听话,但不知什么原因,越是往后,学生在课堂上越闹;学生越闹,我自己也变得越"失控":进教室时就没有好脸色,甚至全无好心情。到后面上课时,学生叽叽喳喳说个不停,我除了通过喊叫或者个别惩罚的方式维持课堂纪律,找不到其他有效方法……就这样,还没有正式入职,我就从这一段不算成功的实习经历中产生了这样的想法:不论自己怎么想,在学生面前都不能给他们好脸色!

我们通常将实习生的经验归于职前教师的经验范畴。职前教师从其学生经历中会获得大量生动的教学图景,这些图景会影响他们对特定课程及课堂实践的解释,并在他们转化并利用自己所掌握的知识以及自己作为教师的未来实践方面发挥强有力的作用(Calderhead 和 Robson,1991)。显然,上述实习生的"想法"并非始于实习之前,而是形成于实习过程中。实际上,笔者的很多有关学生及其应对方式的信念也是源自自己的教学实践经验。不少研究也发现,新手教师在实习期的经历确实会影响其以后的职业行为。布鲁索等人(Brousseau 等,1988)通过职前教师(大学生)

---

① 这里用到两个"经验",前者作名词用,指个体因学习而引发变化;后者作动词用,指引发变化的过程。

和在职教师的比较研究(表 5 - 1)发现,学校文化在塑造教师的教育信念方面影响巨大,这种影响渗透于学校文化的各方面。对实习期的学生而言,职前不甚成功的经历会"降低教师的效能感",这从上述实习生的叙述中可以看得出来。显然,来源于职前经历的初步信念,又会反过来影响其职业生涯的教育行为,并进而影响学生的系列学业行为。

(2) 教师信念是其教育行为的原因

前已述及,行为主义强调个体行为结果对行为的决定作用,这一点没错,而且也有着一定的解释力。但个体累积性的行为结果会形成预期,而预期又会影响后续行为。例如,持"外铄论"的教师更相信自己的教学对学生的影响力,因而在教学中有更多的努力与作为;相反,持"生成论"的教师更愿意在学生现有潜能的基础上进行"适宜性"教学,认为学生的成功更多是自我实现,教师只能起引导作用。通常来讲,当学习者的某种行为得到强化或惩罚时,他们就可能形成结果预期——关于未来某种行动会带来某种结果的假定——并且会以使理想结果最大化的方式行动(Ormrod, 2012, p. 95)。教师信念对其行为的影响就属于这种情形,即由于行为的结果,也基于对结果的总结与反思,个体在行动之前就会形成某种支配其行为的预期和信念,这种预期既是过往行为的结果,反过来又是后继行为的原因,这也正是人之为人的伟大所在!

温菲尔德(Winfield, 1986)通过访谈研究发现,教师对学生的学业信念可以分为两个维度,第一个维度是"改善-维持",第二个维度是"承担责任-推卸责任",见图5 - 1。

		对存在学业风险学生的行为	
		承担责任 (assume-responsibility)	推卸责任 (shift-responsibility)
对存在学业风险学生的信念	改善 (improvement)	良师 (tutors)	总承包商 (general contractors)
	维持 (maintenance)	监护人 (custodians)	转介人 (referral agents)

图 5 - 1　教师信念的交叉分类矩阵(Winfield, 1986)

通过对任教于黑人低收入家庭学校的 40 名教师的访谈与课堂观察,温菲尔德(Winfield, 1986)将教师信念及其相应的行为模式分为四类。①良师。这类教师相信所有的学生都能改善自己的学业,教师也有责任提供必要的指导。②总承包商。相信低成绩的学生需要帮助,但不是自己的责任,需要其他人帮助改善其学业成绩。③监护人。教师确信没有什么办法能改善学生的学业成绩,也不寻求他人的协助,自己能做的就是维持现状。④转介人。不相信所有学生都能在学业上取得成功,认为存在学业风险的学生难以在课堂环境或辅助性的课程中完成学业,需要接受心理测试或特殊教育,这类教师往往将维持现状的责任转嫁于他人。

显然,上述教师对学生不同的应对方式源于其教育信念,我们在现实教育情境中也常常可以观察到类似的现象。下面是对两位资深数学教师(小学和初中)不同时段访谈的提炼与概括:

> 数学这门课说容易也挺容易的,说难也很难。说容易,是对那些"脑瓜子"好使的人讲的,有的学生一点即通,你讲起来确实很轻松。说难,是就那些智力平平的学生而言的,总是有那么一些学生,你怎么讲他们就是不通。说实话,数学不是人人能学的!

在谈及学生数学学习的时候,两位教师一致认为,数学不是人人能学的!笔者相信他们得出这样的断言有自己的经验作支撑,而且也可以肯定他们确实是这样认为的。观察上述两位数学教师的课堂教学,我们也会发现高度的一致性:在教师讲授过程中,个别学生完全游离于课堂学习之外(第四章谈及的课堂"边缘人");也有一些学生总是与教师的教学"不同步",即跟不上教师的教学思路,显得"慢半拍"。问题不在学生这里,有趣的是教师都可以知觉到这些现象,也会在这些"游离"学生身上有短暂的视觉驻留,但常常或无视这些学生的存在,或无视这些学生的"在课"状态。课后,笔者在与其中的一位教师交流课堂中观察到的这些现象时,该教师回应道:"他们听不懂很正常,我的课堂很难顾及这些学生,他们只要不捣乱便好!"

本章我们探讨的重点是教师信念及其相应的行为对学生的影响,但学生在接受教育之始,也是怀着某种信念走进课堂的。学生将信念带到教师教育中来,而教师则把信念带到了自己的学校和课堂(Pajares,1992)。我们还是通过学生的亲身经历(经整理)说明师生双方的信念及其双向交互影响:

> 我小学的时候十分害羞,不敢举手回答问题。有一次语文课,我鼓足勇气回答了问题,接下来的时间我十分高兴,就没有再仔细听老师的问题,结果被老师看到后当着全班同学的面把我训斥了一顿。我的自尊心受到了打击,在那之后就对语文产生了抵触的心理……等上了初一,一次在课堂上完成造

句作业,我没有想出好的运用比喻手法的句子,老师叫我起来回答问题但我没能回答出来,当时老师只是摇了摇头。在那之后的语文课,她再未叫我回答过问题。我开始对自己产生怀疑,我是不是不适合学习语文? 是不是缺乏学习语文的天赋? 久而久之我就不再认真对待语文课了,对课程的兴趣也在一点点丧失,甚至出现不想完成语文作业等消极行为。

上述学生的经历即典型的师生信念"双向交互影响"模式:学生的行为(均是课堂回答问题)→学生内部变化(第一次回答问题后沉浸在自我愉悦的体验中,第二次因未能回答问题而紧张和不安)→教师行为(老师接着提问及对学生不能回答表现出来的消极行为)→学生自我认知与情感的变化(是否具有学习语文的天赋? 语文学习兴趣的丧失)→学生的消极行为(不再认真对待语文课,甚至不想完成语文作业)。

教师的信念来源于自己的经验建构,这种经验包括早期作为学习者的经验、社会文化影响及教师职前与职后的教育经历。正如帕亚雷斯(Pajares,1992)所称,早期经验强有力地影响着教师的最终判断,这种判断会成为具有高抗变性的理论或信念。他认为,信念被纳入信念结构越早,改变就越难,这些信念紧接着会影响个体的感知并对新信息的加工产生强有力的影响。尼斯博(Nespor,1987)也认为,信念的力量来自之前的情节或事件,这些事件影响了人们对后继事件的理解。不仅如此,已有的信念还会根据现实需要对新的事件任意地进行功能性解释。正如帕亚雷斯(Pajares,1992)所称,对信念的坚持会涉及一些非常灵活的心理翻转(mental somersaults)。具体表现为,个体会倾向于采用某种必要的认知技巧将冲突性的证据转换为对已有信念的支持,即便这些证据基础完全不足为信。换言之,个体已有信念不仅会渲染个体回忆的内容,而且会影响他们回忆的方式,如有必要,甚至会完全扭曲回忆事件,从而维持原有信念。信念一旦形成,个体会围绕这些信念的各方面进行因果解释,不论这些解释是准确的抑或纯粹是捏造的。

班杜拉(Bandura,1986)指出,人们根据对其行为所产生的效果的期待调节自己的努力程度与方向。因此,与行为主义的结果决定论不同,个体的行为能够从其行为之前的信念而不是从其行动的实际结果得到很好地预测。这就足以说明,基于行为的结果可以形成并重塑我们的信念,而通过经验获得的信念又可以强有力地影响我们自己的行为。而且,教师一旦获得某种信念,且此类信念没有给自己的工作带来麻烦或情感上的困扰,那么教师常常会固守这样的信念。

二、教师期望及其学生学业效应

将教师期望作为一个专题来讨论,不仅因为它构成教师的重要教学品质,也因为教师期望对学生学业的影响甚大。本部分我们讨论两个问题:教师期望与作用路径、教师期望与学生学业成绩。

(一)教师期望与作用路径

1. 教师期望及实验研究

对教师期望有各种理解:教师对学生潜能实现的推断(Riley 和 Ungerleider,2012);教师对学生未来可能表现水平的推论(Good 和 Nichols,2001);一种认知现象,是教师基于学生过去的记录及目前的成绩和行为而对未来可能的成绩和行为的推测性判断(Timmermans 等,2019)。因为教师对学生的推断总是基于学生过去或当下的学业经验,所以我们认为,教师期望即教师基于自己的信念和知识结构、过去或当下师生互动经验而形成的对学生学习质态符号化、标签化的预设,并将这种预设转化为教育教学行为的一种倾向。

谈到期望的实验研究,罗森塔尔和福德(Rosenthal 和 Fode,1963)的"实验者效应"(即期望效应)是较早探讨这一问题的研究。他们发现,与"迟钝的"老鼠比,"聪明的"老鼠不仅走迷宫的速度快、正确率高,而且在两方面都有持续改善的趋势。之后,为进一步确证这一现象,罗森塔尔和雅各布森(Rosenthal 和 Jacobson,1968)将研究地点放到学校课堂,将老鼠换成了学生。顺便提一句,该研究是国内学界介绍得非常多却也尤显混乱的介绍之一:混乱之一,是对实验研究程序任意地、想当然地改编;混乱之二,是对"自我实现的预言效应"之不适当的夸大和神话。因此,为准确起见,我们以罗森塔尔和雅各布森(Rosenthal 和 Jacobson,1966)的研究报告以及他们出版的《课堂中的皮格马利翁》(1968)一书为基础对这一著名的实验研究予以介绍:

检验命题:在特定的课堂内,那些被教师期望有较大智力发展的儿童将出现更大的提高。

实验学校及概况:实验是在美国加州洛杉矶市的奥克学校(The Oak School)的公立小学进行的。该校的大多数儿童来自人口占绝大多数的下层社区,学校共有 18 个班(每个年级 3 个班)。学校根据学区政策,每个年级主要以阅读成绩为依据将学生分成高、中、低(或快、中、慢)三个班。

研究设计(暂且概括为三个阶段):

阶段一: 前测(1964年5月)

测验对象 包括幼儿园至五年级(六年级除外)共计500多名学生统一进行了一般能力测验(tests of general ability, TOGA; Flanagan, 1960),但对校方谎称进行的是学生"学业成长"或"智力增长"的预测测验。每个班约20%的儿童被分配至实验组,研究人员将这些学生名单告知所在班的老师(不告诉学生本人及家长),并声称这些学生在测验中的分数表明他们在本学年会有不同寻常的智力提高。实际情况是,这些孩子是研究人员通过随机数字表分配到实验组的。

测验工具 一般能力测验是一种非言语智力测验,包括"言语"和"推理"两类项目,前者测量儿童的信息、词汇和概念水平;后者采用抽象线条画来测量儿童的概念形成能力。这种测验并不明显依赖学生在学校学到的诸如阅读、写作和算术技能,因而对这些学业状况普遍较差的学生来讲比较公平。测验分为三种形式:幼儿园至二年级、二至四年级、四至六年级。

阶段二: 教师期望及输出(略)

阶段三: 后测

后测包括两次基础后测(分别在前测8个月、1年后)和两次复测(第一学期末、前测2年后)。8个月之后的基础后测,用相同的测验工具(TOGA)对所有学生进行了IQ测验。结果表明:与控制组学生比,那些高期望学生(即研究人员随意分派到实验条件的学生)出现更为明显的智力提高,这种变化在低年级(一二年级)尤为明显。

然而,这一看似比较严谨的研究却招致巨大争议。桑代克(Thorndike, 1968)就毫不留情地指出,因为该研究所依据的基本数据不可靠,故任何基于这些数据得出的结论都是可疑的。布罗菲和古德(Brophy和Good, 1970)指出,即便接受"课堂中的皮格马利翁"实验得到的数据及其解释,也仅仅表明期望效应的存在;他们的研究并未涉及任何教师期望诱因与标准成绩测验管理之间的事件干预。多年之后,研究者(Brophy, 1983; Good和Brophy, 2008, p.37)仍然认为,问题的设计与分析意味着有必要谨慎地对研究结论作出解释,而且重复此实验(指奥克学校的实验)的努力并没有产生同样的结果。但也不否认,许多声称不支持期望效应的实验,其实验程序不可信,参与实验的教师根本不相信实验人员提供的虚假信息,当然更不可能有与之一致的行为输出(Brophy,1983)。显然,教师期望对学生影响的机制比较复杂。因此,罗森塔尔和鲁宾(Rosenthal 和 Rubin,1978)在该研究成果发表十年之后对多达 345 项人际期望研究进行了元分析,结果表明:在 39% 的研究中发现了明显的期望效应;在 34 项关于学习与能力的研究中,有 29% 有显著的期望效应。而尤西姆和哈伯(Jussim 和 Harber,2005)通过对 30 多年来有关教师期望之实证研究的系统性回顾指出:①课堂上确实会发生自我实现的预言,但影响通常很小,且有可能随时间的流逝逐渐消散而非累积;②强有力的自我实现的预言会选择性地发生在受到污名化社会群体的学生身上;③自我实现的预言是否会影响智力,利弊如何,仍不清楚;④教师期望多被用来预测学生的学习结果,并非因为这些期望是自我实现的,而是因为教师期望是准确的。

2. 教师期望的作用路径

随着人们对教师期望研究的增多,研究人员发现,教师期望效应在不同程度上是存在的,效应大小往往与教师期望的大小以及学生对教师期望的知觉与回应有关。这就涉及期望效应的作用路径或者模型问题。达利和法齐奥(Darley 和 Fazio,1980)提出了一个包含 6 步骤的期望效应模型:教师形成对学生的期望→与期望相一致的教师行为→目标人物(学生)对该行为的解释→目标人物的反应→教师对这种反应的解释→目标人物对自己反应的解释。与之相似,古德和布罗菲(Good 和 Brophy,2008,pp. 39-40)也提出了一个解释教师期望效应的模型:教师对学生行为和成绩形成不同的期望→基于不同期望,教师会对不同学生采取不同的行动→教师期望学生在课堂上和完成任务时应该怎样表现→教师长期这样做,学生没有抗议或试图改变这种情况,就有可能影响学生的自我观、成就动机等→学生的回应一般会实现或强化教师的期望→最终影响学生成绩和其他结果。结合上述及另外一些研究(范丽恒,2006),我们提出一个教师期望作用路径的完整模式,见图 5-2。

(1)信息源(输入)

大量实验研究表明,教师期望会明显受到学生测验/作业成绩、分组、课堂行为、外貌、种族、社会经济地位(socioeconomic status,SES)、性别、言语特征以及各种诊断性或特殊的教育标签的影响。如果大体地进行归类,这些信息一般来自三方面。

一是学生背景信息,即学生出现在学校之时就符号化地固着在其身上,对他们有区分功能但非自己可以选择的信息。这类信息主要涉及两类:一类是通过遗传获得的生理性信息(IQ、身高、外貌、性别等),这些信息自然是个体无法选择但又确实可以为

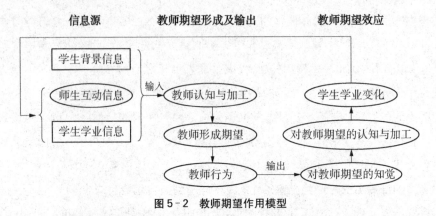

图 5-2　教师期望作用模型

注：图中"方框"表示静态的信息，"椭圆"表示动态的信息、师生认知加工及其行为。

教师的标签化提供"客观"的依据，这种因个体差异而形成的不同期待我们也曾有论述（王映学等，2006）；另一类是家庭环境信息，包括家庭背景（家庭结构、SES）、种族背景（种族差异及语言、习俗）及社区背景信息（地理类地域信息），这些信息也往往是教师符号化并形成对学生不同预期的重要信息源。有研究（Alvidrez 和 Weinstein，1999）发现，在控制 IQ 的前提下，学生的 SES 越高，教师对其智力的评价也越高；换言之，相对于 IQ 分数，教师会高估来自高 SES 背景学生的能力而低估来自低 SES 背景学生的能力。同样，库克（Cook，2004）发现，与在低 SES 学区工作的教师比，在高 SES 学区工作的教师更有可能认为残疾儿童需要更多关注，同时不太接受对这类儿童的包容性做法。

　　作为学生信息源之一的家庭背景对教师的期望形成影响不小。理论与经验的证据都表明，教师会基于对某一家庭个别成员的认知而对该家庭其他成员输出积极或消极的期待。请看两位不同经历的学生的报告：

　　　　因为我上了和我哥一样的初中，班主任碰巧也是带过我哥的班主任，但是我哥因为比我大 12 岁，那时候的表现并不让班主任满意，经常不学习，调皮捣蛋，我当时的班主任对我也有同样的预期，一开学就对我使脸色，并对我充满偏见，态度不怎么友好。这在我的内心留下了一道阴影，让我一开始就对初中的学习和生活缺乏信心……再加上当我哥得知我的班主任是谁之后，又对我吐槽了很多他那时对这位班主任的偏见和不愉快的事，让我愈发地对这位班主任印象不好。

　　(小学)五年级期末考试,我的成绩名列班级第四,这个成绩在新进入的六年级班上是第五,由此开始了另一个故事。真是无巧不成书,六年级的班主任正好做过我堂姐的班主任。因为我堂姐是他前一年六年级的班长,而且可能因为我堂姐跟班主任老师提过我,因此当他看见我的成绩还算可以并且又是堂姐的妹妹时,就自然地觉得我的组织能力还可以,便将班级的花名册给了我。实际上从小到大,我从没有担任过任何的班级职务。

　　这种教师因对学生兄弟姐妹信息的了解而形成的期望,西弗(Seaver,1973)也提及过:学生由曾教过其哥哥、姐姐的教师来执教,若哥哥姐姐原先成绩好,能讨教师喜欢的,则教师对哥哥姐姐的看法会多少投射到弟弟妹妹的身上,弟弟妹妹跟着受益;反之,若哥哥姐姐是不讨教师欢心的,则弟弟妹妹跟着受损。这种因哥哥姐姐的信息而让弟弟妹妹跟着受益或受损的现象,笔者在小学升入初中的时候也曾遭遇过。

　　此外,教师所获知的学生家长信息也会让其形成类似的期待,即教师总是把对家长的看法和态度投射到其子女身上。换言之,由家长推及孩子,使子女也跟着父母受益或受损(王映学等,2006)。

　　二是师生互动信息,即课堂情境中因师生互动而生发的信息,这类信息具有即时性的特征。在课堂环境中,不论学生以怎样的方式出现,他们总是以即时而又真实的活动方式构成教师获取学生信息的重要来源。相比第一类信息,这类信息是即时的、动态的,教师因而更相信这类信息,自然也就成为教师形成期望的可靠信息源。下面教师报告的就是这样的情况:

　　　　学生之间差异确实很大。就拿课堂上的表现来说吧,有的学生显得比较灵动,能够紧跟着教师的教学节奏,不论教师讲解、师生互动中的问答还是课堂作业环节,都能按照教师的要求作出积极应答;有的学生则显得比较木讷,不论教师怎么讲,怎样尝试变化教学方式,学生都显得无动于衷,跟不上或者不愿意跟上教师教学的节奏。这样的情形,如果是偶然的个别情况,也还罢了。如果教师多次接触到这样带有比较性的信息,学生的这些不同表现不可能不对教师产生影响。你们大学的教师也一样吧?暂且不说教师对学生的印象会有差异,就是放在社会性的一般交往方面,也应该是这样的吧?

　　如果说教师基于学生背景信息有时难免会形成不准确期待的话,那么来自课堂即时的知觉信息,教师便觉得自己对学生的期待是有根有据的、合情合理的。是的,学生发生在课堂中的即时信息是真实的、客观的,但教师对这些信息的接收、加工和理解却带有极大的主观性,所以真实的信息经教师感知并加工之后并不一定是真实的了。

三是学生学业信息,主要指学生基于当前及过去的教育经历而表现出来的学习结果信息。前者是教师在自己的教学活动中掌握的学生学业信息(课程成绩及位序、学生学习品质等),教师的学生期待形成于教学过程中;后者是基于学生过去的教育经历而记录在册的学业信息(学业成绩、学校各类评定以及奖惩等),教师在教学活动之始就对学生形成不同的期待。田倩倩(2016,p. 1)发现,在教师期望形成的信息来源中,影响力最大的是第三方教师(班主任或前任课教师)提供的学生学业成绩信息。教师常常根据学生的在校记录(尤其是考试成绩)及从其他教师那里得到的关于学生的学业信息形成对学生的不同期望,而且大多数教师基于上述这些可靠信息形成的期望往往是准确的(Brophy,1983)。本兹等人(Benz等,1981)也发现,与学生的性别等因素相比,学生的成绩是影响教师期望最为明显的预测指标。因此,不论通过正式的还是非正式的渠道,这些信息都会被教师感知到,并成为教师期望形成的主要信息源。请看学生的报告:

> 我从乡下念完一～三年级后转到市里的一所小学,这所小学从四年级开始按照学年考试的成绩分班,新班级的学号是上一学年期末考试的名次。由于五年级学年期末考试成绩比较好,我在六年级所在班级的学号便是"1号"。六年级开学第一天,班主任坐在讲台前收学费并登记名单。当轮到我的时候,老师念了我的名字,我猛然抬起头,发现老师用一种赞许和期待的眼光注视着我,然后郑重地告诉我:"某某某,不错,好好加油!"此后,我便不再是一个透明的存在,入班第一的成绩给了我优等生的光环,开学第一天,我便被指定为班长兼语文课代表(班主任所带科目)。

蒂默曼斯等人(Timmermans等,2015)发现,学生在小学毕业之际收到的教师建议(期望)受诸多因素的影响,如学生表现、性别和种族背景、学生在自己班级的表现和班级种族构成以及教师个体因素。巴-塔尔和萨克斯(Bar-Tal和Saxe,1979)认为,教师往往根据学生及其考试的信息形成期望,但男女教师基于学生同样的信息会有不同的反应,学生性别信息会影响教师的反应。

(2)教师期望形成及输出

一方面教师会通过上述信息源选择性接收学生的信息,另一方面教师也会对这些输入信息进行过滤性加工——信息补充、删减甚至歪曲。不论是感知阶段的信息选择还是认知加工阶段的过滤性筛选,都会受到教师已有知识和信念的影响(王映学等,2020)。从不同渠道获得的信息,教师不会也不可能是"囫囵式"吸收,他们会在综合各类信息的基础上形成自己对学生的"完整"认知。当然,我们也不排除有这样的教师存在——依据一时性的抑或偶然性的信息作为行为输出的依据。但我们更乐于也愿意相信,教师是"大脑"控制的而非"眼睛"或"耳朵"控制的。教师在对各类信息比较、验证并综合的基础上,形成对学生的基本判断,并随之形成自己的学生预期。教师的预期一旦形成,总会通过诸如学生分组、课堂提问、作业辅导以及课后接触等方式表现出来。布罗菲(Brophy,1983)曾比较详细地列举了教师对低期望学生的种种课堂行为表现。

教师因不同期望而表现出来的行为输出在蔡金等人(Chaikin等,1974)的研究中也有发现:与低期望学生比,教师对高期望学生表达出来的微笑、眼神交流、身体前倾以及赞许式的点头更多。请看学生的自述:

> 开学第一次月考,我的数学成绩不是很理想,全班60人,我的成绩名列第37位。在紧接着举办的数学公开课中,老师挑选了班上40名学生参加,其中包括月考成绩在前35名、个别成绩靠后但家境优越或者父母是高管或老师的学生。那一节公开课,没能参加的同学留在教室自习,短短的40分钟我第一次感受到被老师抛弃所产生的那种耻辱感……数学老师对成绩优异的学生从言语到神态都表现出明显的偏爱,他们回答问题即使错误,老师也会微笑着鼓励,甚至走到那个学生的旁边温柔地予以提示;而对数学后进生则表现冷淡,学生回答不出来的时候就直接站着听课。

但是,教育实践总比教育理论丰富得多。温斯坦(Weinstein,1976)通过对一年级三个班的阅读教学的观察发现,教师更加"偏爱"低阅读组的成员,对他们鼓励多,批评少;有趣的是,观察发现,同样是"表扬",教师对待高低成绩者的方式有着质的不同。研究人员对此的假设是:对高成绩者较频繁的批评性评论有可能意味着对他们怀有较高的期望,而对低成绩学生的高频鼓励则传递一种对他们不加区分地接受的信息。尽管教师对低阅读组学生有着大多数情形下看不到的"偏爱",但在这个学年当中,两类学生在成绩、同伴地位及对学校表现的焦虑方面的差距仍然在显著扩大。

当然,要准确观察教师的这种行为差异并非易事,布罗菲和古德(Brophy和Good,1970)在对师生课堂行为的观察中发现,教师行为没有学生行为那样清晰可辨。这一点,笔者也有同感:观察课堂中的师生行为,尽管我们从生态学的角度可以确认师生行为的互动性,但相比于教师,学生的行为往往是由教师引发的,因而更容易观察;尽管教师的行为也在与学生的互动中发生,如学生的行为会引发教师的行为,但作为课堂教学控制者的教师的行为通常难以有效观察和编码。正如罗森塔尔(Rosenthal,2003)所指出的,教师在课堂上的行为输出有时是以隐秘的方式,即以微妙的、非言语的以及通常并非有意的方式传递着自己的期望。教师的期望输出不仅存在着互动方式及机会上的不同,也会因优生抑或差生而出现明显差异(Good 和 Brophy,2008,p.43),这种因人而异的教师期望输出对我们大部分人来说并不陌生,还是来看学生的经历:

> 我在小学阶段遇见并非个别这样的老师,他们对成绩好的学生关爱有加,即使成绩好的学生犯了错也不会过多地批评他们,而遇上差生犯了小错他们就会抓住不放,言语态度上的侮辱也是常见的。记得小学六年级的英语老师,每当班上进行一场阶段性的考试,而学生考得不好时,老师就会以极其恶劣、粗不堪言的话语加以责骂,那时候我们幼小的心灵其实已经受到了伤害,有的害羞的学生会觉得很羞愧,而个别脸皮厚的学生则会在私底下议论甚或非议老师。针对这类学习成绩不好的学生,有的老师懒于管教、听之任之,或者不关心、不在意、忽视他们,或者认为他们不可救药、没有希望而轻视他们……

下面来自家长的报告则反映了自己孩子在班级里的真实遭遇:

> 儿子一直被安排和班上的一个女生坐在一起。这个女孩子也是在班上经常挨骂的。他们俩坐在一起老动,老是说话。在一次放学的时候,A 老师又极不耐烦地向我抱怨他们俩怎样不守纪律,怎样爱讲话。我小心翼翼地说:"A 老师,你看,他们俩都爱说话,是不是把他们俩调开?""调什么调,他们既然爱说话,就让他们在一起好了,让他们俩都烂掉,免得影响别的同学!"

(王伟群,1998)

从学生过来的我们都有过这样的经历与体验,有的教师会基于学生的差异并进一步维持这种差异,而有的教师则会改变这种差异。库珀(Cooper,1979)就区分过教师的两种不同行为:一种是教师对不同学生的差别化对待,即基于对学生行为差异的准确观察和反应,旨在维持现有的学生差异;另一种是教师差别化对待,即教师通过与学生实际差异不同的方式对待学生(给学生施加一种压力),使其变得愈加不同于实际的自己,旨在进一步拉开学生差异。与低期望的教师比,高期望教师试图给学生教更多的内容,所以期望差异会导致所教内容的差异,进而导致学生最终学习内容的差异

(Brophy,1983)。通常,我们多见的是那种维持性的教师差别化对待,即教师基于学生的行为差异作出不同的回应,其结果是维持学生的行为差异。

在示范课或公开课上,我们最易观察到上述教师的差异性行为:高期望的学生——教师基于准确的学生学业信息——是高频参与的对象,不论提问、确证性参与还是上黑板完成作业,一般都是高期望学生参与;如果教师对学生完全不熟悉,那往往比较紧张的是坐在学生席上听课的课程教师——他们最担心教师叫起那些表现欠佳的学生。库珀(Cooper,1979)就曾注意到一种很微妙的机制:在公开场合,教师对高期望学生的反馈几乎完全取决于其表现质量,而对低期望学生的反馈常常由终止与这些学生的互动或阻止之后可能出现行为的愿望来决定。笔者曾与一位初级中学的副校长交流公开课上的学生表现及参与机会问题,这位副校长确认,公开课上的学生提问还是有选择的,要确保课堂"不冷场"。

学生的虚假信息有可能让教师形成不当的预期,但也有不少研究者认为,教师期望一般源于教师对学生信息的准确了解,基于对学生过去学业信息的了解,教师对学生的期望及行为输出是有依据的。例如,布罗菲(Brophy,1983)指出,与有关期望实验研究给人的印象相反,教师在课堂上基于有效信息而形成的学生期望通常是准确的,教师对不同学生的差别化对待,大部分都代表着恰当的个别化教学或因人而异的行为反应,而非教师偏见或不当对待。

（3）教师期望效应

《蒋勋说红楼梦》里这样写道:

一僧一道两位仙人把石头变成了一块鲜明莹洁的美玉,……他(宝玉)同时又觉得自己就是那块顽石,一无所用的顽石。顽石跟玉本身,看你怎么去看待,你爱它,它就是玉,你不爱它,丢在洪荒里,它就是青埂峰下的一块顽石。(第一辑,p.15)

教师期望效应是教师根据自己的期望而采取行动所引发的学生的变化(Good,1987)。简言之,教师期望输出对学生产生的影响,即教师期望效应。根据教师期望形成信息源的不同,有研究者(Good 和 Brophy,2008,p.38)将之分为自我实现的预言效应和维持性期望效应,前者即原先错误的期望会引起人们把这个错误期望变为现实的行为;后者则不同,教师的期望是建立在可靠基础上的,教师希望学生维持以前的表现模式。按照他们的观点,自我实现的预言效应比维持性期望效应更具影响力,原因在于前者引发学生行为的巨大变化,而后者通过建立一个维持性行为模式降低了变化的可能性。尤西姆等人(Jussim 等,1996)将教师期望分为自我实现的预言效应、知觉偏差效应和准确效应三类。知觉偏差效应指教师会评估、转译、解释并记住仅仅与自己对目标的信念或期望相一致的目标行为；准确效应即教师基于对学生信息的准确了解从而真实反映并准确预测学生的行为。根据教师期望效应的性质，有研究者（Babad等，1982；Rowe和Brien，2002）又将其分为"加勒提亚效应"（Galatea effects）和"戈莱姆效应"（Golem effects）[①]。前者指积极可期的、可提高学生学业成绩的高期望效应；后者指消极不良的、会阻碍学生学业的低期望效应。布罗菲（Brophy，1983）断言，实际上课堂中更多观察到的期望效应是"戈莱姆效应"而非罗森塔尔和雅各布森（Rosenthal和Jacobson，1968）在其实验中提及的"加勒提亚效应"。古德和布罗菲（Good和Brophy，2008，p.52）也指出，一些教师比其他教师更喜欢传递低期望，一些学生比另一些学生对来自教师的影响更敏感。这一点我们在对学生的访谈中感受非常明显。研究发现，期望的力量在于，不仅受期待者（expectee）的行为会受到期望的影响，而且期待者总会表现出与自己的期望相一致的行为方式（Babad等，1982）。下面的例证就是对上述研究的有力支撑：

> 记得在我刚上小学的时候，孤僻、不合群的性格使得我在学习上一塌糊涂，考试成绩总是倒数、不及格，拖班级后退。我一直以为老师会理解我这个后进生的心情，不会因为成绩不好而迁怒于我。直到有一天，班主任语文老师指着黑板上的成绩单，生气地说："这次我们班的总成绩下降了很多，年级排名也下降到第四名。经过我的分析，发现主要原因在于那几个倒数的同学，成绩真的太差了，一下子把我们班的成绩拉下来了。"我当时满脸通红，恨不得立马逃离教室。"想必大家都知道是谁吧，我也就不公开点名了。老师对你们这些学生也不抱什么期待，不指望你们考多么高的分，但你们能不能有点上进心，不能总拖班级后腿吧？"我本就对自己的学习失望极了，老师这么一说，尤其是当着班级所有学生的面说，我更觉得自己特别失败，对自己的学习真的心灰意冷，没有任何期待了。

温斯坦等人（Weinstein等，1987）认为，尽管所有的教师对学生都会有不同的期望，但并非所有的教师都会表现出与期望相应的不同行为；即便教师有期望输出，但并非都可以让自己的学生感知到。能否知觉到教师的期望输出，以及在多大程度上对教

[①] "Galatea"即古希腊神话中塞浦路斯国王皮格马利翁（Pygmalion）所刻美女雕像名；"Golem"即哈西德神话中由布拉格犹太教士拉比·勒夫（Rabbi Loew）所创造的具有破坏性的怪物名。

师的期望输出予以回应,直接关乎教师期望效应的实现。从图 5－2 可以看出,学生对教师期望的感知和解释是教师期望效应发生的重要中介变量。库克林斯基和温斯坦(Kuklinski 和 Weinstein,2001)也强调了学生发展差异对教师期望的调节作用:随着儿童年龄的增长及年级的升高,其对教师差别化对待的意识以及对教师行为的解释也会随之发生变化。阿尔维德雷斯和温斯坦(Alvidrez 和 Weinstein,1999)认为,最大的教师期望效应是学生驱动的而非教师驱动的。我们也都有这样的体验,由于自己的学习处境不同或者具体的课堂境遇不同,因而对教师期望在内的课堂行为存在理解方面的较大差异。在有些情形下,学生会将教师的批评予以某种善意的解释。因此,如果说教师在课堂中的某种行为是确定的话,那么学生对教师行为的解释则有较大的回旋空间——你可以解释为善意的、无意的或是恶意的,而且不同解释都能找到看似正当的理由。

由于教师输出的期望要经由学生极具个性化的知觉与加工,而正是学生不同的期望认知在教师期望传递中发挥着关键作用。因为各具个性色彩的认知加工,学生之间会以不同方式对教师的期望作出回应,而不同的回应会导致多样化的期望效应。例如,被教师认为是学习优秀和最差的学生对教师的课堂行为认知存在着明显的差异:前者觉察到的更多是教师积极肯定的行为,而后者觉察到的更多是消极否定的行为(皮磊等,2010)。如第四章述及,同样是被教师叫答,两类学生会有完全不同的认知和解释,因而就有截然不同的课堂行为应对。显然,学生个性化的知觉与加工是教师期望效应实现的关键。这种后效部分是教师期望的结果,但反过来又成为教师信息源的一部分(图 5－2)。

因此,我们可以推论,在教师期望传递的过程中,从教师方面讲,教师对来源于学生的信息的解读是关键——同样的信息(例如,学生在课堂上很少提问)可以有着完全不同的解释,而不同的解释就会让教师有不同的对待学生的方式;从学生方面讲,尽管教师表现出不同的期望,但学生能否知觉到以及如何理解这种期望同样很关键,这种感知及理解不仅影响着学生的课堂回应方式,也会影响其对待学业的态度与对学业结果的解释。

(二) 教师期望与学生学业成绩

教师期望一旦获得,总会以各种各样的行为方式表现出来(输出)。正如古德和布罗菲(Good 和 Brophy,2008,p. 39)所说,是期望引发了行为,这种行为又影响别人,使其更有可能按期望的方式表现;别人的行为反过来又会以信息输入的方式影响期望者的行为并调整其期望,而这一点恰恰也是生态学的基本思想。

研究表明,包括期望在内的教师教学品质会影响学生的学业成绩,但这种影响是复杂的:有的表现为直接作用,有的表现为间接作用,后者往往指调节或中介变量在教师期望与学生学业成绩之间的作用。斯泰鲁克等人(Stayrook 等,1978)提出了一个教师变量对学生成绩产生影响的假设作用模型,见图 5-3。

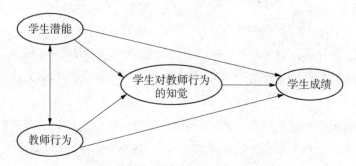

图 5-3　路径模型中假设的效应序列

图中的单向箭头反映的是变量之间的假定因果关系,它们或直接或间接影响着学生的学业成绩;"学生潜能"和"教师行为"之间的双向箭头表明不存在这种因果关系。他们的研究表明:学生知觉的中介效应具有行为特异性,即学生知觉对有的教师行为(如结构化、反应性行为)有调节作用,对有的教师行为(如诱导行为)则没有。由此,他们推论,学生对教师行为的知觉会影响课堂中的因果关系。

也有研究(Friedrich 等,2015)不再满足于教师期望的个体效应,而是指向班级效应。他们假设,当某一老师对一个班级的平均预期偏低时,会导致他选择相对简单的任务,从长远看,这样的做法会导致班级学生的自我概念或成绩下降;相反,若教师对一个班的平均预期较高,该教师可能会选择有挑战性的任务,而这样的做法会对学生的自我概念或学业成绩产生积极影响。教师期望可以显著预测学生的数学测验成绩与等级成绩,其解释程度(R^2)分别为 26% 和 62%;学生的自我概念在教师期望与学生成绩之间发挥中介作用,其中标准测验成绩中介效应不显著,等级成绩中介效应显著;教师对整体班级的期望与该班级的测验成绩和等级成绩均不存在期望效应(Friedrich 等,2015)。杜爱慧(2016)发现,教师期望与学生学业成绩显著相关;不同成绩水平的高中生知觉到的教师期望差异显著:高分组学生知觉到的物理教师期望水平显著高于中等成绩组和低分组,中等成绩组显著高于低分组。孔云(2011)通过对两类教师的对比研究,发现在班级层面优秀教师比普通教师对学生的期待值高,高期待的优秀教师在课堂里会通过提供积极的学习与情感环境来提高班级学生的整体学习成绩,其研究结论是,教师对班级层面学生学习期待的高低对学生学业成绩具有重要的影响。鲁志鲲(1998)的研究也发现,学习态度和学习能力水平高的学生,教师对其成绩的预测结果相应也高;而当学习态度和学习能力水平较低时,教师对学生成绩的预测结果受此影响较大;教师仅仅依据学生学习能力信息,也能对学生学业成绩作出预测,而且专家教师比新手教师的预测结果更高。教师期望对学生学业成绩的影响在个体层面和班级层面有所差异:在个体层面,教师对学生的学业期望和纪律期望正向预期学生的学业成绩,而品行期望对学生的学业成绩无显著预测作用;在班级层面,教师的平均期望对学生学业成绩的影响不显著(范丽恒等,2008)。随着教师期望值的提高,学生学业成绩也有所提高,且两者之间存在显著差异(刘丽红等,1996)。学生感知到的教师期望与学生学业成绩之间呈显著正相关,而学业自我效能感起着中介作用(成侨林,2019,p.35)。

蒂默曼斯等人(Timmermans等,2015)通过大样本(7 000多名学生)的统计分析,发现教师期望与学生测验成绩呈高相关($r = .89$);教师期望与学生语言、数学和阅读测验成绩之间存在稍低但显著的正相关。教师通常会认为那些成绩优异的学生学习更加努力,因此他们总是会给高成绩的学生评定更高的成绩,而给低成绩的学生评定较低的成绩,即便这都不是他们应得的成绩(Kohut,2014)。布罗菲(Brophy,1983)在综合分析相关研究的基础上,认为教师期望确实会影响学生的成绩高低,但这些影响平均只有5%～10%的差异。布拉泰萨尼等人(Brattesani等,1984)更强调课堂环境所起的中介作用:在教师存在明显差别化对待的课堂上,教师期望可以解释14%的学生成绩变异,而在教师差别化对待不甚明显的课堂上,这一解释率只有3%。库克林斯基和温斯坦(Kuklinski和Weinstein,2001)报告,在教师期望效应最为明显的小学一年级,教师期望可以解释学生9%～12%的成绩差异。教师通过自己具体的课堂教学行为输出期望并影响学生,从而使自己的"预言"变成一种活生生的现实:

　　　小学五年级的时候,我们班来了一位刚从其他学校调来的语文老师(暂
　　称为A老师)。一开始,同学们对这位新来的老师充满新奇和期待。然而,
　　几次课下来,他的课堂氛围变得特别压抑,原因是A老师每次上课时都说我
　　们的基础不好,语文成绩普遍比较差,与某某学校(他之前任教的学校)的学

生相差甚远……后面逐渐发现,大家好像慢慢认同了我们语文成绩不好这一"事实"。最后的结果是,我们班的语文成绩从来没有得到过提高。

因此,教师期望及其效应并非"皮格马利翁式"的神话,教师期望确实可以通过教师有意无意的、显性隐性的、言语非言语的方式表达出来,效应的大小主要还是取决于学生对教师输出期望的认知与理解,取决于学生应对教师期望的方式。

综上,尽管教师期望效应是存在争议的一个研究领域,但人们在以下方面还是普遍存有共识:第一,期望效应是存在的,不论是所谓的"加勒提亚效应"还是"戈莱姆效应";第二,从教师角度,他们对学生的期望总体是基于其过去或当前真实的信息,但不排除基于学生真实信息的主观加工所出现的偏误;第三,从学生角度,学生对教师期望表达方式的知觉和反应是教师期望效应实现的关键调节变量;第四,教师期望效应的实现存在非常复杂的调节机制,有诸多教师和学生变量的卷入。从教育伦理的角度来讲,研究教师期望的积极效应更容易被接受,但从生态学的角度来说,研究课堂上的"戈莱姆效应"比"加勒提亚效应"更有必要(Babad 等,1982)。布罗菲(Brophy, 1983)总结道,不论在何种情形下,自我实现预言效应的可能性不仅取决于教师期望相对不准确的存在,也取决于这些不准确的期望在多大程度上被严格维持并始终如一地投射到学生身上;试图对所有学生都保持高期望而否认其个体差异显然不当,对学生不现实的期望会导致不当的教育并最终降低而非提高学生的成绩。

在教师期望部分的论述结束之前,有必要指出与之不同的另一个概念,即教师偏见。我们认为,教师偏见往往因为"无知"或"偏知"而产生;教师期望往往因为信息"确知"或"欲知"而对期待对象产生前导性的预设。杜塞克(Dusek, 1975)区分过他所称的两种期望效应,即偏见效应(bias effects)和期望效应(expectancy effects),前者指教师基于学生虚假信息而产生的自我实现的预言效应,是一种诱导性的期望(偏见);后者指教师基于真实信息而形成的对师生互动和学生学业成绩的期望,是在课堂观察和师生互动过程中自然形成的期望。在雷迪和赖特(Ready 和 Wright, 2011)看来,带有偏见的教师期望是不准确的,但不准确的教师期望不一定是有偏见的。

三、教师移情及其对学生的影响

"移情"这一术语最初由德国哲学家罗伯特·维舍尔(Robert Vischer)提出,用以指美学上的"共情"(einfühlung),之后西奥多·利普斯(Theodor Lipps)将这一概念引入社会认知领域,指我们理解他人的基本能力。1909年,美国心理学家爱德华·铁钦纳(Edward Titchener)在将"einfühlung"译为"empathy"(移情)一词时沿用了"理解他人的基本能力"这一解释(Zahavi和Rochat,2015)。

移情能力也是教师的教学品质之一,是教师职业能力的重要组成部分,这种能力不仅影响师生关系,也影响学生的学业行为。本部分我们讨论移情与同情(sympathy)、教师移情两个问题。

(一) 移情与同情

对我们大部分人来讲,移情①似乎与同情没什么区别,因此不论在概念理解还是在应用层面,同情和移情这两个概念都经常被混淆。例如,艾森伯格和列侬(Eisenberg和Lennon,1983)就将"识别他人内部状态的认知能力"称作同情或移情,尽管同情这一术语也用以指对他人情绪状态的情感反应。为区分这两个概念,有必要先了解移情及其结构。

1. 移情及其构成成分

与心理学的许多概念一样,移情这一概念也有各种各样的理解。正如博埃拉(Boella,2018)所言,移情这一术语有多种含义,而对其真正的含义几乎没有共识。移情的定义几乎和研究这一课题的研究人员一样多(Hodges和Klein,2001),这在下面研究人员对移情含义的不同理解中可以明显反映出来。

移情是一种观察者的情绪性反应,因为他觉察到他人正经历或行将经历某种情绪(Stotland,1969);移情涉及与他人的无意识情感产生共鸣,体验其经历而同时保持自己的完整性(Basch,1983);一种情感反应,源于对他人情绪状态或状况的领悟或理解,与他人在特定情形下的感受或预期感受相似(Eisenberg,2000);移情反应的关键要求是心理过程的参与,使一个人所产生的感受与另一人的情境更加一致,而非与他自己的情境更加一致(Hoffman,2001,p. 34);移情解释了自我与他人对自然发生的主观体验所表达出来的感受之间的相似性,而不是感受各归其主,移情不仅涉及对他人实际或推断情绪状态的情感体验,也涉及对他人情绪状态之最低限度的认知和理解(Decety和Jackson,2004);移情是个体所表现出的一种品质,这种品质能使其接受他人的本来面目,能从他人的角度去感知情况,并通过寻求解决方案来满足他们的需求

---

① 或"同理心",均译自英文"empathy"一词,也有人译作"共情""共感"等,我们在同义层面使用。

(Cooper，2004)；移情是对他人具身心智（embodied mind）的体验，这种体验并非消除自我体验与他人体验之间的差异，而是将不对称作为一个必要的、持续存在的事实，是一个体分享另一个体情感体验的过程（Zahavi 和 Rochat，2015）；移情描述一种复杂的个体之间的体验，这种体验很难仅仅通过观察个体的行为来证实（Bialystok 和 Kukar，2017）；移情是将自己投射到观察到的情境中的行为（Franzese，2017）；移情并非一种观察并共享的能力，而是一种对感情、需要或他人意图进行分类的能力，这种能力可以引导我们做出利他和关怀的行为（Boella，2018）。

基于上述研究者对"移情"的不同理解，我们认为：

第一，移情总是涉及"我"与"他人"，即心理学所称的"观察者"（observer）和"目标"（target）。前者是指处于特定情境中的带有自我认知能力的某一个体；后者一般指处于相同或相似情境中的另一个体或其所处的境遇。

第二，移情所涉及的"我"与"他人"总是处于某种情境或境遇，即移情行为的适应性有赖于某种境遇（Main 等，2017）。在这样的境遇中，"我"对"他人"能够进行不同程度的感知与观察，同时将自己充分地暴露于观察目标的境遇之下。

第三，基于对"他人"所处境遇的观察与感知，"我"通过体验对方的即时经验与"他人"实现情感方面的共享，但两者又存在明确的边界，"我"与"他人"并不混淆，"我"是我，"他人"是他人。

第四，基于对"他人"背景信息或境遇信息的感知与了解，产生一种内心欲改变"目标"状态的亲社会行为倾向。

从上述对移情概念的梳理，我们实际上已涉及了移情的构成成分。迈耶斯等人（Meyers 等，2019）指出，移情包含认知、情感和行为三个成分。黛西与杰克逊（Decety 和 Jackson，2004）则认为，尽管人们对移情的认识各不相同，但对其构成成分存在广泛的一致性，它们是：①对他人的情感反应，常常但并不总是需要分享他人的情绪状态；②采择他人观点的认知能力；③追踪自我与他人感受源起的若干调节机制。他们认为，人类移情体验的产生，是上述三个主要功能性成分动态地相互作用的结果。从移情的构成成分讲，教师越是对学生产生认知和情感上的移情作用，影响教师行为并指向学生的反应也就越多（Meyers 等，2019）。

综上，尽管存在微细差异，但研究者基本同意，移情包含三个基本成分：基于感知"他人"境遇信息而获得的认知成分，基于他人信息或境遇产生的情感成分（情感体验与共享），具有利他倾向的行为成分。

2. 移情与同情

维斯佩(Wispé，1986)区分过移情和同情在心理学中的不同使用方式，认为两者有不同的历史渊源、不同的研究范式以及不同的理论构建。具体而言，移情与同情的区别是：(1)就移情而言，自我是理解的载体且绝不失自我；而同情关注沟通而非准确，自我意识降低而不是增强。(2)在移情作用中，移情者"转向"他人；而出于同情，同情者往往会被他人所"感动"。(3)在移情作用中，我们拿自己替换他人；而出于同情，我们用别人替换自己。(4)移情的目的在于"理解"他人；而同情的目的在于他人"幸福"。(5)移情最重要的问题在于移情准确性；同情最重要的问题是一个概念性问题，即一个人如何向他人当下现实的主观体验敞开自己。简而言之，移情是指具有自我意识的自我试图理解另一自我的主观经验，是一种"了解"(knowing)的方式；而同情指的是对他人困境的高度认识，认为这是需要缓解的，是一种"关联"(relating)的方式，两者有不同的过程、含义和结果。

放在课堂环境中，同情涉及教师将学生的某种苦楚或不幸带给自己的过程，从而引发教师对学生的关怀和帮助；移情则要求教师在不带有偏见的前提下，尽可能准确地理解学生即时状态的主观性体验。可以看出，尽管两者都涉及学生在过往或即时情境中的情绪感知，但移情所涉及的情绪是广泛的——既包含积极的情绪体验，也包含消极的情绪体验；而同情则涉及情绪的消极方面，尤其是因痛苦和不幸处境而出现的情绪。正如卢梭(1858，p. 307)所言，在他人的痛苦中，我们所同情的只是我们认为我们也难免要遭遇的那些痛苦。我们先看一个例证，通过这一例证来理解两个概念的不同：

A同学今年参加中考。这位同学一直存在比较严重的偏科：数理化成绩优秀，但语文成绩总是上不去。老师和家长都知道这一点并警示过他，但老师发现，该生在数理化的课堂上总是精神饱满，而在语文课上则萎靡不振。不仅如此，在课后的学习中，该生更多地将自己的时间花费在数理化的学习中。不出所料，A同学因偏科未能考上自己理想的高中。

对于这样的结局，了解A同学的文化课老师表现出来的反应比较复杂：对数理化教师来讲，由于该同学的偏科与他们所授课程有高度的同一性和契合性，他们表现出来的更多是"站位式"移情与"伸手"倾向；而语文教师在获知这样的结果之后并未表现出过多惋惜之情，他会抱怨A同学，抱怨他的偏科及其对语文学习表现出来的态度，而"抱怨受害者都会在旁观者和受害者之间设置心理距离，并减少旁观者的移情忧伤和想要提供帮助的动机"(Hoffman，2001，p. 108)。因此，我们并不奇怪，面对 A 同学的境遇，语文教师也许会表现出某种程度的"伸手"倾向，但也如霍夫曼（Hoffman，2001，p. 106）所指出的，当人们认为受害者应为他自己的困境负责时，移情就会被减轻或抵消。所以，面对中考后显得闷闷不乐的 A 同学，尽管老师们不同程度地也都从该生的角度体验了那种感受，但数理化教师与语文教师对该生表现出来的移情作用又有差异：前者对学生的学科强项有着更多的了解，更倾向于"站位式"感知和体验；后者更了解学生的学科弱项以及问题缘由，更多表现出来的是同情。

（二）教师移情及其效应

探讨教师移情不仅具有学理性价值，更具功能性价值。本部分我们讨论教师移情的类型、教师移情作用的条件以及移情的功能与代价。

1. 教师移情的类型

库珀（Cooper，2004）基于课堂观察和访谈，将课堂教学与学习中的移情分为三类：基本移情（fundamental empathy）、深刻移情（profound empathy）和功能移情（functional empathy）。基本移情由启动移情关系所需的基本特征和沟通方式所构成，随着时间的推移及师生互动频率的增加，基本移情可以发展为深刻移情；深刻移情有赖于对他人社会、历史和关系背景的丰富理解，教师对学生越具丰富且深刻的了解，这种类型的移情就越可能出现；功能移情在一定程度上是学校工作环境的产物，与对移情的限制密切相关，这种移情形式总是服务于不同的目的。当教师越发地意识到需要建立联系来促进学习的时候，移情便成为一种手段。麦卡利斯特和欧文（McAllister 和 Irvine，2002）提出了三类与移情有关的教育教学活动：与学生的积极互动、支持性的课堂环境以及以学生为中心的课堂。在其研究中，有 59％的教师（$N = 34$）将他们与学生课堂互动中的变化归因于他们采用了更多的移情行为；56％的教师关注自己的课堂环境。教师报告说，就其实践而言，移情倾向会导致更为积极的师生互动、支持性的课堂氛围以及以学生为中心的教育教学活动。

不论教师之间还是就教师个人而言，移情并不等价。例如，有研究者（Hodges 和 Klein，2001）从认知的角度，认为有些移情来得更容易些（与自动化的认知资源提取有关），或者相对廉价一些；有的需要耗费个体更多的心理资源（与有意识或控制性的意识关联），需要付出个体的努力。这其中就涉及自动化移情（automatic empathy），即简单地将自我感觉投射到他人身上，以为别人会有与自己一样的感受，被称为虚假的一致性效应(Marks 和 Miller,1987)。自动化移情倾向于某种"刻板"的而非个性化的移情,换句话说,他们对别人提供了"千篇一律"的而非因人而异的感知。与之不同,意识性的移情往往是真正的移情,因为这种移情需要对他人所处境遇的感知以及对他人经验的情感式体验,而这些心理过程显然是意识化的,需要个体投放一定的心理资源和努力。正如扎哈维和罗查特(Zahavi 和 Rochat,2015)所指出的,即便我们碰巧有过同样的经历,但并不等于共享体验,不等于我们一起经历过某种体验。

可以看出,教师不同的移情类型,会直接影响其在课堂上与学生的互动方式,而不同的互动方式不仅影响学生的学习行为,也会影响教师对学生的进一步认知及持有的信念。而这种基于不同课堂互动方式获得的经验又塑造或改变着教师的信念与移情。

2. 教师移情的条件

教师的移情起码需要以下条件:第一,师生在某一方面有相同或相似的经历;第二,教师对学生个人背景及其境遇有比较全面的了解;第三,师生通过教学活动有较为频繁的接触与互动。

(1) 相同或相似的经历

若缺乏相同或相似的经历,仅凭想象其实是很难"设身处地"的。鲁迅在其《呐喊》的"自序"中这样写道:"有谁从小康人家而坠入困顿的么,我以为在这途路中,大概可以看见世人的真面目。"试问:没有这种由"小康"到"困顿"经历的人何以想象有这种经历的人的感受? 我们不妨想象,也许鲁迅在读曹雪芹的《红楼梦》的时候,对其人其事会有(与没有这种经历的人)完全不同的理解。也只有身受"宫刑"之后的司马迁忍辱含垢,发愤著书《史记》,同时写下这样的名典:"文王拘而演《周易》;仲尼厄而作《春秋》;屈原放逐,乃赋《离骚》;左丘失明,厥有《国语》;孙子膑脚,《兵法》修列;不韦迁蜀,世传《吕览》;韩非囚秦,《说难》《孤愤》;《诗》三百篇,大抵贤圣发愤之所为作也。"

我们现在有一种非常流行且看似公义的说法,即让最优秀的学生(人)去做教师。乍一听,这是很有道理的,也是一种不错的主张。但其实,让最优秀的学生以后做教师,其最大的问题就是不能理解大多数学生。因为"最优秀"的学生与大多数学生少有共享的学习经历:与后者相比,前者有个性化的高效的学习方法、良好的学习习惯及简约化的学习过程。例如,就对学习材料的理解来讲,有研究者(Matthews,1992)通过对资优学生的访谈发现,这些学生很难理解有些学生何以弄不懂他们可以毫不费力就能掌握的东西!

根据笔者与一些大学生(他们大都有在一流高中就读的经历)的不完全访谈,在

"学霸教师"的课堂上,比较适合的学生群体还是"学霸"级的学生。这些教师在课堂上的教学过程往往是"高度浓缩"的,换言之,其思维过程往往是"简约化"的,他们在课堂上的高频率话语是"这个简单就不讲了",面对学生的问题,他们通常会反问"怎么连这个都不懂?"概言之,最优秀的学生成了教师之后,他们理所当然地拿自己的学习经历类比眼前学生的学习经历。其实,我们也很难要求一直优秀的学生做了教师之后能站在普通学生的角度体验并理解后者的学习经历。

为什么会这样?根据前述,移情要以对"他人"背景信息的了解为基础,学习是高度个体化的过程,尽管最优秀的学生有着与普通学生同校同窗的经历,但这些经历不足以让其与普通学生共享学习的过程;相反,实践经验告诉我们,这些学生在学习过程中往往是互相疏离的。由于缺乏对普通学生学习方法、习惯及学习体验的认知,他们也就很难体验到普通学生在学习中所经历的种种困顿和无助,这与"胖得发愁的士大夫"难以理解"食不果腹的乞丐"在本质上没有什么两样。

现在有不少"状元学习秘籍"或"学霸是如何炼成的"之类的面向中学生的读物,如果从好处讲,这些"秘籍"或"如何"绝没有什么效用;如果从坏处讲,这些读物基本都是忽悠人的商业类炒作。"学霸"是存在的,个性化的"学习秘籍"也是存在的,但将这些所谓的"秘籍"提炼出来,人人可用,人人可成,那就是贻笑大方了。

回到课堂情境中来,教师的移情能力也受其与学生经历相似性的影响。我们的经历均支持这样的假设:课堂中的学生与教师在某一方面的相似性是教师理解学生的重要因素。偏科的学生最易得到在学生时代同样偏科且学科偏好相似的教师的认同和理解;一位从小比较偏好艺术类课程的学生更有可能在艺术类教师那里得到鼓励和支持;胆小羞怯的学生也最容易被具有同样经历的教师所注意到;家有"学霸"子女的教师更难理解自己课堂上的"平庸之辈"。反言之,教师若教授与自己孩子学习状况相似的学生,也许更能从学生的角度(实际上是从自己孩子的角度)看待他们。

笔者曾看过一个资料,可惜已查不到出处,大意是说,如果老板自己的孩子是女儿,这会影响其对女员工的态度和待遇。要说明一点,也许这仅是一般而言,因为总有特例。在一则反映工资拖欠的电视专题报道中,员工反映老板克扣自己的工资,而且对员工普遍比较刻薄。当记者采访这位女老板的时候,后者的一句话令人印象深刻:"我当年的老板也是这样对待我的!"

(2)教师对学生背景信息的了解

教师对学生的移情离不开对学生背景信息的了解。沃伦(Warren, 2014)通过课堂观察、访谈及问卷研究,考察了四名白人女教师与黑人学生之间的课堂互动,发现下列因素是教师对学生产生移情关注的重要因素:①关注学生多样化的需要而不仅仅是在校学业表现;②利用家庭概念,采用家庭语言建立班级交流、行为期待及学业投入的规范;③教师的可利用性,即教师随时且能灵活对待学生的差异,对学生开放并表现出平易近人的态度;④了解学生,接近、了解并倾听学生的心声。正如其中一位受访谈女教师所言,关心学生不仅仅是在乎他们学业方面的成功,同时在乎他们的个人成功、生活中的社会成功,关心他们的家庭生活,融入他们并成为他们是谁和他们会成为谁的积极参与者。尽管沃伦(Warren,2014)的研究仅基于四位教师,但对学生背景信息,包括家庭背景、所处社区以及个人经历的了解确实是教师对学生产生移情作用的重要因素。我们也有这样的感受和经历,作为教师,我们对学生的家庭背景、生活所在社区的信息了解得越多,我们越是能理解学生在学校尤其是在课堂中的某些学习行为。麦卡利斯特和欧文(McAllister 和 Irvine,2002)在自己的研究中尤其强调教师对学生家庭所在社区的熟悉与了解,即对不同社区文化及家庭的拜访和了解对学生移情的关键作用。

霍奇斯和克莱因(Hodges 和 Klein,2001)发现,有两大因素影响移情反应的程度:人们接触到的信息,以及人们在试图理解他人及其境遇时所付出的努力。教师对学生背景信息理解的程度及付出的努力通常以教师的移情应用来说明。沃伦(Warren,2014)认为,移情应用是教师的一种职业倾向,具有这种倾向的教师会致力于采用学生社会和文化的视角,从而更好地将学生的学习经验与其家庭文化和个体文化表现的各种形式联系起来。移情应用通常包括观点采择(perspective taking,PT)和移情关注(empathic concern,EC),而后者又是前者的产物。移情关注涉及移情的情感领域,而观点采择关乎认知领域(Warren,2014)。观点采择有两种主要方式(Stotland,1969):第一种是想象他人如何经历其自身的境遇(想象他人),第二种是想象自身如何亲身体验另一个人的境遇(想象自身)。通俗一点讲,即此时此刻对方是何感觉(想象他人),以及如果此时此刻我是对方,感觉又会如何(想象自身)?

与观点采择不同,移情关注是指旁观者对他人所表现出来的同情感、个人亲近感、悲伤感以及人与人之间的情感联系。按照巴特森等人(Batson 等,1997)的观点,移情关注包括基于对他人所受苦难或不幸遭遇的感知而产生的悲伤感和个人痛苦。基于对移情应用的这种分析,沃伦(Warren,2014)提出了一个移情应用的教学框架,见图 5 - 4。

图 5-4 移情应用的阶段

从上图可以看出,就课堂情境而言,移情应用的第一阶段包含观点采择和移情关注的示范。观点采择可能包括活动、策略、议程及细则的实施,这些活动是师生互动性的,通过这些活动旨在获得学生第一人称及微观层面的知识。在观点采择层面,所应采取的操作方式就是前面已经提及的两个"想象"("想象他人"和"想象自己")。观点采择这一概念本身就蕴含着在自己和他人之间存在着某种联系,即如果自身和他人在某种程度上不能匹配或类似,人们就无法将自己置身于他人的位置,也无法想象另一个人是什么样子的。移情关注涉及教师与学生相互分享情绪、感受或体验的行为,不仅如此,移情关注还涉及教师对存在于学生和教师之间各自的想法、感受及其关注境遇一致性的确认。

第二阶段是教师根据观点采择活动获得的新知识和教师对学生反馈所做的调整予以策略性协商,该阶段的学生反馈在移情应用中至为重要。沃伦(Warren,2014)告诉我们,第二个阶段具有循环的特征,在这一阶段,教师就其所了解的学生进行解释并将这种解释转化为自己的实践。

从个体之间比较的角度看,不存在教师移情"有无"的问题,而是多与少、高与低的问题。迈耶斯等人(Meyers 等,2019)发现,高移情教师会花时间了解自己的学生,帮助学生发挥其真正的潜能,他们鼓励并支持学生,使学生能够达到他们原本不知道能达到的高度。他们发现,高移情教师的行为会受到两个因素的影响:其一,高移情教师会设定某种界限,这样他们就不会被学生负面经历的强度以及体验同情心而引发的疲劳所淹没;其二,高移情教师会优先考虑学生的学习。

但是,不论教师对学生的背景信息多么地了解,不论教师声称自己对学生怎样"知根知底",教师必须要清楚,旁观者对他人的经验观察与体验代替不了他人的亲历性体验。胡塞尔告诫我们,即便最完美的移情作用也是间接的,对他人精神生活的感知缺乏自我感知的那种原味,他否认这种感知能给予我们当事人原初的那种移情体验(Zahavi,2012)。

（3）多样化的师生互动活动

教师对学生信息的了解是教师移情应用的重要因素,而要了解学生的背景信息,多样化的师生交互性活动不可或缺。

约旦和施瓦茨(Jordan 和 Schwartz,2018)指出,移情是教学经验的一部分,经常出现在我们与学生的互动关系中,因为师生试图教授和学习特定材料,彼此理解并贯穿整个课程。

库珀(Cooper,2004)通过教师访谈给我们呈现了一位教师对教师移情的看法:

> 我认为这是一个基本的人为因素,我们都应该意识到,这是一个非常双向的事情。如果你真正在乎那些孩子,那么他们中的大多数人会对你表现出某种真正的在乎与尊重。然而,如果你把他们当作一个小斑点,你只是坐在那里并试图向他们灌输信息,我认为你不可能取得多少成功。(p.16)

总之,只有高频参与学生的活动,包括课堂和课外活动以及校外的一些活动,与学生共享学习经历、生活经验与社会事件,才有可能更多了解学生的人格特征与家庭背景信息,也才有可能更多站在学生的角度感知、体验并理解他们。

3. 移情的功能与代价

教育的出发点在于促进学生成长,教师移情是促进学生成长的重要教学品质。关系文化理论认为,人们整个一生通过关系成长,并走向关系之中;成熟的机能具有朝向亲密而不是独立的特征(Jordan,2010,p. 27)。真正的成长是相互的,成长最易出现在不确定性和复杂感受的脆弱地带(Jordan 和 Schwartz,2018)。作为影响学生成长的教师教学品质之一,教师移情既有其特定的功能,但也不得不为之付出一定的代价。

（1）移情的功能

移情是功能性的。研究发现,与医生移情于其病人时会提供更好的医疗服务一样,当教师能够站在学生的角度看问题时也会提供更好的教育(Meyers 等,2019)。教师的移情能力不仅可以改善课堂师生关系,提高教师的影响力,而且也能有效改善学生的学习动机和学业成绩。

① 移情可以改善课堂关系

来自理论和实践的证据一致表明,移情作用可以有效改善成员之间的互动质量,提升团体的凝聚力。法兰赛斯(Franzese,2017)发现,若缺少了移情,我们就只是在传授内容而非教育学生;移情式教学有助于我们顾及整个班级的所有同学,包括那些处于边缘及受到忽略或掉队的学生。大量的课堂观察发现,教师的移情品质可以大大改善师生的相互理解,舒缓因特定情境问题而引发的紧张与张力,降低师生冲突的风险。

研究人员(Lin 和 Chuang,2018)发现,当异质性团队成员(具备多样化能力的团队)具备更强的移情能力时,争论会减少,并有助于改善人际能力并促进团队成员之间的紧密合作,从而更易于获得异质性知识和开发系统化课程。之所以如此,是因为在课堂教学这样的团体活动中,如果教师能更多地站在学生而非自己的视角观察问题,就能够更全面准确地了解学生学习的真实情况,从而为教师的决策和行为提供更可靠的依据,降低因信息不准确而简单化处理课堂事件所导致的误会甚至冲突。

② 移情可以让课堂变得更具包容性

受根深蒂固的中国传统文化的浸染,国人的课堂中多见各种形式的"整齐"与"划一"而鲜见个性化与多样化。实际上,教师的移情能力与学生特征多样化呈互为因果的关系:课堂环境需要学生的多样化(文化背景、学习风格及个性),正是多样化为培育教师的移情能力以及多角度认知学生提供了可能;反过来,这样的多样化存在需要教师的移情能力,学生多样化生长的沃土需要教师的包容和理解这样的"有机元素",归根结底,需要教师的移情能力。为什么是这样呢? 世界的本质是多样化,多样化能让我们感知丰富和差异、共性与个性,也如沃伦(Warren,2014)所说,每个学生——不论其种族、性别、族裔、社会经济地位与其他学生的相似性——都能为课堂带来自己的多样化,这种多样化是有价值的,可以为教师的专业决策提供信息。可以说,在课堂教学活动中追求单一化是幻想,但教师在课堂中以单一化方式感知并处理问题却是现实。教师简单化处理课堂事件的结果是,学生的多样化被淹没了,许多真实的信息被无视,长而久之,课堂教学的包容性自然消解,学生的多样化不但得不到尊重,往往还会被视为问题,并作为解释学生学业结果出现差异的依据。

包容性的课堂更易培育学生彼此的包容与亲社会行为,恰如法治社会更易促生契约精神一样。移情-利他假说认为,移情是指向帮助或改善他人之境遇的,因而具有亲社会的倾向。当然,也有人(Smith 等,1989)就移情-利他假说提出了一个利己主义的解释,认为移情唤醒有助于个体获得良好的感觉,替代性分享因他人境遇改善而让自己得到快乐。可以认为,不论移情的利他还是利己假设,都有助于改善班级学生之间的关系,让班级显得更具包容性。移情会促进更明显的亲社会行为,以及更积极的同伴和家庭关系(Brackett 等,2004)。

③ 移情可以缓解学生的学习压力

我们知道,归因方式影响我们对自己行为结果的解释及对责任的承担。教师愈是能了解学生背景信息及学习过程,就愈是能理解学生的学习结果,也就愈能对学生的学习结果予以客观公允的解释。不同的理解影响了教师对学生学习行为结果的归因方式。教师移情的应用可以部分地释放学生对其失败的责难,并且更加强调学校及其代理人做出适当反应的责任,……教师对学生愈发地了解,就愈有能力组织一个直接满足学生社会和智能需求的教学计划(Warren,2014)。

移情教学方能释放移情(Flowers,2014)。移情的学习路径是相互的,教师的感受进入学生的体验,学生的感受进入教师的体验(Franzese,2017)。笔者的课堂观察也支持这一点:具有高移情倾向的教师不仅可以有效改善其课堂环境质量,重要的是,富有移情倾向的教师的课堂也更易出现学生指向教师的以及学生彼此间的移情作用。

④ 移情可以改善并影响学生的学业成绩和学习动机

韦克斯曼(Waxman,1983)的研究表明,即便在控制了学生已有动机的影响之后,教师移情对学生的学业自我概念和成就动机的后测成绩还是有显著影响。科尼利厄斯-怀特(Cornelius-White,2007)通过元分析研究发现,以学生为中心的教师特征与学生的认知结果($r = .31$)、学生情感或行为结果($r = .35$)都存在正相关,积极的师生关系与正向的学生学习结果之间相关显著($r = .36$),因此教师移情是学生积极结果的最有力的预测因素之一。与教师的学术能力相比,教师移情能力对学生的学习影响更为明显,教师移情往往是通过创设更好的学习理由并提供宜人的教育环境,因而会胜过教师学术能力的影响(Bozkurt 和 Ozden,2010)。

人本主义心理学家罗杰斯和弗赖伯格(Rogers 和 Freiberg,1994,p. 164)指出,当教师具备那种能理解学生内心反应的能力时,能敏锐地捕捉到学生眼中的教育和学习过程时,产生有意义学习的可能性就会大大增加。

(2) 移情的代价

不可否认,移情是有代价的,这种代价在弗洛伊德早期的临床心理治疗中就存在于治疗师与"当事人"之间。随着研究的深入,人们对移情之代价的复杂性和多样性有了更多的认识与了解。

首先,这种代价表现为对教师不同程度的"伤害"。肖等人(Shaw 等,1994)发现,当人们认为感同身受的代价太高时,会采用控制暴露的方式。之所以如此,是因为过于将自己暴露于真相面前,会不同程度地受到某种伤害。经验也常常告诉我们,当个体为他人的境遇所感动甚至难以自拔的时候,控制暴露或许是减少移情量的最有效策略之一。换言之,不受他人刺激影响的最简单方法就是从一开始就避免接触刺激。而在接触刺激之后,试图将自己恢复到接触前的状态是徒劳的,也是无效的(Gilbert 等,1988)。以课堂教学情境为例,尽管教师的移情作用有着前述功能,但如果某位教师不能承受因为"知情"学生(如学生的家庭背景)而给自己带来的某种"伤害",或难以承受因移情作用而导致的心理纠结,教师可能会采用"鸵鸟"方式应对问题,即尽量避免接触类似的刺激信息,或逐渐去敏感化。正如辛普森等人(Simpson 等,1995)所说,在某些情况下,真相可能代价太高,人们可能会限制他们为追求移情准确性而付出的努力。曾撰写《南京大屠杀:被遗忘的二战浩劫》(1997 年)的美籍华人张纯如,最后选择自杀结束自己的生命就与此不无关系。

其次,移情也可能因教师对学生的"知情"而丧失对学生的正当要求。教师的移情作用是以对学生背景信息的了解为前提,但我们越是了解诸如学生家庭背景的一些信息,就越有可能以"失之以宽"的方式对待学生。例如,教师了解到某学生家庭成员重组的真实信息,就有可能会对其不能按时完成作业、上学迟到等报以宽容甚至原谅的态度,从而放宽对该生的基本要求。

尽管有不少人怀疑移情会与降低学业标准联系起来,但迈耶斯等人(Meyers 等,2019)认为,与降低标准关联的是同情而非移情。他们认为,如果教师同情学生,他们会降低标准,使课程更容易从而快速减轻学生的痛苦;但如果老师感同身受,真诚站在学生的角度,他们就会发现,降低标准绝对是他们最不应该做的事情。按照这种观点,是同情而非移情降低了对学生的学业标准,高移情教师选择的不是降低标准而是尽量发现并消除学生学习过程中存在的障碍。

再次,尽管移情之重要性毋庸置疑,但师生互动中的"虚假一致性"也不容忽视。前已述及,"虚假一致性"即简单地将自我感觉投射到他人,总以为别人会有与自己一样的感受(Marks 和 Miller,1987)。有研究者质疑移情在与文化多样性的学生一起工作中的作用。例如,罗森伯格(Rosenberg,1998)在对白人职前教师的移情研究中,发现了一种"虚假的参与感",即教师预设他们是熟悉并理解学生的,在研究人员看来,这种错误的参与感可能是危险的,因为这会让教师对学生及教学的理解仅止于比较肤浅的层面。这种"虚假的参与感"会导致一种"占有悖论"(paradox of appropriation),即一个人将自己的经历与他人的经历等同起来,从根本上抹去了自己与他人经历之间的不同(McAllister 和 Irvine，2002)。

　　现代神经科学告诉我们，我们与生俱来就有某种移情的能力。教师移情能力是一种职业能力，是一种习得的教学品质，教师需要这种品质，也能获得这种品质。但这种品质的获得绝非一朝一夕的事，它不是某种技巧的获得，它需要教师基于大量亲历性经验的体验与反思，需要教师的责任、态度以及包含仁慈之心在内的人格特质。

第六章 教师教学方法

> 课堂是师生对话的场所，不是教师独白的地方。

> ——笔者

回顾教育发展的历史，教师教学方法的变革或多或少都受到技术进步的影响，而这种影响又通过对学生学习方法的反哺表现出来。古代造纸术与印刷术的发明，打破了"口耳相传""耳提面命"式的师徒式教化关系；20世纪90年代末以录音、录像为代表的新型学习资源媒介走进课堂，为多元化的教学组织形式转变提供可能；21世纪以来依托计算机网络等信息通信技术在学校教学中的应用，移动学习、远程在线学习模式随之应运而生（桑国元等，2020）。乔伊斯等人（Joyce等，2009，p.5）认为，教学模式就是学习模式，理由是，当我们在帮助学生获得信息、形成思想、掌握技能、明确价值观、把握思维方式和表达方式时，也在教他们如何学习。

教师的教法不仅影响学生的学法，也影响课堂生态的方方面面。本章从教学理论与教师教学实践、合作学习和翻转课堂两种教学模式、信息技术支持下的教学及其课堂生态来组织内容。

一、教学理论与教学方法

教师的教法一般来源于某种教学模式，而教学模式无不来源于特定时期流行一时的某种教学理论。古德和布罗菲（Good和Brophy，2008，p.17）指出，支持不同教学理论的人会对自己看到的课堂行为作出不同的解释：持大教学论（didactic view）即说教观点的人相信，教学的主要目的在于传递知识并对怎样运用知识提供清楚的说明；持发现观（discovery view）的人则把焦点集中在学生如何从探究活动中获得学习和实践机会、教师如何才能最低程度地参与。所以，教师所采用的教学策略既有观念驱动功能，更有实践操作功能，是将教学理论或模式转化为教学行为的桥梁（张大均，2003，

p. 7）。

教师的教法与学生的学法相依相随。从师生对话方式看，一方面，教师独白式或师生对话式的教学模式源于某种教学理论，而教师采用相对固化的教学模式必然会影响学生的学习方式，这种学习方式反过来又会影响教师的教法；从认知加工层次看，教师的教学加工层次，实际上深受其所接受的学习理论或教学理论的影响，而教师的教学加工层次直接会影响学生学习的认知加工水平，学生的学习深度又反向影响教师教学水平的提升；从认知加工的维度看，单向加工注重学生学习所引发的结果或者变化，而多向加工既注重学习变化，也注重学习变化发生的过程（见第四章的相关内容）。

从历史的角度来考察，教师的课堂教学行为总会受到一定时期内某一主导性的教学理论所影响，对教师教案编制与课堂师生活动方式的影响尤其如此。概略来讲，这种影响脉络可以从以赫尔巴特为代表的传统教学理论及其教学模式、以凯洛夫为代表的教学阶段理论及其教学模式、以认知心理学研究成果支撑的现代认知学习理论及其教学模式三种理论来梳理（王映学，2013）。

（一）以赫尔巴特学派为代表的传统教学理论及其教学模式

赫尔巴特发展了夸美纽斯创立的近代教学理论，其主要贡献是提出了教学阶段理论。该理论强调统觉（旧观念对新观念的同化作用）在教学过程中的作用，认为教学必须使学生在接受新教材时唤起心中已有的观念。他按照儿童获得知识的心理过程，将教学过程分为明了（给学生明确地讲授新知识）、联合（使学生将新的观念和已有的观念结合）、系统（指导学生作出概括和总结）和方法（将系统化的知识应用于实际）四个阶段。之后，经由赫尔巴特学生发展了的教学阶段理论，将第一个阶段的"明了"又分为两个阶段，这样就构成了赫尔巴特学派的五段式教学法，见图6-1。

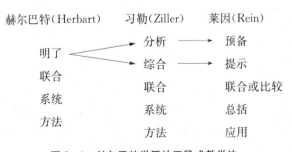

图6-1 赫尔巴特学派的五段式教学法

由上图可见,在赫尔巴特四阶段教学模式的基础上,他的学生习勒将"明了"划分为"分析"和"综合"两个阶段;习勒的学生莱因又将"分析"和"综合"易名为"预备"和"提示"。"预备"就是提出问题,说明目的;"提示"就是呈现新教材,讲解新课题。这五个阶段也成为20世纪前半叶我国教师在教学中广为采用的教学阶段模式。

上述教学阶段理论对教师教学行为的影响集中体现在教师编制的教案及其课堂行为上。笔者查阅到的一份发表于20世纪初的教案①就比较忠实完整地体现了上述预备、提示、联合、总括、应用五个阶段。教师的教学以(教师)问—(学生)答形式展开,我们以这份教案中的"预备"阶段为例说明之。

预备:

(师)诸生见人家窗棂上,与冰纹合嵌者,为何花之纹?

(生)梅花之纹。

(师)当新春之时,不畏寒气而开放者何花乎?

(生)梅花。

(师)战争之时,兵人所用之干果为何?

(生)梅干。

可以看出,在"预备"部分,教师旨在利用学生已有经验引出要讲授的课题。教案设计完全以上述五段式教学法为依据,典型体现了赫尔巴特传统的"灌输式"教学理念。教学过程是教师完全主导下的活动,教师的任务在于提出问题并把控教学过程与进度,学生则按照教师的设计(提问)作出合乎要求的应答。学生只有按照教师预设的方式作出应答,这样的教学方案和教学过程才能得以继续。教师的角色是知识传递与灌输,学生的角色是知识接受与受灌。

(二) 以凯洛夫为代表的教学阶段理论及其教学模式

20世纪50年代,凯洛夫的教育教学思想在我国教育理论界和实践界基本占支配性地位。正如19世纪末美国的教师比德国的教师更信奉赫尔巴特一样,20世纪50年代中国的教师比苏联的教师更信奉凯洛夫(施良方等,1999,p. 45)。

凯洛夫以教学心理为依据,将教学过程划分为组织上课,检查复习,提出上课的目

---

① 作者:张世㭌,理科教案(高等小学第一、二年级程度,植物),发表于1910年第9期《教育杂志》。详见王映学(2013)。

的、内容和要求，讲授新教材并明确内容要点，检查巩固所学的知识，布置课外作业，这就是著名的凯洛夫六环节教学过程。"中国化"了的六环节教学就成为我国教师广为熟知的组织教学、检查复习、讲授新知识、巩固新知识、布置作业，这五个阶段基本成为20世纪后半叶乃至当下我国教师广为采用的程式化教学模式。

这种教学环节理论对教师教学行为的影响同样在教师编写的教案中集中体现出来，笔者查阅到的发表于20世纪50年代初的一份教案①就反映了上述教学环节。下面以其中的"教学过程"部分为例说明之。

四、教学过程

（一）组织教学：检查人数及课业用品（2分钟）

（二）检查复习：

    1. 马丽骅给斯大林的信的主要内容是什么？

    2. 书信有哪些格式？（利用小黑板，二人，计分）（约8分钟）。

教学过程完全按照组织教学、检查复习、讲授新知识、巩固新知识、布置作业这样五个环节来设计，可以说比较忠实地执行了凯洛夫的阶段教学理论。

走进中小学的课堂，上课开始的检查复习被许多教师看作教学过程不可缺少的一环，但检查复习什么呢？笔者以为，教师应将检查复习指向学生已知的、与新授内容有关的知识、能力与态度。检查复习可要可不要：要的情况是，复习内容可以为学生学习新的内容提供"支架"，让新授内容变得容易理解和接受；不要的情况是，新的学习内容相对独立，或对学生来讲是全新的，这时的检查复习可以不要。在上述教案设计中，教师检查复习到的内容（"信的书写格式"等）与新授内容（"大禹治水"）基本没有关系，这样的检查虽可以"温故"，但难以起到"知新"的作用。由于教师的教学难以做到"以其所知，喻其不知，使其知之"，这样的教学设计就难以培养学生"温故而知新"的学习性向与学习品质。

（三）现代认知学习理论及其教学模式

现代认知学习理论认为，学习结果有不同的类型，而不同类型的学习结果存在不同的习得过程，自然也就有与之相应的不同教法。尽管学习结果的类型有所不同，但

---

① 作者：姚其瑞，"我是怎样教'治水'一课的？"（教材：初级小学国语课本第八册"治水"篇），发表于1952年5月25日《苏北教育》。详见王映学（2013）。

其获得的教学过程有相似的构成阶段,代表性的几种观点见表6-1。

表6-1 基于现代认知学习理论的教学过程

教学心理学的研究领域 (Glaser 和 Resnick, 1972, p. 208)	教学活动四要项 (张春兴,1992, p. 335)	广义教学过程 (皮连生,1996, pp. 237 - 238)
① 对欲达知识状态的描述	① 预期学生要学的是什么(教学目标)	① 陈述教学目标
② 对学习者起始状态的描述	② 在教学之前是否具备了学习新课程的条件(始业行为)	② 分析任务 ③ 确定学生的原有水平
③ 由最初状态到最终状态之间的转变过程	③ 采用何种方法去改变学生行为(教学方法)	④课堂教学活动设计 ⑤ 师生相互作用过程
④ 对每一行为转换状态的评估 ⑤ 对最后达成状态的评价	④ 怎样才能肯定学生行为确因教学活动而改变(教学评鉴)	⑥ 教学评价

如果析取其共同的部分,那么基于现代认知学习理论的教学过程可以划分为四个部分:(1)教学目标陈述,用明确、具体、可测量的方式陈述学生学习之后的预期变化;(2)教学任务分析(也称教学目标分析),分析学生从原有水平(起点状态)到教学目标(终点状态)之间所需知识和能力等的逻辑次序,并确定习得结果的变化类型;(3)教学过程,即教学目标的达成过程,教学目标已经确定,且从学生已有知识经验到教学目标之间的逻辑关系已分析清楚,教学过程就是执行并完成这一分析的过程;(4)教学评价和反馈,在确定目标、分析目标、执行目标以后,教师理应追问:预期的学习变化出现了吗? 在何种程度上出现了? 还要做何补救措施? 等等。教师不但要明了教学目标的达成情况,学生也应有这样的知情权。

上述教学过程理论将涉及教学的所有问题转化为这样几个基本问题:教学要将学生带到哪里去(教学目标)? 是否具备相应的条件(学生起点能力及教学环境分析)? 怎样带(教学过程及教学媒介)? 带的效果如何(教学评价)?

上述理论也可称为目标导向(或定向)的教学理论,以此理论为指导,教师的教学行为紧紧围绕教学目标来展开。我们以一份教案①的教学目标设计为例来说明之。

---

① 作者:黄伟泉(上海市新华中学),"欧姆定律"(初中物理第二册),详见皮连生《智育心理学》(2008),第357—359 页。

【教学目标】

1. 能说出电路中电流强度与电压以及电流强度与电阻的关系。

2. 能用欧姆定律公式计算电路中的电流、电压与电阻。

可以看出，现代认知学习理论以可测量的、体现一定层次性的学生学习变化来确定教学目标，这是教案编写中的一大进步。但是，对这种教学目标导向的教学也需保持一定的警惕：①当教师的目标显得有些任意且偏离课程标准时，师生越是遵循目标导教导学，可能离教学的本真越远。②师生围绕目标组织教学活动，也会伴生这样的风险，即"目标在增加了与其直接相关信息学习的同时，也减少了与其不直接相关材料的学习"（Wittrock 和 Lumsdaine，1977，p. 422）。尤其当教学目标过于具体明晰的时候，目标内外的得失就是一个需要考量的问题。③当学习变化涉及认知领域的高层次学习结果或情感领域的学习变化时，不宜提倡以具体可测量的目标确定这些预期的变化，即使提倡也往往"力有不逮"。

通过上述三种代表性的教学理论、教学模式和教师课堂行为的梳理可以看出，当一种教学理论特别是教学阶段理论盛行的时候，总会通过教学设计模式对教师的课堂教学行为产生影响，而教师的教学行为变化总会促生与之相应的学生学习生态。

二、两种教学关系建构下的教学模式及其课堂生态

李森等人（2011，pp. 90-92）认为教学关系结构是课堂生态的实质结构，并将教学关系结构划分为讲授式（教师是教学关系的重心）、建构式（学生是教学关系的重心）及共建式（师生均为课堂这样一个共同体的学习者）三种课堂生态。乔伊斯等人（Joyce 等，2009，p. 19）根据教学模式是指向人类自身还是指向人如何学习将其分为信息加工类、社会类、个体类和行为系统类这样四大类共 14 种教学模式。本部分我们基于教学关系建构的视角，以合作学习（cooperative learning）、翻转课堂（flipped classroom）两种教学模式来探讨各自的课堂生态。我们的逻辑是，不同的课堂教学建构会培育不同的学习模式，进而培养不同的学生学习性向和学习能力。

（一）合作学习

在过去的 60 年里，人们尝试过多种教学实践，但多数未能得到广泛采用，为数不多的得以采用的却也在不久之后即被放弃，很少有像合作学习那样能得以更成功地实

施的(Johnson 和 Johnson，2009)。

1. 合作学习及其不同形态

斯拉文(Slavin，1980)认为，课堂教学技术可视为任务结构(task structure)、奖励结构(reward structure)和权威结构(authority structure)三个基本要素的组合。任务结构即课堂各种学习活动的组合，如讲授、课堂讨论以及课堂作业等。奖励结构是指向不同任务的适当行为所得到的结果，如满意的成绩、老师的认可等。奖励结构常常带有比较的性质，所以奖励可以是竞争性的、合作即共赢的以及独享式的。权威结构是指学生对自己的活动进行控制，而非由教师或其他成年人进行控制。

合作学习的特点是，学生将其大部分课堂时间花在小型的、异质性的学习小组当中，在小组学习中他们可以互帮互助(Slavin，1983)。合作学习是一种教与学的方法，涉及若干学习者一起解决某一问题、完成某一任务或创造某一产品(Macgregor，1990)。因此，我们既可以从教学层面也可以从学习层面来理解合作学习。教学层面，可以将合作学习视为一种教学行为，教师将学生按照能力搭配的方式分为不同的小组，以组内合作、组间竞争的方式组织课堂教学活动。在这种教学方法中，不同表现水平的学生以小组形式为共同的目标而努力，学生对自己小组成员的学习彼此都有责任(Thakral，2017)。学习层面，学生在小组之内，小组成员既合作又相对承担各自的学习任务。在合作学习方法中，小组成员组成一个彼此高度依赖的奖励结构学习团体，任何成员做了有助于小组获得奖励的事，都会得到肯定；反之，就会受到责难(Slavin，1980)。与传统教学形式相比，合作式教学关系在师生角色、教学关系及基本特征方面均有不同，见表6-2。

表6-2　传统教学与合作学习之间的比较

	教师角色	学生角色	教学关系	基本特征
传统教学	知识的传授者、教学过程的组织者、教学效果的测评者	知识的接受者、教学过程的顺应者、学习效果的受检方	教师是输出方，学生是输入方，一切教学活动围绕教师和教材展开	共同的教学目标和要求，教师教学过程与学生学习过程的同步化，个体间竞争(A的成功以B的失败来佐证)，学习结果的统一测量与评价
合作学习	课题的设计者、合作学习的组织者与实施者、学习效果的组织性评价者	学习过程的积极参与者、学习责任的分担者、学习效果的贡献者和参评者	每个学生都是小组的责任人，小组成员间彼此负责；师生共同成为教学过程的建构者和参与者	奖励依赖、任务依赖、个人责任、教师外加结构、是否采用小组竞争(Slavin，1980)；积极的相互依赖、个人责任、促进性的互动、社会技能的适当使用、小组加工(Johnson 和 Johnson，2009)

对上述比较不宜进行简单的价值判断。若学生长期处于以教师为中心的传统课堂,则进入合作学习课堂需要完成并不轻松的身份转换(Macgregor,1990):(1)从倾听者、观察者、记录者到积极的问题解决者、贡献者、讨论者;(2)对上课准备从中低期望到高期望,常常需要事先阅读、准备问题或其他要求的作业;(3)从课堂上的独个存在到公开存在;(4)从个人选择的出勤到基于共同体的期望;(5)从同伴竞争到同伴合作;(6)从与独立学习有关的责任和自我定义到与相互依存有关的责任和自我定义;(7)从将教师和文本视为权威与知识的唯一来源,到把同龄人、自己和共同体的思考视为权威与知识的重要来源。

合作学习有不同的类型,不同类型对学习者的影响也有所不同:(1)就合作的形式,有同题讨论式(交头接耳式,缺席讨论式)、异题分享式(选题讨论式,分题讨论式,无题讨论式,限人讨论式)和对抗论辩式等(胡明道等,2008);(2)就学习内容,可以有引导型、建构型与互助型合作学习方式(徐正黄,2009);(3)就合作学习的功能,有正规合作学习小组、非正规合作学习小组以及基于合作的小组(Johnson 和 Johnson,2017);(4)就合作学习方法的结构,可以有合作激励结构和合作任务结构(Slavin,1983),前者的主要特征是两个以上的个体相互依赖,小组取得成功,则他们取得共同回报;后者则允许、鼓励或要求两个以上的个体合作完成某项任务,协调其努力完成任务。换言之,前一种结构强调组内合作,后一种结构强调个人责任。

课堂合作学习多为任务合作,这种任务又有专门化的任务和小组学习任务之分,前者指小组每一成员单独负责小组活动的不同部分;后者往往指小组所有成员一起学习,没有单独的任务。斯拉文(Slavin,1983)指出,合作学习的理论基础是激励结构理论,而不是任务结构理论。任务依赖与任务类型被视为合作激励结构的条件或促成因素。

2. 关于合作学习的争议

对合作学习有较多的争议,主要集中在这种学习方法的组织、理念以及效果等方面。大体可以分为赞成派和批评派。

(1) 对合作学习的鼓吹与推崇

有人断言,最高、最佳形式的效率是自由人之间的自发合作(Johnson 和 Johnson,2009)。合作学习的鼓吹者认为,这种学习方法是当前学校改革不可分割的一部分,它不仅能让所有的学生受益,也有助于促进传统教学工作中彼此隔离的教师之间开展协作(Sapon-Shevin 等,2009)。合作学习是教育理论、研究和实践中最为广泛且最富成效的领域之一(Johnson 等,2000)。

显然,课堂中的合作学习不能倡导自由人之间的自发合作,而是以能力差异或者异质性为合作的基础。斯拉文(Slavin,1980)报告,合作学习方法可以同时实现认知目标和情感目标,对学生学业成绩、团队凝聚力、学生自尊心以及学生对学校的好感度等方面都有积极效应。许多研究证实,团队学习明显增加了助人行为、给予或得到帮助的感受,以及能够应对课堂学习的感觉(Sharan,1980)。问卷调查发现,中小学教师普遍能接受合作学习,而且中高级职称的教师比初级职称的教师更了解合作学习,超过三分之二的教师认可合作学习的实践效力(张婉莉,2015)。合作学习可能更适合解决开放性问题,同时以开放性问题为依托可以更好地培养学生的创造力(王静,2016)。

日本学者佐藤学 30 年来的学校改革实验表明,"协同学习"能够达到划一的"同步教学"所不能达到的高度,有助于保障每一个学生的"学习权";日本 3 000 所学校的成功经验表明,高难度的内容借助合作式的探究,可能实现个人学习与同步教学所不能达到的学习目标(钟启泉,2015)。刘延金等人(2016)通过对小学四五年级学生有关写作资料的质性分析和课堂观察发现,在合作学习共同体内,学生的身份更贴近于同伴,在群体中有一种成员归属感,个体与群体责任相互依赖,在小组形式化模式和熟悉参与结构中产生互动仪式。里德和伯格曼(Read 和 Bergemann,2005,p. 174)发现,一二年级的学生在两人或三人小组学习中学得更好;而对于小组学习经验丰富的学生来说,规模越大的小组带给他们的收益越多。

约翰逊等人(Johnson 等,2009)通过对过去近一个世纪的 875 项研究进行分析发现,与竞争的(效应值为 0.66)或个体的(效应值为 0.63)学习情境比,合作学习情境中的均差要高出三分之二;如果仅分析高质量的研究,竞争和个体的效应值分别是 0.86 和 0.59;而且,合作学习会带来更高水平的推理、更多新观念及解题方案的产生(即过程收益)、更多的学习迁移(即小组到个体的迁移)。

约翰逊等人(Johnson 等,1981)的元分析研究发现,合作学习及组间竞争的合作学习的效果都要好于班级当中的人际竞争和个体努力。因此,他们推论说,有充分的证据支持合作学习在促进学习成绩(对课堂学习而言)与生产力(对生产企业而言)方面的优越性,并建议教育工作者不妨大大增加使用合作学习方式来改善学生的学习成绩。李宝敏等人(2019)基于对国内外 54 项有关合作学习(准)实验研究的元分析发现,合作学习对学生学习成效有中等正向影响;在不同学段效果差异显著,对初中、大学和高职学段影响较为明显;学习周期越长,效果越明显(不足一月无明显差异);教师干预会显著影响学习成效;学习环境对合作学习产生正向影响;合作学习模式差异会显著影响合作学习的成效。

（2）对合作学习的质疑与批评

对合作学习的质疑与批评比较多,大体来讲,主要集中在合作学习的倡导理念、课堂实践及学习效果等方面。

倡导理念方面。兰德尔（Randall,1999）明确提及合作学习中出现的问题:其一,合作学习的前提常常要求小组成员对彼此的学习负责,但对年轻人来讲这无疑是一项沉重的责任。其二,合作学习小组要求异质性的成员,对优秀学生而言,小组学习是重复,而对较差的学生来说,未能在帮助中受益且变得更为消极并偏离学习任务。因此,合作学习所倡导的"所有学生都是学习者和教师"的理念并不现实。其三,合作学习仅仅是获得知识而非鼓励思考的有益方式。罗宾逊（Robinson,1990）特意提到合作学习对超常儿童（talented children）的不适宜问题,教师往往会将这样的学生看作是小组学习中的辅导者、解释者与贡献者,而非有着个人需求、好奇心和意愿的孩子;同时,为了达到组内的真正合作与个人责任,不至于出现这类学生"越俎代庖"或过于"出头"的现象,教师往往不得不对这类学生予以约束。他不无尖刻地指出:"只要合作学习使这类超常学生的看法定型化,它就会变成剥削而非合作。"（Robinson,1990,p. 21）用学生自己的话讲,他们很难理解有些学生何以弄不懂他们可以毫不费力就能掌握的东西,他们厌恶向那些不在乎他们的学生解释学习材料,他们也不喜欢将自己的时间耗费在那些没有合作意愿的学生身上,研究人员访谈的学生（15 人）中没有一位认为自己在向同组的学生解释材料之后会有更好的理解（Matthews,1992）。

课堂实践方面。应小明（2007）提及合作学习中教师对小组汇报的评价常常出现偏差:一是偏重对学生个体的评价,忽略对学生所在小组集体的评价。二是偏重对小组合作学习结果的评价,忽略对学习过程与方法的评价;而教师不当的评价方式会逐渐养成学生不当的参与方式。合作学习在实践中存在情感缺失的现象,表现在情感功能的弱化、价值取向的偏离以及小组成员关系权重的失衡（刘燕飞等,2016）。合作学习流于形式、学生参与机会不均等、教师角色定位错误、合作形式固化以及评价形式单一是课堂实践中的合作学习出现的常见问题（曾妮等,2014）。基于课堂观察,发现课堂中的合作学习存在"自然"合作、学习任务缺乏合作价值以及"小权威"（强势方）与"小雷达"（弱势方）并存的问题（王凯等,2003）;同时存在"虚假合作"的现象,即合作学习仍限于掌握知识、内容缺乏针对性、小组成员组成随意、教学过程组织混乱以及教师地位不明确等(闫昱洁,2015)。教师在合作学习方法中存在"轻重失衡"的误区,即重合作轻个性、重结果轻过程、重主体轻主导、重过场轻探索、重课内轻课外(林革,2004),以及中小学教师在合作学习的问题式建组、合作任务选择、组内评价合作、建组与评价行为以及学生合作技能培育等方面均存在各种问题(张婉莉,2015)。

学习效果方面。科顿与库克(Cotton 和 Cook,1982)对合作学习的效果提出质疑,认为不论哪一种激励系统——合作或竞争——都不一定能提高学生学业成绩(课堂)与生产力(企业生产),单纯的合作学习并不显得比小组竞争中的个体合作更为有效,哪种更好主要取决于情境因素。麦格林(McGlynn, 1982)也对约翰逊等人(Johnson 等,1981)的研究提出了类似的批评,他认为"成绩"和"生产力"的概念与这些研究的具体任务和程序密切关联,不能不加限制地概括;而且,他们(Johnson 等,1981)所引用的理论方法并不能对所有可能的任务、程序等进行主效应预测。罗根(Rogan, 1988)比较了学生在合作与个体两种学习情境中对物理学概念的理解,结果并未发现可归因于合作学习的差异。

斯拉文(Slavin, 1983)指出,学习完全是个人的事,可能通过合作得到改善,也可能不会;但有一点很清楚,学习并未因合作而得到明显改善,就像小组解决问题不一定会优于个人解决问题,是一样的道理。为此,他比喻道,两个或两个以上的个体一起参加考试会比单独参加考试的个体得到更好的均分,但是每个人能从这次考试中学到多少呢?

当然,也有研究者对合作学习提出比较"中庸"的立场。例如,有研究者(程华,2010)通过对某重点中学师生的问卷调查发现,学生普遍欢迎这种教学组织形式,原因在于它可以提高学习的趣味性与积极性、同学间可以取长补短、培养学生的合作能力等。教师对合作学习的态度则有双面性:他们既赞成,认为可以有效利用学生资源、提高学生学习效率和学生兴趣、培养学生的合作意识等;也有顾虑,学优生会因为帮助别人而受到影响,后进生会因依赖而得不到充分发展。还有研究者(周详等,2018)指出,在长期合作学习小组的多重任务中存在集体智慧(即所谓的 C 因素);在创新观点的生成中,社会影响不利于集体智慧发挥作用;在困难问题解决的判断与决策中,集体智慧发挥的作用更明显,不大受到个别成员的主观自信、实力和多数人意见所左右。

埃默和格威尔(Emmer 和 Gerwels, 2002)认为,判断合作学习成功与否有三个标准:学生在学业任务方面的表现与进步、组内合作以及学生参与。如果一堂课至少有两个标准是高的,另外一个标准是中等,就可以认为合作学习是成功的;如果有一个或两个标准较低,而另外的标准在中等及偏下,则可以认为合作学习不成功。

以我们掌握的文献看,研究人员提及的有关合作学习存在的问题,我们认为还是教师在课堂教学组织过程中出现的问题,而非这种教学结构本身的问题。但令人费解的是,教师对合作学习的自我效能感与其不当的教学行为之间竟然呈正相关,对合作学习有较高自我效能感的教师,具有明显多的不当教学行为(张婉莉,2015)。罗宾逊(Robinson,1990)在系统总结了合作学习的不足之后也郑重告诫我们,他的研究旨在明确合作学习的若干局限,而非否定合作学习模式。也如萨彭–谢文等人(Sapon-Shevin等,2009)所说,教师无需将合作学习看成是他们要做的"额外的事",而是将其看作自己课堂上所有教学的组织价值和原则。

3. 合作学习关系的生态效应

张亚星(2018)发现,教师的合作型教学方式对学生的合作学习水平具有显著的正向影响,教师在课堂教学中越是能为学生提供更多讨论和交流的机会,就越能直接提升学生的合作学习程度。斯拉文(Slavin,1983)更强调合作学习结构对学业成绩的影响,他指出,在中小学的课堂上,小组学习本身并不能提高或者降低学生的学业成绩,关键在于小组学习时采用小组奖励并强调个人责任;任务分工和小组奖励可以明显提高学生的成绩,而任务分工与个人奖励则没有这种效应。斯拉文(Slavin,1980)在回顾了多项合作学习实证研究的基础上指出,合作学习方法的效应大体可以分为两类:学业成绩与团队凝聚力。就学业成绩而言,虽然通常都是积极的结果,但似取决于具体方法、情境、测量、实验设计或其他特征;就团队凝聚力来说,合作学习方法对诸如种族关系、相互关心等都无疑有着积极的效应。特别需要指出的是,跨种族合作是改善学生种族态度和行为最为有效的手段。但也有研究者(Blanchard等,1975)提出不同的观点,认为不同种族的成年人在合作任务上的成功或失败,当伴随明显的外部奖励时,会影响种族间的喜好和尊重程度;在失败的情形下,常常会导致偏见的加深。合作学习对种族关系的改善可能是单向的,即少数民族学生改变了对主流族裔的态度,而后者对前者的态度鲜有改变(Sharan,1980)。

夏朗(Sharan,1980)系统比较了五种小组形式的合作学习对学生学业成绩、态度及种族关系的影响,结果发现,如果教师对团队学习绩效的认可是基于团队的平均成绩,那么该团队任何能够提高成绩的小组成员的做法都是值得鼓励的,而任何拉低团队成绩的做法都是不被允许的,这样就会形成一种大家逐渐遵守并认同的群体规范。研究发现,同伴压力可望鼓励个人成就并培养学生间的互助与合作兴趣,对青少年和低年级学生尤其如此(Spilerman，1971)。人们常说的"短板理论"或者"木桶理论"告诉我们,盛水的木桶是由许多块木板箍成的,盛水量也是由这些木板共同决定的;若其中一块木板很短,则盛水量就被短板所决定。如何最大限度地增加盛水量呢? 只有加长短板。放在课堂学习环境中,小组学习中的成员也一定类似木桶的木板,各有长短。于是,就不可避免地出现了这样的现象:一方面,为了得到较高的小组成绩——恰当地讲是为了小组成绩得到外部认可和奖励,小组内部就会出现互帮互学的现象。这种现象既是合作学习的本义,也是合作学习关系所期许的。如此,则异质性的小组成员通过小组合作得以不同程度的改善和提高。另一方面,为得到或维持较高的小组成绩,必须消除组内拉低成绩的"短板",这样就有可能出现小组学习中的"投机"现象,即小组中的"长板"代替"短板",以优秀成员的完成结果替代未完成或不能完成学习结果成员的任务。如此,小组中出现"越俎代庖"的现象就难以避免。有研究者(田群艳,2015)从合作学习小组的组建、小组任务的达成以及小组学习结果的考核提及合作学习中的"搭便车"现象,从而出现"强强联合、弱弱扎堆"的现象。诚如学生所言(田群艳,2015):

> 学生 A:这学期分组我们就不愿意和那些什么都不干的人在一起了,他们什么都不干,最后还能拿着小组的平均分。大家一起合作完成一个任务本来挺好的,但是最后干多干少都差不多。虽然说学习是为自己学,但还是觉得不公平。

> 学生 B:我是我们组的组长,小组里有些同学分配的任务他也不干,我拿他也没什么办法。我们组一共 6 个人,干活的就只有我们 4 个,不管是小组平时开会还是出去做调研,那两个人从来都不参加,我也管不住。

一般而言,在合作学习中,那些学习较差、存在科目弱势的学生往往是团队中的"短板";而学习优秀、存在科目优势的学生自然成为团队中的"长板"。如果是"长板"与"短板"的搭配,在小组内就会出现"长板"对"短板"的抱怨和歧视,"短板"对"长板"的依赖与退让。正如斯拉文(Slavin, 1983)所言,对于团队来说,能力较差的团队成员的贡献往好了说可能是无用的;往坏了说,他们可能被认为是干扰。我们的课堂观察发现,与小学高年级学生相比,低年级学生在合作学习中出现更活跃、更积极的一种倾向。这种合作学习中的年级差异,也得到了研究(张亚星,2018)的证实:从年级上看,在自主、合作和探究学习方面,小学、初中、高中学生均呈现逐级递减的趋势,且在合作学习和探究学习上差异显著($p<0.001$)。换言之,越是在高年级,学生的学习方式越

趋向单一和被动。

如果以学习小组的平均成绩为依据来评价合作学习关系的成效,就有可能出现只求速度而忽视质量的情况。在面对设计类、探究类的学习任务时,如果教师以小组完成任务的质量或者新颖性来衡量,就会部分地避免学生赶速度的现象。在这种合作学习中,学习质量而非学习速度是合作学习成效的关键衡量指标,当然,学习效率往往取决于单位时间内的任务完成质量,此即所谓的"速度-准确性"权衡。因此,合作学习的本质是因学习异质性而产生的有序资源流动,当这种异质性发生变异的时候,需要教师高度关注并适时予以调整。

如果合作学习方法以"团队奖励+个人责任"的方式组织,则发生在小组内的学习生态会截然不同。如前所述,团队奖励为共同的目标所驱动,不论是质量衡量的还是成绩评定的,都以组内成员的"均数"作为衡量的指标;而个人责任则要求团队中每个成员的最佳学习努力是团队成功所必需的,每个团队成员的表现对其他团队成员须清晰可见,并且可以量化(Slavin,1983)。个人责任以明确的任务分工为前提,此时,衡量小组完成任务绩效的方法除了上述提及的平均成绩、所用时间或任务质量,还可以加上小组任一成员对小组完成任务的解释和说明。如此,则出现这样的依赖次序:合作学习小组获得的评价→组内完成任务的平均成绩和总体质量→个人完成任务的速度与质量。所以,小组学习方法要获得好的结果,既取决于个体的努力,也取决于个体努力之后所得的结果。正如斯拉文(Slavin,1983)所言,个人责任本身并不足以提高学生的学业成绩,如果没有团队奖励,团队成员就没有理由关心他们团队成员的学习。换言之,"团队奖励+个人责任"是合作学习方法有效的基本要件。有了这样的要件,学习者不仅关注自身对团体的责任和义务,提升自己的使命感,使自己成为有价值、有贡献的一员,更重要的是,还会培养小组内互助的氛围,形成"互利共生"的学习生态。请看来自学生的报告:

> 记得到高三下学期的高考冲刺阶段,我们的老师选出了在各门科目上比较突出的10位同学,同时选出在各门科目上比较薄弱的10位同学。两两一组组成互助小组,每天留一节课进行一对一的交流。我觉得这种方式营造了一种互帮互助的学习环境,因为:(1)同学的解释可能更适合我们常用的解题思路;(2)这种学习方式也往往是轻松愉快的,在老师面前无法开口的问题可以在同学面前提出;(3)这种学习容易形成更加多元的学习环境,在短短的一个小时中,大家可不限于一门科目,其他有问题的学科照样可以与同学交

流,这样整个班的学习氛围也就大大地提升了。

约翰逊等人(Johnson 等,2009)发现,正常学生即便在与残疾同伴在教学任务方面合作的时候,也会增加移情、利他行为以及从多角度审视情境的能力。他们认为,在合作学习情境中,学生在学业成绩、人际关系质量以及心理健康之间存在双向的关系,见图 6-2。

图 6-2　合作的结果(Johnson 等,2002)

研究者认为,合作学习可以培育积极的依赖关系。从图 6-2 可以看出,积极的彼此依赖、促进性互动和努力实现、积极关系、心理调节以及社交能力之间都存在双向的关系。在合作学习中,小组共同努力更易实现小组目标,这种目标实现与团队奖励和个人责任相关联。由此,小组成员成为互相督促、彼此受益的集体成员,这样就会形成小组积极的依赖关系,反之亦然。合作学习不仅能让每一个个体从小组学习中受益,在小组经历成功与失败之时,也可以培育小组成员心理调节的能力,通过合作与分工清楚自己和群体的关系,有利于培养个体在群体中的社交和应对能力。个案研究发现,对于小组活动的发言人而言,"被他人倾听"关乎其在小组中的存在价值;心理学家多以"归属感"来描述课堂中渴望被他人倾听的心理状态,认为课堂中的"归属感"既包括师生间的相互包容,也包括同伴间的相互认可(黄均钧,2019)。总而言之,合作学习有赖于异质性的小组成员在个人责任基础上的相互合作,每一成员在群体中都不可或缺,每一成员在群体中都有着自己的地位并得到认可,而他人的认可度影响学生合作学习的参与姿态,反过来进一步影响自己对他人的认知与接纳。

　　以笔者所观察到的课堂合作学习而言,教师通常以前后两桌四位同学一组(图6-3)的方式组建学习小组,这种搭配的优点是简便易行,但是否符合合作学习的异质性、个人责任以及团体目标等基本要求,则存疑。有研究人员(江旭峰等,2008)即以这样的合作方式,通过对化学教学的研究发现,合作学习不仅可以提高课堂教学效率,而且可以改变学生对合作学习、教师角色及师生关系等的看法。

图6-3　课堂常见的邻近组合的合作学习

　　因为对合作学习存在认知上的差异,加上合作学习理念获得的途径不同,合作学习的课堂实践中出现各种各样的问题,有研究者(郝雪,2016;张丽霞等,2007)就分别报告过中学生物学及中小学信息技术在合作学习中"走偏"的案例。许多一线教师笃信自己理解并在忠实应用合作学习,但研究人员(张婉莉,2015)调查发现,仅有35％的受访教师能比较科学地理解合作学习与小组学习的关系,而65％的教师将合作学习等同或混淆于小组学习;有趣的是,那些越是自认为清楚合作学习以及对合作学习实践认可度越高的教师,越倾向于认为合作学习就是小组学习! 这就是实践中的教育学,也是教育实践丰富于教育理论的又一例证。

　　在合作学习中,人们经常提及能力分组的问题。实际上,人们对能力分组的做法一直存在争议。那些赞成能力分组的人认为,相比于异质组教学,小组教学可以让教师更为精准地针对学生已有的技能进行教学,而且学生在同质化的环境中学得更好。人们提出的理由是,在异质性的教学环境中,因为需要照顾到那些学习能力相对低的学生,这样不仅会限制讲授的内容,也会减缓其他学生进步的速度;不仅如此,能力分组由于避免了不同类型学生之间的学业成绩的简单比较,可以保护低成绩学生的自尊心。而持反对观点的人则认为,准确并公平地评估学生成绩和能力并不是一件容易的工作。大量的研究发现,学生的社会经济背景和种族等因素有时也会影响能力分组中的位次。研究发现,教师素质、教学过程和课堂氛围往往更有利于成绩优异而非成绩低下学生的学习,因而能力分组可能会进一步阻碍低成绩学生的进步。而且,能力分组往往阻隔了异质性教学中不同水平学生之间的示范与互补性学习,这种能力分组是对学生多样化的人为分割,让其更多面对的是单一的学习环境,有逆其走向社会之后多元化的社会环境发展与要求。研究人员(Schofield,2011)发现,能力分组对成绩优异学生的影响有限,但对成绩低下学生却有着实质性的负面影响。

基于上述这些并不太一致的研究证据,对学校教学中的能力分组,人们多持怀疑的态度。正因为这样,许多国家都不主张或者开始废除学校中的能力分组教学,但教师和家长——尤其是成绩相对优异学生的教师和家长都反对这样做,例如在日本,有些学习成绩优异的学生不得不离开公立学校而转向私立学校(Schofield,2011)。

(二)翻转课堂

翻转课堂发端于教师的教学实践,并经历了不同的发展阶段。张萍等人(2017)将原来广为采用的同伴教学法、基于问题的教学法等具有课堂翻转的实质但未明确使用"翻转课堂"这一名称的阶段(20世纪八九十年代到2007年)称为"第一代翻转课堂";起始于美国科罗拉多州"林地公园"的高中化学教师伯格曼和萨姆斯(Bergmann和Sams,2007)发起的以信息技术为支撑的"翻转课堂"为"第二代翻转课堂",即我们现在所称的翻转课堂。因此,翻转课堂的本质体现在以"同伴学习""基于问题的学习"以及"合作学习"为代表的第一代翻转课堂中,以信息技术为支撑的第二代翻转课堂仅仅是改换了学习的形式而已。

1. 翻转课堂与传统课堂有何不同

尽管翻转这一术语是新的,但有些带有"翻转"的方法实际上非常久远(Abeysekera和Dawson,2015)。翻转课堂的发起人伯格曼和萨姆斯(Bergmann和Sams 2012)对翻转课堂有一个很通俗的界定:传统上在课堂上做的事改在家里做,传统上的家庭作业则在课堂上完成(p.31)。换言之,就是将课上教师讲授的任务,利用视频技术移至课下,让学生课前观看讲课视频,课上完成原来课下的学习活动。汪琼等人(2018)认为,翻转课堂的本意是"学习知识在课外,内化知识在课堂",是一种舶来品的教学法;如果单从课堂活动的种类来看,翻转课堂的课上活动与传统课堂似乎没有多少不同,但翻转课堂教学设计与传统课堂教学设计的区别就是要将课前活动和课上活动联系起来设计。显然,翻转课堂是针对传统的"教师教而后学生学"的翻转,因此与传统课堂有所不同,见表6-3。

表6-3　翻转课堂与传统课堂之间的比较

	师生角色	教学序列	教学特征
传统课堂	教师：知识的传授者、教学过程的组织者、教学效果的测评者，是"教师中心""教材中心"的；学生：知识的接受者、教学过程的顺应者、学习效果的受检方	大部分学生是在对新授知识基本无所知的情形下进入课堂→教师讲授，学生接受→课后复习或作业（学习发生于课堂教学过程之中或之后）→学习结果的考核	课内，教师主要以讲授及其主导下的变式练习为主，学生紧随教师活动（同步），旨在解决学生"懂不懂""会不会"的问题；课后，教师以辅导、批阅以及备课为主，学生以自主复习、完成作业为主，旨在巩固课堂所学内容
翻转课堂	教师：学习任务的设计者、制定者与发布者，课堂教学活动的组织者及学生疑难的辅导者；学生：课前的学习者、研究者，课内的合作者、学习者和探究者，即"学生中心"	学生课前借助教师准备好的在线视频、学习任务单等教学材料学习→带着学习中的疑难、作业走进课堂→通过小组学习、基于问题的学习等进行探究与讨论，完成作业→下一专题的在线学习（学习发生于课堂教学之前、深化于课堂教学之中）	①课内外时间的使用有所改变；②课上进行传统上被视为"家庭作业"的活动；③课外进行传统上被视为课内的活动；④课内活动强调主动学习、同伴学习、问题解决；⑤课前课后活动；⑥技术应用，特别是视频（Abeysekera和Dawson，2015）

可以看出，与传统课堂教学比，翻转课堂教学在师生角色、教学序列以及教学特征等方面都有所不同。在传统课堂上，教师的角色是传递信息，学生则注意接受信息，因此教师常常被称为"讲坛上的圣人"（Szparagowski，2014）。教师越是往容器里装得完全彻底，就越是好教师；学生越是温顺地让自己被灌输，就越是好学生（Freire，2000，p.35）。由于翻转课堂是针对传统教学模式而言的，所以基于两者的比较研究不少。伯格曼和萨姆斯（Bergmann和Sams 2012，p.33）比较了两种教学模式在课堂用时上的差异：在传统课堂上，他们用于授新课的时间在30～45分钟，用于学习指导、独立练习及做实验的时间为20～35分钟；在翻转课堂上，则将讲授以视频形式移到课堂之外，课堂上花10分钟解答学生在视频学习中遇到的问题，而用于练习及实验的时间则延长至75分钟。洛夫等人（Love等，2013）发现，与传统的讲授式教学比，采用翻转课堂教学法可以提高学生线性代数课的成绩，而且这种差异越是到学习的后期越明显。然而，如果没有其他的变化，仅仅从传统的课堂讲授转换为同样的在线讲授是不可能导致学习差异的（Abeysekera和Dawson，2015）。斯帕拉戈夫斯基（Szparagowski，2014）通过在高中数学课中对两种教学模式（翻转课堂与非翻转课堂）进行比较研究，

梳理了学生对两种教学模式的不同看法,见表 6-4。

表 6-4　学生视野中的翻转课堂与传统课堂

	优点	缺点
传统课堂	• 更多练习和自信 • 学生可以检查自己对课堂学习的理解	• 如果不知道做什么,会无以求助 • 耗时 • 重复 • 缺乏做作业的动力 • 时间不够
翻转课堂	• 对视觉型的学生而言,视频更易于理解 • 可以看到整个问题的解决过程 • 不仅仅出于练习,也为了家庭作业而学习 • 不像平时的作业那样耗时 • 可以放慢速度、暂停或点击其他链接获得帮助 • 学习下一课题之前就会在课堂上介绍这一课题 • 再次理解学习材料的机会	• 有时如果网络不好,视频载入就会有问题 • 在(课前的)视频课上没有出现过的一些内容,会让有些学生在翻转课堂开始的学习中感到困扰 • 两位不同教师(指视频讲授与课堂讲授)对内容的讲解(有些同学认为这是翻转课堂的缺点,而有些学生则认为是优点)

注:此表是在斯帕拉戈夫斯基(Szparagowski,2014)文本叙述的基础上整理而成,表中的"传统课堂"在其研究中概称为"非翻转课堂"(non-flipped classroom)。

如表 6-4 所示,作为对传统课堂的翻转,教师与学生都不同程度存在对这种教学模式的适应问题,对之有阻抗心理的实践者,也许会放大翻转课堂的问题,将自己在学习中不适应的问题归结为这种教学模式的缺陷。正如热衷传统课堂教学的师生会放大其优点一样,这都是不足为奇的。斯特雷耶(Strayer,2007,p. 180)就报告过学生对翻转课堂的适应问题。他指出,与传统课堂比,学生在翻转课堂上更偏好并体验到创新与合作,翻转课堂上的学生对课堂结构如何使其定向课程学习任务方面满意度较低,同时,翻转课堂上那种多样化的学习活动会让学生出现一种在传统课堂上从未有过的"迷失"感。伯格曼(Bergmann,2017,p. 31)调查发现,如果让学生自己选择,有52%的学生选择翻转课堂,20%的学生选择传统课堂,28%的学生没有表达倾向性。正因为教与学方法的变化,以同伴教学、基于问题的教学以及案例教学为代表的"第一代翻转课堂"比传统以灌输为主的教学方法,在课程概念教学、激发学生学习兴趣,以及培养创造性思维、高水平推理和批判性思维能力等方面都有积极作用(张萍等,2017)。

阿贝塞克拉和道森(Abeysekera 和 Dawson,2015)指出,翻转课堂将灌输式的教学内容移出课堂之外,其所创设的学习环境更有可能满足学生对能力、自主性和关联性的需求,从而激发学生更高水平的学习动机;学生在翻转课堂环境中可以自行确定事先录制好的视频进度,这样可以减轻自己的认知负担,从而促进学习;翻转课堂教学法可以为学生提供更多的机会,让他们根据自己的专长量身制定教学计划,从而更好地管理认知负荷。与传统的教学相比,翻转教学模式允许学生按照自己的节奏学习,鼓励学生积极参与学习材料,可以为学生高效、主动并富有创造性的学习活动腾出时间,教师也有更多与学生互动的机会并评估学生的学习,学生对自己的学习亦有更多的控制感和责任感(Nouri,2016)。学生在翻转课堂上比在传统课堂上学到得更多,翻转课堂更有利于高层次认知任务(分析、综合类)的学习,而在低层次认知任务(回忆类)的学习上两者则没有什么差异(Kraut 等,2019)。从家校合作的角度来讲,翻转课堂也有其可取之处:在传统教学模式下,一个学生回家去找受过教育的父母,他们可以在孩子的作业完成方面提供帮助,而另一个学生回家却得不到任何帮助;在翻转课堂模式下,这两个孩子在学习了课程内容之后会回到教室,所有家庭作业方面所需要的帮助都可以由该领域的专家来提供(Ash,2012)。

然而,翻转课堂也面临着挑战,主要是师生教与学的成本和收益问题。许多研究一致支持翻转课堂教学的积极效应,但派生的问题是师生投入的时间和工作量。与传统教学比,因为翻转课堂将原来教师讲授的部分以在线视频的方式移出课堂,所以学生认为他们在进教室前需要学习原来在课堂上进行的学习活动,这会增加他们学习的时间和负担;教师也是这样,他们需要事先录制视频、准备课堂学习的补充性资料,不仅增加了自己的时间(有研究发现六倍于传统教学),也大大增加了工作量(Akçayır 和Akçayır,2018)。但恩菲尔德(Enfield,2013)指出,尽管在学期开始之前教师需要花不少时间来开发课程的教学视频,但用于每堂课的准备时间和补救时间都显著减少。

因此,翻转课堂绝非在线视频的"同义词"。差别不在于时空关系的转换,而在于教师教法及由此导致的学生学法的转变,这样的翻转不仅对教师的教学行为与能力构成挑战,也会培育一种完全不同于传统课堂的教学生态。

2. 翻转课堂的教学生态效应

前已述及,对于长期接受传统教学的师生来讲,对翻转课堂教学需要一个适应的过程。斯特雷耶(Strayer,2007)就报告过学生在这种转换过程中的挣扎:

> 我对翻转课堂的看法是,它真的不适合我的学习习惯。我习惯了晚上一边做作业,一边看电影或者听音乐。(在翻转课堂上)所有人都在叽叽喳喳说

个不停,尤其是班上的个别小组,真的很让人分心,这是一个很大的改变,真的超出了我的适宜区。现在是早上 8 点,我宁愿听教师讲授而不是一醒来就做作业。(p. 10)

伯格曼和萨姆斯(Bergmann 和 Sams,2012)曾专章(第三章)探讨了他们采用翻转课堂教学为学生学习、教师教学乃至家长参与孩子学业带来的诸多便利与好处。斯特雷耶(Strayer,2007)指出,在两种不同的学习环境中,学生对课堂学习活动表现出不同程度的适宜度,他以活动结构、应对方法和思维定势来刻画这种适宜度(p. 163),学生对学习活动的适应性会影响他们参与或抵制完成学习活动的力度(pp. 180–181)。教师的课堂教学活动都是有一定内在结构的活动,不管活动的结构如何,有的学生更希望别人告诉自己做什么,有的则希望自己努力解决问题。正是课堂活动的结构、应对问题的方法及学生解决问题的状态和思维定势,共同影响着学生参与活动的意愿。如果学生对课堂学习活动表现出"按要求来做"这样的心态,那么他们的活动卷入水平多倾向于"表浅的"而非"深思的"(Strayer,2007,pp. 162–163)。

由于翻转课堂将传统课堂的讲授部分移到了课外,所以我们还是从这种课堂翻转的程序来探讨对师生教与学的影响。

(1) 学生的课前学习

在翻转课堂上,学生的课前学习内容即传统课堂中的教学内容:有可能是在线视频观看(翻转传统课上的教师讲授)、教师指定材料的阅读等。对于观看或反复观看视频,家长往往存有担忧:孩子本来看电视、看手机的时间就太多了,翻转课要学生在进教室之前先看视频,会不会增加上网的时间?对此,伯格曼(Bergmann,2017)通过对学生的调查发现,翻转视频极大增加了学生屏幕使用时间的占 15%,有所增加的占 55%,没有增加的占 30%(p. 33);当问及翻转课堂作业与传统作业的耗时方面,15%的学生认为翻转课堂作业耗时更长,52%的学生认为耗时更少,33%的学生认为耗时相同(pp. 45–46);至于教师的视频时长,通过对学生的调查发现,在 4 分钟之内的占 14.7%,5~8 分钟的占 31.8%,9~12 分钟的占 33.5%,13~15 分钟及多于 15 分钟的分别占 12.9%和 7.1%(p. 48);对于学生观看视频的时间(包括暂停及用于笔记的时间)①,学生报告是视频时长 2 倍的占 9.3%,1.5 倍的占 20.4%,稍长于视频时间的占

---

① 根据伯格曼(Bergmann,2017)所报告的样本反应量与总样本量($N = 2344$)的比值折算而得,研究者建议的视频时长是,小学生控制在 10 分钟内,中学生控制在 15 分钟内(Bergmann,2017,p. 67)。

49.7%,与视频时长一样(从头到尾看一遍不停)的占 14.9%(p. 47)。

对于学生自己观看视频,人们常常担心他们能否认真观看,这种担心不独是翻转课堂中的问题,传统课堂的作业任务也存在同样的问题。但观看视频讲授或者完成阅读任务更能培养学生的自主自学能力,即独自获取信息、择取重要信息与次要信息、分析与综合、建构与整合以及概括要点等方面的能力,而且经过一段时间的翻转课堂经历,加上教师对学生课前学习的指导与帮助,学生也易形成学习的责任与自觉。

(2)学生的课堂活动

在翻转课堂上,学生将看完视频或阅读材料之后的疑问或者作业带到了课堂上,所以在课堂上,师生的主要任务是通过进一步交流解答学生的疑难问题并完成作业。伯格曼(Bergmann,2017,p. 52)报告,学生认为最大的不同或者变化就是学生能够更深层次地与教师进行互动。

更深层次的互动体现在两个层面。在学生层面,同学之间形成不同形式的小组互助——同伴学习以及合作学习,其学习生态效应在前面已经讲过了。在师生层面,翻转课堂教学的结构和形式与传统课堂大为不同,它是以学生为中心的课堂,照顾到学生在视频学习或者课前阅读中遇到的问题和疑惑,紧紧围绕学生的前期学习展开教学活动;因为教师少了原来的课堂讲授,现在的课堂以答疑解惑为主,所以师生的互动频次及质量提高了。其结果是,教师更能理解学生学习的过程,也更能顾及学生不同的学习风格,因而也有助于课堂气氛的改善。讲到课堂气氛,斯特雷耶(Strayer,2007)提到一个很有趣的现象,即学生对两种课堂情境"松散气氛"的不同评价:对于翻转课堂,学生主要评论其给课堂带来的负面效应,而对于传统课堂,学生主要谈论其给课堂带来的积极效应(p. 159)。伯格曼(Bergmann,2017,p. 31)调查发现,采用翻转课堂比较多的,就年级而言,是6~8年级(48%)、9~12年级(38%);就课程而言,是科学课(30.6%)、数学课(29.2%)。伯格曼(Bergmann,2017)也报告了学生对翻转课堂作业的双面看法(pp. 34-37),他的结论是,很多学生更喜欢翻转课堂作业(p. 38)。

在我国本土化的教学实践中,有学校推行"两案三问三学N行"翻转课堂教学模式,"两案"即课前学习任务单和课中学习任务单;"三问"是课前的内容问题、课上的综合问题以及课后的开放性问题;"三学"即在家自学、课前互学和课上研学;"N行"是指课后的各种拓展探索活动(汪琼等,2018)。按照汪琼等人(2018)的说法,用专门的课时给学生做"课前互学"是国内学校的特有做法,是对"舶来品"的本土化改造。这种做法的意义和价值是将学生互助性的学习行为"制度化",而且这种互帮互助的学习小组避免了成绩差的学生不好意思向成绩好的学生请教,打消了他们怕打扰、占用优秀生学习时间的顾虑,小组共进退的荣誉感也会让优秀生更愿意帮助同学,落后生也会更加努力向上,从而形成良好的学习氛围。

翻转课堂可以较好地照顾到两类学生在学习速度上的差异,与成绩优异者比,低成绩学生从事先录制好的视频中获益更多(Owston 等,2011)。这样的观点也得到翻转课堂发起人伯格曼和萨姆斯(Bergmann 和 Sams,2012,pp. 32-33)的肯定,翻转课堂的最大好处是让那些处在挣扎中的学生能够得到更多的帮助。努里(Nouri,2016)证实,与成绩优异者比,低成绩学习者在将视频视为学习工具的态度、促进学习及更有效学习方面更为积极。

(3) 翻转课堂与学生课堂出勤

在翻转课堂上,教师对课前学生观看教师的教学视频的态度可以分为乐观派和悲观派。悲观派担心的问题是学生事先观看视频之后的课堂投入或出勤问题。国内教师更担心的是,学生课前通过视频或任务学习单学习了课程内容之后,他们在课堂上的学习积极性和学习卷入度会否受到影响。我们也通过与一线教师的接触发现,有些提前学习的学生在课堂上的卷入度会下降,所以不乏听到一些教师反对学生提前学的声音。就笔者所知,包括本人在内的许多高校教师并不愿意将自己的教学课件拷贝给学生或者放到网上,部分的原因是,如果学生有了教师准备的 PPT 教学材料或者录制好的视频资料,学生还有什么理由做笔记或者高度卷入课堂? 国外同行更多担心的则是学生的出勤问题,一旦有教师教学的视频录像随时可用,"教室座位就会落满灰尘"(Young,2008,p. 1)。当问及学生选择观看在线视频讲授还是去听课堂讲授时,有71%的学生同意或非常同意他们逃课是因为有视频讲授,但也有 55%的学生会同时选择视频讲授和传统的课堂讲授(Owston 等,2011)。巴西利(Bassili,2008)发现,当学生认为学习内容难度较大时,他们会选择去教室参加教师的课堂讲授,而当内容难度较小时,他们会选择观看在线视频。

但乐观派并不这样认为,奥斯顿等人(Owston 等,2011)的调查发现,学生成绩和出勤率之间并没有统计学上的显著差异,但有趣的是,那些选择观看视频讲座的学生往往是期末成绩最高的学生。因此,研究人员推测,成绩较好的学生具有在线学习课程的信心和自律能力,而成绩较差的学生则缺乏完全依赖在线课程的信心。他们还发现,与低成绩的学生比,高成绩的学生观看在线视频的频率更低,而且他们不会像前者那样完整或反复观看,常常是有选择地观看特定的部分。乐观派认为,翻转课堂移出课堂的是教师信息传递的部分,让学生课前在线观看视频,可以节省师生不少的时间。教师这样做有利于更好地进行课堂讨论,很多使用在线视频的学生会出现在课堂上并提出更多的问题(Young,2008,p.3)。

所谓乐观派与悲观派的划分,主要还是聚焦于教师的课堂教学部分与在线讲授部分之间的雷同程度:如果教师将自己课堂讲授的部分(即信息传递部分)移出课堂并供学生在线观看,而占据课堂的仍然是或者主要是与在线视频一样的讲授,那学生确实没有必要来到课堂听课,而且教师将出勤与考核挂钩的做法就是典型的"教学霸权";但若教师的课堂教学与在线视频是不同的、互补的,课堂教学更多是基于在线视频的深度学习——师生互动式讨论、专题探究和问题解决学习,那教师就无需担心前述学生回到课堂之后的卷入或出勤问题。根据笔者的经验,过于看重出勤或者将学生出勤与考核挂钩的教师,也许往往偏向于"信息传递"的课堂,学生完全通过另外的途径可以达到这样的目标。所以,问题的关键是教师在课堂上做什么,而不是他们提供给学生的在线视频是什么。正如有研究者(Ash,2012)所宣称的,你不能仅仅将翻转课堂交给一位效率低下的老师,然后说你要变换教师,翻转课堂是不会让一位差教师变成一位好老师的。

三、信息技术支持下的课堂教学生态

信息技术与学科教学的整合,通常有两种途径:一种是通过多媒体课件,另一种是通过网络课程(何克抗,2007)。中小学以前一种居多,高校则兼而有之。随着信息技术在课堂教学中的广泛应用,教师的教学方式及教学媒介都产生了变化,这种变化主要体现在教师呈现信息的方式以及师生互动的品质方面。

反映在教师课堂中的信息技术使用形态,可谓"八仙过海,各显神通",我们很难在有限的篇幅进行浓缩式概括。下面我们主要围绕早期的计算机辅助教学(computer aided instruction,CAI)、之后兴起并广为应用的多媒体课件(PPT)以及近期风行一时的 MOOC 教学,从教学效果与教学生态两方面讨论信息技术对课堂教学的影响。

(一) 信息技术与教学效果

1. CAI 研究

对信息技术在课堂中的应用研究,早期多限于 CAI,而 CAI 多源于行为主义者基于其学习理论所开发的程序性教学。之后，人们比较关注 CAI 的应用效果。我国较早关注 CAI 的陈琦教授(1994)通过对中学数学的比较研究发现，CAI 对成绩中等的学生有显著效应，而在成绩优秀的学生之间差异不显著。贾积有等人(2017)报告，与传统教学相比，CAI 对于学生的学习表现有着更为显著的正面影响，对于那些学业表现较差的学生也可以起到正面的促进作用。他们通过对七年级学生为期一个学期的比较研究发现，实验班与对照班的数学成绩有显著差异，学生、教师与家长对 CAI 多持肯定的态度。持"技术论"的库力克等人(Kulik 和 Kulik，1987)对有关大、中、小学计算机教育的 199 项研究的元分析发现，在有电脑帮助的时候，学生用时更少而学到得更多，学生会更喜欢自己的课程，对电脑的态度也变得比较积极。他们在元分析中发现，若由不同的教师分别教实验班和对照班，效果更明显；而在同一教师教两个班的时候，效果会降低。之后，库力克等人(Kulik 和 Kulik，1991)又通过对 254 项研究的元分析，发现 CAI 的效应大小与使用时间的长短有关：四周之内的效果最明显，当时间延长时(几个月、一学期乃至一年)，使用效果并不明显。

何以如此？他们解释是新奇效应或者说霍桑效应(Hawthorne effect)在起作用。而克拉克(Clark，1983)的解释偏向前者，认为由于对媒介的新奇，学习者给予它们更多的关注，这样的关注会让他们更加努力或坚持，从而出现成绩上的进步。同时，经济学上常讲的"边际效用递减规律"也可以解释这种现象：在维持效用水平不变的前提下，随着一种商品数量的连续增加，消费者为得到每一单位的这种商品所需要放弃的另一种商品的消费数量是递减的(高鸿业，2018，p. 71)。举一个简单的例子，一位处于高度饥渴状态的旅行者，一瓢水、一碗饭，是解其燃眉之急、最为受用的，但随着饥渴程度的降低，其对饮食的渴求不断减少，当其完全酒足饭饱(边际)的时候，继续饮食就会让自己感到不适甚至呕吐(负效用)。置于 CAI 教学中也是这样，长期处于"封笔＋黑板"教学环境下的学习者，对新出现的 CAI 教学环境，会表现出好奇与关注，但当这种环境持续并成为常态之后，就不可避免地出现"边际效应递减"。有研究者(胡铁生，2011)指出，资源应用的效益不在于其数量多少、容量大小以及类型多样，而在于能否满足用户"适需使用、适时使用、适量使用"的需求。

2. 多媒体课件教学

越来越便利的多媒体教学技术意味着什么？老师都觉得很便利，但学生便利了么？便捷的多媒体技术可以提高学生的学习成效吗？

有关采用演示文稿(PPT)的教学效果的比较研究相对较少，且研究结果很不一致。阿玛雷（Amare，2006）以大学生为对象的比较研究发现，就学生态度而言，有79％的学生说他们更喜欢带有 PPT 的教学，62％的学生说 PPT 教学可以提高他们的课堂学习，但通过对大学生的个别访谈发现，学生对两种教学方式各有褒贬不一的评价；就学业成绩而言，采用传统教学的班级成绩要好于采用 PPT 教学的班级。其实并不难理解这种看似矛盾的研究结果：学生对教学形式（如带有音效的视觉和听觉材料）的肯定与偏好往往与之带来的学习效果并不一致，这就与学生喜欢某教师的授课风格但该教师的教学风格不一定有效是一样的道理。根据笔者的经验，这种形式偏好和实质效果分离的现象在高校并非个例。萨博和黑斯廷斯（Szabo 和 Hastings，2000）也报告了三项有关传统的讲授课与使用 PPT 的讲授课效果的比较研究，结果发现：与传统的讲授课比，使用 PPT 的讲授课不仅可以提高学生的成绩，而且学生多持积极的评价。但他们也指出，辅以 PPT 的讲授可以改善学习，但不应将其视为黑板的替代品，而应视为一种有效的电子辅助媒介；否则，PPT 只能娱乐而不能教育学生。萨博和黑斯廷斯（Szabo 和 Hastings，2000）告诫教育者，新千年的挑战不是取悦学生……而是改善或促进学习。而克雷格和阿默尼克（Craig 和 Amernic，2006）则认为，缺乏一致性的证据支持使用 PPT 的教学比传统的教学方法可以显著提高学生的学习水平和成绩，许多研究表明，使用 PPT 与学生成绩的显著提高之间没有关系。但教师采用媒介的新颖性变化对学生的学习影响毋庸置疑，有例为证：

> 在小学三年级之前，学校教师上课仅仅是用黑板并辅以图片向学生传授知识，课堂气氛相对沉闷些；从四年级开始，学校开始采用简式投影仪，即将课本上要学习的内容投到教室里安装的电视上；进入初中之后，教师开始使用 PPT 教学，将要学习的内容以及补充的知识点呈现在学生面前的屏幕上。就自身来讲，在接触较为先进的信息技术教学之前，常常感觉上课兴味索然，从信息技术整合于课程之后，学习兴趣明显提高了，上课抬头的次数也变多了，成绩也得到了提升。

巴布·詹金斯（Barb Jenkins）于 20 世纪 90 年代末首创了"PowerPointlessness"一词，系由"PowerPoint"和"Pointlessness"二词合成，意指"在 PPT 演示当中，没有明确目的或益处的切换、音效以及其他效果"（McFedries，2001）。换言之，"PowerPointlessness"就是那种追求形式目的（使用花哨绚丽的切换方式以及各种稀奇古怪的音效）而无实质目的（缺乏思想、内涵及价值）的 PPT 演示。这样的演示性教学将重点放在图形、动画或声音效果上，而非课程内容、课堂讨论或有效的沟通上，带来的不是促进学生的学习,而是分散学生的注意力,误导学生对学习内容的理解(McDonald,2004)。这种情况在我们的课堂上随处可见,尤其在一些初学者的演示以及汇报课或公开课的演示中能够看到。

对"技术论"持质疑的研究也不少。克拉克(Clark,1983)早就指出,媒介仅仅是教学赖以进行的载体,不会影响学生的学习成绩,这就像运送食品的卡车不会改变食品的营养一样。克拉克(Clark,1983)认为,媒介不是影响学习的独立变量,因此他呼吁,除非有新理论的提出,研究人员不宜进行媒介与学习的额外研究。当然,媒介并非一无是处,克拉克(Clark,1983)补充道,不同媒介的某些要素或者属性,如动画或缩放,会在学生缺乏技能示范的时候提供必要的支持。但这要归于教师的教学方法,而非教师使用的媒介。克拉克(Clark,1994)指出,媒介及其属性对学习成本或学习速度有重要影响,但这种影响只有在教师使用恰当的教学方法的时候才会出现。

在课堂上,教师使用技术的增多既不是好事也不是坏事。教学形式(演示与讨论相比较)从来没有预示学习是好是坏,因为质量更为重要。有研究通过对 31 个国家的 17 400 名学生进行计算机使用情况的调查,得出的结论是:一周使用计算机好几次的学生,学业考试成绩没有那些很少用计算机的学生好(Good 和 Brophy,2008,p. 293)。

库班(Cuban,2001,p. 181)在其《卖得过多,用得太少:课堂中的计算机》一书中指出,几十年来,影响城乡课堂教学的基本结构和过程若无根本改变,那么无论在信息技术上投入多少资金,课堂教学的变化都将微不足道。塔米姆等人(Tamim 等,2011)对 25 项元分析(含 1 055 项研究,跨度 40 年)进行了二阶元分析,这些研究共同涉及课堂教学有无计算机技术的比较,结果发现:效应量大小与研究方法质量高低有关,效应量越小,研究质量越高(并不显著);K‐12(幼儿园 5~6 岁到高中的 17~18 岁)与高等教育之间存在显著差异,前者的平均效应量更为明显;与传统未使用计算机技术的教学比,使用计算机技术的班级出现明显的从小到中等的正效应量。也正是基于上述看似彼此矛盾的研究结果,钟启泉(2015)不无尖锐地指出,在 20 世纪,教育技术曾经几度被引进学校教育,但均以失败而告终。

3. MOOC 教学及其临场感

所谓 MOOC 教学,是 Massive(大规模)、Open(开放)、On-line(在线)、Course(课程)的缩略写法,说完整就是"大规模在线开放课程",国内通常音译为"慕课"。大规模,是指一门 MOOC 可以有数千人甚至数十万人在线学习;开放,指凡是想学习的,不分国籍和受教育层次,都可以通过在线注册加入进来;在线,是指学习在互联网上完成,只要在网络环境下,不受任何时空限制;课程,主要指远程教育类和在线教育类课程。研究人员提出了两种类型的 MOOC,一种是基于连接主义(connectivism)学习理论的 cMOOC,另一种是基于行为主义学习理论的 xMOOC(何克抗,2015)。两种类型的 MOOC 存在诸多不同,cMOOC 主要指学习者使用微博、维基等各种数字化工具来获取并建构自己的知识与技能;xMOOC 则指教师通过网络视频讲授课程,学生通过在线视听方式获取并建构自己的知识与技能。本部分论及的 MOOC 主要是就 xMOOC 而言的。

作为第二代在线课程(第一代在线课程即 Web 课程),MOOC 为学校广泛采用的时间并不长,但其发展呈势不可挡之态,其全球性普及与推广当属 2020 年新冠肺炎疫情肆虐之时。据统计,截至 2020 年 5 月 8 日,我国 1 454 所高校的 103 万名教师开出 107 万门课程;参加在线学习的大学生共计 1 775 万人,合计 23 亿人次(赵秀红等,2020);截至 2020 年 5 月 11 日,国家中小学网络云平台浏览次数达 20.73 亿,访问人次达 17.11 亿(王家源等,2020)。笔者当时也是在线教学中的一员,并且比较留意学生对这种在线教学的反应,下面是其中三位学生的代表性评论:

学生 A:线上教学也有助于加强师生之间的沟通。在课堂上遇到不懂的问题,我有时会不好意思问老师,但是上网课的话,我可以通过 QQ 或微信等向老师提问。

学生 B:以前一个教室的学生是一个整体,一目了然:一个疑惑的眼神,一瞬空洞的发呆,一张不光彩的小纸条,尽收眼底;现如今我只是面对着各种 PPT、视频,教师都变成了唱独角戏,只是自顾自地讲,多数课堂除了听懂的扣 1、听不懂的扣 2,没有其他任何有效互动,连眼神的交流都没有。

学生 C:可以说,网络在线教学有利有弊。第一,网络在线教学给我们带来一定的新鲜感,一定程度上可以激励我们学习,提升我们学习的兴趣。第二,网络授课方式很容易陷入机械形式……加上有些学生自理能力较差,更加考验其自理与自控能力。第三,网课相对枯燥一些,如果是当面授课的话,老师与同学还可以在课堂上进行很多互动交流,而网络授课方式过于平面化,缺少师生之间的互动。第四,网上教学的效果难以保障,网课是远程教育,授课老师很难直观了解到学生的学习程度和掌握层次。

上述学生的评说,实际上涉及了网络在线学习中人们常常提及的"临场感"(sense

of presence)。所谓的临场感，是指存在于一种媒介环境中的存在感或在场感，其分为物理临场感（physical presence）和社会临场感（social presence），前者指身于何处的感觉，后者指与他人共处并交流的感觉（Ijsselsteijn 等，2000）。加里森等人（Garrison 等，1999）则将网络在线学习中的临场感分为认知临场（cognitive presence）、社会临场（social presence）和教学临场（teaching presence），认知临场指参与者通过持续沟通构建意义的程度；社会临场是指在社会和情感方面将自己投射为"真"人（意即其完整人格）的能力；教学临场指为实现对于个人有意义和有教育价值的学习结果而设计、促进并指向认知与学习的过程。有研究者（Cleveland-Innes 和 Campbell，2012）认为，情绪情感是在线学习中无处不在并影响学习的一个重要因素，由此他们提出了情绪临场（emotional presence）的概念，认为情绪临场也构成学习者在线学习临场感的组成部分，即个体及个体间情绪、情感及感觉的外部表现，因为它们与学习技术、课程内容、学生和教师有关并与之发生互动。希特（Heeter，1992）则将虚拟世界中的临场主观体验分为三个维度：个人的、社会的及环境的。个人临场是衡量个体在虚拟世界中感受的程度以及原因；社会临场指其他生命体（生物或合成物）也存在于虚拟世界以及其对你做出反应的程度；环境临场指环境本身似乎知道你在哪里并对你做出反应的程度。伦巴第和迪顿（Lombard 和 Ditton，1997）指出，临场感是媒介的形式特征、内容特征与用户特征之间相互作用的结果，因而对于同一个体，临场感常常因人因时而异。实际上，我们都不陌生这里所讲的"临场感"：你在接打电话的时候，或者对远在另一端的在线学习者讲说的时候，常常会伴有丰富的言语或体姿表情，宛若对方在你面前一般，这就是临场感的例证。

李文等人（2018）通过对学习空间在线临场感的研究发现，在一个学期的不同阶段——他们划分为培育（1～6 周）、干预（7～12 周）、自主（13～18 周）三个阶段——学习者接近中心度[①]处于变化之中，见图 6-4。

从图 6-4 可以看出，在 MOOC 学习的开始即培育阶段（a），处于边缘的学习者较多，而居于学习空间核心的学习者较少；在干预阶段（b），学习者明显向网络中心聚拢，核心学习者比例明显提升，边缘学习者明显减少；在最后的自主阶段（c），学习者的空间紧密感进一步提高，大部分学习者成为 MOOC 学习空间中的核心学习者，极少部分学习者逐渐游离于网络学习之外，最终落为 MOOC 学习空间中的边缘学习者。实际

---

① 接近中心度（closeness centrality）反映一个行动者与网络中其他行动者的接近程度（李文等，2018）。

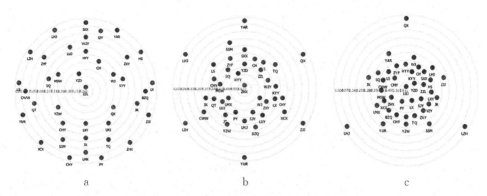

图 6-4　在培育(a)、干预(b)、自主(c)三个阶段学习者接近中心度的变化趋势

上,不仅在网络学习的空间里,在面对面的线下课堂教学中,也同样存在这样的接近中心度变化趋势。在笔者 2020 年 2—6 月的网络教学中,学生接近中心度的变化体现得也很明显,这种中心化趋势在任何线下课堂中同样存在,详见第三章的有关内容。

(二) 信息技术与课堂教学生态

　　以信息技术支撑的网络教学环境是一个不同于传统教学的新型学习生态系统。陈琦等人(2003)提出了一个信息技术背景下的整合性学习模型,该模型从生态观的角度说明了信息技术在课程教学中的整合,试图回答这样两个基本问题:(1)信息化学习环境的构成及其功能;(2)学习者在不同类型的学习活动中与各环境要素的互动方式,见图 6-5。

　　由图 6-5 可见,由外而内,信息化的生态系统分别是学习者所处的社会文化环境、作为学习共同体的亚环境——学习环境、各种类型的技术中介以及居于系统中心的学习者或学习者社群。这一观点与其早期所主张的"CAI 的效果不仅取决于好的教学软件,也涉及来自教师、学生以及社会各方面的因素"(陈琦,1994, p. 95)基本吻合。作为教学活动的主体,教师和学生如何占有技术,他们与技术的关系如何处理? 如果考察我们现在的课堂,会发现教师成为教学技术的设计者、占有者,技术是教师进行教学传授的主要载体。王洪才(2010)称当今的信息技术时代为 E 时代,但信息时代的巨大进步反映在教师的课堂上,在今天看来仍然是慢节奏的、滞后的,表现在:过去教师编写讲义与"粉笔＋黑板"式的讲授现在基本上被 PPT 课件制作及演示所代替。可以说,课堂讲授过程实际上变成了 PPT 演示过程。汤普森(Thompson, 2003)在其发表于《纽约时报》的一篇短文结尾这样概括道:也许 PPT 特别适合我们这个混淆视听的

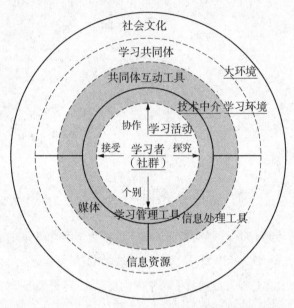

图6-5 信息技术背景下的整合性学习模型

时代——在这个时代，处理事实与清楚地表达事实一样重要；如果你没什么可说的，也许你需要一个合适的工具帮你做到这一点。大多数使用幻灯片的人似乎认为，作为教育工作者，他的目标是从事知识的单向传播而非促进知识的建构、分析与综合（Craig和Amernic，2006）。PPT将演讲者锁定为线性的、一张又一张幻灯片的版式，从而阻碍了自由联想和创造性思维；其对所要呈现的信息施加了人为的并具有误导性的层级结构（Simons，2004）。

在当下的学校课堂上，教师对PPT的推崇和滥用已成为课堂教学的常态，将过去的纸质版教学内容变为电子版，由原来的"照本宣科"变成如今的"照屏宣科"。课堂变成另一种形式的"一言堂"，与"粉笔＋黑板"的教学比，传输介质从传统的教师中心变成技术中心，由原来的"人灌"变成"机灌"，学生常常难以兼顾视（看屏幕）、听（听教师讲解）、触（做笔记）。教师呈现的信息量（多是"文字＋图片"）过大，出现信息冗余，造成信息过载问题（李露露，2019，p. 61）。演示PPT文稿的主要教学问题是接收者的被动而非主动参与（Craig和Amernic，2006）。塔夫特（Tufte，2003）从认知风格的角度激烈地批评过PPT演示存在的诸多问题，他指出，PPT完全是面向演讲者的，既非指向内容的，也非面向观众的（p. 4）。PPT并非一种文本媒介（如报纸或杂志），而是一种视觉媒介。因此，文本是人们最不宜放在幻灯片上的东西，而图表、图解、插图、照片以及视频则是比较适宜出现在幻灯片上的东西（Simons，2004）。根据记忆的双重编码理论，人们可以通过言语的和视觉的两种方式对来自外部的信息予以编码。换言之，人们可以同时加工听觉与视觉信息。按照这种理论，受众可以轻松地同时接收并解释PPT当中的图片（视觉输入）以及演讲者的话语（听觉输入）。但他们难以同时加工两种言语输入（均为听觉输入）：一边从幻灯片上阅读文本，一边加工演讲者的口头语言（MacKiewicz，2008）。因此，面对挂在教室前面（也许还有侧面）的满屏电子文本，学生常常面临两难选择：要么自己看，要么完全听教师讲。因为两种相同的编码输入难以兼顾，所以学生常常为这样的事所困扰，是选择自己看还是听教师讲呢？当学生选择阅读幻灯片上的内容时，如果同时有连续性的听觉输入，学生就不得不面临如何应对同一感觉通道的信息干扰问题。像这样的问题，也许坐在教室里的学生更有感受，而站在讲台上的 PPT 演示者未必意识得到。有研究者（MacKiewicz，2008）从幻灯片设计、视觉元素及动画使用方面比较了领域专家与大学生在 PPT 使用方面的不同认知，发现他们之间尽管存在共同的关注要素，但对每一要素的关注点各不相同。

克雷格和阿默尼克（Craig 和 Amernic，2006）指出，PPT 应被视为一种新的交流媒介，它从根本上改变了我们如何教学的本质和活力。400 多年以来，教学情境一直在口头语言和书面语言这两种学习形式之间保持着良好的平衡。口头语言培养"群体性"，强调"小组学习、合作和社会责任感"；而书面语言培养"内省与孤独"，强调"个性化学习、竞争和个人自主"；PPT 所做的似乎是扰乱两种教学形式之间的平衡（Postman，1993，p. 17）。为什么呢？这与新的教学情境下师生角色变化有关。这样就出现了有关教师在使用 PPT 教学过程中的角色问题的两种争论（Craig 和 Amernic，2006）：一种观点认为教师仍然是信息的建构者、叙述者，因而教师是中心；另一种观点则认为，教师不断翻阅 PPT 中的内容，至多是一种工作人员的角色，而且有时因为阻挡视线而成为干扰性的不受欢迎的角色。学生角色的变化表现在：在"口头语言＋书面语言"的教学情境中，学生的学习参与是多元的：或听或说或笔练；而在教师演示 PPT 的教学情境下，学生忙于或记笔记或书本勾画或手机拍照，如果教师允许学生"拷贝"其课件，则上述工作也基本不需要做。有研究者（李露露，2019，p. 49）调查发现，在多媒体辅助教学中，学生很少有时间或完全没有时间记笔记的分别为 59.87％和 7.32％，原因是，如果学生认真记笔记就会错过老师对内容的讲解或对课件内容的演示，学生记笔记的速度总是赶不上教师演示的速度。在演示性的教学情境下，会泯灭学生对教师呈现的信息进行批判性思考的需要……学生不再选择核心概念和做笔记来反映所呈现主题之间的关系,而是成为教师打包电子化文本的抄录者(McDonald,2004)。克瑞德(Creed,1997)也概括过这样的教学对师生教与学的影响:教师从课堂上得到的反馈很少,因为师生都紧盯着投影而非看着对方;学生没有任何机会综合他们听到的内容;教师将自己的注意力放在演示的质量而非学生的学习上。因此,媒介使用的关键还是使用者,任何教学媒介——从开始的"粉笔+黑板"、CAI 到现在高度整合化的多媒体技术,作为使用者的教师是关键,教师的学科知识、学科教学能力、工作责任与态度、信息技术素养是信息技术效用的关键因素。因此,南国农先生(2013)从信息技术意识、信息技术知识、信息技术能力和信息技术道德四个方面概括教师的信息素养,是很有见地的。如果教师缺乏深刻的教学理念,没有对教学的执着和对学生的热爱,那么任何技术都不能有效解决信息传递的效率问题。也如塔米姆等人(Tamim 等,2011)所言,课堂教学中的信息技术的主要优势之一是支持学生努力实现目标,而非作为传递内容的工具。

美国传播学家威尔伯·施拉姆(Wilber Schramm)提出媒介选择理应遵循的原则——"最大价值律"原则(陈富等,2015),即媒体选择的概率 = 媒体产生的功效(V)/需要付出的代价(C)。换言之,作为教学的载体,教师对媒体的选择理应遵循教学效益的最大化原则。但实际上,教师之所以在教学中热衷于使用 PPT,是媒体选择中的最小代价律在起作用(陈富等,2015)。最小代价律可以从上述"最大价值律"中派生出来:预期选择率 = 可能得到的报酬/需要付出的努力(南国农等,2005,p.170)。

作为一名高校教师,笔者也是课堂教学中的 PPT 依赖者,也一直在关注并留意这种信息技术的使用对学生学习的影响。确实,"照屏宣科"的教学在高校并非个例,满屏的文字,教师只是将教科书中的内容移到了屏幕上,将自己原来需要熟记熟背的内容交给了"彩板",学生的情形则比较复杂。如果教师讲授的内容在学生手头的"教科书"中都可以找到,那么教师的角色就是将"彩板"上的文字转化为"言语",学生主导性的行为就是"低头划书"——尤其是那些视力不太好的学生;假若教师独立编写讲授的内容,学生无现成辅助材料可用,则与教师讲授伴随的学生行为就是记笔记或者来不及记笔记情形下的手机拍照。

教师过度依赖甚至滥用 PPT,导致的后果是教师用于备课的时间大幅度减少,内容不熟悉,方法不熟练,遇到多媒体设备故障或者停电之类的意外情况,有的教师只能停课,这不是杜撰,而是在笔者一次听课过程中真实发生的事。因为教师过于依赖播放课件,自己用于钻研教学内容的时间减少,必然会影响课堂教学的质量,并继而影响学生的学习质量。所以那些简单地认为信息化教学能提高教学质量的说法,不是在为自己的行为选择辩护,就是无由头地想当然。信息技术支持下的教学要有效,须同时具备教学方法的变革及教师精力的足够投入。

信息技术日新月异,这些变化无不渗透于校园的各个角落,体现于师生的课堂教学中。有人(王洪才,2010)述及信息技术对教师教学所带来的挑战时指出,在技术方面,学生反哺教师的情况已经出现,从而对传统的师生角色设计提出挑战,教师的权威地位在逐渐被消解。正因如此,约纳森(Jonassen,2009)主张,我们应该从教学设计者那里拿走工具,将其交给学习者,作为知识建构的工具而非传输和获取知识的媒介。因此,在建构主义者看来,包括计算机在内的任何信息技术都是认知建构的工具,是服务于知识建构的,信息技术本身不构成信息传递的重要组成部分。如果在信息技术使用过程中出现什么问题,不应从信息技术本身去找原因,而应从信息技术的使用者那里分析问题,技术使用者首先要把控技术使用中的经济效益、社会责任与道德责任。

近年来出现的以技术支撑的一种教学形式就是"微课"。所谓微课,就是微型视频课程,也称微课程,它以短小的教学视频(5～8分钟)为主要载体,是针对某个学科知识点(如重难点、疑点或考点等)或教学环节(如学习活动、主题、实验、任务等)而设计开发的一种情景化的、支持多种学习方式的新型网络课程资源(岑健林等,2013)。"微课"概念的提出者胡铁生(2011)认为,这种课型是由常用教学资源类型组合生长而成,其核心内容是课堂教学视频(课例片段),以及与该教学主题相关的教学设计、素材课件、教学反思、练习测试和学生反馈、教师点评等教学支持资源,它们共同构成一个教学资源应用的生态。为什么这样讲呢?结合某一知识点的视频一般不超过10分钟,但是要有效支撑这个时长的教学视频,得有一定的教学设计及其理论指导。微课的鼓吹者认为微课具有资源多样、短小精悍、半结构化、交互性强以及主题突出等优势(岑健林等,2013);但批评者则认为,在我国"应试教育"依然占强势地位的背景下,热衷于"微课"开发绝不是福音,而是一场灾难(钟启泉,2015)。

有论者指出,我国从事教育信息技术的团队基本上是以崇尚纯技术为基本特征的,缺乏儿童学习研究的学术素养……教育中的信息技术终究是一种技术、一种手段、一种工具而已,对于儿童而言是一种文具,对于教师而言是让儿童成为自立的学习者的一种教具罢了(钟启泉,2015)。有人这样感叹:在信息时代,数字化教育资源的数量"丰衣"没法数,"足食"却不敢让人恭维(胡小勇,2006)。

信息技术对教师教学和学生学习的影响毋庸置疑,但若过于依赖这些技术,或者声称信息技术会给教师的课堂教学带来"革命性"的变化,则不是无知就是言过其实。诚如南国农先生(2003)所言,不论采用何种技术,用什么样的名称,其实质是强调以现代教育媒体的研究和应用为重心;强调现代教育思想、理论的指导。也如波斯特曼(Postman,1993,pp.4-5)所言,每一种技术既是包袱又是恩赐,不是非此即彼的结果,而是利弊同在的产物。例如,上海一小学引进 AI 系统,构建一种"智能课堂行为分析系统"①(图6-6),运用如姿态评估、表情识别、语言识别、教师轨迹热力分析等技术,探索对课堂教学过程的定量分析。另外,人工智能还可以通过采集学生坐姿、举手、

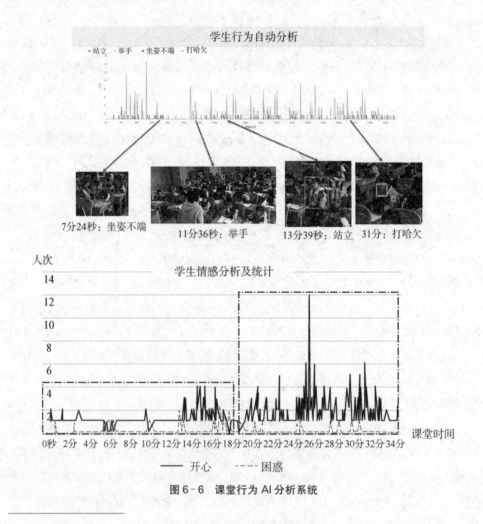

图6-6 课堂行为 AI 分析系统

① "上海一小学引进 AI 系统:探索对课堂教学过程的定量分析",网址:http://news. yongkao. com/jiaodian/20190826/082610711. htm。

站立、打哈欠等课堂行为，进行学习状态、课堂有效性、学习兴趣等相关性研究。

将这一类的智能系统用于课堂，从现有的资料看，最多可以识别学生的课堂行为状态或者心理资源调动状态，但没有办法解决这些问题本身。而且，即使教师能够识别学生如此多样化的在课状态，其意义究竟在哪里？如此详备的信息搜集对正在进行的教师教学是促进性的还是干扰性的？

最后，我们以弗莱雷(Freire，2000)的一段话结束本章，他在总结灌输式教育与提问式教育的不同时指出(p. 48)：前者试图通过现实神话来掩饰一些可以解释人类在世界上如何生存的事实，后者则以去除这种神话为己任；前者抵制对话，后者认为对话是揭示现实的不可或缺的认知行为；前者将学生看作是需要帮助的客体，后者则将学生塑造成批判性的思想者；前者抑止创造性且驯化意识的目的性，后者则以创造力为依托，鼓励对现实作出真正的反思和行动。

第七章　教师教学评价

评价最为重要的目的不在于证明,而在于改进。

——[美]丹尼尔·斯塔夫比姆(Daniel L. Stufflebeam)

教师教学评价是教育评价的核心内容,是考查学生学习变化、教师教学效果及学校办学质量的主要手段。历数古今中外的教育史,对教学评价结果的态度,大都采用"胡萝卜+大棒"的政策,或分别使用,或兼而有之;前者通过各种各样的激励措施聚焦于评价的过程(中上游),后者则通过不同形式的惩戒将注意力聚焦于考评结果(下游)。不论哪一种聚焦,都会累积性影响学校的教学生态。

概而言之,学生学习变化、教师教学效果及学校办学质量均要以学生学习结果来说明,而学生学习结果则需要通过各种类型的测验及基于教师课堂行为的观察来描述,对测验结果的解释与使用直接会影响教育教学的相关方面,它们之间的逻辑见图7-1。本章即以这样的逻辑框架来组织内容。

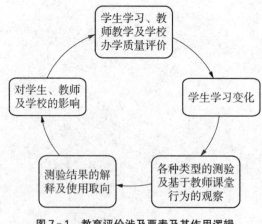

图7-1　教育评价涉及要素及其作用逻辑

一、测量、测验与评价

（一）内涵与程序

　　早在 20 世纪 40 年代，美国心理测量学家史蒂文斯（Stevens，1946）就对测量（measurement）作过这样的界定：测量是按照规则对客体或事件赋以数字，依据不同规则赋值就出现不同形式的量表和测量。60 多年后，桑代克等人（Thorndike 等，2010，p. 13）提出类似主张，认为任何测量都包括三个基本步骤：（1）明确所测量的特征或属性；（2）设计方案分离欲测量的属性并进行观察；（3）确定一套程序或定义体系，将个体的反应程度以量化方式予以表达。麦克米兰（McMillan，2001，p. 10）对测量的理解相对简单一些，认为测量是区分个体、客体或事件的属性、特征或行为的过程。国内有研究者（皮连生，1997，p. 344）从三个方面来理解测量，即测量对象（或属性）、测量工具以及测量结果。例如，高一英语教师想了解完成九年制义务教育后学生的英语写作能力（测量属性），会通过教师命题或学生自命题的方式（测量手段或工具），要求学生在单位时间内完成一篇规定字数的作文（测量结果）。

　　从教育的心理学化来讲，测量始于对心理特质（如个体"智力"）的关注，人们认为个体的心理特质具有独特性，其影响具有跨领域的普遍性。心理测量更多满足于对个体心理特质的刻画与描述，旨在根据个体的心理特质或者倾向提供适宜于个体的外部干预。之后，随着心理测量在学校尤其是学科领域的应用，教育测量出现了。教育测量旨在确定个体的优势与不足，目的是帮助其取得教育方面的进步。吉普斯（Gipps，1994，pp. 8-9）指出：（1）教育测量涉及与自己而非他人比较而言的学业成绩；（2）寻求对能力（教育、培训或其他后天经验）而非智力（先天或自然的特征）的测量；（3）测量常常在相对自然的条件下进行，因而不会产生"乖巧的"（well-behaved）数据；（4）看重"最佳"而非"典型"表现；（5）当标准化测验的规则和条例特征宽松的时候这种测量最为有效；（6）体现一种建设性的评估观，其目的是帮助个体而非对其判定。上述看似对教育测量特征的描述，实质上是对教育与心理两种测量不同的分野。概言之，心理测量是指向个体之"实然状态"的，而教育测量是指向个体之"可能"或"应然状态"的；前者旨在为个体干预提供合适的依据，后者旨在衡量满足某种适宜条件之后出现的变化。

　　人们对测验的理解大都来自布朗（Brown，1983）的经典界定：测验（test）是测量一个行为样本的系统程序(皮连生,1997,p. 344)。解读这一概念:第一,测验包含了系列程序,从测验思想及目的的确定、测验的编制、测验的实施以及测验结果的统计与分析;第二,测验涉及的对象(population)数量通常很大,而我们常常从中抽取有代表性的样本(sample)来观察;第三,从完整的测验程序讲,测验是包含前面提及的测量的。仍以上述高一学生英语写作能力的测验为例,该测验就涉及该测验的目的、完整测验的编制、测验的实施(测量),以及测验结果的统计、分析与反馈。

评价(evaluation)是指系统收集证据以确定学习者实际上是否发生了某些变化,确定学生个体变化的数量或程度(Bloom,1981,p. 6)。这种观点与泰勒(Tyler,1942)早期基于教育目标实现程度的评价是一脉相承的。80 年后(1942—2022 年)的今天,这种指向目标的教育评价仍是我国教育实践中广为采纳的一种评价观点。与这种指向目标实现程度的评价不同,有研究偏向评价的过程,认为评价是对一个计划、项目、服务或其他感兴趣的对象之优点或价值的系统考察(Stufflebeam 等,2002,p. 280)。

综上,测量、测验与评价之间的关注点各有不同,但它们存在关联性,它们之间的关系见图 7 - 2。

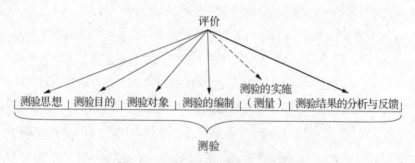

图 7 - 2　测量、测验与评价的序列关系

可以看出,从评价历史的沿革看,人们起初主要关注教育经验的结果(图中右侧粗箭头所指),这是不足为怪的。但随着学校教学活动的多样化和丰富化,以及评价理论的发展,评价关注点由教育结果逐渐转向引发学生经验变化的教育过程。例如,有研究者(Stufflebeam,1971)就注意到这种仅限于教育目标实现程度之评价存在的问题,将评价看作描述、获得并提供有用信息来判断决策方案的过程。与结果关注的评价取向比,过程关注的评价取向强调三点:(1)评价被视为一种系统的连续过程;(2)这一过程包括三个基本步骤,即描述要回答的问题及欲获得的信息、获得相关信息并提

供用以决策的信息;(3)评价被视为服务于决策的过程。将教育评价的关注点从结果转向过程,比较有影响的当属斯塔夫比姆(Stufflebeam,1983)的 CIPP 模型。该模型认为,任何教育评价应包括四种类型:背景(context)评价(评价对象的需求、问题、资本及机会)、输入(input)评价(识别并评价教育对象所处的竞争性系统)、过程(process)评价(评价并指导计划的执行)以及成果(product)评价(对教育结果的评价)。将上述四种类型的评价与评价过程的三个基本步骤联系起来,就可以形成一个评价的两维表(Stufflebeam,1971),见表 7-1。

表 7-1 评价类型与评价步骤的两维分类(经整理)

	背景评价	输入评价	过程评价	成果评价
描述	教育机构主要方案的操作说明及目标方面的文档记录,以及近远期对每个方案须作出的规划决策。	由确定目标和项目规划的人员共同将既定目标转化为标准以及备选的程序性策略。	识别潜在的程序性障碍,构建到项目活动展开仍不得不延迟的决策,以及项目设计的主要特征。	应根据所选目标及设计方案或项目要解决的总体问题描述产品评价的变量,相关人员应明确与目标直接相关的标准变量。
获取	为帮助规划决策,须获得有关未满足的需求、未利用的机会及问题方面的信息。	收集并分析上述描述步骤中已明确的各种备选策略的标准信息。	根据描述步骤中的变量识别,每天对项目活动进行监控,可用的监控技术包括日志、观察、访谈、问卷调查等。	应基于产品标准变量的中后期测量结果获得产品信息,可用真实验、准实验设计以及与规定标准的产品进行比较的方式。
提供	每年向教育机构的有关决策部门(教育委员会、校长或校务委员会、家长会等)提供背景评价报告。	以单独报告形式就每一竞争性的策略向决策人员报告输入评价信息,提供每一策略相对既定目标达成的优势与易用性。	应定期向项目负责人提供过程性的数据,这些信息应在决策预定或消除程序性障碍时随时予以提供。	成果评价报告应提供关于项目成效的描述性和判断性信息,成效应根据预期设计的完成程度来分析。

CIPP 模型可以回答涉及评价的四个基本问题(Stufflebeam,1971):我们应该做什么?我们该怎么做?我们做得对吗?我们做得有效吗?这样,评价的聚焦点就从教育活动的末端(结果)转向了教育活动的全程,这一点通过图 7-2 和图 7-3 都可以明显地看出来。

**图 7-3 CIPP 评价模型的主要成分及
其关系(Stufflebeam, 2003)**

图 7-3 的内圆为评价的核心价值,围绕其外的是与评价方案有关的关注点,即目标、计划、行动和结果;外环是服务于四种评价关注点(中环)的评价类型,即背景评价、输入评价、过程评价和成果评价。同心圆中的核心价值(内圆)是评价活动的基础,它决定了评价的主要关注点(中环),而主要关注点与评价类型(外环)之间又呈双向关系:确定的目标任务提出了背景评价的问题,而背景评价又提供了验证或改进目标的信息;计划改进工作生成输入评价的问题,相应地,输入评价又提供了计划

的判断并加强计划的方向;改进性的行动提出了过程评价的问题,反过来过程评价又提供行动判断和反馈以加强活动;成败等信息都是成果评价关注的问题,而成果评价最终又会评判结果并识别达成更好结果的需求。

斯塔夫比姆等人(Stufflebeam 等,2002,pp. 299-300)后来对 CIPP 模式进行了修订,修订后的评价模式将原来的"成果评价"分为影响评价(评价方案在多大程度上达到预期目的并服务于合法的或针对性的受益人)、成效评价(对服务对象的影响有多大)以及可行性评价(评价方案的可持续与可推广程度)。

在西方的相关研究中,有"评价"(evaluation)与"评估"(assessment)之分,国内学者在翻译或使用这两个概念时常常混用,但两者所指不同。例如,麦克米兰(McMillan, 2001, p. 9)认为,课堂评估是指收集、评价并利用信息从而帮助教师作出更好的决策,这一过程包括目的(purpose)、测量(measurement)、评价(evaluation)和使用(use),它们之间的关系见图 7-4。

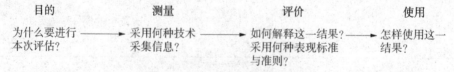

图 7-4 课堂评估的成分及其关注点

在麦克米兰(McMillan, 2001)看来,"评估"是包含评价在内的上位概念,这一概念指向教师搜集信息的完整过程,而"评价"仅仅是这一过程的一部分,是下位概念,关注的是采用什么样的标准来解释采集到的信息。此外,还有研究者(Popham, 2017, pp. 253 - 254)区分过"评价"(evaluation)与"成绩评定"(grading)两个概念,认为前者多指课堂上的教师评价,是教师就自己的教学质量而言的,是指向教师教学计划及实施的;后者主要指向学生表现,即教师依据学生的作业、测验或回答问题情况对其予以数字赋值(如百分制、五分制或等级制)。

不管我们是否意识到,或者我们所持的经验取向是什么,测验、测量、评估与评价都是基于一定的理论。当初的心理测量学是基于智力理论的,学科测验中出现的标准化测验——多项选择题是以行为主义学习模型为基础的,而21世纪普遍采用的教育评估须以我们对学习理论的理解为基础(Gipps,1994,p. 4)。有些研究者在涉及评价、测量和测验三个概念时,更倾向于在同义层面使用它们(Popham,2017,p. 406)。但在学理层面,上述概念有着不同的内涵和操作程序,这一点需得到确认。

(二) 测验价值与伦理

一种活动或影响若被称作"教育",须同时满足两个标准:其一,它必须传递有价值的内容;其二,它必须采取道德上可以接受的方式(朱丽,2018)。不管是测量、测验还是评价,均涉及教育中的人或事,因此对价值的追求与伦理的坚守是教育活动的应有之义。

"价值"一词有两层含义:一是内在价值,即事物本身有优异性;二是外在或功用价值,指其优异性能满足一定的需要。在论及教育价值和教育伦理问题时,有些研究人员常常不加区分,如王本陆(1999)就认为,教育伦理问题主要是个价值观念问题,它是一些与主观意志、行动目的相关联的问题,……以什么为根据来判断教育的优劣、教师的水平和学生的学习质量,……教育伦理是教育的价值性问题中最核心的问题。沃克(Walker,1993)认为伦理与价值不同但又常常被混淆,伦理是义务与美德的标准,表明个体应该按照是非原则行事;价值是引导并激励我们态度与行为的信念。苏珊(Susan,1980)则明确指出,评价涉及两个主要领域,一个是技术与科学领域,主要采用经济学、社会学以及统计学等学科的测量方法来分析活动、目标与对象;另一个是价值与目标领域,更多涉及的是评价方案的道德与伦理以及是否完成等问题。前者确保对客体本真的接近与认识,可以帮助我们了解测量对象的基本属性;后者确保对测量目的、过程及结果合乎价值的关注。如果说技术领域引领测量基础的话,那么价值领域则确保测量的方向与正当性。可以说,价值与伦理之间常常存在某种张力甚至矛盾,而且前者相对规范简单,后者显得复杂而混乱。

按照沃克(Walker，1993)的看法，有些价值是伦理的，而有些则是非伦理的(伦理中立)。就伦理的价值而言，沃克(Walker，1993)将其分为两类：核心伦理价值和文化与个人伦理价值。前者是伦理决策的基础，无论时间、文化及宗教如何不同，这些价值是全人类普遍接受的基本价值；后者是与宗教信念、文化传统、政治哲学、商业或专业标准及实践有关的是非方面的信念，这些非核心的伦理价值随时间推移及不同职业、文化、宗教和个体而变化。而按照格林等人(Green 等，2007)的观点，伦理的第一原则是不伤害他人，这是一项极为宽泛的伦理原则。置于课堂情境中，则是任何与测验有关的教师教学行为不能伤害学生，以免对其后继的学习活动产生消极影响。与课堂测验或评价有关的第二个原则是避免分数污染，任何提高考试成绩但未能同时提高学生对考试内容的实际掌握程度的测验或评价，都会产生分数污染。调查发现，与分数污染这一伦理原则相比，教师在"不伤害他人"原则上有更高的一致性(Green 等，2007)。这里提及的"分数污染"在我们的日常教育情境中司空见惯，即"分数污染"出现在仅仅为提高应试成绩而进行的教学中，"污染"指的是测验成绩增加，而与要测量的结构没有关系，也就是说出现了与结构无关的测验成绩变异。分数污染有时是出于教师的良好愿望，例如下面这位教师即是如此(Popham，2017)：

> 我有时会给某些成绩不佳的学生高于其应得的分数，因为我认为这样做会让他们处于"我能做到"的状态。我也会根据学生在学习上所付出的努力程度给他们打分。我给勤奋但表现不佳的学生予以宽限评分，也给懒惰但表现优异的学生严格评分。我也以高分诱惑作为激励手段，作为让学生更加努力学习的一种方式。(p. 387)

造成分数污染的来源是多方面的。哈拉迪娜等人(Haladyna 等，1991)认为，出现分数污染有三个可能的来源：(1)学校及其相关人员为学生准备考试的方式；(2)测验管理活动或条件；(3)体现超出学校与教师控制力量的外部因素。源自学校及教师的做法包括传授应试技巧、激发学生应试的动机、编制并开发与考试相配的课程、确定与测验匹配的教学目标、让学生准备与考试相似的题目、使用专为提分而编制的各种练习材料、在考试之前圈画考试范围或重点。分数污染也发生在实际的考试管理中，包括在答题纸上涂改答案，允许甚或鼓励成绩不好的学生旷考，以及通过提示或者提供答案等方式干预学生的真实回答。实际上，从教师的角度看，造成考试分数污染的具体因素还有教师对作业整洁度的要求、学生完成作业的速度与质量、学生课堂卷入程度以及出勤率等。

相信从学生过来的我们或多或少都有类似的经历,差异仅在于具体情节而非有无的问题。但我们已经对自己学习经历中的这种现象司空见惯了,因此,当笔者与自己的女儿谈及课堂测验中的伦理问题时,她的第一反应是,伤害似乎是课堂测验及评价过程中的伴生现象!

综上,尽管课堂测验、测量或评价更多涉及理论与技术问题,但对测验分数或测量结果的解释和使用必然涉及价值与伦理问题。价值关乎教师课堂行为所具有的意义,而伦理更多涉及教师行为对学生学习产生的后效。

教师课堂测验及评价伦理可以有不同的视角,我们结合例证从目标伦理、手段伦理、过程伦理及结果伦理几个方面来说明,见表7-2。

表7-2　测验中的伦理问题及相关例证

	目标伦理	手段伦理	过程伦理	结果伦理
关注点	测验所追求的目的?	通过何种方式来实现?	以何种程序来实施?	怎样解释并采用结果?
例　证	因为中考或阶段性考试的具体要求,语文教师要求每位同学手头备有一套《红楼梦》并认真阅读,以取得阅读部分的理想成绩。	学生(或家长)可谓各显神通:或通过阅读《红楼梦》原著或有关的辅导资料,或借助广播听书,或请家教辅导来完成阅读的要求。	1. 学生A制定了自己的阅读计划,每日分两次读完一回; 2. 学生B采用广播听书方式,选取《蒋勋说红楼梦》,每次40分钟。	1. 以班级为单位评选本次"阅读之星",并张贴于班级公告栏; 2. 对学科(含语文)成绩进行班级、年级排名。

目标伦理常常关注的问题是"我们应该做什么?"因为伦理选择的重点是评估所追求的正确价值观和规范(Schwandt,2018)。结合表7-2,中学生阅读《红楼梦》这部经典,是出于阅读爱好——如此,则对阅读的奖励来自阅读本身,即阅读过程所带来的精神享受;抑或出于考试要求而去阅读——如此,则奖励来自阅读之外,即通过阅读能得到令人满意的成绩。心理学告诉我们,前者是内部动机,后者是外部动机。需要教师和家长注意的是,如果学生本身对阅读怀有兴趣,外部奖励往往会让学习者游离目标,将"游戏"变成"工作",此即"奖励的隐蔽代价":即对对活动本身有内在兴趣的个体施加外部奖励,会损害个体对活动本身的兴趣,降低内在学习动机。

有了各自不同的阅读目标,学生就会通过各种方式或途径去实现目标,在选择达成目标之手段的时候,会出现"手段-目标"之争,即目标至上还是手段优先?仍结合上述例证,对以阅读本身为目的的学生而言,不论采用何种手段,以能真正阅读、品味并享受这部经典为旨要,方式不能超越目的;而对以得到理想成绩为目的的学生而言,阅读成了手段,不论借助辅导还是听书,只要能得到高分便是王道。这其中存在手段伦理吗? 我想读者自然可以分辨得出来。对阅读有着不同目标定位并选取各不相同的手段的学生而言,自然就会采用不同的过程来实现这一目标,或者按计划阅读、听书,或者接受系统辅导,当目标追求出现伦理偏差的时候,过程伦理就显得各具千秋了!

大量研究发现,测验和评价所涉及的伦理问题常常与对结果的解释和使用有关。同样的结果,可以有不同的解释,也可以有不同的用途:学生取得的阅读成绩,可以视为学生阅读能力的证明,也可以视为学生阅读爱好的佐证,当然也能当作学生成绩排序的依据。所以,测验结果如何解释,如何使用这一结果,会对学生的学习及其性向产生长远后效。正如施万特(Schwandt 等,2018)所言,评估者的职业责任是作出有价值的判断,这是对公众的一种独特的道德义务(如同治病是医务人员的一种独特的道德义务一样)。教育评价者需要承担三方面的伦理责任:维护被评价者的利益、尊重评价对象的人格和权利、保障评价结果用于发展的目的(辛继湘,2014)。

蔡敏(2017)将中小学评价中违反伦理的现象概括为四种情形:(1)对学生的考试结果排名并张榜公布,这无疑会对不少学生造成伤害;(2)为了学校的升学率,涉及学生的综合素质大都给予"优秀"等级的"千人一面"式评价,这种"慷慨"评价失去了对评价对象基本的甄别能力;(3)以学习成绩推论学生品德发展,给予成绩好的学生"优秀"评定,而给予成绩不佳的学生较低的等级评定;(4)评价的目的不是出于学生的发展,而是应对各种检查或是社会公众对信息公开化的要求。

二、教师课堂教学评价

这里讲的教师课堂教学评价是指向学生学习结果的评价,即教师通过对学生课堂学习行为的观察、提问、纸笔测验以及表现性的操作来衡量学生学习变化的程度。本部分拟讨论课堂教学测验与评价的一般类型及其公平两个问题。

(一) 教师课堂教学评价的类型

这是一个老问题! 主要涉及对学生学习结果评价的方式。我们认为,采用什么样的测验与评价方式,取决于对学生学习结果类型的分析,学习结果类型不同,教师所采用的评价方式亦不同：对涉及学生课堂学习过程性的品质，如合作、认真、努力及尽责等方面的特征，可以通过自然条件下的观察来进行，且贯穿于学生学习过程中的"单盲"观察比较准确、可靠且真实；对涉及学生对即时或片段教学内容掌握水平的了解，可以采用课堂提问、学生作业以及课堂诊断性的测验进行；对单元学习或者课程目标相对实现程度的评价，可以采用纸笔测验、表现性评价（如学生在化学学习中演示"提取氧气"的操作流程）等方式；而对学生学习态度、学习兴趣或者个体德性等情感方面的评价，借助自然真实的或者某种模拟的情境，也许是更为可取的方式（王映学，2006）。

麦克米兰（McMillan，2001，p. 54）提出了课堂评估的四类方法，分别是选择式应答（多项选择、是非题、匹配题、阐释题）、构建式应答（简单构建式、基于表现的任务、论文式、口头提问式）、教师观察（正式的、非正式的）、自陈量表（态度调查、社交测量、问卷、量表）。不同的评价方式指向不同的学习目标，换言之，学生的学习结果不同，所采用的评价方法也不同。评价方法与学习目标的对应方式及匹配关系见表7-3。

表7-3　评价方法与学习目标之间的匹配关系

学习目标	评　价　方　法					
	选择式/简单构建	论文式	基于表现式	口头提问	观察	自我报告
知识及简单理解	5	4	3	4	3	2
深度理解与推理	2	5	4	4	2	2
技能	1	3	5	2	5	3
产品	1	1	5	2	4	4
情感	1	2	4	4	4	5

注：数字大小表示匹配程度（5代表高匹配，1代表低匹配）

由表7-3可见，不同的学习结果变化需要采用不同的评价方法。例如，对于"知识及简单理解"这样较低认知层次的学习变化，选择式/简单构建式可能是有效的评价方式；而像"深度理解与推理"这样高认知层次的学习变化，论文式或基于表现式的评价效度比较高；而"产品"重在生成，所以在特定情境中的基于个人表现的评价比较有效，如果采用论文式评价则难以体现这种具有生成性的学习结果变化。波帕姆（Popham，2017，p. 403）指出，根据学生的目标达成度来评分，不论从评价的角度还是教学的角度都是可取的方法。

一般来讲，选择式测验相对难以编制或编制比较耗时，但评定往往省时省力且评分偏差较低;相反,构建式测验的编制相对容易些,但评定比较耗时。从理想预期来讲,选择测验的方式理应取决于测验目的而非编制测验是否经济,但在教师的实际学业评价中,是否经济仍然是一个极为重要的考量。这让我想起30多年前的一件事,笔者曾参与一位数学教师的试卷评阅,在单项选择题部分,命题教师提供的竟然是 A、B、C、D、E、F 这样的答案顺序,当笔者问何以如此编制答案时,教师的回答很实在:评分方便省时!

对学生而言,教师的教学评价是发生于课堂情境的重要外部事件,但是,同样的外部事件——评价,其表现形式、对学生学习变化水平的测量以及对学生的影响各有不同。为了说明这一问题,让我们再次回到第四章已经述及的学习结果分类问题。

众所周知,在 20 世纪 50 年代之前,包括教师在内的测评人员对如何评估学生学习的变化,实际上是不清楚的。布卢姆等人(Bloom 等,1956)的《教育目标分类学(认知领域)》出版之后,其主张的认知领域的六级分类为教师的教学与评价工作提供了指南,在很大程度上解决了教师测验与评价中的无序和混乱。45 年之后,心理学家安德森等人(Anderson 等,2001)对布卢姆等人的分类作了修订(参见第四章的相关内容)。这里,我们将讨论的重点放在该修订在学生学习结果测量方面的应用。

表 7-4 基于两维分类的学习变化测量

知识维度	认知过程维度					
	记忆	理解	应用	分析	评价	创造
事实性知识 (中日甲午战争)	√			√		√
概念性知识 (分式)		√	√		√	
程序性知识 (不等式的性质)	√			√		√
元认知知识 (记忆)		√	√		√	

注:(1)知识维度括号内为学科内容例举;(2)划"√"的单元是下文测验编制的举例维度。

以中国近代史部分的"中日甲午战争"为例,如果按照修订前的分类,它属于知识类的"具体事实的知识",其认知加工方式是记忆、回忆或再认;若按照修订后的两维分类,同样是事实性知识,则可以从不同的认知过程来测量。下面就是表 7-4 中划"√"

的单元设计测验题。

基于**事实性知识**(中日甲午战争)的不同认知过程的测量(吴红耘和皮连生,2020,pp. 253－254):

测验题1(记忆) 通过列表概述中日甲午战争发生的背景、主要海战时间、地点及经过。

测验题2(分析) 在查阅文献资料的基础上,从国家体制、战时动员、武器、人员、后勤支撑以及天时地利等方面分析中日甲午海战的结局。

测验题3(创造) 在查阅相关文献资料的基础上,请回答:如果中日之间再次发生战争,结果会如何?请从现代战争构成要素的新变化分析你的预测,要言之成理,论点与论据相依。

基于**概念性知识**(分式)的不同认知过程的测量:

测验题1(理解) 结合具体例子说明分式的含义,解释分式$(y+2)/y$所表示的实际意义。

测验题2(应用) 下列各式中属于分式的是(　　　)
① $(1-x)/5$　② $4x/(\pi-3)$　③ $(x^2-y^2)/2$　④ $1/x+x$　⑤ $5x^2/x$

测验题3(评价) (1)x取什么值时,分式$(x-3)/(2x-3)$有意义?(2)结合具体例证说明分式有意义或无意义的条件。

基于**程序性知识**(不等式的性质)的不同认知过程的测量:

测验题1(记忆) 不等式的两边都加上(或_____)同一个数或同一个_____,不等号的方向_____;不等式的两边都_____(或除以)同一个正数,不等式的方向_____;不等式的两边都乘(或_____)同一个_____,不等号的方向改变。

测验题2(分析) 结合具体例子说明等式与不等式基本性质的相同点与不同点。

测验题3(创造) 请结合具体例证将等式改编为文字应用题。

基于**元认知知识**(记忆)的不同认知过程的测量:

测验题1(理解) 基于某一记忆分类(如动作-形象-抽象记忆),结合自身举例说明各自的特征及其互补性。

测验题2(应用) 根据自身的记忆类型特征,对给定的一段材料(英文词汇、历史事件或化学元素周期表)识记并回忆。

测验题3(评价) 从自己的记忆特征、材料性质两方面评价上述材料的学习效果。

可以看出，布卢姆等人(Bloom 等,1956)的分类，关注的是"作为教育经验结果的个体所发生的变化"(p. 13)，强调学生学习的结果，看重学习者经学习而引发的变化；而修订后的分类则将学习引发的变化与引发变化的过程结合起来，即不但关注学习的结果，而且更强调经历不同认知加工所出现的变化层次。通过表 7-4 及其后的测验题，可以明显看出基于两维分类的测验对学生认知加工水平的要求：同一类型的知识，可以在记忆层面测量，也可以在理解、应用、分析、评价及创造层面测量，不同的测量方式必然影响到学生学习的方式与教师教学的策略。

需要指出，安德森等人(Anderson 等,2001)所说的程序性知识，本指"如何做事的知识"，包括技能、算法、技术、方法的知识以及用于确定并验证在某一专门领域和科目中"何时做什么"是适当的标准的知识(p. 27)。尽管是"程序性"的知识，却可以在"记忆"层面来测量。例如，在 1979 年的数学高考中，有这样一题："叙述并且证明勾股定理。"(第四题)研究者(张厚粲等,1981)发现，在当年北京市前 50% 的考生中,92% 的考生获得了满分，说明该题区分度很低(只有 0.134)，这样就难以区分学生的学业水平，而且对此题的解答很大程度上反映了学生的记忆力而非分析问题、解决问题的能力。在笔者与个别同事的交流中，他们也谈及同样的问题，数学期末考试只能在学生所用教材的"例题"范围内命题，如在教材的"习题"部分或者教材外命题，学生很难作答。在这样的情形下，学生实际上可以通过背诵"例题"的方式应对阶段性的测验，考核的学习结果极有可能是学生的记忆而非应用或分析能力。

(二) 测验的公平性及测验偏差

测验公平与测验是同源问题。公平意味着给予每位考生机会为考试作准备，依考试目的告知考生考试的一般性质和内容；公平也包括准确报告个人及团体的测验结果；公平不是一个孤立的概念，而是必须要考虑到测验过程的各个方面(JCTP,2005)。测验的公平性指在测验的设计、开发、施测、计分、报告、解释等方面对所有受测者都保持一致，以保证受测者的测验分数差异体现了所测构念水平的差异，而非其他无关因素所导致(刘铁川等,2012)。实际上，公平性不仅是测验要关注的问题，也是测量与评价都比较关注的问题。从某种意义上讲，测验公平自然涉及上文我们探讨的测验伦理问题，但其本质还是测验的效度问题。波帕姆(Popham, 2017, p. 125)指出，从最基本的层面来看，教育测验的公平性是一个效度问题。也有研究者(Xi, 2010)将公平视为效度的一个方面,认为任何削弱公平性的测验都会让其效度受损。

美国测试实践联合委员会(Joint Committee on Testing Practices,JCTP)颁布的《教育公平测试行为准则(修订版)》(2005)关于测验伦理有如下规定:测验开发人员应帮助用户正确解读分数,应尽其所能让测验尽可能公平对待不同种族、性别、民族背景或不利条件的受测者。如果一项测验在公平性方面存在问题,那么基于这种测验的分数解释、决策以及后果都将是无效的、不合理的,甚而是有害的(Allalouf 和 Abramzon,2008)。一项有失公平的测验,是绝难避免测验伦理问题的。有关测验的公平性可谓见仁见智,不论概念所指存在多大差异,均涉及测验思想、目的、对象、编制、实施以及测验结果的分析与反馈(图7-2)这样的全程,测验结果反映学生在测量属性或者习得性经验方面的变化,而与其非习得的经验,如性别、种族或者文化差异无关。

因此,公平测验的特征之一就是无偏差,在任何情况下都应尽量使用无偏差的测验。测验公平一般涉及四项核心内容(AERA 等,2014,pp. 50-51):测验过程无差别对待、测量无偏差、测量结构接近机会均等以及对个体测验分数预期用途解释的有效性。也就是说,无论是任务评估还是学生学业成绩评价,都不应受种族及其背景、性别、身体残疾条件或其他与评估内容无关的因素所影响。

研究人员通常将测验中的偏差分为两类:与测验本身有关的偏差和测验结果解释与采用带来的偏差(Shohamy,1997)。与测验方法有关的偏差多指测验方法或者技术对考生某一测试特质得分的影响,测验方法不同(如单选题或开放式测验),考生得到的成绩不同;与测验结果解释和采用有关的偏差则指对测验结果的不当解释或者使用带来的偏差,如通过一次语文考试对学生的语言能力的推论性解释、学生分班,或者基于学生考试结果对教师的教学质量进行排序。

下面我们讨论有关测验偏差的三个问题,一是测验方式或手段偏差,二是项目功能偏差,三是测验评分及结果解释偏差,这三类偏差都涉及测验的公平性。

1. 测验方式或手段偏差

测验方式服务于测验目的,服务于具体的测验特质。测验方式或手段具有内在的测验效度,即某种测量工具只有针对某种属性是有效的,若超出了某属性界限,则这种测量工具就是无效的。例如,刻度尺之于长度、表现性测验之于情境性问题解决、演讲之于语言表达与组织等都是有效的测量工具;而天平之于身高、纸笔测验之于时间管理及个人品性、操作演示之于逻辑思维能力都会是比较无效的测量工具。我们熟知的

"高分低能"现象,其主要原因之一就是测验方式偏差(王映学,2016)。

　　个体学习变化的表现方式存在差异,有的长于言说,有的长于动手操作或者演示,有的可能擅长表演。教师在考查学生的学习结果时,若用某种同一的方式(尽管看似公平)对学习结果进行测量,由于学生本身存在认知风格或是表现风格的差异,所以同样的测验方式或手段就必然存在效度偏差的问题。例如,肖哈米(Shohamy, 1997)通过访谈、演讲以及新闻广播三种方法考核学生的听力理解能力。结果发现,尽管三种方法所用的语篇内容相同,但考生在不同方法上的得分存在显著差异:考生在采访上的得分最高,演讲次之,新闻广播最低。中小学最常见也为教师广泛采用的测验形式是纸笔测验,这本身无可争议,但是作为教育工作者,一定要有这样的检省:看似合理公认的做法并非没有偏差。我们现在有各种各样的选拔赛或者面试考核,且多采用面向测评者的表现式考核,请问:这种单一化的测评方式对不同特质的个体是公平的吗?是一定能测量到所要考察的特质吗?举例来说,纸笔测验也许可以比较好地测量到个体的语言表达与逻辑思维能力,但是在教师职业的选拔性考核中若以纸笔测量,则一定能测量到其职业教育能力吗?为什么"镜头前的表态"靠不住,因为借助个体的口头言语是难以测量其言说所涉的那种心理或行为特质的。换言之,错不在言说,错在以言说进行无限外推。

　　所以教育工作者普遍发现并认同一种所谓的班级"十名左右"现象:那些走向社会之后适应良好、有所作为的学生并非在校期间成绩名列前茅的学生,而往往是那些在班级位于"十名左右"的学生,何以如此?原因并不简单,但部分答案是:其一,社会对个体的测量方式与课堂对学生的测量方式完全不同,课堂往往追求的是学科逻辑,是远离情境的,是对个体认知能力的考核;社会往往看重的是综合与整合逻辑,是高度情境化的,是对个体认知与情感的综合考核。雷斯尼克(Resnick,1987)将校内外学习的不同概括为四个方面,即个体认知与共享认知、纯智力活动和工具操作、符号运算与情境化推理、概括化学习和具体情境的能力。正是学校学习与社会适应的这种巨大差异,使得学校对学生的测量结果并不能较好地预测学生的社会适应与发展能力,而这常常与测验方式偏差有关。

　　其二,课堂偏向学习变化之认知领域的单一测量,而社会则看重整个学习变化(含认知、情感以及动作技能)的综合测量。但问题是,认知测验常常是测量学生的最佳表现,而情感测验则致力于测量其典型表现(Popham,2017,p. 252)。

　　认知、情感及其关系是心理学探讨的重要话题。但若问认知与情感哪一个更重要,这恐怕是世纪难题! 何者更为重要? 波帕姆(Popham,2017,p. 237)认为,情感变量常常比认知变量更重要。但笔者并不这样认为,离开具体情境对两者进行"二选一"式的重要性权衡,恐怕并不严谨。课堂上的教师无不承认学生的学习态度、兴趣对学习的影响,但很少有教师将情感领域的学习或者评估作为自己对学生学业评估的内容! 学生的认知变量与情感变量往往是互利共生的关系:学生在认知领域的学习会引发情感领域的变化,后者又会对前者产生增力或减力作用。与认知领域的变量比,学生在情感领域的变量会极大地影响个人的生活。所以,我们的课堂教学及其评估,实际上多侧重学生认知领域的变化,而对个人社会生活有重大影响的情感变量基本没有涉及。波帕姆(Popham,2017,p. 255)指出,情感变量被视为个体未来行为的重要预测因子,因为人们的情感状态往往蕴含着其行为倾向。

弗拉基格(Fluckiger,2004)就曾刻画过教师所面临的两难处境:学生在考试中取得的成绩可能与其学习成长相符,也可能不符。我们已经表达过类似的观点,课堂的逻辑与社会的逻辑确实不同,学科课程分数也许能解释学生在考试前的努力或学习(有时也许是记忆)能力,能够预测其之后学科课程成绩的高低。但是,社会的逻辑更强调个体面对变化情境的应对能力,遭遇挫折之后的坚持、反思与纠错能力,而这些社会真正需要的能力在我们的学科测验中难以体现。弗拉基格(Fluckiger,2004)发自内心地告诉我们:第一,诚信和荣誉比学习更重要;第二,学习比分数和等次更重要;第三,分数或等次须向家长和学生清楚传达有意义的学习成就。

2. 项目功能偏差

测验中涉及公平性的另一个问题就是测验项目对不同文化背景和学习经验的考生的"等值"(equivalence)问题。等值是个测量学的概念,是指考试成绩可用来对不同考生作出比较性推论的程度(Kim,2001)。其实,这个问题艾宾浩斯(Ebbinghaus,1885)在研究记忆问题的时候就注意到了:为了排除学习者已有经验对学习新材料的影响,他创编了许多无意义音节(如 XIQ、ZEH、GOB 等),但他很快发现,这些"无意义"音节对不同的学习者实际上会构成不同意义! 换言之,原本在测量中要做到等值的音节并不等值,于是他便测试不同音节的"音节值"。我们现在讨论的问题也正是这个问题,项目功能偏差(differential item functioning, DIF)往往起源于项目功能不等值或者项目功能差异而引发的一种测验偏差,它是衡量测验公平性的一个常用指标。按照金(Kim,2001)的说法,如果来自相同能力水平的两组被试对某一题项正确回答的概率不同,这个题项便存在 DIF;或者总体上有着相似能力或状态的不同群体(如种族、性别)的考生,对特定项目出现系统性不同应答时,便出现 DIF(AERA 等,2014,p. 16)。可以看出,判断测验是否存在 DIF 可以从两方面来看:一是从参加测验的主体来看,他们是否具有相同或相似的知识经验及能力结构;二是从测验的内容来看,其项目结构是否反映了学生的已有知识经验及能力结构。换言之,出现 DIF,多与学生的知识经验及能力结构差异有关,而与涉及测验效度的能力结构关联度不高。

这几年,一些引发热议的高考作文题目,许多争议就涉及我们这里讨论的 DIF,如2017 年全国卷Ⅰ"中国关键词"、2016 年浙江卷《虚拟现实》、2016 年北京卷二选一大作文题《"老腔"何以让人震撼》以及 2015 年全国卷Ⅰ《给违反交规父亲一封信》等(汪文义等,2017)。下面我们就以 2015 年全国卷Ⅰ的一篇高考作文题为例说明 DIF 所涉及的公平性问题:

> 阅读下面的材料,根据要求写一篇不少于 800 字的文章(60 分):

> 因父亲总是在高速路上开车时接电话,家人屡劝不改,女大学生小陈迫于无奈,更出于生命安全的考虑,通过微博私信向警方举报了自己的父亲;警方查实后,依法对老陈进行了教育和处罚,并将这起举报发在官方微博上。此事赢得众多网友点赞,也引发一些质疑,经媒体报道后,激起了更大范围、更多角度的讨论。

根据上面的材料,当年某省的作文卷中就出现了下面这篇作文:

> 无与伦比的二货①老师:

> 你好,在经历了十二年寒窗苦读后我第一次踏足城区,今天我满怀信心的(地)走进了＊＊区中学考点参加高考,我相信只要我发挥正常我一定能考上一所好大学。当我打开语文卷看到作文材料时,我不禁泪流满面。十二年来无论饥寒交迫,穷困潦倒,我都挺过来了,为的是能以优秀的成绩考取理想的大学,但看到这作文材料后,我知道我可能让父亲失望了。

> 你可能无法想象我的父亲——一个地地道道的农民,一辈子连自行车都不会骑,家里唯一能称之为车的就是爷爷留下的那辆架子车,前两天挖洋芋父亲的背影已经明显的瘦小了许多。

> 父亲没手机也不会用手机,父亲拉架子车时只是很重地喘着粗气,偶尔

---

① 地方方言,即傻货,作贬义用;是指那种傻傻的、做事说话偏离常规的人,"二杆子""二愣子"等都是类似所指。文中括号内为引者所加,凡出现"＊＊"处皆为地域名称,隐去,全文有删节。

说话也上气不接下气。尊敬的出题的二货老师,你也许不相信我的父亲从来没见到高速路,当他从电视上看到那么宽的马路时总是咧着嘴说:"多好的地方,晾包谷瞭太(了得)。"

从我们村到＊＊＊镇的沙(砂)石路还得好几年才能硬化,一到雨天我们都挽着裤子上路,这次到城区参加高考我才第一次见到高速路,那还是南秦岭修路的原因。

尊敬的出题的二货老师,你有没有想过全＊＊省像我这样的家庭不少,家里没私家车的家庭更多,你让全省的孩子在同一场考试中比谁家富有吗?

……

你为何不让城里的孩子给父亲写一封信关于父亲借别人家的公猪给自家的母猪配种时不按规范操作可能造成的后果的材料作文,城里的孩子几乎分不清麦子和韭菜,辨不出大葱和蒜苗,这样的材料对城里的孩子和现在的材料对农村的孩子有什么区别?

……

昨天,父亲给我书包里搁了两块锅盔馍,今天早上我吃了半块,父亲告诉我别省着,吃饱了好好考试。如今看来剩下的我不用吃了,还是带回去准备复读吧。希望明年的高考作文题不再让我流泪了,更希望明年的高考作文题不要升级为父亲在驾驶游艇时……

类似上述这样的 DIF,可以说在学生的测验中比较常见,比如下面两道数学题:

题例 1　小丽上楼时从一楼跑到六楼,一共用了 45 秒,平均每层用时多少秒?

题例 2　小红帮助家人预算 4 月份电费开支情况,图 1(略)是小红家 4 月初连续 8 天每天早上电表显示的读数统计图。问:

(1)这几天平均每天的用电量是多少千瓦时?(电表计数器上先后两次显示的读数之差就是这段时间内消耗电能的千瓦时);(2)若每千瓦时电量收取电费 0.5 元,估计小红家 4 月份的电费是多少元?

上述三例均涉及考生不同领域的经验问题:对测验内容(或测量构念)的反应要受到个体自身独特的生活经验的影响。一般而言,单一维度(如写一封信、求平均数等)时不会出现 DIF;在两个或两个以上维度(如上述写封信＋高速公路、平均数计算＋每一层楼梯或者电表读数)时才有可能出现 DIF(王旃旎,1999)。参加过英语四六级考试的学生常常会在考后提及这样的问题,阅读部分对学某专业的学生特别有利,即是测验中的 DIF 问题,因为这类阅读测验不仅涉及英语阅读能力的测量,也涉及特定专业知识的测量。

3. 测验评分及结果解释偏差

对于测验的开发者来说,最为有用的公平性定义是基于测验分数作出的推论在多大程度上对不同组别的考生是有效的(ETS Standards,2014,p. 19)。测验是否公平,就看测验评分及结果的使用取向。这里涉及两个问题,一个是测验的评分,一个是基于测验评分的解释及测验结果的使用。在教师评定学生学业中常见的个人偏差主要有三类(Popham,2017,pp. 214 - 215):第一类是"慷慨偏差"(generosity error),即教师的偏差导致超越正当的高成绩评定,这类教师往往在没有好的地方也能看到"好"的一面;第二类是"严苛偏差"(severity error),即教师往往低估学生作业的质量,在成绩评定中倾向于作低于实际得分的评定;第三类是"居中倾向偏差"(central-tendency error),即教师居中评分(平均分)的一种倾向,他们避免给高分或低分,而喜欢给"更加保险"的中分评定。当然还存在其他类型的偏差效应,如"晕轮效应":教师对学生的总体印象(正面或负面)会影响到他对学生的成绩评定,这其中也包含教师基于学生测验表达形式所出现的偏差,"卷面分"就是这种评分偏差之一。

这种评分过程中出现的宽严现象,往往与学科内容有关,有研究者(关丹丹等,2019)基于监测与现场调研发现,与自然科学考试科目比,社会科学考试科目的评分尺度在不同阅卷点容易出现宽严差异。郑日昌等人(1983)发现,阅卷评分在教师之间差异巨大:同样的一道地理题,让 91 位教师评阅,评分在 2～20 分之间;115 名中学教师评阅一份几何试卷,评分在 28～92 分之间! 1979 年高考数学试卷的第四题("叙述并且证明勾股定理"),对于用余弦定理进行循环论证的,有的评阅者给满分,有的则不给分。不仅如此,他们还发现,即便同一教师,由于受疲劳、情绪以及学生答题卷面等内外因素的影响,评分尺度也不一样;甚至同一份试卷,隔一段时间让同一名教师评阅,前后评分也可能不同;而学校间、地区间的评分尺度差异就更大了。张厚粲(2017)报告,1983 年高考同一份语文卷不同省份间的评分差距高达 33 分,同一省内评分差距高达 23 分,其中作文差异最大,满分 45 分的作文,评分差距高达 27 分!

不仅教师评分存在偏差,教师对测验结果的解释也存在各种各样的偏差,请看例证:

A 同学是小学四年级的一名学生,数学成绩一直跟不上同班同学。A 同学的爸爸是高校的一名教育理论研究人员,他注意到这个问题之后,开始试着让孩子给自己讲。家长这样做的理由是,通过讲给别人听是一种很好的学习方法,不仅自己要搞懂,还要设法让听的人明白。当然,这位爸爸将孩子讲给家长听是以游戏方式组织的,一个学期下来,孩子的老大难——数学成绩有了明显进步。乃至于数学教师面对 A 同学的期末考试成绩,都不相信是孩子自己的成绩,认定是抄了别人的,结果孩子委屈得一塌糊涂,还导致了学生家长与这名数学教师的激烈冲突……

类似上述这种基于过去经验的判断、怀疑甚至诬陷学生通过不正当方式得到考试成绩的现象在教育中绝非个例,尤其是那些在同学或老师眼中学习欠佳的同学,在某次或某种类型的测验中取得超出预期的成绩之后,常常会出现这样的情形。写到此处,笔者不由想起发生在自己小学的一段经历:

小学一年级期末考试结束后,大抵是过了周末(星期天)返校的日子,我清晰地记得,语文教师看见我之后的第一句话是:没想到你这次竟然考及格了!在当时(20 世纪 70 年代中期)的农村学校,课程考试的不及格面通常是很大的,也往往被视为常态。尽管那次的考试成绩及格了,但教师认为我的年龄小,决定还是让我留级一年。

不仅教师对学生测验得分的解释会出现偏差,对学生测验成绩的使用也会出现各种偏差。在与学生的交流中,有学生讲到老师对学生考试成绩的多样化"妙用":

在我的小学,老师曾经采用过这样的方式:如果考试成绩在班级排名前五名,就可以免去假期作业,五名之后的学生可适当减免。尽管小学的作业并没有那么多,我也会在考试时认真复习,争取取得一个好成绩,以免去作业之苦。而且,老师还给成绩名列前茅的同学一项特权——优先挑选自己喜欢的座位位置,即名次越好的学生就越能够挑选自己的朋友或自己想坐的位置,虽然这听起来对差生不公平……

测验结果的使用应遵循一定的尺度,美国教育测评中心所制定的《ETS 质量与公平标准》(2014)曾分专章(第 12 章)探讨测验结果的使用问题,并从提供测验信息、正确使用测验、调查对测验结果可能的滥用、评价基于测验的决策以及避免使用过期的分数(ETS, 2014, pp. 49-50)五方面提出测验结果使用应坚持的准则。张厚粲等人(1981)通过对我国高考恢复之初(1979—1980 年)的高考试卷的分析研究指出,只有数学高考成绩可以较好地预测大学学习成绩,而政治、语文等科目几乎没有什么预测能力。

三、教师教学评价及其后效

学生在乎考试,是因为考试结果往往说明自己学得如何;教师关注考试,是因为考试结果常常是其教学效果的佐证;学校管理者及社会大众则将考试结果与学校办学质量联系起来。因此,从某种意义上讲,"评价就是制造紧张"(Stufflebeam,1983, p.140)。

评价有多重目的,被称为当代教育评价之父的泰勒(Tyler,1942)曾提及评价所依据的假设及其目的:(1)对教育机构的有效性进行定期检查并提出需要改进之处;(2)验证教育机构得以运作所依据的一些重要假设;(3)为个别学生的有效指导提供基本信息;(4)为学校教职员工、学生和家长提供一定的心理保障;(5)可以让社会大众了解学校的教育教学成就,并转化为建设性的合作关系;(6)帮助教师和学生明确他们的目标,从而清楚了解他们前进的方向。我们认为,这样的观点在80年后的今天仍然具有指导意义。波帕姆(Popham,2017)认为,对于评价的目的,过去多偏向于确定学生的现状、监控学生的进步、评定学生的成绩、确定教师的教学效果(p.17);而现在则倾向于,评价会影响公众对教育效果的看法,学生表现有助于评价教师、澄清教师的教学意图,从而改善教学质量(p.22)。布鲁克哈特(Brookhart,2009,p.5)更偏好用成绩评定(grading)这一术语,她认为成绩评定绝不单单是教师与学生之间的事,也是与教育各有关方之间的事,见表7-5。

表7-5 成绩评定的目的(Brookhart,2009,p.5)

学生学业成绩评定表明	信息主要使用人			
	学生	家长	教师	行政管理人员
学生学得如何	√	√	√	
教学决策信息			√	
课程评价信息			√	√
学生选择或安置信息		√	√	√
其他行政决策信息				√

前已述及,测量更多关乎技术问题,主要是对教育的某种属性或特征赋值的过程。测量是手段,如何解释并采用测量的结果,这是教师教学评价中极其重要的问题。麦克米兰(McMillan,2001,p. 11)认为,测量结果主要用以诊断、评定和教学:诊断主要指向个别学生或学生群体的优势、不足或需求;评定则基于测量的信息对学生的表现予以分类;测量结果的一个重要使用方向或者功能是通过对学生学习程度的了解调整教师的教学。

测验对学生学习、教师教学及学校办学的影响往往与对测验结果的解释和评价相关联,换言之,如何看待测验结果或者测验结果的使用取向直接会影响测验的各相关方。

(一) 会影响学生的学习取向

面向学生的考试当然具有学习导向的功能,简而言之,就是你怎么考,学生就怎么学。麦克米兰(McMillan,2001,p. 72)就注意到这个问题,他指出,评估最直接的后果是,学生会以与评估任务相一致的方式进行学习,如果以多项选择题来确定学生对具体事实知识的学习,那么学生将倾向于死记硬背;如果要求以拓展性的论文来完成作业,学生则倾向于以更为宏大的关联性方式来学习材料;如果评估强调问题解决,如基于表现的评估,则会鼓励学生思考并应用他们所学的东西。

测验对学生学习的影响是全方位的,不仅会影响其学习取向,也会影响学生加工信息的方式。国内的教育经历让我们都知道,教师考什么,学生就学什么;教师如何考,学生就如何学。然而,测验对学生学习的影响要比这一概括复杂得多。还是通过学生的经历来看看考试在何种程度上会控制学生的学习方式:

> 我在刚进入高中时以天马行空的想象写作文,往往得分不高;当了解到高考对作文的评阅自有一套评判标准(不会为个人另立标准)后,我最终选择了高考议论文(写作的)套路,最终才得以提高作文分数。因此,高考作文大多都来自一个模板,这在一定程度上消解了个体性差异,让学生不得不放弃自己而屈从于可以得到更好成绩的某些外部要求(标准)。

在医学上有个称为"医源性"(iatrogenic)的概念,指的是因医生而引发的疾病,也即医生精心治疗却会对病人产生意料之外的负面影响。高风险测验(high-stakes tests)也存在这样的悖论,即原本出于好意的测试政策会对学生、教师和学校产生负面的、意想不到的后果(Madaus 和 Russell,2010)。高风险测验有两种类型,一种是对考生而言有重要后果的考试,如决定学生升级或高中毕业的考试;另一种是以考试成绩衡量教学质量高低的考试,考试结果对学校与教师评价极为重要(Popham,1987)。对学生而言,高风险考试常常与其毕业或升级有关;对教育工作者而言,由于媒体会公布考试结果,好的成绩被视为是有效教学的体现,而低成绩则相反(Popham,2017,p. 340)。

不论是正式考试还是课堂回答问题,学生往往会面临这样的纠结:在考试要求或教师的认可与自己的观点或信念发生冲突的时候,将何去何从?学生从一种令人不愉快的经验中认识到,实质上正确的答案,如果与教师所教的东西在词句上不符合,就得不到教师的任何肯定(Ausubel,1978,p. 46)。我们从下面的例证或许可以看出这种纠结的真实性:

> 我小学一年级的第一次作文考试,没有按照老师给的作文模板写,而是按照自己对作文题目的理解进行阐述,但这样做的结果却是,我的作文成为了反面案例。这一外部线索让我重新审视了自己,并让我对自己以后的行为作出了调整:摒弃自己的思维方式,按照老师的作文模板进行创作。

当学校或者教师有权解释学生的行为规范时,往往会通过对学生行为结果的解释与评价选择学生的某些行为,从而"行塑"学生,这样的情况我们都不陌生:

> 在我的童年时期,我的学校、父母及其他养育者都是以"听话"的"好学生"这一标准来严格要求我的,我被"培养"并获得如何做一个"听话"的社会公民的能力:社会和父母说什么,我就听什么;标准答案怎么写,我就怎么背……我在幼年阶段看到同伴因不同的表现获得了不同的结果,一类是按照标准答案的套路获得了高分,另一类是表达了自我想法而未获得高分,从观察到的行为榜样那儿获取到的替代性经验也是自我效能感的来源之一。这也使我以后遇到问题,更愿意选择受到积极评价的解决方案——跟随标准答案的步伐。

下面我们结合美国比较有影响的 TAAS[①] 评估来说明考试对学生学习的影响。戈登和里斯(Gordon 和 Reese,1997)关注这样的问题,即通过类似 TAAS 这样的考试,学生有无新的学习?在接受访谈的 20 位教师中,只有 5 位教师(25%)表示,准备

---

① "the texas assessment of academic skills"的缩写,即"得克萨斯州学业能力评估",是该州高中生毕业必须要通过的一项测试,因而是一种典型的高风险测验。

这样的考试能够增进学生的学业成长;另外 15 位教师(75％)则认为,学生在 TAAS 考试中唯一学到的东西就是一般性的应试技巧。一位教师直言不讳地表达了这样的观点:"我认为学生唯一学到的东西就是怎样应试,(TAAS)并未对其学习有何助益。"(p. 358)请看老师的报告(Gordon 和 Reese,1997):

> 当学生在考试中不及格的时候,会害惨他们。让他们参加 TAAS 补习班无异于一记耳光,学生认为这是纯属多余的工作,他们本来在课堂上做得不好,因此他们认为参加这样的补救无异于一种惩罚。(p. 357)

教师就测验结果提供的反馈对学生的影响也不容忽视。有研究(Zacharias,2007)通过对教师和学生的问卷调查发现,95％的教师认为他们的反馈对学生而言"重要"(55％)或"非常重要"(40％);而来自学生的数据则显示,93％的学生认为来自教师的反馈"重要"(49％)或"非常重要"(44％)。反馈可以为学生尤其是那些较为优秀的学生提供确定感,而有些学习较差的学生,常常会因为来自同伴的反馈而显得有些尴尬。但也存在不同的观点,如撒迦利亚(Zacharias,2007)的一位访谈对象(学生)报告:当我得到老师的反馈时,我觉得有点紧张,有点"接受恩惠"的感觉;我更喜欢同伴反馈,因为我感觉更自然,就像聊天一样。

撒迦利亚(Zacharias,2007)发现,在接受自己访谈的 30 名学生中,93％(28 名)的学生承认教师的反馈量会极大地影响他们的感受:过多的反馈会让学生感到沮丧,而少量反馈更具激励作用,因为对学生而言,少量反馈表明自己的错误更少。

考试对学生的影响还表现在作弊行为的出现,即学生为了避免考试不利结果给自己带来的消极后效,有可能会采用非容忍的方式取得成绩。学生在考试中作弊的可能性取决于被发现的可能性、作弊所带来的收益大小与影响以及被发现之后的预期后果(Mehrens 和 Kaminski,1989)。

(二) 会影响教师的教学取向

学生的考试成绩之于教师,恰如 GDP 之于地方官员,是长期以来衡量其工作绩效的主要甚至唯一指标。学生的考试成绩也往往会与教师的业绩考核、个人奖励以及职称晋升联系起来。正如乌尔丹和帕里斯(Urdan 和 Paris,1994)所说,当考试成绩与多样化的目的——教师考核、课堂效率、学校间的相互比较、新课程评价以及选择性的经济奖励等联系起来的时候,学校或者教育管理当局无不以学生在标准化测验中所取得的成绩来衡量教师的工作。他们指出,如果一所学校所得到的资金或者教师晋升与学生在标准化考试中的表现挂钩,那么为了提高考试成绩,教师可能会从事与其教育理念相悖的实践活动,从而影响教师在课堂上的教学方式。

按照艾拉沙恩(Airasian, 1988)的观点,测验对教学的影响受测验标准、测验风险与测验内容的影响。这三个因素不仅各自会影响教师的教学,其叠加效应对教师教学的影响也比较复杂。我们将上述三个因素及其影响维度概括于下,见表7-6。

表7-6 测量驱动效应的影响因素及其维度

风险-标准组合	风险	标准	内容	测量驱动效应
低-低	低	低	低认知水平且分散	低
低-高	低(高)	高(低)	具体-集中/抽象-分散	不确定
高-高	高	高	高认知水平且集中	高

注:认知水平指认知加工的复杂程度,参见本章的相关内容;分散/集中指考试内容是否指向特定年级或教材。

从表7-6可见,当利害关系(风险)和测验标准都很高时,即与考试成绩相关的结果对受测者而言很重要且通过考试的标准具有挑战性但又可以达到时,测量的驱动效应最大;反之,当利害关系和标准都比较低,即考试结果不甚重要且容易达到掌握的标准时,驱动效应最小。就考试内容而言,考试涉及的内容越具体,教学就越容易局限于课程教学中,考试也就越有可能驱动教学;考试内容越是分散在不同年级和课程中,就越难以通过教学来应对,考试对教学的影响也就越小。要指出的是,当三者的高低水平发生变化或者高低组合不同的时候,这样的考试对教学的影响是复杂的,可能表现为对教学的强有力影响,也可能表现为较低程度的影响。例如,高中阶段的月考,当标准高、风险低、认知水平高且比较集中的时候,这样的考试对教学的影响可能高,也可能低;教师担任某班级的学科教学,为了解学生在某一学科的学业水平而进行的诊断性测验,可能是低标准、高风险、认知水平低却比较分散的考试,这样的测验对该教师之后的教学驱动效应也难以评估。

对教师的评价通常以其影响学生的程度来衡量,这就如评价一位产业工人或作家的绩效以其完成的产品或作品为依据一样。如果以学生的学习变化为依据衡量教师的教学效果,那么选取什么样的变化为证据来评价呢?波帕姆(Popham, 2017, p. 358)认为有三种形式的证据可以衡量教师对学生学习变化的影响:其一,通过课程评估获得的学生学习的证据;其二,学生在外部考试中取得的成绩;其三,教师对学生产生的任何积极或消极效应。

任何教育的当事方都知道，要成功控制或者干预教师的教学，一个有效的办法就是控制对教师教学效果的解释权，而做到这一点的有效办法就是控制对学生学习结果——当然也是教师教学效果的测量权。马道斯等人（Madaus 等，2010）指出，政策的制定者认识到，他们不能直接左右教师的课堂教学，但可以借助对强制性考试结果的奖励或惩罚而间接影响教学。决策者明白，与考试相关的利害关系会迫使教师调整自己的教学，从而达到对教师教学的控制。史密斯（Smith，1991）发现，无论实际的测验结果怎样，低测验成绩会导致公众和学校管理者对教师的努力予以负面评价，从而导致教师对课程和教学方法的自主权下降。如此，则会驱使教师以不当的方式应对即将来临的考试。例如，通过对两所小学教师的观察和访谈研究，史密斯（Smith，1991）发现，对于高风险测验，教师通常会用以下 8 种方式应对：无需特意准备、给学生传授应试技巧、提醒与劝诫、告知考试范围、围绕考试形式与内容组织教学、压力缓解与预防、测验或类似测验题目的刷题以及作弊。

如此，测验结果的不当使用就会影响教师应对测验的态度与方式。在高风险考试中，有 68% 的教师报告说，他们往往花费整个学年的时间帮助学生准备考试，而不仅仅是在考试前的几个星期（Shepard，1991）。教学评价自然应考虑到这样的结果，即教师会将更多的时间花在与评价有关的概念与内容上，或者评价的结果让教师过于关注与评价内容或形式高度匹配的练习材料，而真正花在教学内容方面的时间反而很少。

巴克斯代尔-拉德等人（Barksdale-Ladd 等，2000）发现，教师会以如下方式来应对考试：（1）教学内容与预期的考试内容直接相关，教学所及问题指向具体技能；（2）采用精准的考试形式组织课堂练习；（3）教授应试技能；（4）将应试技能作为教学的日常内容。例如，有教师报告：

> 我已经不是过去那样的老师了，我以前很棒，我每天都迫不及待地想去学校，因为我的工作很出色。我过去每天用的所有最为有效的教学工具现在都不好用，因为它们无法帮助孩子们应对考试，这样的工作使我像一个机器人而非老师。我不需要大学学位和硕士学位就能做我现在做的事。他们不需要真正的老师来帮助孩子们准备考试，事实上，我认为他们可以开发计算机程序来做这些工作。（p. 392）

20 世纪后半叶，出现了一种新的专业人士——填鸭式教学的教师（crammer），他们的工作不是教学，而是为学生应付各类考试作准备（Spolsky，1997）。因为与教师教学、评价有关的还有课程目标,即在教师的课堂教学活动中,任何形式的课堂活动总是涉及三个难以分开的要素:课程目标、教学及评价。波帕姆(Popham,2017,pp. 62 - 63)将三者之间的关系分为两种情形:一种是课程目标→教学→评价,即教师根据课程目标来进行教学设计并实施教学,然后基于课程目标的教学进行学业评价;另一种是课程目标→评价→教学,在这种实施路径中,教师先依据课程目标编制评价内容,然后以之为导向实施自己的教学活动。可以看出,这两种影响路径都涉及考试对教师教学的影响。两种影响路径的相同之处是,它们都受课程目标的影响;不同之处是,前者被称为"教学驱动的评价",后者则被称为"评价驱动的教学"。

下面我们主要围绕"评价驱动的教学"来看其影响路径及其教学生态。

在课程目标→评价→教学路径下,教师在研读课程目标之后,编制基于课程目标的测验,然后根据课程评价的要求开展教学活动。在此种情形下,教师的教学紧紧围绕教学之后的测验进行,可以称之为"评价驱动的教学"。如此则必然出现"考什么教什么"的境况,在我国大家熟知的"应试教育"即是这种评价驱动的教学。这种教学活动常常紧紧围绕考试来组织,考试的内容就是教学的内容,也自然是学生学习的内容。正如波帕姆(Popham,2017,p. 64)所指出的,教学计划会从早先的课堂评估开发中获益,因为教学之前的评估活动,会让教师将自己的教学聚焦于学生在教学结束之后所出现的变化。麦克米兰(McMillan,2001,p. 73)也发现,正如学生会根据评估学习一样,教师也倾向于根据考试来调整自己的教学:如果评估偏重对事实的记忆,教师就会更多地教事实;如果评估侧重推理,那么教师就会组织让学生进行思考性的练习活动。

前面提及的 TAAS 评估也自然影响到教师的教学。戈登和里斯(Gordon 和Reese,1997)发现,受访者比较集中的感受是,TAAS 考试强化了与其有关内容的教学,而弱化了与其无关内容的教学,其中包括对学生高级技能的教学(p. 359)。有些受访者表示,TAAS 测验会逐渐丧失创新性,也让其课堂教学变得索然寡味:

> 我觉得没有足够的时间去教那些我想做的有趣而令人兴奋的事,所以我的大部分课堂时间都花在讲授与 TAAS 有关的技能上了。在我的学校里,创造力已经荡然无存,如果你的课程计划没有反映 TAAS 目标,你就会被叫去谈话,我们学校有一些很好的课程和教学技术。但随着越来越强调 TAAS考试的重要性,教师们对这些新观念的接受程度也越来越低,他们怕承担风险,因为(按照自己的方式)会失败,导致学生的考试成绩下降。(p. 359)

如果说考试导向的教学有效的话,那就是对提升学生成绩的有效性。但这样做的隐忧也是显而易见的,即过于功利化的考试会丧失考试的本真意义,如梅伦斯和卡明斯基(Mehrens 和 Kaminski,1989)所言,如果我们想从一个题项(或目标)取样来对更为广泛的领域推断,那么与题项或目标的具体样本过于关联的教学会降低这种推断的有效性。如果仅就学生对所掌握目标(技能)的程度进行推断,那么理应设计一种通常所说的标准参照测验,这种测验仅围绕这些目标(技能)进行抽样测试⋯⋯如果测验是从整套目标中抽取的,那么仅仅围绕要考的那些目标组织教学则是不合适的。

人们对"为考而教"(teaching to the test)往往会有不同的理解,教师往往会为自己的行为辩解,认为自己的"为考而教"往往同时实现了课程目标,即围绕考试组织教学的同时也达到了课程目标——对基本知识和技能的掌握。从这一意义上讲,自己为考而教是好的,无可厚非的;但是,站在第三方的立场看,教师"为考而教"常常会偏离课程教学目标,偏离课程对知识与技能的掌握要求,而将注意力聚焦于和考试相关的内容与应对考试的技巧方面,考试会让教学出现目标偏移。当然,我们认为,这两种情况都是存在的。因此,同样是"为考而教",可以指"根据考试内容而教",也可能指"根据考试所要求的课程目标而教"(Popham,2017,p. 348)。对于教学与考试之间的这种关系,可以通过图 7-5 来加以说明。

图 7-5 教师备考行为适当与否的说明

测量驱动的教学(measurement driven instruction,MDI)即以高风险的成绩测验来指导教学过程,在这样的教学中,考试内容会被纳入教学;与考试成绩相关的结果将迫使教学作出回应,考试内容会"驱动"教学(Airasian,1988)。因此可以说,测验风险越高,对教学的影响也就越大。所谓的"高风险测验"就是测验结果与受测者的利害关系高度关联的测验,这类考试多是外部考试,在我国,初升高(中考)以及高考都可以看作是这样的测验。所谓的风险是相对而非绝对的,随测试结果的利害关系、测试时间、测试环境以及受测者变化而变化。

戈登和里斯(Gordon 和 Reese,1997)在其《高风险测试:值吗?》一文中,通过调查

与深度访谈,报告了大量的学校教师围绕考试进行的教学组织活动,即上面提及的"测量驱动的教学",下面就是代表性的一例:

> 学生们一年到头都要接受高强度的复习课,该地区的政策是只教 TAAS 考试所覆盖的目标内容,TAAS 没有涉及的内容都不能教。所有老师都须准备回答这个问题:"这节课,或者布告栏与 TAAS 有什么关系?"(p.353)

戈登和里斯(Gordon 和 Reese,1997)的受访者报告说,在考试开始前的 4~8 周,基于 TAAS 的准备性训练强度达到新的高度:在好多学校,在这期间 TAAS 的准备变得非常耗时,所有的上课时间都花在围绕 TAAS 的复习上。有些学校还会通过动员、剧目小品以及鼓舞人心的演讲等方式,激励学生在考试中取得好成绩。在这一时间段,非 TAAS 的内容几乎从课程中消失。

看看,这是我们国人何其熟悉的应考图景!凡在中学阶段教学,尤其是任教初三与高三年级的老师,想必对这种"一切为了考试"(我国称作"应试教育")都有深深的认同和体验。请看来自一线教师的报告(周序,2012):

> 我带的是尖刀班,我们班的 45 个人,在文理分科的时候成绩算是比较好的,学校给我安排的指标是重点线上 7 人,录取线上 38 人。只要完成了这两个指标,就算合格,就有奖金,完不成就要扣钱。那怎么教这些学生呢?打个比方说,重点线是 500 分,三本线是 300 分,那么老师要重点照顾的,就是平时考试成绩在 500 分上下和 300 分上下这两个分数段的学生。目的是确保这些在"线左右"的学生尽可能都能上线。所以老师讲的题目、卷子的难度就要适合这两类学生。一般我不会讲太难的题,比如说那些只有班上一两名学生才能做的题,我不讲,为什么呢?后面的学生都听不懂。400 分难度的题我也讲得比较少,因为这些考生的成绩再涨吧,很难涨到 500 以上,掉吧,也不容易掉到 300 分以下。所以要关注的就是那些在 500 分左右和 300 分左右的学生,把他们的成绩先稳定住,再提起来,才是最重要的。至于那些特优的,他们会自学,自己找题做;太差的,就只能课上带着走。(p.38)

在面临高风险测验的时候,马道斯和罗素(Madaus 和 Russell,2010)发现:第一,老师们会更加侧重考试内容而降低对非测验内容的强调,这样就无形中窄化了学科内容和技能的讲授与学习。通过调查发现,在与考试成绩挂钩的高风险教学情形下,80% 的教师表示,考试对高分的压力太大,因而他们没有时间讲授非考试内容;相比之下,在未与考试结果挂钩的情形下,只有 56% 的教师作出同样的回应。在高风险考试中,43％的教师报告,他们大大增加了考试内容的教学时间;而在低风险考试中,只有17％的教师会极大增加考试内容的教学时间。第二,高风险考试会占用未考学科的时间和内容,这就缩小了各学科领域的课程范围。调查发现,大约80％的教师报告说,他们在考试科目上花费的时间增加了;近50％的教师报告说,他们在美术、体育、外语以及产业/职业教育等不考的科目上花费的时间减少了。第三,出现所谓的"涓滴效应"或"渗漏效应"(trickle down effect),高年级高风险考试的内容和技能取代了低年级未考的内容和技能,即高年级的考试对低年级的教学内容作出了示范,也直接影响到低年级教与学的具体内容和技能。

综上,测量驱动的教学会让考试成功驾驭教师的教学活动,消解教师进行教学探索的愿望和热情,降低教师教学研究的动力,消减教师教学多元化的努力,让整个学校看起来更像一个战场而非教场。

(三) 会影响学校的办学取向

测验不仅会影响学生的学和教师的教,也会影响学校的办学取向。如马道斯和罗素(Madaus 和 Russell,2010)所指出的,用考试成绩来划分学生和学校重塑了我们对学生学业成绩及学校质量的理解,学生学业成绩不再主要关注知识与技能,学校质量也不再以教学、资源和学习机会为重点,而以学生个人及集体的考试成绩来定义。以考试成绩或者"升学率"论英雄,我们大家应该并不陌生,尤其是当下的中考和高考升学率,基本成了社会公众判断学校办学质量的唯一指标。

社会心理学有一个概念叫"乌比冈湖效应"(Lake Wobegon effect),是一种高估自己实际水平的现象,通常指个体或某一团体总觉得什么都高出平均水平的心理倾向,即在许多方面给自己的评分会高于实际水平。心理学家也常常通俗地称之为自我拉抬偏差(self-enhancing bias)。这种现象在面向学校的外部考试中非常普遍。笔者曾观察到一种有趣的现象:过去常常看到两位棋友下围棋,在几个回合的"战斗"结束之后,你问他们"谁赢了"的时候,他们几乎同时应声"我赢了",所以你常常不知道到底哪位赢棋了。现在许多面向学校的外部考试也是这样,每当某种高利害的考试结束,几乎每所学校都会"张榜公布",以示自己的学校在本次考试中取得的好成绩,而且基本每年都在"刷新"自己的历史。当然,局外人明白这其中的缘由,借助"真凭实据"证明自己的办学实力和质量,其目的在于吸引各类优质生源。

面对家长及社会各方面对学校办学质量的单一化评价倾向,学校大都会调整学生学习课程的优先顺序与授课安排。与考试有关的课程是阶段内教学的优先项,而与考试无关或者关联度不高的课程则被边缘化。由此,伴生了一种奇特的学校校园文化:课程教师也因为教授主课还是副课而分成三六九等。马道斯和罗素(Madaus 和 Russell,2010)报告,数学、科学以及语言艺术是测试科目,而历史、音乐和艺术成了不考的科目,这样实际上通过考试就定义了不同课程范围的相对价值。如果因为科学课程、公民课程或批判性思维课程不考试而将其排除在课程之外,如果探索、发现以及整合方法因为不符合规定的考试形式而遭淘汰,教师将丧失教授这些科目、使用这些方法的能力,甚至将它们想象成可能性(Smith,1991)。一位初级中学的老师向笔者讲,鉴于近年来发生在中小学的心理健康事件不断增加,自己所在的学校欲在各年级开设心理健康教育课(一周一次),结果招致部分家长的激烈反对。他们的理由是,自己的孩子没有问题,不需要所谓的“心理健康”教育,并要求将每周的这一课时调整用于考试科目的教学!

不仅如此,当在教师和学校之间比较学生的考试成绩时,教师之间的关系和信任也会受到威胁,导致一些教师因为学生基础较差而责备其低年级的同事;另一些教师则因为班级或学校平均成绩被公布而受到某种羞辱(Madaus 和 Russell,2010)。而且考试也会影响学校的师生关系。不论考试结果如何,总是存在拉抬(低)“均数”的学生,即木桶当中的长板与短板,前者往往是班级的“贡献者”,会受到师生的青睐;后者是“搭车者”,会受到师生的挤兑。

如果说“考考考,教师的法宝”是基于教师对学生的控制而言,那么“考考考,管理者的宝典”就是基于学校对教师或教育主管部门对学校而言的。谈到考试,我们或许更多想到的是教师通过考试借以实现对学生学习的控制,实际上,这种控制现在更多表现为教育主管部门控制学校或学校控制教师的非常具有威慑性的手段。

为了提高在高风险考试中的成绩,有部分学校和教师还会采用分流学生的做法:即将主要的精力和课堂时间花在那些最有可能在考试中成功的学生身上,而那些教师认为成功机会不高或者难以在考试中有任何“突破”的学生,教师有时会采取“自生自灭”的办法。下面的现象对我们大家来讲并不陌生:

> 上海市某中学高三数学老师沈老师,曾做过高三班主任,沈老师坦言,结合高三学生的学习水平,在高考前对成绩靠后的同学给出不要参加高考、改作其他打算的建议,这种做法在很多学校都存在。沈老师拿自己的学校举例说,当区级的一模(第一次模拟考)成绩出来后,班主任心中基本能了解哪些

学生能考上本科,哪些学生过不了本科线。"对于那些考本科基本无望的学生,我们也会和家长交流、和学生交流,建议学生可以选择春考或专科、职校等。"(《新闻晨报》,2014 年 12 月 12 日)

下面是 2014 年引发巨大争议的上海市某中学要求部分学生签订的"弃考承诺书":

我是高二＿＿＿班学生＿＿＿＿,目前我已深刻意识到加一①学习的重要性,一定会刻苦勤奋地学习,为高三打下坚实基础。但如果期末考试加一功课成绩年级排名 90 名以下,说明本人加一学科学习能力严重不足,此外,如果加一学科作业不做的情况超过 7 次,说明本人加一学科学习态度严重不端。

我在此承诺,一旦出现以上任何一种情况,本人将放弃加一学科,届时参加春考或专科自主招生考试。

承诺人:＿＿＿＿＿ 家长签名:＿＿＿＿＿ 时间:＿＿＿＿＿

20 世纪 70 年代末,我国恢复高考之后,经过 1977—1979 年三年的招生录取工作,发现当时面临的一个突出矛盾是报考人数很多(平均每年五百万人左右),而招生人数很少(平均每年仅三十万人左右),工作量很大,时间又很紧迫。于是,当时的教育部规定从 1980 年开始在四川、湖南、山西、湖北等部分省进行高考前的预选工作,选出成绩优秀的学生参加高考,认为这样"有利于更准确地选拔人才,减少统考工作量,把工作做得更细致一些,同时可以节省大量人力、物力、财力"(中华人民共和国国务院公报,1980)。在笔者参加高考的 20 世纪 80 年代中期,当时实际上是以国家政令的方式推行上述提及的高考弃考方案:即在高二或高三学年,学生在每年的五月份(当时高考时间是每年的七月上旬)要参加一种叫作"预选"的选拔性考试,选取那些被认为最有希望的学生参加正式的高考,通过高考预选的学生算是拿到了高考的"入场券",历经"十年寒窗"苦读而未能通过"预选"的学生连进入高考考场的机会都没有! 只不过当时以制度化方式推行的"弃考"与前述一些学校小范围对部分学生的"高考劝退"有着不同的理由:前者是为了节省人力和财力,提高效率;后者是为了提高学校的高考升学率。不一样的理由,但却一样的实质:为了某种看似"合当"的理由而损害学生的受

---

① 2014 年之前的上海高考方案实行"3＋1"考试科目设置,"3"即语文、数学和外语,为必考科目;"1"即政治、历史、地理、物理、化学及生命科学六门课程中的一门,文科生在前三门中任选一门,理科生在后三门中任选一门。

教育权和考试权！包括高考前的劝退以及教育分流等做法在当下的基础教育阶段仍普遍存在，有关的问题我们在第十章还会论及。

作为一种高风险的外部评价，前面提及的 TAAS 对学校教育教学的影响也比较大。接受访谈的教师认为（Gordon 和 Reese，1997），TAAS 对学校的影响体现在学校资源（围绕考试的人力与教学材料组织）、课程（与考试相关课程的加强及无关课程的弱化）、学校氛围（考前师生的教与学充满压力和紧张）、与其他学校的关系（学校之间的竞争及负面影响）、与家长和社区的关系（家长与社区的关注及支持）以及学校责任（以考试结果作为衡量学校教学质量高低及奖惩的依据）上。基于大范围的访谈，戈登和里斯（Gordon 和 Reese，1997）总结道，参与该项研究的教师不仅是"为考而教"，而且也是按考试形式而教，这样做往往是以牺牲学校的大部分课程为代价的。下面以我国（上）与英国（下）为例，看看这种考试导向的教学之弊害：

> 1. 成绩导向的政绩观将师生全部的时间和精力聚焦于与考试有关的科目，教育教学严重偏离教育目标；2. 学生的知识结构碎片化、狭隘化，课堂学习是围绕各类考试进行的；3. 有益于学生身心健康发展的课程（如体育课、美术课、音乐课以及心理健康教育课）被极度压缩甚至取消；4. 所谓的"学霸"就是刷题高手，所谓的"名师"就是提分能手；5. 严重阻碍学生创造性思维能力的培养以及教师创造性工作的空间；6. 高分学生只与上好学校关联，与学校评价的数字链有关，与学生发展的关联度并不高。

> 对考试结果的过度追求窄化了学习机会……在至少五分之一的学校，公开考试的要求似乎是导致阅读弱化的一个重要因素……在诸多科目中，写作往往是千篇一律的……就数学而论，考试是鼓励学生偏狭地重复练习以及脱离真实情境应用的标准程序的一个因素……科学课也一样，强调与学生经验没有关联的内容和概念。（Nuttall，1992）

有研究者（蔡建基，2000）通过对部分学生和家长的调查发现，98％的人厌恶统考统招和应试教育，85％的人强烈要求停止折腾了人们多年的统考统招和应试教育。因此，从学理层面讲，应试教育没有多少可为之辩护的理由。但从实践层面讲，不少学校管理者、教师与部分家长并不排斥"应试教育"，甚至为其摇旗呐喊。这其中，我们可以看到一些不认可"应试教育"的那些"置身事外"的专家学者，但是如果变化身份的话，其对"应试教育"的态度又会发生变化。请看一位教育理论研究者的言说：

　　从理论上讲,我是高举反"应试教育"之大旗的,我仍然认为,应试教育害多而利少,我也写过不少这方面的文章。但转换到教育实践中,置身于孩子家长的身份,我是要放下反"应试教育"这面旗的! 理由很简单,教师就是以考试成绩评判学生的,学校就是以考试成绩论教师教学成效的,家长及学生就是以升学率选择学校的。当你看着自己孩子的考试成绩在班级或者年级群体中处于不利地位的时候,当你看到别的孩子纷纷参加各类课外补习而忙得不亦乐乎的时候,你怎么能置身事外?

　　对"应试教育"的极度不认可也来自那些人才使用部门——各类人才就职的企事业单位。他们对"应试教育"的弊害有着比其他人更为深刻的认知,他们抱怨,学校看重的、考场强调的往往与职场的职业能力相关不高;职场所需要的专业能力以及协调沟通能力从学生的成绩报告单上看不出来,而看出来的与职场需求的关联度又不高。

　　总之,测验驱动的教育是有害的,理由是,这种教育将其着力点聚焦于考试的结果,并以之为导向组织学校的一切教育教学活动。对个人而言,围绕考试进行的学习并不能确保自己的心智健康成长,丧失了教育之主体本位;对社会而言,围绕考试进行的办学会让人才培养偏离教育的社会服务功能,丧失了教育之社会本位。

第八章　学校文化生态

学生不论学习哪门课程,都希望有个好教师;不论在哪一个班学习,都希望有个好班主任。

——江山野

学校文化培育是学校治理的重中之重,一方面,学校文化传统形成于学校长期的教育实践活动;另一方面,已形成的学校文化传统又对学校治理产生巨大的影响。

人们尽管对学校文化的理解有所不同,但一致认为价值观是学校文化的核心要素。前哈佛大学校长巴特(Barth,2002)就认为,学校文化是深深植根于组织核心的有关规范、态度、信念、行为、价值观、仪式、传统以及神话,正是这种历史传承下来的意义模式,在塑造人们的思想和行为方式方面发挥着惊人的力量。

学校文化不仅涉及我们通常所讲的硬件资源,也涉及软件资源,尽管后者更难明确界定与测量,但无疑又是学校文化的核心。这就引出学校文化的结构问题:学校文化包括学校的历史传统、文化观念、价值观念和与之相适应的行为准则(王尧,2008);学校文化包含理念文化、环境文化、制度文化、精神文化、班级文化和课程文化六个方面(刘健,2019);学校文化包括学校办学愿景、学校教育理念、学校办学价值观、学校的优良精神传统、学校的办学使命、学校的规章制度以及学校秉承的文化传统等(郑强,2005);学校文化可以大体地分为学校物质文化、学校制度文化和学校精神文化三个层次(付云,2006)。

本章甄繁就简,主要从学校文化与学校精神、学校治理与学校氛围、师生关系与课堂氛围三方面来组织内容。

一、学校文化与学校精神

学校文化与学校精神密不可分。艾勒斯和卡马乔(Eilers 和 Camacho,2007)通过对一所小学为期两年的研究,发现学校文化的变化与教师敬业精神、学校合作等方面的改变有关,而且前后测量发现,学校文化的变化也可以明显改善学生的学业成绩。

学校文化与学校精神涉及的内容非常广泛,我们仅讨论其中的两个方面:学校办学理念与学校墙报文化。

(一) 学校精神与办学理念

观念是行为的先导,人的行为是受其观念支配的。学校教育是高度目的性的活动,因此基于学校办学而提炼、概括出来的办学理念,是学校的引航灯塔,是学校精神的集中体现。办学理念的提炼,需要条件:一要有关于人才培养实质的理论造诣,二要有丰富的教育实践经验,三要能将倡导性的理论与实践性的理论结合起来,四要能对自身教育实践与经验活动进行观察和反思,五要有深厚的文学素养以及能够集思广益的包容精神。

学校精神与办学理念高度关联,前者是后者之源,后者是前者之象。人们对学校精神有多样化的理解与表达。例如,学校精神是学校在长期的教育实践过程中,为谋求发展而精心培育并与学校个性相结合而形成的一种学校主导意识(赵中建,2004,p. 307);学校精神即学校的文化精神,是学校文化的凝聚,也是学校文化特征的凝练表达(张东娇,2013,p. 4)。

反映学校精神的办学理念常常以校训的方式物化于校园中。有人(李建波,2008)这样形象地比喻校训之于学校的重要性,如果说把一个学校比喻为细胞的话,那么校训就是这所学校的 DNA,学校的一切行为都是由这个 DNA 所决定的。有关校训的特征描述很多,例如,校训是"学校为训育上之便利,选若干德目制成匾额,悬之校中公见之地,是为校训,其目的在使个人随时注意而实践之"(《辞海》,1999,p. 1493);校风、校训是学校使命、愿景、价值观的表达,校风是历史积淀下的现实状态,校训是一种理想(朱永新,2011)。

可见,研究者对校训的理解或偏向表现形式,或采用列举式,或注重功能式,但下面几点是校训的应有之义。第一,从表达形式看,校训常常以匾额或其他物化方式置于学校醒目之位置,是学校的一种理想追求和向往愿景;第二,从表达内容看,校训是对学校办学宗旨和核心价值观的凝练与概括,是学校办学理念和学校精神的反映;第三,从功能看,校训往往可以内化为学校师生的信念,具有行为导向和调节的功能。

由于极为个性化的原因,好多学校常常满足于诸多例行性程序工作,在如何办学方面缺乏自己的思考，往往照搬或拼凑自认为比较时髦的理念，这也是大家普遍觉得学校办学理念大同小异的原因。例如，湖南省政府教育督导室对长沙市 21 所省示范性普通高中的办学理念与办学行为的分析显示，其中 5 所学校的办学理念是"为学生发展奠基"，7 所学校是"以人为本"或"以学生为本"（阳锡叶，2013），办学理念雷同或者趋同可见一斑。北京东城区教委小学教育科对 50 所小学的调查结果显示，小学校训的雷同化、标语化现象严重（丁伟，2004）：49 所学校的校训为"四词八字"口号式构成形式，所占比例高达 98%；这 50 所学校的校训涉及用词 38 个，普遍存在重复使用的问题；其中使用频率最高的 4 个词依次为"勤奋"（38 所，占比 76%）、"团结"（26 所，占比 52%）、"创新"（21 所，占比 42%）、"文明"（20 所，占比 40%）。一方面，校训同质化现象普遍；另一方面，师生对这样雷同化校训的无感。因此，在上述调查问及学生对校训的看法时，一名六年级的学生这样说，"校训对我们来说，只是在升旗仪式上喊的口号"。

中小学如此，那作为人才培养终端的高校是怎样的呢？一项针对国内 256 所高校的调查显示，高校校训同质化、标语化现象极为普遍：在 256 所高校中，有 192 所学校的校训为"四词八字"的口号式，比例高达 75%；校训中高频率的词依次是"勤奋"（68 所）、"求实"（65 所）、"创新"（59 所）、"团结"（49 所）和"严谨"（25 所）；在 256 个校训中，包含以上 5 个词语任何一词以上的有 147 个，占到调查高校的近六成（刘阳，2007）。所以，单从校训看，我们几乎看不出中小学与高校有什么区别！问题不仅仅在于校训的同质化，同质化的校训基本名存实亡。对上述 256 所高校的后继调查发现，80%以上的学校很少或从未围绕校训开展过活动，甚至对于校训的内涵也没有进行过详细的阐述；58%的师生反映，并不是很了解校训的有关历史及内涵（刘阳，2007）。

安德森（Anderson，1982）认为，教师与管理人员就课程和纪律的共识与学生的高成绩有关，对学生行为和纪律的共识往往也与学校的凝聚力和学校精神有关，不仅如此，研究人员认为，所有学校参与者之间的一致性与学生的学业成绩和出勤率均有关。阿甘布莱特（Arganbright，1983）也发现，学生成绩普遍较差的学校，其教师和行政人员对学生的期望往往较低；学生成绩比较高的学校，其员工往往接受学校的基本目标，对学生及学生成绩有着较高期望的承诺并承担实现既定目标的责任。显然，办学理念源自学校文化与学校精神，它们之间理应是互利性的共生关系。

前已述及，涉及学校文化的核心要素是价值观。那么，什么样的价值观才是学校值得倡导的、学生更易认同并内化的价值观？这是一个因文化和意识形态差异而颇具争议的问题。例如,大多数教育家认同这样的观点,即政治价值观与宗教价值观不宜在学校提倡或者涉及;可以在学校提倡的、具有普遍性的且争议较少的价值观主要有诚实、正直、公正及自由(Popham,2017,p. 242)。

(二) 学校墙报文化与校园文化

学校墙报文化是校园文化的组成部分,多以可视化方式布设于课堂、教室走廊及其他学校建筑群落中。苏霍姆林斯基(1980,p. 135)指出,孩子在他周围——在学校走廊的墙壁上、在教室里、在活动室里——经常看到的一切,对于精神面貌的形成具有重大的意义;这里的任何东西,都不应是随便安排的,孩子周围的环境对他有所诱导,有所启示。

这里有必要对"学校文化"和"校园文化"予以划界。赵中建(2004)梳理了人们对上述两个概念的区分:(1)校园文化是以校园为空间、以学生为主体、以校园精神为特征的学校文化;而学校文化是指学校主体在学校生活中形成的具有独特凝聚力的学校面貌、制度规范和学校精神(pp. 95 - 96)。这一区分强调,校园文化的主体是学生,而学校文化则包括教师文化、学生文化、课程文化、组织文化和环境文化等。(2)校园文化是一个教育学的概念,因而是学校教育的一部分,建设校园文化是为了育人;学校文化是一个经济学概念,因而是学校经营的一部分,建设学校文化是为了学校的市场竞争力(p. 101)。笔者主张:第一,从结构看,校园文化是学校文化的组成部分,是部分与整体的关系;第二,从表现形式看,校园文化多以外显的、可知觉的方式表现出来,是一种现象文化;而学校文化除了具有这种现象化特征,还包括内隐的学校精神和价值追求部分;第三,从主体看,校园文化和学校文化共同包含学习并生活于其中的学生和教师。

本部分内容的素材主要来自两方面,一是笔者多年来在中小学校搜集到的资料;二是笔者指导的大学生科创项目成果(王笑晨等,2020),后者以江苏省扬州市 3 所城区小学 36 间教室的墙报文化为样本,集中考察了小学墙报文化的类型与功能问题[①]。

有研究者(阳丽,2013)将小学校园墙面文化定义为"以小学校园建筑墙面为载体,

---

① 该研究为 2019 年江苏省大学生创新创业训练计划项目"小学课堂墙报文化现状调查"(201911117046Z)的成果之一,完成人为扬州大学教育科学学院 2016 级小学教育专业学生王笑晨、徐忆青、陈欣怡,指导教师为王映学教授。需要特别说明:下面涉及墙报文化的图片,我们都有采自学校的一手资料,但因为拍摄效果欠佳,所以我们均以有相同或相似内容的网络图片代之。

由小学学校师生在教学过程中共同创造的,体现学校特色和教育理念的一切物质和精神财富的总和"(p. 11)。我们更乐意采用"墙报文化"而非"墙面文化",理由是,前者包含了后者所没有的反映学校办学特色与教育理念的符号性的实体表征。

墙报文化的表现形式纷繁多样,其传播内容、指向对象、所处空域以及装饰材质各有不同,很难进行恰当的分类。我们主要依据墙报所表现的内容,将学校的墙报文化划分为办学理念类、知识拓展类、行为规范类、评比表彰类、作品展示类、格言警句类和形势政宣类。

1. 办学理念类

办学理念类墙报即以学校精神、校风校训、教风学风、学校文化与历史传承、学校特色等办学理念为主要内容的墙报。这部分墙报内容既涉及学校倡导的教育教学理念,如校风校训、教风学风,以及人才培养的目标观、育人观以及价值观等,也涉及学校倡导的人才培养及育人文化,见图 8 - 1。

图 8 - 1　墙报文化之办学理念类

办学理念类的墙报多反映学校文化与精神,而涉及学校精神层面的语言表达大多抽象而概括,抽象远离了具体,概括远离了个别,所以往往显得空泛。这也是我们常见的反映学校办学理念的墙报显得千篇一律、缺乏"血肉"的原因之一。

2. 知识拓展类

知识拓展类墙报往往是对学科课程内容的必要补充和延伸,是以课外知识拓展为主要表达内容的墙报。常见的墙报形式有科普类、学科知识类以及日常生活类,见图 8 - 2。

这类墙报的内容活泼多样,是学生课内学习内容的有益补充,墙报的完成者通常有师生独立、学生合作以及师生合作等方式。

图8-2　墙报文化之知识拓展类

3. 行为规范类

行为规范类（含制度）墙报指以各种规（守）则、学生行为规范、学校管理制度等为内容的墙报。常见的墙报内容有学生课堂行为规则、学生行为守则以及礼仪规范等，见图8-3。

图8-3　墙报文化之行为规范类

这类墙报多以官方或校方等权威机构发布或制定，制作严谨规范，常常具有外加的性质，师生参与性成分较少，更多是规约类的。研究发现，学生的责任感会激励其接受学校规范；学生在课外活动中的成功与其接受学校规范的可能性之间存在密切关联；当学生能够更多地参与决策过程时，学校氛围本身就可以得到改善（Anderson，1982）。

4. 评比表彰类

这类墙报是指以鼓励表彰在某方面表现优异的学生为主要内容的墙报，这类评比性的墙报常以"表扬栏"的形式展示，或出现在学校的展示板、班级走廊，或出现在班级的公告栏，如各种形式的"学习之星""体育之星""进步之星""守纪之星"等，还有以年级或班级为单位的年度单一或综合项目的评比，都属于此类墙报文化，见图8-4。

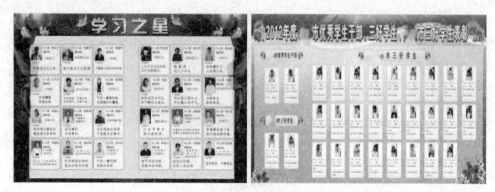

图8-4 墙报文化之评比表彰类

这类墙报一般又分两类：一类是指向群体（年级或班级）的，往往涉及其综合属性的比较，有强烈的评价倾向；另一类是指向个体的，或者是对其学校学业行为的综合评定，或者是对其学校某单一学业行为的认可与表彰。将学生群体表彰与个体表彰结合起来，更易于培养学生学习中的适度竞争与合作。

5. 作品展示类

这类墙报主要是以展示教师和学生作品为主要内容的墙报，教师作品主要涉及书法、文学或工艺类作品，学生作品涉及书画、手工、手抄报、写作或读后感，见图8-5。

图8-5 墙报文化之作品展示类

作品展示类的墙报主要涉及本校教师、学生作品的展示，这类墙报常出自学校师生，其作品往往有环境亲历性的特征，所以往往具有校园文化别具一格的特点——鲜明的个人风格以及环境亲和性的生态，因而常常有着较多的关注群体。

6. 格言警句类

这类墙报是以名人名言、格言警句以及我们中华民族传统文化中的经典语句为主要内容的墙报(图见第二章相关内容),大体涉及两部分:一部分是古今中外名人论及学习、教育及其个人成长方面的言说;另一部分主要涉及中国传统文化中的经典部分,包括经典著述摘录、历史寓言类故事等。

格言警句类的墙报多见于教室内外,在学生高频率出现的场所。这类墙报往往图文并茂,多出于经典名作或名人名句,常常通过学生无意或有意注意产生影响,具有很强的唤醒与激励功能。研究发现,在不同社会经济地位(SES)的课堂中,教室里的"印刷品环境"差异很大:在高 SES 的课堂里,教室里往往贴了更多鼓舞人心的话语,而只有一些低 SES 的课堂里有好的课堂标语(Good 和 Brophy,2008,p. 24)。

7. 形势政宣类

这类墙报是以当前社会热点话题或政府倡导性/禁止性政令为主要内容的墙报,主要包含两部分内容:一部分与当下社会的形势政策相关联,这类墙报紧贴社会热点,变化快,具有高度的流动性特点,常常以"口号"的形式出现;另一部分与政府的倡导性/禁止性政令关联,与前一类墙报相比,这类墙报的内容往往具有相对的稳定性,见图 8-6。

图 8-6　墙报文化之形势政宣类

形势政宣类的墙报所反映或者表达的内容常常涉及当下的社会热点问题或者政府倡导性的政策与意志,也涉及学生健康与安全方面的规范。所以,这类墙报的更换频率往往较高。社会热点常常具有"我唱罢了你登场"的感觉,而政府倡导性的国家层面的精神与大政方针,则相对比较稳定。形势政宣类墙报是对广大师生进行宣传的重要方式和渠道。要指出的是，这类墙报往往具有来自管理高层的指令和要求，不是选择题，而是必答题。

二、学校治理与学校氛围

学校治理体现学校文化，而特定的治理方式又生成独特的学校氛围。朱永新（2011）认为，制度是学校的文化契约，是学校管理者和师生共同遵守的契约；制度与文化是一种相互依存的关系，制度是硬文化，文化是软制度。

陶行知先生说过，"校长是一个学校的灵魂"。一所学校固然依靠的是广大的教师群体，但学校办得好坏以及学校生态，在很大程度上有赖于校长的办学理念、治理方式和影响力的发挥。校长的影响力主要通过权力性影响和非权力性影响来实现，而且从影响的性质及后效来看，后者比前者更有力量。这里涉及三个概念，即权力（power）、权威（authority）和影响力（influence），通常认为，权力包括两个重要但不同的方面，即权威和影响力。权威是受法律约束的权力形式，涉及作出决定的权利，并最终得到一系列的强制性制裁的支持；而影响力常常是指在没有法律制裁的情况下影响他人行为的能力……管理理论倾向于关注权威，而权威常常来源于组织的等级结构；微观政治理论则偏向影响力，它来源于人格魅力、专业知识、信息获取以及资源占有等方面（Hoyle，1982）。也有研究者基于权力的个体属性而非社会属性，认为权力应依据个人的能力而非其对他人的影响来定义。换言之，权力应根据我们有能力做什么而不是根据我们对谁有能力来解释（Pansardi，2012）。照此观点，权力与影响力不同，前者更偏向拥有权力的人有能力做什么事，而后者偏向有能力影响别人做什么事。

这种影响力我们往往可以通过一些细节来考察，即围绕在学校负责人周围的是什么样的人：是钻研业务的专业工作者群体，还是"投领导所好"的活动娱乐型群体。根据笔者多年的观察，有办学理念和追求的且富有成效的校长周围，常常围绕的是业务型的专业工作者，这样的校长往往也是偏专业和业务型的；相反，低效的缺乏明确办学理念的维持型校长周围，也会围绕一帮人，但这些人往往是"投其所好"的娱乐型群体，这样的校长也常常偏向行政管理型。

（一）学校治理与员工沟通模式

传播学将不同沟通通道所组成的结构形式称作是沟通网络，常见的沟通网络有链式、环式、轮式、全通道式以及 Y 式，见图 8-7。

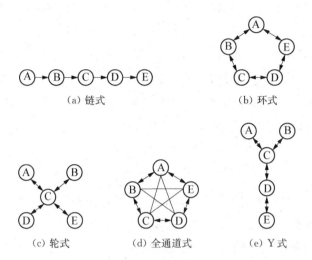

图 8-7　常见的几种人际沟通网络

将上述基本的人际沟通模式置于学校情境，我们提出两种常见的学校教师间的沟通模式，见图 8-8。

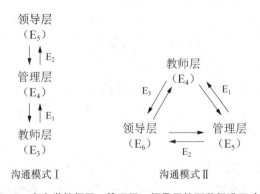

图 8-8　中小学教师层—管理层—领导层的两种假设互动模式

注：图中的"E"指同一层或层级间所形成的不同沟通环境（environment）。

图 8-8 是对中小学教职员工不同交往或沟通模式的一般性概括，是两种不同的假设沟通模式。下面我们分别来阐述这两种沟通模式下的学校生态。

1. 沟通模式 I 及其文化生态

沟通模式 I 将沟通的重心放在管理层，即教导（务）处、总务处等这些涉及学校教学管理的部门与后勤服务部门。在沟通模式Ⅰ中，管理层承担领导层与教师之间沟通的桥梁，发挥着典型的"上传下达"的组织作用。在模式Ⅰ中，存在两种形态的沟通，即不同层级（即所谓的"上下级"）的沟通和同一层面内部的沟通。前者主要是教师层与管理层（E_1）、管理层与领导层（E_2）之间的沟通；后者主要发生于教师层（E_3）、管理层（E_4）以及领导层（E_5）内部，层级间及层级内会形成不同的沟通环境与模式。在模式Ⅰ中，教师和领导层鲜有交往和沟通渠道，领导层通过管理层下达自己的要求与指令；教师通过管理层上传自己对学校各项教育教学事务的关切与意见。在这种沟通模式中，教师层与管理层、管理层与领导层的日常沟通都是一种双向性沟通：沟通环境 E_1 发生在教师层与管理层之间，沟通往往比较频繁，涉及内容往往与教师关切的教育教学及管理事务有关，沟通方式比较单一；沟通环境 E_2 发生在管理层与领导层之间，尽管他们之间的沟通形态也是双向的，但管理层之于领导层更多是汇报和倾听，领导层之于管理层是下达和指令。沟通环境 E_3 发生在普通教师之间，沟通频繁且形式多样，沟通内容多与教育教学、班级管理以及教研活动有关；沟通环境 E_4 发生于管理层内部，多限于学校具体管理业务及事务衔接；E_5 指领导层内部的沟通环境，多指向学校各部门之间的协调与学校整体事务的决策。不同沟通环境及模式都有各自不同的生态，下面是某小学教导处一工作人员的报告：

> 坦率地讲，处在教导处这样一个岗位，还是充满挑战的。一方面，要将校长的指令与意见准确下达到教师群体，变为不打折扣的实际做法；另一方面，需要听取来自教师方方面面的意见和建议，并反馈给学校的领导层。工作的难度不在具体事务方面，而在"工作的程序"，直白地讲，难处不在于事，而在于人。在教导处要比较好地处理上传下达的恰当程序：来自教师的意见和建议既有教育教学方面的，也有班级管理以及学校服务方面的，这些问题有相应的主管副校长，我的工作常常并非直接向校长而是向副校长汇报，然后根据副校长的初步意见再定夺是否或者如何向校长汇报相关工作。如果处理不好，管理层夹在教师与领导层之间，是那种"风箱里的老鼠，两头受气"这样一种窘境！不但教师对你有怨言，学校领导层对你也不甚满意。

学校管理的研究人员呼吁，校长行使自己的管理模式，应采用专业的而非官僚的方式。因此，校长在学校治理中应发挥双重角色：一方面是学校管理的执行官，应该以成功的管理向上级主管部门负责；另一方面，校长应是学术带头人，是引领教师群体专业发展的领头羊（Bush, 1995, p.17）。但在具体教育实践中，有些校长认为自己首先是管理者,而后才是教师;有些校长的想法则相反。就笔者接触的而言,没有校长否认自己是教师,但也有不少校长直言,自己的主要工作是管理而非教学。

可以认为,沟通模式Ⅰ常常出现"权力性影响"的治理模式。在这种沟通模式下,一种情况是,领导层的主要负责人可能通过外部任命或授权获得一种对他人的影响力;另一种可能的情况是,学校主要负责人更倾向于用命令的方式与下属沟通,这种风格与其所处的职责岗位关系不大,也许其本身就具有那种倾向于支配他人的人格特征。这种沟通与交流往往具有"控制与支配、教诲式领导、社会权力距离大、层级分明、讲究权谋与威信、高度集权、部署遵从权威和领导目标意愿不明确等特征"(袁笛,2018,p.7)。有些学校的校长满足于"上传下达""上命下从",靠"行政权威"而非"专业威望"去领导学校(钟启泉,2002)。在这样的学校治理中,往往形成一种流线型的沟通方式,即学校的规章与管理制度以明确的工作程序和流水线式的指引表明学校教职员工的应有行为,领导层的主要角色就是向下属发布旨意,管理层的任务就是向教师下达校长的指令,教师往往按照管理层下达的指令行事,其行事准则是领导怎么说就怎么做,教师往往追求无过错原则!如巴特(Barth,2002)所言,学校的健康状况与不参与讨论的人数(nondiscussables)成反比:不参与的人越少,学校就越健康;不参与的人越多,学校文化就越病态。诚哉斯言!一个组织——不论其大小,如果成员乐意且能够参与到团体的建设中,并且这样的参与对成员是有益的或至少是无害的,那么个体成员就越乐意参与组织的建设和管理。如果因为种种原因,群体成员难以置身事内,或者认为组织参与和自己无关而成为旁观者,从小处讲,这样的组织治理肯定存在问题;从大处讲,这样的组织文化一定存在病态。

与这种流线型沟通模式对应的往往是垂直型的学校管理制度,也是我们广为所见的一种管理制度,这样的组织管理结构一般涉及三项基本内容:层级结构、结构间的隶属关系以及各自的职责分工。组织心理学的研究表明,组织结构的层级越多,组织结构就越发显得复杂,沟通的成本越高,时效也就越差。组织结构复杂性的表现形式之一便是垂直分化,即组织层级的深度或者阶数,从最高层到最底层之间的层级越多,结构就越复杂(王磊,2020,p.253)。

一般而言,管理的层级越多,工作路径及职责分工越清晰,每一层级如一架运转机器的齿轮一般,各自发挥着各自的功能,显得有条不紊,这是上述组织结构治理的可取之处。这种"有为而治"的管理模式最大的问题是造就和培养教职员工的"按部就班"而丧失积极进取的倾向。诚如有研究者(朱文辉等,2016)所指出的,在这种刚性的、机械的、冰冷的制度条款的框定下,教师们犹如秋后寒蝉,力求在工作中不越雷池一步,而鲜少主动尝试和探索新的教学形式与方法。长期以往,就会出现教师层与管理层及领导层沟通不畅,领导层满足于维持现状,学校教育教学工作了无生气的局面。研究发现,在垂直分化度高的组织中,高层管理人员比底层管理人员满意度高;在垂直分化度低的组织中,底层管理人员比高层管理人员满意度高(王磊,2020,p. 262)。

2. 沟通模式Ⅱ及其文化生态

在沟通模式Ⅱ(图8-8)中,中小学教师、管理层及学校领导层之间呈双向交流模式。在这种沟通模式中,没有明显的沟通重心,即教师之间、教师层与管理层以及领导层之间都有比较畅通的双向沟通渠道。学校领导层既通过管理层下达有关的决策性指令,也通过与管理层的沟通了解管理层、教师对学校教育教学及服务工作的意见和建议;学校管理层一方面将学校领导层的指令与要求传达到教师层面,也通过与教师的直接沟通听取其对学校治理的各方面建议。教师群体通常有两条沟通通道反映其在日常工作中的意见和建议:将与自己日常教育教学有关的具体问题反馈至学校管理层,而将学生教育、班级服务以及教学研究有关的工作意见直接通过与学校领导层的沟通加以解决。显然,与沟通模式Ⅰ相比,沟通模式Ⅱ中的各层级都有双向沟通路径,因而沟通渠道更流畅,沟通更便捷、更高效。在沟通模式Ⅱ中,学校主要负责人多以非权力性影响力实现对学校的治理。影响力是衡量学校领导力的重要指标,校长影响力就是校长在与教职工、学生、家长的交往过程中,影响和改变他们心理与行为的能力(杨祚挺,2004)。"非权力性"影响主要是通过领导者的学识、能力以及人格等自身因素而非外在的赋权实施的影响力,这种影响力发挥的主要载体是"威"而非"权",前者是内发的、自发形成的,后者是外部赋予的、授权的。这种双向沟通模式也使得组织结构呈扁平化。管理心理学的研究表明,管理层级越是扁平化,沟通层级越少,则各层级之间的沟通成本越低,信息沟通越不易失真,员工的满意度往往也较高。

沟通模式Ⅱ并不一定有着与沟通模式Ⅰ不同的学校管理规约,这样的沟通模式往往与学校领导层的管理风格有关。同样的学校管理规约,有的学校管理更倾向于权力性的垂直型治理,有的则偏向非权力性的"双向"沟通治理。当然,有时也会出现两种沟通模式的转换,即有的新任领导在不熟悉学校事务的情况下,开始可能会采用沟通模式Ⅰ,而随着对学校人事的熟悉,会慢慢转向非权力性的沟通模式Ⅱ;而有的领导刚好相反,在开始"人生地不熟"的情形之下,更容易采用广泛调研、广纳民意的模式Ⅱ,而随着自己对学校人事的熟悉及权力运行的"入轨",则会转向沟通模式Ⅰ。

不论是沟通模式Ⅰ还是模式Ⅱ,权力的来源都比较多样。布什(Bush,2006)指出,学校这样一个组织机构的权力来源主要有:(1)职位权力,即通过外部任命而在组织中担任正式职务的个人所具有的权力。(2)专业权威,即教师因拥有领域专长而在特定场所(课堂以及问题情境)所具有的自决性权力或者权威。(3)个人能力,因个人魅力或其他的专业技能以及某些人格特征而在实践工作中累积起来的能力。(4)奖励控制,即通过资源性的奖励分配与控制来行使权力,这是一种行使权力的有效手段。(5)强制力,即权力的行使会通过约束、干涉或者威胁甚至惩罚来实现。

不论权力来源如何不同,教师授权(empowerment)是组织有效治理的关键。授权是管理者分享权力并帮助他人以建设性的方式使用这种权力,以便做出影响自己及其工作的决策过程。授权主要涉及两方面:一是教师教育教学的自主性;二是教师能够参与组织决策,通常包括课程开发、人事、学生生活以及财政事务等方面(Sweetland和Hoy,2000)。授权不仅涉及个人授权,也涉及团队授权,在具体的学校管理中,个人授权与团队授权往往不可分离。萨默奇(Somech,2005)指出,作为专业人员,教师在各自领域的专家身份应得到尊重和认可,这些需要的满足使其对自己所在的组织及职业产生一种承诺感,并提高其工作表现。那些将自己视为团体的一员,并认为自己的利益与团体一致的人,更愿意为团体的成功而努力并作出一定的牺牲。

(二) 领导模式与学校治理生态

学校的治理水平,通常可以从教职员工的沟通方式及同事关系中体现出来。良好的学校氛围往往与教师认为他们可以信任校长、在其需要的时候可以得到帮助、作为专业工作者能够得到尊重以及教师能够参与对其有重大影响的决策等方面的看法有关(Ellis,1988)。

探讨学校的领导方式,有必要澄清学校治理中经常涉及的三个概念:管理(management)、领导力(leadership)与行政管理(administration)。学校治理面临的一个困境是在领导力、管理和行政管理这三个具有竞争性的因素之间取得平衡,领导力旨在改善教职员工、学生及学校表现这样的高层次任务,管理则指向日常运作的维护,而行政管理常常涉及低层次职责(Dimmock,1999)。库班(Cuban,1988,p. xx)认为,领导力是指影响他人以实现预期目的的行为,其特征是寻求主动改变;而管理是高效维持现有的组织安排,其特征是维持而非改变。还有研究者(Bush和Glover,2002,p. 10)主张,领导力是引导预期目的实现的过程,包括基于明确的个人与职业价值观而激励并支持其他人指向学校愿景的实现;管理是指学校政策的实施,是富有成效地维持学校当下的活动。布什(Bush,2006)概括了六种不同的管理模式及相应的领导模式,见表8-1。

表8-1 管理与领导模式的类型

管理模式	领导模式
正规式(formal)	管理的(managerial)
协商式(collegial)	参与的(participative)
政治式(political)	交易的(transactional)
主观式(subjective)	后现代的(post-modern)
模糊式(ambiguity)	随意的(contingent)
文化式(cultural)	道德的(moral)

从表8-1可以得出一般性的推论,不同的管理模式之下,往往隐含着不同的领导模式,而多样化的管理与领导模式,自然就会培育各具生态的员工关系及学校氛围。下面我们就以这六种管理和领导模式为分析框架,探讨学校领导模式及相应的学校治理生态。

1. 正规-管理模式下的学校治理生态

正规-管理模式假定组织是一个等级制度,强调组织的正式与结构要素,管理者往往采用合理手段追求既定的目标。该模式认为,组织总是追求其特定目标的,这些目标一般是由校长或者高层管理人员制定的(Bush,1995,p.61)。在这种管理模式中,更偏向垂直式的单线沟通模式,强调领导的权力性影响力,强调上下级的等级关系(图8-8之沟通模式Ⅰ)。与之对应的领导模式是"管理的":领导者将重点放在组织的职能、任务和行为上,如果能够全面履行这些职能,将有助于促进组织内其他人的工作。前已述及,管理的重点是现有秩序的有效维护,而非变革与发展。在这样的管理模式中,处于决策层的领导者看重权力与等级,处于中层的管理者注重准确地上传下达,处于基层的教职员工满足于完成"规定动作"。布什(Bush,2006)将这种正规-管理模式又分为结构模式、系统模式、官僚模式、理性模式与等级模式。

对于一定的组织而言,可以从其结构和人这样两个维度来分析组织结构的效力。强调组织结构的观点认为,个体的行为是由其在组织中所担任的角色决定的;而强调人的观点则认为,组织成员的行为是由其个性决定的(Bush,1995,p.38)。其实,这种维度分析特别有助于我们考察正规管理模式及其对应的管理型领导风格之中的同事关系。在正规管理模式中,组织偏向垂直式的"链式"分布,领导者处于组织这一"金字塔"的顶端,他们更相信权力性的影响力,相信外部赋予的权力对组织中成员的影响,他们更愿意采用指令而非协商的方式与下属沟通。处于组织顶层的领导者看重组织目标,这些目标往往是他们或者个别管理层的人员制定的,不论这些目标有无实现的可能,但目标本身就体现了他们的意志。管理者处于组织的中层,常常充当着"上传下达"的职能。对管理者而言,衡量其工作效率的指标主要是基于具体工作变化与要求的"请示与汇报"以及对领导指令与要求的准确下达。一般而言,对于"汇报",管理者往往会根据自己的经验及对领导意图的揣度进行选择性"过滤",在选择性汇报过程中,如果领导者的风格比较权力化与官僚化,那么管理者选择性汇报的准则一般是"事人第一,事事第二",这种情况在那种热衷权力化的组织管理中表现得非常明显,即所谓的"上有所好,下必甚焉"。而在工作汇报之后的"请示"环节,由于领导接收到的信息可能失真,所以管理者从领导那里得到的指令也有可能"走样"!换言之,在这种领导与管理模式之中,管理者更看重领导指令的准确下达而非"民意"的真实汇报,管理者处理问题的首要考量是领导的满意而非下属的称心。

正规-管理模式发端于企业管理中的科学主义,这种管理重视结构及其要素的有效组合,重视目标管理。但自从 20 世纪 70 年代以来,人们逐渐认识到,这种模式"往好了说是有偏颇的,往坏了说是有严重缺陷的"(Bush,2006,p.20)。

2. 协商-参与模式下的学校治理生态

协商-参与模式强调通过取得共识的讨论过程作出决策,主张组织权力由部分或所有对组织目标有共同理解的成员来分享。该模式更适合于拥有大量专业人员的组织机构,而学校正是这样的组织。在这种组织结构中,广大教师不仅拥有自己的专长,对自己的工作领域有着充分的认识与理解,也对自己工作领域的性质、领域现状及其问题有着比非领域人员更深刻的理解,是解决或者改进领域工作不可或缺的人力资源。

与这一管理模式对应的领导模式是"参与的"。由于这种模式往往更适合由专业人员形成的组织,学校治理是专业的,学校领导本身是专业工作者,他们更愿意认为自己是专业人员而非管理人员。学校领导层与广大的教职员工有着各自不同的专业背景和各显所长的职业分工,他们有共同的价值和利益追求,学校的所有员工对学校的政策设计与实施都拥有贡献,彼此共享自己的想法并对自己的意见负责。总之,在这种领导模式下,校长的行为是支持性的、平等主义的,对教师既不指导也不限制(Sweetland 和 Hoy,2000)。

协商管理模式下的领导方式是参与的,组织机构的目标是大家共商的产物,与前述领导决策的目标不同,共商的目标往往是教师知情的,他们知晓目标确定过程中的学校基础条件、学校的内外支撑条件、学校的愿景以及实现这一愿景所需要付出的巨大努力。换言之,参与目标协商的教师能更设身处地地理解目标确定的细节,知晓学校愿景设计的前因后果,这样就为目标的细化与实现提供了基础。有了共商且共享的目标,对积极参与学校事务的教师来讲,也容易派生基于共商目标的共享价值观。在这样的组织中,突出权威式的领导者会显得不合时宜,领导者也不认为自己是通过权力性的影响力来实现对学校的治理的。学校领导与其说是唱独角戏的明星,不如说是专业人士之间达成共识的开拓者(Bush,2006)。包括学校领导在内的教职员工各司其职,人人分享自己的经验,共商达成目标过程中的困难与解决路径。因为共享的经验可以克服任何基于个人经验作决策的偏狭,所以可以大大缓解学校领导所面临的压力。更重要的是,基于群体经验共享的决策可以极大提高组织的工作绩效,避免个人决策带来的系统风险。同时,群体成员更乐意将组织看作是自己的组织,将自身利益与组织利益连为一体,组织成员更易出现"因事而非因人而谋"的局面;也是在这样的组织中,更易出现"精致于事,简单于人"的局面,从而形成活泼、轻松、愉快的组织生态。

毋庸置疑,这样一种管理模式及其领导方式,与其说是一种现实可行的治理模式,不如说是理想可期的治理模式。从决策程序讲,其决策速度迟缓、达成共识与共享的实效成本昂贵,而且在充分尊重专业人员意见的组织中,由于教师专业的多样性与自身认识上的差异,要取得某种共识并不是一件容易的事。

3. 政治-交易模式下的学校治理生态

政治-交易模式认为,组织决策是通过谈判和讨价还价的过程作出的。该模式认为,组织目标是不稳定的、模糊的且充满争议的,个人、利益集团和联盟有着各自的目标并为实现自己的目标而行动(Bush,2006)。存在张力的目标与组织目标可能并不完全一致,甚至有冲突,这也是组织内出现利益集团甚至联盟的根本原因。在这一管理模式看来,冲突是组织内的正常现象,经由利益追逐、谈判与妥协会逐步形成特定的利益集团,组织内的利益集团为了追求特定的政策目标而结成某种联盟。如此则权力不一定归于个别领导,而归于占支配地位的联盟。据笔者的观察,这样的管理模式在我国的高校中更易出现。与这种管理模式对应的领导模式是"交易的",即学校治理方式以利益集团为单位,对决策层而言,他们相信与教师的关系有赖于某种稀缺资源的交换;对广大教师而言,行政管理人员和教师的沟通与交流常常是偶然的、短暂的且限于利益交换的。

在政治管理模式之下,冲突是组织内普遍且常见的问题,管理旨在调节教师间或利益集团间的政治行为(Bush,2006)。不论是组织机构还是教师个体,逐利是其普遍性的常态:组织机构为了生存与发展,需要争取各种资源,当资源对组织的生存是必需的但又有限时,资源的争夺便开始了。如果这种争夺是基于大家明白无误的"显规则",那么组织机构就会按照规矩来;如果在组织资源的争夺过程中,不是"显规则"而是大家心知肚明的某种"潜规则"在支配资源的分配,资源抢夺便开始了。目前在我国高校基于各式"标准"所实施的评估,尤其是学位授权、重点实验室以及各种类型的"基地"建设中,无不存在上述两种情形下的资源争夺甚至是巧取豪夺。在这样的情形下,学校领导层往往会动员一切可能的力量去争取外部资源,所以在有些高校,一些领导的主要精力和心思不在"主内"而在"主外",这也是让一些学校领导感到比较消耗精力的地方。

将我们的视野移到组织之内,这种为了利益而进行的争夺战以另类不同的形式出现。在学校内部,在涉及各部门发展的校内资源分配、教师职业发展方面的教师进修、职称评聘以及"条件进阶"等方面更是如此。如果这些涉及教师职业发展的事项,都是基于人人皆知并能得到遵守的校内"显规则",那么事情就比较好办,也不存在我们本部分讨论的政治管理模式及由之派生的"交易的"领导方式。但问题是,在资源有限甚至比较稀缺的时候,"交易"就出现了,这种交易表现形式多种多样:因为利益的共谋或者冲突,在学校就会形成某种暂时性的利益集团甚至联盟,教师为了寻求自己的可预见利益,会联合利益方(至少不冲突)的教师并与相应层级的管理层"抱团",形成某种利益集团。而且,在学校就有限资源分配不一致的情形下,会出现不同利益集团的交易:如果利益集团间的力量较为均衡,最后的交易往往通过谈判达成某种妥协;如果利益集团间的力量对比悬殊,最后就无交易可言,往往是集团间的力量对比决定利益分配。以笔者基于高校多年工作的经验,以及与广大中小学教师的接触来看,上述两类"交易"现象都是存在的,而且出现这类"交易的"领导模式往往与学校出现的"政治管理模式"相关联。"交易的"领导模式之下,难以就学校领导所倡导的价值观及远景产生长远承诺(Bush，2006)。

政治管理模式及其对应的"交易的"领导方式确实是存在的，尤其是当组织规模较小且常常是"熟人"圈子的时候。出现这样的管理模式，往往与学校领导不恰当地行使权力有关。他们喜欢玩弄权力，尤其懂得通过控制涉及教师个人利益的有限资源来搅动组织中的人际关系，尽管从道德层面讲，我们不大愿意接受这样的领导方式，但威权主义的治理土壤往往会促生这种"交易的"领导风格。

4. 主观-后现代模式下的学校治理生态

主观-后现代模式认为，组织是由其内部人员创造的，每个人以不同的方式解释特定情境，个人的感知源自自身的背景与价值观，组织对其每一成员有着不同的含义，而且这种含义仅存在于这些成员的经验中。主观管理模式关注的是组织中的个人而非整个组织及其下属机构，个体对组织的知觉与判断来自个人的具体经验。用建构主义的观点来解释，我们每天所知觉到的外部事件并不具有客观性，呈现在我们面前的外部世界看似是真实的、客观的，但由于主体自身认知结构具有高度的个人建构特征，所以我们的知觉是选择性的，我们对外部世界的认知和解释有着明显的个人特征(王映学等，2020)。皮亚杰(Piaget，1970，pp. 21 - 22)讲得更明确，他认为认识既不是起因于一个有自我意识的主体，也不是起因于业已形成的会把自己烙印在主体之上的客体，而是起因于主客体之间的相互作用，这种作用发生在主体和客体之间的中途。

由于主观管理模式强调个人经验的建构性，因此，与这种管理模式对应的领导模式是"后现代的"。后现代文化强调主观真理的多样性，而这些主观真理是由经验定义的。后现代主义具有这样的特征：语言并不能反映现实，现实是多重的，多重的现实是由不同个体的多样化经验决定的。正如领导者对任何事件的理解和解释是基于个人的经验，教师对学校愿景、目标与价值取向的理解与认知也是这样，因而理解、尊重并听取广大教职工的认知和经验就显得尤为重要。

主观管理模式强调个人经验的情境性与建构性，由于这种模式偏重个体经验的主观性，所以与之对应的领导模式强调领导者个人的素质和基于特定情境的个人建构。与之相似，任何一位教师的经验也是情境性的，而且这种情境性经验因为个人的预期及认知过程差异，其对特定事件的理解与解释是不一致的。这种不一致不仅表现在领导者与教职员工之间，也体现在教师个人在不同的情境转换与事件亲历当中。因此，基于如此理解的领导模式不相信威权主义，不相信任何个人的经验可以解释所有的现象。以此为假设的管理模式认为，教师基于其个人经验的建构和认知都是值得尊重的,对组织目标的确定、学校办学理念的凝练以及价值观的追寻都要尊重教师多样化的个人经验。正如布什(Bush,2006)所指出的,领导者需要关注组织中的多种声音,并形成一种领导力的"结果权力"(power to)而非"支配权力"(power over)。① 以这样的管理模式而论,在办学过程中,鼓励教师畅所欲言,善于采纳教师多样化的意见是学校治理的应有之义。

5. 模糊-随意模式下的学校治理生态

模糊-随意模式认为,类似学校这样的组织机构常常充满着不确定性和不可预测性。组织决策往往是在正式的或非正式的情景下作出的,组织成员的参与是流动的、不确定的。学校这样的复杂组织常常是模棱两可的,在快速变化的时期尤其如此。在学校事务中,许多情境事件是变动的,即学生是常新的,教师面临的是鲜活的成长中的人,这些"日日新"的人在变幻着的外部事件中所发生的认知、情感与行为变化具有极大的不确定性。因此,模糊管理模式认为,确定明确的组织目标既不现实也不可行。在大多数公共与教育组织中,模糊是决策的一个主要特征(Bush,2006)。

与之对应的领导模式是"随意的"。由于学校环境的多样性与流动性特征,决策者很难事先确定某种目标,而是根据具体的情况和特定情境随时调整应对方式。同样,管理工作极为复杂且难于预测,有效的领导者会不断了解情况并评估怎样使自己的应对行为适应不断变化的情形(Bush,2006)。按照这种模式,学校的治理不是预设的,而是临时而动的,领导者需要根据具体情况的变化随时调整应对策略,这些策略在事发之前是难以有效计划的,因此更佳的应对策略不是一刀切式的预设,而是随机而动的灵机应变。

基于模糊的管理模式,要有效进行学校治理,可行的方法是个人或组织授权。有研究者(Somech,2005)通过对25所初中和27所高中的983名教师的抽样调查表明,高个人授权和高团队授权的联合效应对教师工作表现水平的影响最大。这些研究表明,那些认为自己有能力掌控自己成长并解决自身专业问题的教师,也往往能有效将团队看作自己成长、不断学习并改善自己工作环境的机会;高个人授权的教师从团队合作中的收获往往高于低个人授权的教师。研究人员发现,组织承诺源于个人与团队的高授权,以及低个人与高团队授权的互动中;职业承诺主要受益于两种授权高低的

---

① 有研究者(Pansardi,2012)将"power to"界定为"结果权力"(outcome power),将"power over"界定为"社会权力"(social power)。前者偏重行使权力带来的结果,后者则涉及行使权力对别人产生的影响。

组合中（Somech，2005）。斯威特兰等人（Sweetland 等，2000）发现，在以下两种情况下，教师授权往往是有效的：第一，旨在提高教师专业化而非官僚控制的教师授权；第二，教师授权是真实的，即教师有权就重要的课堂和教学问题进行决断。

6. 文化-道德模式下的学校治理生态

文化-道德模式认为，信念、价值观和意识形态是组织的核心（Bush，2006）。组织中的个体所持有的某种观念与偏好影响着他们的行为和他们对其他成员行为的看法，这种管理模式更强调组织非正式的方面，组织的运行更有赖于组织的办学理念、文化传统以及符号和仪式等。

与这种管理模式对应的领导模式是"道德的"。构成领导力的关键是领导者自身的价值观、信念与伦理，权威与影响力源于对正确的或善的合乎情理的认识。这种领导模式与学校文化，尤其与领导者的价值观、学校的办学理念高度契合。

文化管理模式的核心是组织信念、价值观和意识形态。这样的文化传统是在长期的实践中形成并为大家认可的，而且也常常是有效的。其有效性体现在，学校领导层与管理层不仅口头上倡导，行为上也会践行这些文化传统。其行为不仅合乎学校文化传统，也常常合乎伦理道德，不仅"事顺"，而且"心顺"；在教师层面，无需外部繁琐的规约便能够自发地表现出学校文化所倡导的行为，专业而充满仁慈地解决教育教学中的各种问题；所有的教职员工依照学校所倡导的信念和价值观行事，不仅有效率，而且有着良好的"边缘外溢"效应，即不仅可以有效影响师生的组织内行为，也能影响其组织外的关联行为。我们有理由相信，文化管理模式可望培育"无为而治"的学校治理生态。

上面提及的六种管理模式及其领导方式，都可以部分地在我们的现实中观察到，但任何一所学校却很难套用上述模式中的任意一种。换言之，采用上述模式可以解释并理解学校运行中的某一事件、情形或者问题，但任何一种单一的管理模式都无法解释任何我们接触到的学校。正如研究人员指出的那样，试图寻求一个包罗万象的模式是简单化的，因为没有任何一种管理模式可以囊括性地说明学校复杂的组织结构及其运行逻辑（Bush，2006）。

实践者和决策者往往对理论与概念不屑一顾，因为他们声称这些理论及概念常常远离"真实"的学校情况……如果实践者回避理论，那么他们必须依靠经验作为行动的指南（Bush，2006）。毋庸讳言，理论的生命力在于对实践问题的解释力，并有助于解决实际问题。对于一线的教育工作者而言，理论的效用要以与学校实际情形的拟合度而非理论框架的合理性来判断。霍伊尔（Hoyle，1982）曾区分过"理解的理论"（theory-for-understanding）和"改进或实践的理论"（theory-for-improving/practice），他认为，尽管两者都具有潜在价值，但后者对于教育管理者更为重要和有效。实际上，倡导的理论或者"用作理解的理论"更多涉及的是学校"为人所知"的一面，而学校治理更多涉及的是"不为人知"的一面。有研究者（Hoyle，1982）从学校微观政治学的视角，将这种各具特色的个性化的学校特征称为"组织生活中的黑暗面"。

如果对学校的治理仅仅基于治理者的经验，那么就有点像学生解题时总是从自己学过的或者已经解过的习题（即所谓的"样例"）中寻求答案，而学校治理显然要比学生解题复杂得多。学生从样例中学习往往来得更有效，因为自己面临的问题与自己解决过的问题或者课本中的例题常常有着相同或相似的规则结构。学校治理不是这样，学校是"常新"的地方：常来常往的学生以及随时变动着的师生互动方式，因为涉及的是有着丰富个性的师生以及"随景而动"的个体，所以学校的问题情境常常是生成性的、新鲜的，领导者或管理者套用自己的经验应对出现的新情况，就会出现管理中的"教条主义"或我们所称的"经验定势"。正如布什（Bush，1995，p. 27）所言，依据经验解释现象并作出决策有很大的狭隘性，因为它往往无视他人的经验，而理论则能够让我们在解决问题时利用他人的经验和认识。

心理学的研究发现，我们在解决问题的过程中难免会受到"心理定势"的影响。"心理定势"是指因先期的活动经验而形成的一种心理准备状态，这种准备状态（恰如运动状态或静止状态的物体所具有的惯性）会影响后继的活动。当两种活动在性质上相同或相似时，这种影响是积极的；当两种活动在性质上不同或者发生了某种程度的变异时，原有准备状态——心理定势的影响往往是消极的。

个体经验是"心理定势"的一部分，是个体在过去的活动中形成的有关实践活动的认知与体验。这种准备状态恰如物理学上讲的"惯性"一样，对外部影响存在阻抗倾向。学校治理者在长期的治理实践中形成的经验是基于特定的情境与情境中的事件，当新的问题情境与过去的情境事件相同或相似（相近岗位或者类似学校的易动）的时候，治理者早先的经验有益于其应对情境问题；但当面临的情境事件发生变化（不同岗位或者不同层次学校的易动）的时候，治理者早先的治理经验就会阻碍其应对后继情境事件的能力。因此，治理者要重视经验的积累，但不能过于迷信自己的经验。经验既是财富（遇到相似或不变的情境），也是包袱（遇到变化了的情境）。

(三) 学校氛围

氛围是一个日常的大众化概念,通常用以描述组织生活基本而持久的质量。生态、环境、社会系统以及文化等持久性特征的特定组态往往会形成一种氛围,正如个人特征的特定组态会形成某种人格一样(Sweetland 和 Hoy,2000)。学校氛围(school climate)是我们口头经常使用的一个概念,但要精确描述这一概念却不是一件容易的工作,研究人员普遍认为从事学校氛围研究时,在对其进行测量、变量选择和控制以及统计分析方面存在的困难。例如,安德森(Anderson,1982)就这样描述道,学校氛围被视为一个令人向往的但却难以企及的研究重点,这一点恰如一种神话中的野兽——独角兽,人们昼思夜想地期盼它,但却永远找不到它。正如埃利斯(Ellis,1988)所言,学校氛围是一种复杂的现象,容易觉察,但极难定义、测量或操纵,这种氛围具有主客观的综合性特征,体现的是观察者对学校或课堂的总体感受或印象。

布鲁克弗等人(Brookover 等,1978)指出,学校氛围包含其群体成员所确定并感知到的变量的组合,这些因素可广泛地理解为社会系统规范以及在群体成员之间能够感受到并彼此传递的期待。他们提出了学校氛围的两个维度——规范与期望,认为这两个维度在理论上是高度关联的:规范是群体成员有关适当行为之共同信念的表达,规范与期望既包括群体成员表现出来的对适当行为的规定,也包括群体成员对这些期望的理解。与之不同,霍伊和汉纳姆(Hoy 和 Hannum,1997)则认为,学校氛围可以从师生之间、教师与行政管理人员之间、教师之间以及学校与社区之间的关系来衡量,这四个维度以简约的方式揭示了学校氛围开放与健康的本质,其中教师与行政管理人员之间关系的开放性体现在商议式的领导方式中,教师之间关系的开放性体现在教师的专业化当中。这种学校氛围的考察维度涉及学校组织的三个层次(制度层、管理层和技术层)和四种重要的学校联系(社区-学校、校长-教师、教师-教师以及教师-学生)。也有研究者(Frazier 等,2015)认为,学校氛围包含规则和规范、政策和程序、安全和支持、关系和互动、教学、纪律及自主性等。而美国国家学校氛围委员会(NSCC,2007)则提出了学校氛围的六大类别,分别是安全、教学与学习、人际关系、组织环境、社交媒体以及领导与专业关系(仅限于教职员工)。与上述围绕学校氛围维度或结构的研究不同,安德森(Anderson,1982)提出了涉及学校氛围的四个变量,分别是生态学变量(建筑特色与规模大小)、环境变量(师生特征与士气)、社会系统变量(行政组织、教师关系、师生关系、社区与学校关系)以及文化变量(教师承诺、同行规范及清晰的目标等)。

可以看出,学校氛围如此之复杂,以致于我们很难区分它是学校的输入变量还是输出变量,抑或两者都是。实际上,氛围可能是介于共有的环境维度、个体性的学生背景与学生结果之间的中介变量,因而氛围既可以当作自变量,也可以当作因变量(Anderson,1982)。总之,它是多因素、多层面交互性作用的结果,是衡量一个组织和机构运行质量或健康水平的重要指标。研究人员发现,学校之间的氛围差异是学校社会环境的重要方面,这种差异可以预测学校之间在平均学业成绩方面的差异(Brookover 等,1978)。

学校氛围一直是教育领域关注的重要话题,也是人们试图改善学校环境的重要抓手。美国疾病控制和预防中心(CDC,2009)曾建议将学校氛围改革作为促进健康的人际关系、学校联系,以及预防辍学的一种数据驱动策略,美国教育科学研究所(IES)将学校氛围视为预防辍学的一个合理策略。美国国家学校氛围委员会(NSCC,2007)指出,学校氛围以人们对学校生活的体验模式为基础,反映规范、目标、价值观、人际关系、教学实践及其组织结构。该中心对积极可期的学校氛围有如此的图景式描绘:

> 一种可持续、积极的学校氛围可以促进青少年的发展和学习,这种氛围是民主社会中个体富有成效、有所作为并满意地生活所必需的。学校氛围包括有助于人们在社交、情感及身体等方面感到安全的规范、价值观和期望,人人都很敬业并受到尊重。学生、家长和教育工作者共同努力、协同发展、和谐共生,为共同的学校愿景作出贡献。教育工作者塑造并培养一种突显源自学习之益处与满足感的态度,人人都对学校的运作和物理环境的保护作出自己的贡献。(NSCC,2007)

在学校氛围研究中,研究人员常常追问的一个问题是,氛围究竟是学校的某种属性还是学校成员对学校的主观感受?大多数研究人员认为氛围是学校的固有属性,或者说氛围的"理论单位"是学校(也有观点认为"理论单位"是个人),从这一角度看,学校的每一位参与者都会通过与学校的互动体验到学校的氛围;也有观点认为,氛围是组织内个体的一种心理属性,这种将学校氛围视为个体层面的属性也许有着更强的理论立场(Van Horn,2003)。按照上述两种观点,如果学校氛围是一种组织属性,那么氛围研究的对象就是学校,学校参与者对学校氛围的看法或者感受应具有高度的一致性;如果学校氛围是一种个体属性,那么氛围研究的对象就是参与其中的个体,这些参与者对学校氛围的感受体现出来的更多是差异性而非一致性。实际经验告诉我们,这两种情形似乎都存在,即对特定的学校而言,我们对其氛围的感受与觉察既有一致性也存在差异性。这也体现了学校氛围研究的难度,尽管研究人员对学校氛围存在不同认识,但在下述几方面还是存在共识的(Anderson,1982):(1)学校确实拥有某种独特的称之为氛围的东西;(2)这种氛围虽然可以识别,却显得比较复杂,难以捉摸、描述并测量;(3)学校氛围受学生群体特征或课堂样态等特定方面的影响;(4)氛围会影响学生的认知、情感、价值观、个人成长及满意度等多方面的变化;(5)了解氛围的影响有助于改善对学生行为的理解和预测。因此,人们常常这样认为,氛围之于学校犹如个性之于个人(Hoy 等,1996)。

霍伊等人(Hoy 等,1996)基于学校校长与教师行为的开放性将学校氛围划分为四种形式,见图 8-9。

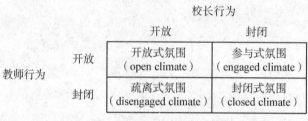

图 8-9　学校氛围的四种基本类型

开放的氛围以教师之间以及教师与校长之间真诚而开放的互动为特征。在开放的学校氛围中,教师与校长彼此坦诚、支持,倾听彼此的想法并一起致力于手头工作;而封闭的学校氛围则以防备性的、多疑的、限制性的、保持距离的、疏离性的互动为特征。研究表明,在校长与教师的关系中,校长的开放程度似乎与教师感受到的校长的真实性密切相关;而教师在行为方面的开放程度则与校长感受到的教师真实性直接关联(Hoy 等,1996)。开放而真实的沟通本身就应是学校的目标,这样的目标不仅是有价值的,也是健康的组织动态所不可或缺的。学校应该是师生想去而非不得不去的地方(Hoy 等,1996)。

从图 8-9 可以看出,在"开放式氛围"中,教师和校长都对自己的行为持开放态度。在这样的氛围中,校长支持教师的行动与建议,校长给予教师行为的自由而不是事事监督;同样,教师之间尊重彼此的专业能力,对同行充满热情与开放的愿望;对学生开放并致力于帮助他们,既不批评也不生乱。在"参与式氛围"中,教师之间及师生之间往往表现为开放性的互动,但与校长的关系却是封闭的。具体表现是,教师在努力完成各自目标的过程中彼此开放合作,并对自己的学生负责,而校长在行动上不支持教师并紧盯着其行为表现。与之相反,在"疏离式氛围"中,校长的行为是开放的,而教师的行为却是封闭的。表现在,校长支持教师,给予教师必要的专业尊重,但教师之间、教师与校长之间都显得漠不关心,教师不认可校长并疏离于自己的手头工作。在"封闭式氛围"中,学校对于校长、教师及学生而言均非愉悦之所,校长与教师之间对彼此的行为都持防备态度。表现是,校长不信任教师的所作所为,不是鼓励支持而是试图控制教师,显得比较僵化而且独裁;教师也差不多,显得冷漠、自我封闭,既不关心学生也不愿承担任何责任。

关于学校氛围研究的基本框架,除了上述"开放"的维度,斯威特兰与霍伊(Sweetland 和 Hoy,2000)还提出一个"健康"的维度。按照他们的观点,健康的学校氛围通常在学生、教师及管理人员之间有着积极的相互关系。具体而言,健康的学校氛围具有如下特征:(1)学生常常努力学习并尊重其他学业成绩好的同学;(2)教师喜欢自己的学校、同事、工作及学生,追求学术卓越,他们相信自己及自己的学生,他们往往确定较高但可及的目标;(3)校长行为也是积极的,他们显得友善、开放而富有支持性;(4)校长对教师有较高的期望,他们会不遗余力地保障教师做好其工作所需要的资源;(5)校长对其上级有影响力,可以为教师争取权益;(6)学校在机构与制度方面完整,可以保护教师免受不合理的或者敌意的外部势力的干扰。尽管上述两个维度——"开放"与"健康"有所不同,但其衡量标准往往存在重叠,即开放的学校往往是健康的,健康的学校多是开放的(Sweetland 和 Hoy,2000)。

安德森(Anderson,1982)报告,对学校表示满意的教师会认为学校的氛围更加开放;教师工作态度与小学生感受到的学校氛围存在相关;教师士气与中小学学生出勤及成绩之间存在显著关系;教职工和行政管理人员之间的和谐关系与学生的成绩之间呈正相关。学校氛围这一变量对学生平均学业成绩的预测贡献要大于学生社会经济地位及种族差异带来的贡献(Brookover 等,1978)。学校氛围的研究者常常提及的一个核心概念是教师承诺,不过此处所讲的承诺是教师对学生而非对同事或学校的承诺。显然,一个健康的组织及其成员之承诺,首先应是对其服务对象而非合作伙伴或者老板的承诺。研究人员认为,有效的监督只有在管理者与教师之间的关系是开放的、协商的而非威胁的情况下才有可能(Hoy 等,1996)。

三、师生关系与课堂氛围

以"场论"研究著称的心理学家勒温指出,教师在班级内是否成功,不仅靠其熟练的教学,大部分要看教师所创造的课堂氛围(张新仁,1999,p. 200)。因此,课堂绝不仅仅是文化知识习得的场所,也是学生心智成长的重要外部资源。发生在课堂中的教育事件是多维度、多层次的,本部分我们主要讨论师生互动与课堂氛围、同学关系及其测量。

(一) 师生互动与课堂氛围

通常将课堂氛围视为由教育的、心理的、社会的、认知的因素,以及组织、物理变量等所组成的环境,这些变量相互作用并影响学生的学习及其功能(Alderman,2011)。前已述及,班级氛围与师生行为何者为因,何者为果,在特定的时空片段确实让研究者难以识别。但从发生学的角度讲,总是先有师生的某种行为互动模式,正是特定的行为模式生成了与之关联的课堂氛围,而特定的课堂氛围又会影响师生课堂行为的方式与质量。

阿尔德曼(Alderman,2011)认为,涉及课堂氛围的变量主要有师生关系、教学方法、生态学问题、对不同群体的影响、同学之间的关系、行为管理实践以及学生动机、自我效能感等。就师生关系而言,关系的稳定性、教师支持性的情感用语及行事方式的使用、积极情感体验的提供,以及多宽容少冲突的环境都会对学生产生积极的影响;同样,行为管理实践是清晰的、一致的、宽容的、少有惩罚的、更多情感支持的、更少侵略性的、行为问题少而亲社会行为多的,这样的课堂氛围往往被师生看作是积极且有效的。

研究发现,积极的氛围有着明确的课堂规则和较高的学业成就期待,这样的氛围往往促进师生间的关怀、尊重、合作与情感安全,学生在校学业表现更佳,且往往喜欢学校;相反,消极的氛围往往有不一致的规则、惩罚性的课堂纪律以及较低的期待,这种氛围会减少合作,降低动机,认可失礼,否定与欺凌,学生在校学业表现欠佳,而且往往不喜欢学校(Frazier 等,2015)。

不仅如此,积极的课堂氛围与课堂学生参与、学生出勤、自我效能以及学校生活的总体质量也有关(Slee 和 Skrzypiec,2016)。课堂氛围对学生行为激励有显著的影响,具体而言,是课堂氛围的重要维度——归属感,即用以衡量学生彼此所感受到的友善及相互了解程度、学业上彼此帮助并乐于一起学习——会对学生的课堂行为发挥动机激励作用;而且,来自教师与学生的报告都表明,学生的课堂参与程度以及任务完成水平,都表现出学生归属感与行为激励水平的一致性(Anderson 等,2004)。

课堂观察也发现,在鼓励性的高悦纳课堂上,教师往往能够鼓舞学生的士气,学生能够全身心投入到课堂学习中。正如古德和布罗菲(Good 和 Brophy,2008,p. 57)所言,一个老师上这个班的课,学生会觉得兴趣盎然,会全神贯注;换成另一老师来上,学生则可能会感到乏味、会嘈杂吵闹。笔者在一次小学五年级的数学课上看到,教师采用"割""补"的面积计算方法,广为变化问题情境,课堂气氛活跃,学生参与度很高。"有话好好说"确实是有着丰富内涵的哲语,教师一句"难不住你们"(或"没有难倒你们吧?")会让学生焕发一种不肯轻易向困难低头的学习性向。这种情形与笔者在另一节课上观察到的教师声称"这一节课是面向好孩子的"形成鲜明对照!

与高悦纳的课堂不同,在低悦纳的课堂上,教师常常因为非技术的原因而责难甚至批评学生。例如,在一节数学课上,教师要求学生进行长方形的面积计算,学生在板列式是"10×6",而老师的要求是"10 厘米×6 厘米"! 当然这样的要求没有错,但通过这节课的观察,发现总体上,不论是面向集体的还是个体的,教师行为的基本面是非倡导性、非鼓励的。同在这节课上,对那些处于边缘状态的学生被叫起来回答问题,学生回应"未听清问题",教师则以"学霸就是这样炼成的"来回应! 弗莱彻(Fletcher, 2015)发现,积极的课堂氛围让人感到安全、被尊重、受欢迎并支持学生的学习;相反,消极的课堂氛围,会让人感到充满敌意、混乱和失控,这样可能会导致冲突和学业疏离。

基于大量的课堂观察,笔者认为,影响课堂氛围的教师因素主要涉及教师的教学风格和教师的个人魅力! 有时教师营造的紧张而"严肃"的课堂氛围,会对学生的课堂参与造成减力效应,其影响路径是:教师因素→学生压力与紧张→学生低期待表现→低效应答→教师的情绪性反应(如"这一节的'拓展课'是面向好孩子的")。观察发现,有时教师会基于课堂互动进行非逻辑性的推理,即从学生回答→听课状态→数学成绩→之后的学业预测。

正如弗兰泽斯(Franzese,2017)所称,当我们选择将我们的学生看成是什么样子以及会是什么样子的时候,我们常常是见证人。课堂观察发现,在教师低悦纳的课堂上,同学之间的悦纳水平也比较低。表现是,在教师多倾向于对学生的差错予以批评、指责或以"不足"为主要反馈方式的课堂中,同学之间的评价和反馈也多倾向于否定而非肯定;相反,在一个高悦纳的课堂上,学生发言时教师耐心并认真听完学生的回答,以身示范,说出"将掌声送给 TA",同学们同样对别的同学的发言有足够的尊重。在学生成绩优异的学校,表扬与奖励是司空见惯的且公开的;认可学生成就的学校,学生也往往会有更高的成绩(Anderson, 1982)。与家庭和同伴群体的学习氛围相比,只有课堂氛围才能解释学生成绩的独特变异,且具有统计学的意义(Fraser, 2015)。

此外,课堂上的师生关系与课堂氛围,常常可以通过师生非言语的交流方式明显观察到。教师很大程度上依赖学生的肢体语言、面部表情以及眼神接触,来准确观察并解释学生的行为(McMillan,2001,p. 105)。经验表明,个体所流露出来的非言语线索往往比言语线索更丰富、更真实,所以当我们观察到个体的两类线索出现矛盾或不一致的时候,也许非言语线索更可信。根据梅拉比安(Mehrabian,1971,p. 44)的说法,个体的非言语行为比其言语行为更能影响他人的情感或态度,他提出了这样一个公式:全部感觉 = 7%的言语感觉 + 38%的语音感觉 + 55%的面部感觉。个体间的沟通与交流,有些是通过肢体语言、手势和面部表情传递的,而有些是通过言语过程所伴随的语调、音调、停顿以及强调等声音线索进行的。与声音相关的线索包括声调语气、音量、强度、停顿、沉默、声调、音调变化、词间距、强调等方面,这些都会为所说的内容增添色彩。声音线索常常为我们提供学生理解水平、自信程度以及情绪状态的信息,而这些线索是面部表情所难以表现出来的(McMillan,2001,p. 109)。

当我们与人交流的时候,非言语线索比言语线索能够更加清晰和准确地表达情绪和感受。非言语线索不仅是情感信息的最重要来源,而且是最为稳定和一致的。因为不少的非言语行为(如"微表情")是不受意识控制的,因而传递的信息相对而言没有被扭曲。研究发现,面部表情中最能提供信息的部分就是眼睛及眼神交流的性质,眼神接触表示交流意愿,持续的眼神交流表明自信与能力。那些以积极的眼神交流直视并注视你的一举一动的学生,很可能对你所讲的内容是注意并感兴趣的;回避的眼神常常意味着不愿回应、缺乏自信或者普遍的冷漠感(McMillan,2001,p. 108)。研究发现,眼神接触、微笑、动作、放松身体姿势、声音表达等非言语行为,对学生学习均有积极影响(Hartnett 等,2003)。

这种非言语交流的另一种方式表现为教师对学生的肢体接触,尤其是在低龄儿童的课堂上。课堂(小学二年级)观察发现,有的教师会出现常见的肢体接触,如高频率的"摸头""轻拍"等动作,尽管我们不能得知这种非言语交流所传递的确切信息,但是从教师所伴随的言语和非言语表情以及受接触学生的反应看,这类非言语交流的效果常常是积极的。从教师看,每当有这种肢体接触的时候,伴随的常常是愉悦的表情以及肯定的言语信息;从学生看,在得到教师的这种接触之后,常常可以观察到学生满足自乐且向周围同学回望的神情,而且这种情形一般发生在学生表现出期待的行为之后。观察发现,学生年龄越小,其对教师的"系统评价"能力越低,但学生却越能从情感层面(直觉)对教师进行反应和判断。

有的教师对学生的物理特征比较敏感,这在师生的课堂互动中也可以观察到。在课堂提问环节,有教师会用"帅哥""美女"之类的称呼。需要指出的是,教师在与学生的互动中,如果偏多提及或关注学生的生理特征(如长相),往往会给学生传递误导性的信息。这就引出一个问题,即在课堂师生互动中,教师如何对待学生的"生长性信息"(如长相、肤色等)和"成长性信息"(学业成绩、作业质量等)? 前者是个体的"自生变量",非其所能选择;后者是个体的"习得变量",是可以选择性获得的。显然,教师在课堂互动过程中,应更多指向学生的"成长性信息"而非"生长性信息"。

在课堂师生互动中,教师往往是"强势方"。一般而言,作为"强势方"的教师,往往不大在乎或留意作为"弱势方"的学生,在课堂中对学生的称呼就是这样。对较长时间担任特定班级教学的教师来讲,记住学生的名字也许不是难事;但对任课时间不长,或任课时间长但非班主任的教师来讲,要准确记住学生的名字,应该是不低的要求,尤其是对那些年龄较大或任课班级比较多的教师。从我们的观察及自身的经验看,教师在课堂上能够直呼学生的名字,相比于以"你""12 号"或"穿红衣服的同学"这样的称呼能给学生不同的感受。老师能够说出自己的名字,从理性的角度讲,确实不代表什么;但在同一节课上出现能与不能直呼学生姓名的对比情形之下,还是让学生有着不一样的感受。

张新仁(1999,pp. 200 - 206)认为,影响课堂氛围的因素主要有教师(教师人格、领导方式、对学生的期望)、学生(同侪关系、亚群体文化)以及师生关系(平等的、双向交流、单向交流)。吴康宁(2010)认为,不论在课堂教学、班级管理还是在课外活动中,学校和教师都不要把有助于学生成长与发展的机会长期地或过多地集中在少数人身上,而应将这些机会公平地给予所有学生。此即研究人员所梦寐以求的"参与机会公平",以我们比较熟悉的一种生活经验来说明这种教育机会公平:我们路过街头的十字路口,就会遇到红绿灯,只要你遵守规则,人人都有出路。红绿灯的设计基本考虑了所有行路人的出行路线,而且每个人只要遵从交通规则,总有为自己所行方向亮"绿灯"的时候。假若按规则行走的人,在自己的某一方向总是等不到"绿灯",就无任何"过程性"机会公平而言。同样,置于班级情境,教师若能将学生表现、互动及充当组织角色的机会公平地给予每位学生,这样的课堂更易培育一种积极可期的令人愉悦的组织氛围。

(二) 同学关系及其测量

同学关系是衡量课堂氛围的一个重要指标,也是师生关系的折射。笔者的经验及课堂观察发现,在师生关系融洽的课堂,也往往有着较好的同学关系。换言之,不良的同学关系往往源于有问题的师生关系，这与不良的教师关系之于有问题的学校领导与教师关系都是同源性的问题。

1. **几个相邻概念**

(1) 向心力与凝聚力

"向心力"(entitavity)指一群体开始如何被视为一群体，也就是一群体有自己的存在感和认同的状态(Parsons 等，2005，p. 428)。向心力是发展独一认同的结果，而凝聚力(cohesiveness)则表示班上认同自己是一群的程度，即个别学生不仅认为自己是属于此独一的团体的存在，同时也感觉他们是团体重要的一部分(Parsons 等，2005，p. 430)。在凝聚力高的课堂上，从心理感受来讲，学生认同自己所属群体，同时也觉得自己被群体所接纳；从可观察的表象来看，在凝聚力高的课堂上，同学们更愿意一起读书、学习以及合作，他们在讲到自己班级的时候，更愿意使用"我们"而非"我"这样的称谓。那些认为自己被班级接受的学生会比那些没有这种感受的学生要学得更好(Parsons 等，2005，p. 430)。群体的凝聚力越强，对成员的影响力就越大(Myers，2013，p. 208)。

一个充满凝聚力的班级，学生在课堂中的行为往往与"行为常模"相对照。行为常模是指在某一特定社会情境下所期待的行为，这种行为告知个体应该如何表现以及对团体中其他人的行为期待(Parsons 等，2005，p. 432)。帕森斯等人(Parsons 等，2005，p. 433)认为，课堂行为常模具有如下功能：指引并让学生知晓哪些行为是适当的，哪些不是；协助课堂互动的基本行为方式；创造群体认同并促进班级凝聚力。

向心力和凝聚力是衡量师生以及生生关系的基本指标，也是测量课堂氛围不可或缺的心理维度。但大量的事实表明，某一群体形成某种向心力和凝聚力之后，既可以用来做好事，也可以用来做坏事。两者都以"为集体而战"的名义出现，但前者常常以互惠共生的结果出现，如班级为了集体荣誉而出现的互帮互学的精神；后者有时会以损人不利己的结果出现，如抱团打击报复与自己所在群体存在利益竞争的群体。

(2) 向师性与亲和力

"向师性"是一个类比性的概念，即学生之于教师，若花草树木之于阳光一样，有一种自然的朝向和趋向。"向师性"是指学生都有模仿、接近、趋向于教师的自然倾向(褚远辉，1995)，具体表现在(江山野，1981)：学生都具有一种"学生感"；不论学习哪门课程，学生都希望有个好教师；不论在哪一个班学习，他们都希望有个好班主任，都希望自己能得到教师的注意。

下面我们就分别谈谈学生向师性的这三个方面。首先，学生的"学生感"。身处课堂的学生,有一种强烈的普遍性的认同,即自己是学生,需要学习,而能够给予自己学习指导的就是教师。学生常常在教师面前保持有一种对教师的无条件认同与尊重,甚至是敬畏。例如,在一次课堂观察之始,笔者请三年级小朋友写一下教师的名字,结果一名同学称自己不会写,一名同学称不敢写!这其实就是"学生感"的一部分,就如同我们在儿时不敢也不想直呼大人的名字一样,实质上就是小辈感。

其次,学生都希望自己能遇到好的老师。在学习者的早期,这种"向师性"在孩子身上体现得并不明显,而是往往通过家长对学校或者班级的选择——其实质就是选择教师——表现出来。换言之,在求学生涯的早期,孩子的"向师性"有时会借助其代理人的择校(班)来表达,而在学生求学的中后期,向师性表现得非常明显——学生对好的学科教师、更具人文关怀的班主任有更为明显的亲近与认可。而且,学生的这种向师性特征在其求学期间有着超高的稳定性和可期性;在同学之间存在高度的评论性与比较性特征。在人们论及学校的时候,学生首先谈及的既不是学校的建筑校舍,也不是课程教材,而是教师。研究表明,教师质量是影响学生学业成就的唯一重要的因素(Reed 和 Bergemann,2005,p. 6)。我们看学生的报告:

> 在我上初中时,有一位 A 老师,尽管她年龄有点大,但却酷爱读书。她在班上建立了一个小小的读书角,其中摆放着 A 老师从书店精心挑选的书。在读书交流课上,她会和我们分享她读的书,有时也会分享她买书的经历。老师爱读书、乐于分享读书的行为,得到班级同学的赞赏和追捧,大家都觉得 A 老师是一位有学识、有涵养的人,十分地喜欢她。渐渐地,我们班刮起了读书的热潮,同学们都争着阅读读书角的书……

最后,学生都希望能够得到教师的注意与关注。作为学生,得到教师的关注既是一种成长需要,也是促进其学业的需要。在我们的教师职业生涯中,总有这样的体验:有的学生总是教师注意的对象,而有的学生始终处于教师注意的背景中。研究人员(Tal 和 Babad,1989)调查发现,90%的学生报告在自己的课堂或多或少存在这样的"教师宠儿"(teacher's pet);教师宠儿多是女生而非男生,学习成绩好(不一定最好)、招人爱、社交能力强且显得顺从(Tal 和 Babad,1990)。与此同时,也存在常常被称为"灰鸭子"的学生:他们没有凸显的个人特点,学习成绩一般,表现平平,用统计学的术语讲,这类学生常常归于"众数"的范畴。有的学生为了能够引起教师的注意,会在课堂上"制造事端",如故意高声叫器或者出现与大家不一样的行为举动。教育理论又告诉教师,对这种"行为事端"的关注就是对这类学生行为的强化,所以有了这种观念的教师,无论如何都难以满足那些试图得到教师关注的学生的需要了。

接下来,我们谈一下"亲和力"(affinity)的概念。"亲和力"是一个化学范畴的概念,指不同物质间的反应能力。《现代汉语词典》对亲和力有两种解释:一是两种或两种以上的物质结合成化合物时互相作用的力,二是比喻使人亲近、愿意接触的力量(中国社科院,2005,p. 1104)。在新闻传播中指报道与受众之间的紧密感、亲切感、信任感、互动性、关注度和接受度(辛文,2006);心理学则将亲和力理解为人与人相处时所表现的亲近行为的动力水平和能力(高晓雁等,2008)。在课堂师生关系中,表示亲密和睦的人际交往及由此而产生的相互吸引、彼此接纳、相互包容、彼此影响的特征,其中的"亲"指的是师生互敬、互爱、民主平等等人际特征,而"和"指的是师生之间的和谐关系(郑清芬,2000)。

从上述不同学科领域对"亲和力"的界定可以看出:第一,亲和力是存在于沟通双方之间的动态性的人格特征,是气质、性格与能力的混合体;第二,这种人格特征是流动的,源自交流双方即时性的沟通需要与动力,也需要双方的持续性交流以维系;第三,引发亲和力的因素既有言语行为的特征,也有非言语亲近行为的特征,有时能够清晰地感受到,却难以明确言说;第四,尽管亲和力是一种可习得的人格特征,但常常是先天因素与后天环境相互作用的结果。换言之,从人格特征讲,一些人会比另一些人更具亲和力。

教师亲和力会直接影响课堂氛围。迈尔斯(Myers,1995)发现,教师的亲和力寻求策略与学生对课堂氛围的感受之间存在中等程度的相关。换言之,教师积极寻求使用提高亲和力的策略,有助于改善课堂氛围。在一定程度上讲,对教师有较高亲和力的学生更有可能接受其影响,也更有可能增加花在学习任务上的时间(McCroskey 和 McCroskey,1986)。

论及教师亲和力,戈勒姆等人(Gorham 等,1989)认为,体征美(physical attractiveness)并非教师有意识采用的一种策略;而迈尔斯(Myers,1995)则认为,教师的外表吸引并非影响课堂氛围的重要因素,相比于教师的外表吸引,学生更在乎教师对学生支持或者信任这样的一些行为。在中小学课堂教学中有助于增加亲和力的因素有体征美、敏感性、引出他人的话题、可信度、非言语亲近、会话规则、活力以及倾听,其中在低年级较为有效的策略是敏感性策略、动态性策略和非言语亲近策略(McCroskey 和 McCroskey,1986)。普里斯贝尔(Prisbell,1994)认为,如果教师使用诸如可信赖、假定平等、利他主义、倾听以及个人自主性等寻求亲和力的策略,学生会认为他们更有能力。

研究发现,那些使用亲和力寻求策略的人,往往被视为是讨人喜欢的、长于社交的且对自己的生活感到满意的(Bell 和 Daly,1984)。教师寻求个人亲和力的努力有别于其寻求学科亲和力的努力,且两者之间存在显著差异,与学生喜欢自己所教的学科相比,教师对学生喜欢自己似乎显得更有信心(Gorham 等,1989)。戈勒姆等人(Gorham 等,1989)发现,在 9 种最为常用的个人亲和力寻求策略中,可信度、敏感性、自我包容以及引发话题这 4 种策略的使用频率会随着年级的升高而提高;低(4~6 年级)、高(10~12 年级)年级的教师会比中年级(7~9 年级)的教师更多地采用退让性控制策略;与高年级(10~12 年级)教师比,低年级(K-3、4~6 年级)教师会更多地采用引发快乐、非言语亲近以及自我概念确认这 3 种策略。

2. 学生关系及其测量

在笔者与大学生的交流中,有学生声称,不同的班级往往存在不同的 pH 值①,或者班级气质,也就是我们本章讨论的课堂氛围。实际上,不仅不同班级间的 pH 值不同,同一班级不同学科教师间的 pH 值也不同。这一点在笔者的多次听课中也得到印证,即 pH 值不仅存在班级上的差异,即便在同一班级,也因不同教师(学科)而出现差异。如果你连续在同一班(课程转换)或不同班(班级转换)听课,就可以明显感觉到班级内或班级间的这种课堂氛围变化。例如,在一次小学五年级的课堂上,同一授课教师的两个班,学生课堂参与情况有明显差异,笔者就这个问题与授课教师沟通,教师以八字概括之:学生傲慢,自以为是! 显然,这样的差异更应从学生而非教师层面来解释。

观察课堂氛围的一个重要指标就是考察同学间的人际关系。笔者对江苏省扬州市某中学高中三个班[高一(8)、高二(7)和高三(4)]的同学关系进行了测量,图 8-10 是其中一个班的同学关系测量图。

如果仔细品读这个班级的人际关系测量结果,可以从中解读到非常丰富的信息。笔者基于学生原始的选择数据,仔细梳理并绘制了如图 8-10 所示的一个班级的同学关系测量图,有助于对其中内含的信息有深刻的认识与体验。从图 8-10 可以看出:

(1) 有些同学对他我间的人际关系有着非常准确的认知与判断,表现在:自己选择了他人,同时他人也选择了自己(如 122、221),选中率(即双向选择)很高;但更多同学出现或多或少的选择偏差,即自己对他人的选择没有得到对应的选择。以高一(8)班为例,所得结果见图 8-11。

---

① pH 值是表示水溶液的酸性或碱性的强弱程度,pH 和水中氢离子的浓度有关:氢离子浓度越大,pH 值越小,溶液的酸性就越强;氢离子浓度越小,pH 值就越大,碱性就越强。

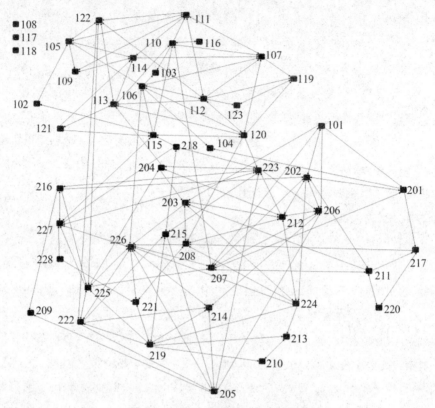

图 8-10　高一(8)班同学关系测量图

注：(1)图中的箭头代表同学间的选择方向；(2)编号以"1"起头的为男生，以"2"起头的为女生。

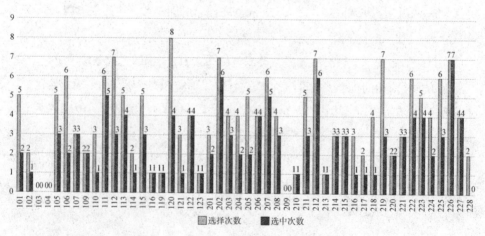

图 8-11　高一(8)班同学间选择结果统计图

（2）有的同学选择面很大，但选中率并不高（如106、219）；而有的同学选择面比较窄，但选中率极高（如116、220）；有的同学尽管也出现在测量结果中，实际上属于被动选择，即自己未有任何选择（如103、104、209）。

（3）有三位同学（图8－10左上角的108、117、118）没有作出任何选择，他人也没有选择到这三位同学。实际上，这与上面自己没有选择别人、但别人选择了自己的同学又有不同。这样的同学有可能就是班上那种真正的"孤家寡人"！作为高一年级的学生，自己在班级中没有选择任何人，任何人也没有选择到自己，他们不仅是班主任、家长应予关注的对象，也是心理健康教育应予优先注意的对象。尽管我们不能据此判断，但临床的研究发现，心理健康问题常常与缺乏任何形式的朋友相伴随。

（4）成绩分布与同学间的双向选择存在关联，这从上图中并不能看到。笔者也同时搜集了三个班学生1～2次的期末考试成绩，发现成绩名列前茅的同学总是在成绩不差的同学（并不一定成绩都很靠前）中进行选择；而成绩偏后的同学却很少在成绩名列前茅的同学中选择。这也许验证了我们通常讲的"人以群分"的常识吧，在课堂交往情境中，学生的人际交往也大抵验证了这一点。

笔者的课堂观察发现，同学间的这种双向选择深受教师对待学生的方式的影响和感染，即教师怎样对待学生，同学之间也学会怎样彼此对待，这种现象在年龄较小的班级表现得尤其明显。多诺霍等人（Donohue等，2003）也发现了这种现象，即教师对某学生的态度与行为会影响同伴对该生的态度与行为。请看下面的例证：

> 班主任骂他，数学老师也骂他。老师的辱骂，成了孩子带侮辱性的外号……我的儿子是被侮辱，别的孩子是学会了去侮辱别人。这是不是一种伤害？一颗幼小的心灵，不知道去尊重别人，学会的却是怎样去伤害别人，侮辱别人，这是不是很沉重的代价？（王伟群，1998）

结合我们亲历性的经验及观察，课堂上的学生常常会出现一种奥苏贝尔（Ausubel，1978，p.502）所称的"替代性的地位"或"派生的地位"之现象。这种地位并不是由一个人自己的成就水平决定的，而是派生于学生认同的那些人物所给予的赞许或认可。一方面，享有这种派生地位的人，只有通过满足给予自己这种地位的教师的标准或期望，才能获得这种地位；另一方面，学生在获得这种地位之后，往往以教师的角色或身份在学生面前行使自己的某种职责或角色（图8－12）。

图8-12　学生的派生地位及其职能行使

再来看学生的报告：

> 一个给我留下深刻印象的事情是，我的同桌是班里的数学课代表，是班主任 A 老师的"小跟班"，因为学习成绩优秀，数学老师处处照顾她的情绪，袒护她的缺点。同学们请教她数学问题的时候，她总是摆出一副高高在上的模样，嘲笑别人这么简单的题目都不会，渐渐遭到周围同学的反感……很多时候，我们发现，有些小学生很喜欢做老师的"跟屁虫"，在与同学的交往过程中，学着老师的口气，趾高气扬，耀武扬威。

要注意的是，这种派生地位需要教师的授权，而能否得到某种授权，有时与学生的学业因素有关，有时则与非学业因素有关。正因如此，班主任对个别学生的偏爱会影响这些学生与班上其他同学间的关系，请看：

> 在某一次作文课上，语文老师想请同学上台展示自己的作文，问道："有谁愿意上来读一下自己的作文呢？"大家都低着头，生怕老师喊到自己，我也不例外。过了一会儿老师看大家没有反应，便让同学们推荐，大家你看看我我看看你，便一齐喊出了我的名字。

> 犹记得那天我内心极度紧张，腿都在哆嗦……终于读完了作文，老师问同学们我的作文写得怎么样，大家异口同声地说好，同学们的评价无一不是我作文的优点。由于我功课好，态度认真，老师便给了我两个"特权"：一是不用默写，而是站到讲台上负责全班同学默写；二是不用背书，而是检查其他同学背书，凡是经过我检查合格的，就算过关，不合格的便要继续背。但这样一来，同学们对老师产生了一些不满，主要是觉得老师对我偏心，朋友也渐渐疏远我，不爱和我一起玩了。

第九章　家庭教育生态

国家的命运与其说是掌握在当权者手中，倒不如说是掌握在母亲手中。

——[德]弗里德里希·福禄贝尔（Friedrich W. Fröbel）

家庭对个体影响之大、后效之持久是无可比拟的。家庭教育的一个重要特点是，其主要施教者也是从孩子成长为大人，或者是尚在成长期的孩子！有的孩子在成长期受到人之为人的教育，有的孩子则近乎在完全自生的状态下长大，等他们为人父母的时候，也就理所当然地承担起教育者的角色了！

鲁迅就曾讲过这样的趣事："前清末年，某省初开师范学堂的时候，一位老先生听了，很为诧异，便发愤说，'师何以还需受教，如此看来，还该有父范学堂了！'这位老先生，便以为父的资格，只要能生。能生这件事，自然便会，何须受教呢？"（鲁迅，1918，p. 122）

这就引出一个极为严峻的话题：作为人生之启蒙者，家长该承担何种责任来养育自己的孩子，国家与社会又该为家庭教育提供什么样的支持？也正因认识到家庭教育之于个体成长的重要性，以及家长教育这一课题在我国的长期缺位，2021 年 10 月 23 日，《中华人民共和国家庭教育促进法》经第十三届全国人民代表大会常务委员会第三十一次会议通过，并于 2022 年 1 月 1 日起实施。

如果说个体是通过学校教育获得领域知识与技能的话，那么家庭则是个体行为养成及基本价值观获得的场所。法国启蒙思想家卢梭（1858）早就告诉我们，我们的教育是同我们的生命一起开始的，我们的第一个教师便是我们的保姆（pp. 13 - 14）……而真正的保姆是母亲（pp. 25 - 26）。笔者认为，父母之于子女负有"三育"之责任——生育、养育和教育，生育需要基本的生理与心理成熟条件，养育需要责任与耐心，教育则需要科学与艺术。正如卢梭（1858）所言，一个做父亲的，当他生养了孩子的时候，还只不过是完成了他的任务的三分之一，"他对人类有生育人的义务；他对社会有培养合群的人的义务；他对国家有造就公民的义务"（pp. 26 - 27）。鲁迅曾将父亲分成两种，其一是孩子之父,其二是"人"之父。第一种只会生,不会教;第二种是生了小孩,还要想怎样教育,才能使这生下来的孩子,将来成一个完全的人(鲁迅,1918,pp. 121-122)。

从教育的主体讲,家庭教育一般存在两种形态:一种是父母对子女的亲子教育,另一种是祖辈对孙辈的隔代教育(李洪曾,2005)。从生态学的角度看,个体在其成长的早期多受来自长辈的影响,在其晚年也许会更多受到子孙辈的影响,这也是不容置疑的。

我们将个体受影响最大且侵染最深的家庭环境分为原生家庭(个体出生并成长的家庭)、衍生家庭(自己配偶出生并成长的家庭)和新生家庭(分处于原生家庭的男女结合而组建的新家庭),见图9-1。

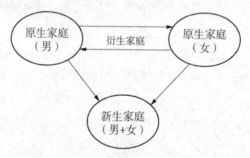

图9-1　原生、衍生和新生家庭及其关系

对绝大数个体来说,我们都会亲历这样三种家庭环境,而且前两种家庭的教育生态直接会影响到新生家庭的教育生态。从某种意义上讲,生活于新生家庭的任何一方,都会不自觉地将自己原生家庭的教育生态带到自己的新生家庭中,因此,个体原生家庭的教育生态效应会让其在新生家庭跟着受益或受损。

家庭教育生态是家庭生态学所涉及的基本内容,家庭生态学主要关注家庭物理生态、结构生态、养育生态、教育生态以及伦理生态等。而其中的教育生态涉及的内容也很广泛,本章主要聚焦家庭结构及其生态效应、家庭社会经济地位(SES)与家庭教育资本、家长教养生态和家庭氛围三个问题。

一、家庭结构及其生态效应

从词源学的角度讲,"家庭"一词的演变大体是这样的:famulus(拉丁语,意为"奴仆")→familia(一家所有奴仆的统称)→family(一群彼此关联的人)。恩格斯曾对前两个词作过区分,认为"famulus 的意思是一个家庭奴隶,而 familia 则是指属于一个人的全体奴隶"(恩格斯,1891,p.60)。从现代意义上讲,家庭是由具有主要扶养义务和财产继承权利的成员所形成的亲属团体与经济单位(王跃生,2020)。家庭一般包含三个基本要素(关颖,2014,p.232):家庭规模(人口数量及代层层次)、家庭关系(角色分工及其关系)以及家庭结构(家庭成员组成及其相互影响而形成的某种联系模式)。

家庭结构这一概念主要是人口学的研究对象,但对这一概念的理解与认识并不太一致,如主张家庭结构的内容包括家庭户成员的婚姻、血缘、亲子与代际关系以及家庭户成员的数量(曾毅等,1992);或认为家庭结构是家庭组成在质上的表现,即家庭的组成形式……家庭规模与家庭结构分别从"量"和"质"两个维度反映了家庭组合的状况(杨胜慧等,2015);或认为家庭结构包括家庭类型、居住安排和姊妹结构(杨菊华,2011)。

综上,我们论及的"家庭结构"有两方面所指:一是指家庭规模,即家庭人员的数量,含家庭的代际结构(即居住安排);二是家庭的类型,即父母均在场的完整家庭和父母一方或双方缺失的离散家庭。因此,家庭结构的生态效应,主要指家庭规模与家庭类型对子女的影响。

(一) 家庭规模及其教育生态

简而言之,家庭规模即家庭人数的多少,涉及两方面,一是兄弟姐妹的数量,二是亲族成员的数量,后者又包括隔代成员及其数量。

1. 家庭规模与教育生态

家庭规模对其成员的教育影响非常明显。例如,就接受教育的年限长短而言,兄弟姐妹越多,女性的不利地位越明显,而且兄弟数对女性的影响比姐妹数大;随着家庭孩子数量的减少,性别间的教育差距也有所降低(叶华等,2011)。我们的日常观察也发现,在家庭子女较多且经济资源有限的情况下,能够接受教育的常常是男孩;而随着人口控制政策的实施,在家庭子女减少的时候,这种教育方面的性别差异会明显降低。这其中涉及的一个重要变量是经济资本,即便是多子女家庭,如果有较好的家庭经济资本,教育机会的性别差异也会比较小,差异往往出现在接受教育的层次和质量上。

有研究者(杨菊华等,2008)报告,姊妹数量会影响到每个孩子可以得到的家庭资源份额,从而对其教育机会产生直接或间接作用;一般情况下,姊妹数量与孩子得到的教育机会呈负相关。之所以强调一般情况，是因为家庭子女数量对教育机会的影响，会受到社会教育资源及其政策、家庭经济地位、家长观念及其性别取向等因素的影响。

布莱克（Blake，1989）以资源稀释假说来解释上述现象，即在收入水平一定的情况下，大家庭的孩子所拥有的物质资源较少，父母在每个孩子身上花费的时间也较少（pp. 10－11）。这种假设理论认为，家庭就是一个微型化的社会，一方面，不同家庭所获取的社会资源不同，使得生长于不同家庭的孩子面临巨大的资源差异；另一方面，即便在同一家庭内部，对于已有给定的资源，也因子女出生顺序、性别以及家长偏爱等诸多因素，子女面临不同的资源分配。教育资源分配是家庭资源分配的突出表现形式。现有研究一致认为，兄弟姐妹太多对教育获得有负面影响，即一个人的兄弟姐妹越多，其教育程度越低（Kuo 和 Hauser，1997）。但马克斯（Marks，2006）的研究结果并未支持这一假说，他发现，与其说家庭中的兄弟姐妹的数量影响了子女学业成绩，不如说家庭所拥有的财富与教育资源影响了子女的学业成绩。

动物生态学的研究发现，在自然选择中，动物总是面临两种相反的、可供选择的进化策略：一种是低生育力的，亲体有良好的保护和关怀幼体的行为；另一种是高生育力的，没有亲体关怀的行为（孙儒泳，2001，p. 243）。动物要在这两种可能的生存策略中选择其一，这是一种生存策略的权衡。是否可以将这样的进化策略映射于人类的繁衍生存策略？即不论人口生育政策怎样变化，是否都存在"多生而疏养"或"少生而优养"的现象？毋庸讳言，由于极其复杂的原因，这种涉及人类生存的繁衍策略是存在的，并且在我国城市与农村、高 SES 与低 SES 家庭之间存在明显差异。

因为可支配的家庭经济收入有巨大差异，用于长远投资的教育支出自然就出现分化。对于高 SES 家庭而言，家庭规模不是影响其教育支出及教育资源利用的家庭结构变量；但对于低 SES 家庭而言，随着家庭规模的扩大，有限的可支配收入首先要确保家庭的生存性需求的满足，因而用于成长性需求的教育投入就会减少。而有限的教育投入还会受子女出生顺序及子女性别结构的影响。就家庭规模而言，小规模的家庭子女会获得更多的学校教育；就性别结构而言，家庭中的兄弟接受教育的机会要高于姐妹（Kuo 和 Hauser，1997）。

2. 留守儿童及其教育生态

留守儿童是我国 20 世纪 70 年代末改革开放之后才出现的一个社会性问题，是影响家庭教育的最大外部事件。留守儿童是指生活在留守家庭中的父母双方外出或父母一方外出（半年或以上）后居住在户籍地的年龄在 14 周岁及以下的人口（周福林，2006，

p.20)。2000年全国农村留守儿童规模为1 981万人,2005年上升到5 861万人(段成荣等,2013),2010年农村留守儿童达6 102.55万人(全国妇联课题组,2013),到2015年这一数字有所下降,为5 493万人,占留守儿童总数的80%(谢东虹等,2021)。[①] 2010年的留守儿童中,仅与父母一方一起生活的占43.83%,隔代(祖父母或外祖父母)生活的占20.6%,单独生活的占2.96%(周福林,2014)。基于第五次人口普查(2000)的数据估计,我国大约有20%的家庭属于留守家庭,其中农村留守家庭占比超过77%,而城市及乡镇合计不足23%(周福林,2006,pp.32-33)。因此,以2000年的人口数据推论,我国当时有超过四分之三的留守家庭在农村,农村留守儿童构成这一特殊群体的主力军。表9-1是甘肃省M县2019—2020年中小学留守儿童统计数据。

表9-1 我国甘肃省M县2019—2020年农村中小学留守儿童统计(单位:人)

年份	合计	M_1	M_2	M_3	M_4	M_5	M_6	M_7	M_8	M_9
2019	1515(696, 45.9%)	434(194, 44.7%)	148(57, 38.5%)	85(40, 47.1%)	16(6, 37.5%)	44(13, 29.6%)	20(10, 50.0%)	39(16, 41.0%)	46(24, 52.2%)	77(34, 44.2%)
2020	1655(627, 37.9%)	569(202, 35.5%)	122(29, 23.8%)	96(26, 27.1%)	35(10, 28.6%)	57(21, 42.0%)	23(12, 52.2%)	46(20, 43.5%)	47(21, 44.7%)	41(21, 51.2%)

年份	M_{10}	M_{11}	M_{12}	M_{13}	M_{14}	M_{15}	M_{16}	M_{17}	M_{18}	M_{19}
2019	136(67, 49.3%)	27(19, 70.4%)	23(11, 47.8%)	104(40, 38.5%)	59(32, 54.2%)	65(30, 46.2%)	46(18, 39.1%)	35(16, 45.7%)	14(8, 57.1%)	69(33, 47.8%)
2020	35(23, 65.7%)	20(13, 65.0%)	28(19, 67.9%)	175(63, 36.0%)	39(21, 53.9%)	104(35, 33.7%)	65(31, 47.7%)	28(13, 46.4%)	22(5, 22.7%)	103(42, 40.8%)

注:(1)括号内数据为女生留守儿童数,百分比为女生留守儿童占比;(2)其中的中学仅包含该县九年一贯制学校,2019年30所,2020年36所;(3)表中的M_1~M_{19}分别指代该县县城及所辖18个乡镇。

从表9-1可见,该县分布于18个乡镇和县城的留守儿童数据概貌:①2019年该县35所小学、30所九年一贯制学校以及93个教学点的留守儿童共有1515人,其中女孩696人,占留守儿童的45.9%,留守儿童占在校学生数的8.85%(1 515/17 119)。②2020年该县29所小学、36所九年一贯制学校以及85个教学点的留守儿童共有1655人,其中女孩627人,女孩占留守儿童的37.9%,留守儿童占在校学生数的

① 在修改本部分内容时,我国的第七次人口普查(2020)工作已结束,但尚难查到基于"七普"的留守儿童数据。不过有一点可以肯定,留守儿童数量较"六普"(2010)下降了。

9.0%（1655/18385）。

从该县 2019—2020 两年的统计来看，女孩留守数量与男生占比大体相当。有研究认为，在小学和初中阶段的儿童流动中，父母携子女外出时存在较强的"男孩偏好"；在农村留守儿童中，15～17 岁的大龄儿童与低年龄段相比，受教育状况明显较差（段成荣等，2013）。这种随父母迁移的性别差异也得到了其他研究（全国妇联课题组，2013）的证实：从儿童进入幼儿园到义务教育阶段，流动儿童中男孩比例始终高于农村留守儿童男孩比例；到 15 岁接受完义务教育后，流动儿童中女孩的比例开始提高。学龄前儿童随父母迁移的概率没有性别上的显著差异；但在进入小学学龄段之后，不仅农村儿童随父母迁移的概率显著下降，而且男孩随迁的概率开始显著高于女孩（孙妍等，2019）。这种现象并不难解释：由于儿童随父母流动既能得到生活方面的周全照顾，也能得到比留在农村更好的外部教育资源，在流动儿童成本较高且数量有限的前提下，受根深蒂固的男女观念的影响，父母往往将这种有限的代际支持留给家中的男孩。下面的例证就可以说明这一点：

> 在我 8 岁的时候我的弟弟出生了。小小的我对于弟弟的理解就是，我的零食得分他一半。平时围着我转的曾祖母、爷爷、外公外婆，常常围在妈妈的床边看"新来"的弟弟喜笑颜开，以前在外地工作的爸爸妈妈，每当回家都给我带来好多零食和玩具，但这次只给我带来了一个弟弟，那个时候我真的不喜欢我的弟弟，他周岁之后便被妈妈带着去了爸爸工作的外地，我依旧留在老家。

与其他儿童相比，留守儿童的小学教育阶段在校率并没有显著差异，但在进入初中阶段的教育后，在校率急剧下降（周福林，2014）。基于对小学和初中家长的调查（杨赟悦等，2015），研究者发现将近 94% 的家长认为因家长外出务工而导致亲子分开居住是不妥当的，并认为即使一定要有人外出打工，父母最好能有一人在家照顾孩子；而当父母双方都需要外出打工时，有 79.3% 的家长认为，理想的情况是将孩子带在身旁以及孩子能够在父母务工所在地接受教育。但是，家长在携子女外出就读方面，存在"留女不留男"的性别偏好，即在随父母外出的子女有数量限制时，外出务工的父母通常让男孩跟随他们同住并接受所在地的教育（姜佳将和张帆，2020）。

从家庭结构看，农村留守儿童的居住安排一般存在这样几种类型：留守儿童与父亲或母亲一方居住而形成的二代居住安排；留守儿童与（外）祖父母双方或一方居住而形成的隔代居住安排；上述三代同住形成的安排。

对大部分农村家庭来讲，成年人外出务工是其家庭收入的主要来源，这是没有争议的。农村留守儿童多表现为三种形式的居住安排：父亲外出、母亲外出或父母双双外出，而三种不同的居住安排会形成完全不同的家庭教育图景，表9-2是对留守儿童不同居住安排下的家庭教育生态之简要概括。

表9-2　留守儿童三种不同居住安排下的教育生态

	父亲外出	母亲外出	双亲外出
经济投入	2	1	3
亲子陪伴与互动	3	2	1
学业辅导与教育监管	2	2	1
角色示范与行为管束	2	1	1
生活照料与疾病看护	3	1	2
依恋关系和心理支持	2	1	2
亲子关系	3	2	1

注：表中的1～3是对家庭居住安排影响程度的分级，分别代表弱、中、强。

下面我们就分别阐述上述三种留守儿童居住安排下的家庭教育生态。

（1）父亲外出（母亲居家）留守儿童之教育生态

农村留守儿童父亲外出的情况多于母亲外出的情况（段成荣等，2013）。在农村人看来，作为父亲的男性外出有着各方面的优势：求职技能多样化、体能较强、抗风险能力高、收入也相对较高等。而留守在家的母亲也有其优势：日常生活的周全料理、对孩子情感需求的满足、女性的细密以及耐心等。可以说，对于大部分的农村家庭来讲，这种"男出女居"是比较常见的家庭留守策略，也是家庭"利益保全"的优势互补策略。

以笔者的观察，在农村，大部分家长通常忙于生计，他们往往将自己的家庭责任定位于提供家庭生存所必需的基本物质条件。在他们的观念中，陪伴孩子不是他们作为家长的首要职责。这一生存策略可以从马斯洛的需求层次理论中得到说明，即人在为缺失性需要奔波的时候，是难以考虑或者规划更高层次的成长性需求的。这一点与中产阶级家庭形成鲜明对照：他们首先在观念上意识到陪伴孩子的意义与价值——这与他们自己接受的教育与成长经历有关。中产阶级的家庭，大人既有观念上的储备，也有现实方面的可能。相比底层家庭的家长，中产阶级家庭的家长有更多的可支配时间,他们既重视利用闲暇时间规划并充实自己,也知晓利用这些时间陪伴并投资子女教育的价值。

对留守儿童而言,自己生活在母亲身边,他们的日常生活所受到的影响似乎较小:在日常生活方面,孩子的日居生活基本能得到有效保障;在亲子互动方面,母亲更细密,能更敏感于孩子的变化,可以满足孩子的情感需求;母亲往往更有耐心和责任处理与孩子学业有关的各种事务性工作。但是在孩子的学业辅导与教育方面,若是文化程度不高的女性,有时也会显得"力不从心",她们可以为孩子提供所需要的基本生活条件,但却难以提供孩子完成学业尤其是胜任学业所需要的支持。下面是一位来自留守家庭的母亲的报告:

> 孩子他爸出去不行,不出去更不行。他出去,一年多多少少能挣些钱,这个家庭一年怎么样也得有几万块钱的花销,这些钱从哪里来?只有孩子爸爸出去打工。但是他出去以后,又有许多的不便,自己哪怕累死累活,有些活却压根儿做不了。尤其要命的是,自己大字不识一个,只是早上将孩子叫起来,给他吃了早饭去学校,至于学校当中的情形以及学习怎么样,自己全然不知。对孩子学业上的事自己也无能为力,有次孩子一个人趴在桌子上写作业,因为不会写急得哭了起来,我自己没办法,也只能在一旁抹泪……

第七次人口普查(2020)表明,我国初中文化程度的人口有 4.87 亿人,小学文化程度的人口有 3.49 亿人,文盲(15 岁及以上不识字的人)人口 0.38 亿(国家统计局,2021)。从城乡分布讲,这些人口多居于农村;从性别构成讲,以女性居多。若她们留守在家陪伴学龄期的孩子,基本上难以胜任对孩子的学业帮助和辅导。

(2) 母亲外出(父亲居家)留守儿童之教育生态

从劳务输出的角度讲,女性往往是弱势群体:同样的工种,她们可获得的收入更低,她们面临的工种选择更窄,她们面临更多的职业歧视及更高的生存风险。正因如此,所以在农村,女性外出而父亲留守的情况相对较少。有研究表明,母亲外出而父亲留守在家的留守儿童有 16.87%(段成荣等,2013)。

结合我们的观察,母亲外出的选择策略多出于以下情形:父亲身患疾病或某种残疾;母亲比父亲更有"头脑"或者更具生存技能,在家庭中往往是决策的主导方;家庭中已形成"女主外男主内"的传统;父亲能力非常有限又比较懒,安于现状,对家庭的前景缺乏信心,对于子女的成长缺乏责任与愿景;多出于三代家庭的结构中。

在母亲外出的留守家庭中,传统的家庭角色分工出现不一样的图景。如果该家庭本是"女外男内"的家庭图景,家长双方及子女也许没有觉得有什么异样;如果家庭形态是传统的"男外女内",母亲外出就会打乱原来形成的家庭养育生态。若是三代家庭居住,也许还会好一些,涉及孩子日常生活起居的事务由(外)祖父母照料;若是二代留守居家,父母亲则需要调整自己的家庭角色与职责,即父亲需要居家承担原来由妻子照料孩子日常生活的家务,母亲由原来照料者的角色转换为家庭基本生活来源的"觅食者"。而这样的家庭,也往往伴随家庭生态的异相与夫妻双方的不睦。笔者在农村老家就观察到这样的情形,请看其中一位留守父亲的报告:

> 唉!怎么说呢?说起来也是怪自己。我也是出去了几年,都是挣不上钱,所以老婆很生气,她觉得自己在家里里外外都是一个人,自己的丈夫出去又挣不到钱,家里的基本用度都指望不上。无奈,今年(指2019年)春节过后,她决然要我留在家里,自己要出去。这让我面子上很"挂不住":在咱们农村,像我这样的男人叫作"吃干饭"的人。现在(指当年8月)妻子在省会城市的一家饭店打工,工资也不高,但倒是多多少少每个月都能寄来一些钱,虽不宽裕,但保持家用倒也过得去。关键是在家里照料孩子,这在过去我是很少做的,现在既要料理家务,又要送孩子上学,还要务弄那几垧地……

以笔者接触到的有限案例来看,留守父亲对孩子最大的负面影响就是孩子的日常起居及陪伴,在照料孩子的日常生活方面,男性总是逊色于女性;而就孩子的学业来讲,父亲似乎显得较有优势,并能适当参与到孩子的学业辅导中。就以上述那位留守父亲讲,尽管自己不长于孩子的日常起居与生活照顾,但也比较重视孩子的学业,每当晚上吃完饭,在孩子完成作业的过程中,自己能或多或少地予以辅导,毕竟这位父亲是20世纪90年代的高中毕业生,他能认识到孩子接受教育的重要性。但许多研究表明,留守女性可以让孩子更受益,例如,杨菊华等人(2008)的研究表明,只有与母亲一起留守的儿童才有更好的就学机会,而与父亲一起留守的儿童在学率低于其他儿童。在另一项研究中,杨菊华(2011)提出,来自完整家庭而仅与留守父亲生活的青少年的高中教育机会较低。段成荣等人(2013)也报告,与其他形式的留守居住安排相比,单独与父亲一起居住的农村留守儿童未按规定接受义务教育的比例最高,接受教育的状况最差。魏易等人(2019)也有类似发现,户主性别为女的家庭之子女课外补习和兴趣班的参与率和费用都要高于户主为男性的家庭。

(3)双亲外出留守儿童之教育生态

父母双双外出构成农村劳动力输出的又一图景。这样的居住家庭一般是祖-子

（女）-孙三代同堂生活,子女代即父母辈外出之后的留守家庭常常是祖孙居住安排,陪伴留守儿童的是孩子的(外)祖父母双方或一方。根据第六次全国人口普查(2010)数据,46.74%的农村留守儿童的父母均外出,其中与祖父母一起居住的比例最高,占32.67%;与其他人一起居住的留守儿童占10.7%(全国妇联课题组,2013);无论规模还是比重,农村地区由60岁及以上老年人与未成年亲属组成的隔代家庭均高于城镇(杨胜慧等,2015)。

隔代抚养或者照料是世界范围内普遍性的代际支持现象,但中国是现今世界上为数不多普遍存在着"隔代教育"的国家(李洪曾,2006)。据中国老龄科研中心对全国城乡20 083位老人的调查,隔代抚养在城乡分别高达71.95%和73.45%(朱四倍,2015)。就地域分布看,黄河流域及以北地区老人参与隔代照料的比例明显高于淮河流域及以南地区(李婷等,2020)。隔代照料的代际支持效应具有多形态的特征,首先,祖孙同住的居住安排会促生一种"互利共生"的生态,即孙辈可以从自己的祖辈那里得到精心照料与守护,降低生活及安全方面的诸多风险;祖辈也能够在与孙辈的相处中得到巨大的精神慰藉与陪护,降低晚年生活中的孤独与无助感。与祖辈独居或祖辈与子辈居住相比,祖孙的居住安排模式会显著改善老年人的自评健康水平,而且对老年人的主观福祉水平存在保护作用,但这种效应又存在老年人年龄上的差异(王萍等,2018)。其次,隔代照料的居住安排也会促生一种"利害共存"的生态,即隔代照料对双方彼此带来益处的同时,也会带来潜在的弊害,有研究者(卢富荣等,2020)称之为隔代照料的"双刃剑"效应。隔代抚养组少儿(3~7岁)的行为问题检出率显著高于父母抚养组,这种差异主要与代养人受教育程度低、简单的教育方法、不良的家庭氛围、祖辈父辈对儿童教育观点的相容性差有关(邓长明等,2003)。将孩子交给居家老人,外出父母往往对孩子的生活起居比较放心,但以我们的不完全观察,农村老人面对孩子的教育,尤其是学业教育往往呈散养状态。现在农村留守家庭的老人,自己的文化程度并不高,从自己的人生经历来讲,他们大都未受过系统的学校教育,既认识不到也难以提供孙辈学业健康成长所需要的外部支持。祖辈教养人的学历普遍低于父母辈的教养人,这是不争的事实。有研究(李洪曾,2005)基于上海市幼儿的调查显示,祖辈主要教养人高中及以上学历的占50.0%,而父母辈主要教养人则占75.1%,两者差异显著。2013年的调查发现,农村留守儿童的祖父、祖母绝大多数为小学文化程度,所占比例分别为52.63%和57.18%;部分祖父、祖母甚至从未上过学,比例分别为8.17%和24.48%(段成荣等,2013)。前已述及,第七次人口普查数据表明,我国初中、小学文化程度及文盲人口总数达 8.7 亿(国家统计局,2021)! 从年龄讲,现在的爷爷奶奶辈显然构成其中的主力军。调查发现,与父母辈比,祖辈主要教养人的教育观念总体上比较传统(李洪曾,2005)。隔代照顾对学龄前(0~7 岁)儿童的健康状况有显著的负效应,但对学龄期(8~14 岁)儿童的健康状况无显著影响(王红英等,2021)。我们来看学生的报告:

> 客观地说,和爷爷奶奶一起长大的孩子,还是会有缺陷的。隔代教育最不可避免的就是溺爱,溺爱的后果之一就是不独立。在上大学之前,自己是一个很不独立的孩子,连最简单的换被单都不会,因为在奶奶照料下的我压根不需要做这些事情,所有的事都是由爷爷奶奶帮我做好,我所有的事就只有一件:把书读好。这样就导致自己生活能力的严重缺失,因而很难应对生活中的具体问题。

研究发现,那些认为自己的孩子孝顺或家庭和睦的中国农村祖父母,或者能从孙辈那里得到实际支持的祖父母,以及能为自己的孩子提供实际支持,但也能从其孩子那里得到更多经济支持的老人,更有可能拥有较高水平的生活满意度(Xu 和 Chi,2011)。国外的同类研究发现,祖辈认为他们在不承担监护责任但又能与孙辈接触时,往往能体验到最大程度的幸福感(Thiele 和 Whelan,2006)。

有关代际支持的动机问题,有两种假设(Cox,1987):利他主义与交换。前者认为代际支持(私人转移)旨在利人,即希望通过私人转移改善接受方的生活并提升其福祉;而后者认为代际支持旨在交换,即希望通过私人转移换取自己适当时候的需求支持。从经济视角来看,理性的老年父母出于交换目的而向子女转移资源(Euler 等,2001),这意味着他们期望其早期对子女的资源转移会在晚些时候得到回报。

现在若回到农村,用农村人的话讲,村子里剩下的人基本就是"老不中用"和"小不中用"这两类人。所谓"老不中用"的即居家老人,他们的主要任务除了照料孙辈,还要经营地里的庄稼;所谓"小不中用"的即被照料的孩子,他们或者是学前或者是学龄儿童。居家老人常常奔波于家庭、庄稼地和学校"三点"之间,由于老人大都年龄较大,且往往精力不济,所以面对"三点"常常出现"顾此失彼"的情形。他们对孙辈的照料多限于"养育"而失于"教育"。寇冬泉等人(2019)的研究发现,留守初中生的前瞻适应、亲子沟通与社会智力之间存在显著正相关;亲子沟通显著正向预测留守儿童的前瞻适应;社会智力在留守儿童亲子沟通与前瞻适应之间起部分中介作用,且中介效应显著。

(二)家庭类型及其教育生态

前已述及,我们所讲的家庭类型特指父母均在场的完整家庭和父母一方或双方缺失的离散式家庭。在双亲家庭中,父亲和母亲的角色互补,这样可以促使家庭的养育功能及个体福祉最大化;其他类型(尤其是离异)家庭中子女的福祉会受到伤害,因为这些家庭的子女要么缺乏父亲提供的稳定的经济资源和成长指导,要么缺乏母亲提供的生活照料和情感支持(Becker 和 Tomes,1986)。研究发现,家庭结构和居住安排主要通过以下几种机制对子女的教育获得、认知能力、身心健康、日常行为等方面产生影响(姜佳将和张帆,2020),见表 9-3。

表 9-3 家庭结构及其对子女影响的主要机制

	聚合式家庭	离散式家庭
经济投入	多	多
教育期望	高	高
亲子陪伴/亲子互动	多	少
学习卷入/教育监管	卷入多,监管多	卷入少,监管少
角色示范/行为管束	多	少
健康照顾/疾病看护	多	少
心理支持和依恋关系	支持多,关系紧密	支持少,关系疏离
社会资本	多	少
亲子关系	强嵌入	半脱嵌

由表 9-3 可见,从家庭结构功能的彰显看,与离散式家庭结构比,父母均在场的聚合式家庭在亲子陪伴、健康照顾/疾病看护等方面更具有优势;离散式家庭由于家庭中某些成员的缺失或缺位,在亲子互动、教育监管、心理支持、社会资本等方面均处于明显劣势。研究表明,家庭结构与孩子的发展密切相关,与父母亲双方共同居住的孩子的教育和社会心理发展水平均优于父母一方或双方缺失家庭的孩子。换言之,父母双方和子女共同居住的核心家庭被认为是对孩子的发展最为有利的家庭结构或居住安排形式(吴愈晓等,2018)。来自传统完整家庭的孩子的高中教育机会将超过生活在其他类型家庭中的孩子,生活在双亲家庭的孩子的教育机会显著超过继父(母)家庭、离异单亲家庭、丧偶家庭、无亲家庭的孩子(杨菊华,2011)。

1. 家庭完整性与子女成长

我国典型的家庭结构是"父权结构"，即国人所讲的"男主外女主内"的家庭分工结构。在这样的分工模式下，父亲角色主要为家庭提供经济资源并获得家庭外部社会资本，而母亲角色则主要为家庭提供日常照料并参与学校教育。这种家庭角色上的相对分工，费孝通先生早在其《生育制度》(1946)中就提出来了。他指出，婚姻和家庭的重要功能之一是确立"双系抚育"，父母和孩子组成的核心家庭是一种稳定的"三角关系"，母亲主要承担生理性抚育任务，而父亲则更多承担社会性抚育。但他也明确指出，两性分工只是社会利用两性差别所安排出来的分工体系，并不完全是男女在生理和心理上的差别而引起他们所能做的工作的不同(费孝通，1946，p. 29)。在完整的家庭结构中，长期以来形成的父亲"主外"的角色一般可以确保家庭的基本生活用度；母亲"主内"的角色常常可以确保家庭日常的有序运转与良好维持。任何一方的缺席或者影响家庭经济生活的基本来源，或者影响家庭的日常运转和有效维持。离异家庭中子女的福祉总是会受到不同程度的伤害，因为这种家庭的子女要么缺乏父亲提供的稳定的经济资源和成长指导，要么缺乏母亲提供的生活照料和情感支持(杨菊华，2011)。正因如此，不少专家认为，母亲对孩子成长的影响比父亲更大；也因此，联合国教科文组织曾提出，未来掌握在母亲手中！

在完整的家庭中，夫妻之间的角色分工、能力嵌构以及互动模式本身构成重要的家庭教育资源，子女不仅从他们的相处模式中得到安全性的照料，更重要的是从父母双方的互动模式中模仿学习人际及异性间的相处模式。子女们从父母的互动模式中习得的不仅包括应对日常事务的技能，也包括应对人际交往的能力。而双亲行为对子女的影响主要是通过示范(对家长而言)和观察(对子女而言)实现的。班杜拉(Bandura，1986，p. 68)告诉我们，榜样示范可以发挥指导、抑制、去抑制、促进、刺激增强以及情感唤醒六方面的作用。其中的指导作用体现在，个体通过观察他人的行为习得认知技能与新的行为模式，包括行为模式、判断标准、认知能力和创造行为的生成规则(Bandura，1986，p. 65)。孩子在家庭学习的主要方式不是言语学习而是观察学习，即家长的态度、习惯、价值观以及行为等对子女的影响，主要是通过子女对家长行为示范的观察和模仿实现的。下面的例证可以说明：

> 我父母属于那种在家坐不住的人，也很少会陪伴我。家庭中也缺乏一种学习的氛围，所以我从小到大不爱看书，课外书也不喜欢看。没有耐心去读完一本书，这也算是我的一个性格缺陷——缺乏耐心。我的很多初高中老师

都说我是一个脑子很聪明的孩子,但就是不踏实……缺乏耐心的后果就是做事十分冲动,而冲动又常常给自己带来数不尽的麻烦。

姜佳将和张帆(2020)指出,离散式家庭的孩子在考试成绩、认知能力、行为表现、自评健康和心理健康等方面的表现均显著低于聚合式家庭,而且不同家庭类型对以上各方面(除心理健康之外)的影响大小的排序基本相同,从小到大依次为:聚合式家庭>父亲缺位家庭>双亲缺位家庭>母亲缺位家庭。结合图9-2可以看出,母亲缺位家庭是离散式家庭的重大家庭结构性问题,对子女的影响很大,而双亲缺位家庭对孩子心理健康的发展影响更大。就家庭结构对青少年性别差异的影响而言,女生在考试成绩、教育期望和行为表现等方面的发展要优于男生,而在认知能力、生理健康和心理健康等方面劣于男生(姜佳将和张帆,2020)。

离散式家庭结构对学生的获得性成就均有消极影响,而且就性别而言,在考试成绩、认知能力、教育期望、行为表现及心理健康方面对女生的消极影响要大于男生(姜佳将和张帆,2020)。离散式家庭结构对女生的获得性成就的影响存在差异,具体表现在(姜佳将和张帆,2020):父亲缺位家庭对女生造成的消极影响主要体现在认知能力和行为表现上;而母亲缺位家庭对女生造成的消极影响主要表现在教育期望和心理健康方面;双亲缺位的家庭结构对女生产生的消极影响则主要表现在考试成绩、认知能力和行为表现三方面。在离散式家庭结构中,父母不同的缺位对子女后天获得性个人成就的消极影响见图9-2。

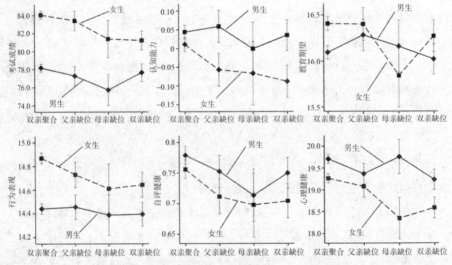

图9-2 家庭结构与性别的交互效应(姜佳将和张帆,2020)

学生的报告也可以部分地印证上述研究结论:

> 我跟爸爸的关系一直以来都很淡。"爸爸"这个概念对我而言,大部分是我知道有这么一个人存在而已。小时候我跟着爷爷奶奶长大,四五岁那几年我们一起相处的记忆几乎没有,八岁我跟妈妈到了县城,从此,他一年来县城的家也就那么两三次,我也才见得到他。我们之间极少打电话,打电话除了"最近学习怎么样"以及"还差钱吗"便再没有其他话可说……尽管有时候我会很羡慕其他朋友和他们的爸爸一起玩的那种幸福情景,但也觉得我自己现在这样很正常。我觉得就该是这样的,反而是家里多了一个人,我会很不习惯。因为爸爸长期的缺席,所以遇到我爸爸为数不多的几次来我们县里的家,我反而觉得很不习惯。

就个体的成长过程而言,由于认知能力发展的限制,其早期的经验主要是通过观察周围人的行为习得的。而个体在其早期最先直面的就是家庭成员,所以家庭成员的所做胜过所说。因此,家庭环境中提供何种模态的行为示范,孩子就习得何种形态的"惯习"。孩子在其生活早期"统整性"行为模式的获得,有赖于家庭整合性的行为示范,而我们常讲的缺失家庭(丧偶或离异)就缺乏这样的学习要素。有些离异家庭在其家庭存续期间,常常展现给孩子的是负面的甚至是有害的生活事件;而家庭在解体之后,又难以呈现完整的生活事件。据报道,在未成年人犯罪案件中,涉案未成年人家庭教育存在问题的占绝大多数,其家庭结构形态主要表现为家庭残缺不全、父母外出务工、祖父母溺爱或监管不力,有的孩子的父母也曾犯罪(张守坤等,2021)。请看:

> 我觉得父母离异是孩子在成长过程中对其伤害最大的一种行为。我身上就有很多这种父母离异导致的性格缺陷,最大的问题就是缺乏安全感,而没有安全感,又导致我自信心不足,对他人依赖性较强,感情比较敏感,不善于表达自己……我是一个很没有自信心的人,表现在与他人交往时,往往会有一种自卑感——很在乎周围人对自己的看法,如果周围有一点对自己的不好看法,我总是会反思或者怀疑自己哪儿有问题。没有安全感的孩子往往显得很敏感,且常常不善于表达自己,而缺乏自信、自卑、敏感再加上不善于表达,又会叠加社交上的沟通困难……

与来自单亲家庭、重组家庭或其他类型家庭的学生比,来自完整家庭的学生有着更高的学业成绩。通过对 18 个国家的调查发现,来自单亲家庭的孩子阅读成绩明显较低,对 26 个国家重组家庭的调查表明,学生的阅读成绩也较低;就数学而言,对 21

个国家的调查表明,来自单亲家庭的学生数学成绩明显偏低,而来自重组家庭学生的数学成绩也明显偏低,但与单亲家庭略有不同(Marks, 2006)。

2. 隔代照料与子女成长

在中国,隔代照料或者抚养是在实践层面比较久远的一种家庭代际支持模式,但在"中国知网"(CNKI)以"隔代抚养""隔代照料"或"隔代教育"为主题搜索,发现对这一话题的关注是进入 21 世纪之后才出现的学术研究取向。"隔代抚养""隔代照料"或"隔代教育"三个概念不同,前两者偏向家庭代际支持的"养育",后一者包含了前两者但更偏向家庭代际支持的"教育"。前已述及,隔代抚养并非中国特有的现象,但大比例的隔代抚养则是中国特有的现象,它有着深刻的社会文化根源。隔代教育对青少年的影响存在争议,研究人员的观点褒贬不一,大部分研究人员都认为利弊兼存,但总体上弊大于利。

王梅等人(2012)从健康饮食、电子产品使用、吸烟酗酒等不良生活习惯、亲子沟通以及生活与学习管理方面,发现隔代照料与其他形式的抚养之间存在显著差异。观察发现,隔代照料或其他形式的抚养,对孩子成人之后的情感归属与依恋有很大影响。请看例证:

> 家里有我们三个孩子,姐姐是由小姑与爷爷奶奶带大的,在回忆起这些成长的过程性细节时,我发现每个人都对小时候带过自己的人有着很特殊的亲切感。比如姐姐小时候经常由小姑带着,所以到现在她们的关系一直很好,说是亲情,但在我看来更多是在亲情这种感情基础上建立起来的好朋友的关系。她们可以跨越年龄与阅历的鸿沟,无缝隙地沟通;又如二姑家的表姐对奶奶有着超乎自己母亲的亲切感,而我对外婆、外公和舅舅有着超过父母的亲切感,这与我排行老二,从小在外婆家长大有关。

家庭成员之间的代际支持受家庭规模、性别、社会经济地位、文化传统以及国家福利制度等因素的影响。调查发现,隔代教育的比率随儿童年龄的增长而降低(李洪曾,2006)。换言之,孩子年龄愈小,与祖辈生活在一起的比率愈高(易云,2002)。抛开这些具体因素,一条普遍性的更具中国本土特色的代际需求水平变化曲线如图 9-3 所示。

可以这样来理解下图所揭示的曲线变化,从个体的毕生历程来讲,其需求支持呈不对称的"U 型曲线":个体生活早期(出生到 20 岁左右)将近人生四分之一的时光需要来自父母的代际支持,而且来自父母的这种代际支持总是全方位、无条件的;父母代

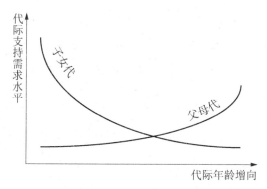

图9-3　子女与父母的代际需求支持变化趋势

晚年(70岁之后)的10多年,即将近人生六分之一的岁月需要来自子代的无条件代际支持。将父母与子女两代置于某一时段内,从图9-3可以看出,个体在出生之后,其所需要的代际需求支持最多,以后随着年龄的增长这种代际支持需求逐渐减少;而父母代所需要的代际支持正好相反,在其子女生活的早期,他们更多的是代际支持的提供方,随着子女代际支持需求的降低,他们自身所需要的代际支持程度在逐渐增加。在子女代30岁左右、父母代60岁左右时,因为家庭第三代的出现,作为第二代的子女们所面临的代际支持出现双向化:既有指向自己子女的,又有指向自己父母的,即国人所讲的"上有老下有小"这一阶段,因而代际支持会表现得更为多样和复杂。

从投资理论的角度讲,可以将家庭代际支持视为一种投资-收益行为。对于那些在自己的子代成长的早期更重视教育投资并能提供子代需求支持的父母来讲,往往是一种"高收益"的投资:对子女来讲,早期的教育投资常常可以让其在社会生存技能方面获得长足进步,在其日常生活照料(主要涉及"养育")方面给予需求支持的孩子能确保其健康成长;对父母来讲,在子女成长的早期能提供这样的教育投资及其他需求支持,就意味着降低自己在生命晚年所面临的需求支持不确定性的风险。换言之,愈重视子女的教育投资与其他需求支持,父母代晚年获得需求支持的可能性愈高。父母代早期的高付出,即使不能确保自己一定受益,也常常让子女代受益,这也是父母代对子女代的投资与需求支持常常不求回报的理由。研究发现,父母投资与子女养老之间呈正相关。例如,陈皆明(1998)的调查显示,随着父母代的逐渐衰老,子女指向父母流动的代际资源逐渐增加,而父母指向子女流动的资源逐渐减少,这样的调查结果与图9-3的代际需求支持变化趋势是一致的。换言之,代际间的这种需求支持常常是单向的,即个体在成长的早期单向接受来自父母的需求支持,而进入晚年的父母也常常单向接受源自子女的支持。研究(陈皆明,1998)发现,父母当下提供的包括经济支持在内的各种需求支持,所获得的回报性支持最低,可能的原因在于可以向下提供这些需求支持的父母本身不需要来自子女的需求支持,这种看似不对等的需求支持实际上也是图9-3需求变化趋势的应有之义。

二、家庭 SES 与家庭教育资本

经济学家更喜欢将个体在发展过程中所获得的各种机会与"资本"的概念联系起来。布迪厄(P. Bourdieu)将资本定义为"一组可被使用的资源和权力",包括经济资本、文化资本、社会资本和符号资本(洪岩壁等,2014)。资本已成为有关 SES 的一种颇受偏爱的思维方式,因为获得金融资本、人力资本和社会资本很容易与直接影响个体福祉的过程联系起来(Bradley 和 Corwyn, 2002)。

SES 是个体在多重环境等级中的位置,通常包括个体所拥有的经济资源、教育成就和职业地位(Conger 和 Donnellan, 2007)。理论与经验的证据一致表明,家庭 SES 是一个对家庭成员尤其是家庭年幼一代发挥决定性影响的家庭变量,个体在其成长期所享有的教育资源在很大程度上决定了其成长的高度,这种高度对其未来组建的自己的"新生家庭"之 SES 有较强的预测功能,如此代际之间形成良性或恶性循环。在论及家庭 SES 对学生学业影响的作用机制时,武丽丽等人(2018)提出两条路径:一条是直接作用路径,即家庭 SES 对儿童学业成绩有显著的正向影响;另一条是间接作用路径,即家庭 SES→心理素质→学业成绩,家庭 SES 越高,儿童心理素质的整体性水平也越高,从而促进学生学业成绩的提高。陈冲等人(2015)认为,家庭背景主要通过影响学生知识储备、应试发挥能力及临场心理素质从而间接影响学生的考试成绩。图9-4简略勾勒了家庭 SES 对子女的这种偏利(＋)或偏害(－)作用。

研究发现(陈冲等,2015),从事科研、教育的家长往往会在子女成长的过程中对子女进行长期有效的知识教育以及具有鼓励性的"心理暗示",在培养子女的学习能力、应试技巧、心理调节能力等方面有较强优势,而且这些岗位就业者往往具有更多的人脉关系,社会网络视角下的人际资源的有效性决定了子女能够以合法合规的形式抢占到优势资源。

在谈及家庭 SES 对家庭子女学业与成长的影响时,威廉姆斯(Williams, 2002)这样描述道:

家庭收入在许多方面对幼儿准备程度产生广泛的影响。财政问题会直接或间接影响家庭环境的方方面面：家庭年收入常常意味着家里是否有电脑、书籍以及其他教育工具，也影响孩子所接受的学前教育；家庭收入会间接影响父母与孩子相处的时间，为了养家糊口或者维持基本的家用，有的父母需要延长工作时间、轮班工作甚至做两份工作。一般来说，收入较低的父母受教育程度也较低，这就产生一个复杂的周而复始的循环，令许多教育工作者感到沮丧。(p. 78)

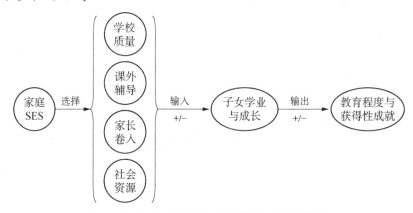

图 9‑4 家庭 SES 对子女教育的影响及作用路径

下面我们就结合图 9‑4 分别阐释家庭 SES 对子女教育的影响及作用方式。

（一）家庭收入与教育资源选择

家庭 SES 涉及的家庭经济收入、家长教育程度及社会地位对个体的影响是难以分开论述的，但从分析的角度，我们还是分别论述之。

面对诸多的外部教育资源，家长的关注程度以及选择意愿也许更多会受家长教育程度的影响，但选择能力与机会，则更多受家庭的经济状况决定。我们不妨控制家长的教育程度和职业这两个因素，先看家庭收入对教育资源选择的影响。

研究表明，家庭人均月收入能显著提高孩子参加文化活动类别的次数，显著增加家庭藏书量，显著提升孩子参加课外补习的可能性（洪岩璧等，2014）。2019 年，笔者在与深圳一位朋友的交谈中，得知其尚在幼儿园的孩子一年上各类特长班的花费在 10 万元以上！

只有经济优裕的家庭，才能考虑孩子从幼儿园到小学乃至初高中学校的选择，尽管认识到这种教育起点上的机会不平等,地方政府推行"划片划区、就近入学"的政策,但这仅约束得了那些经济状况一般的普通百姓。对于经济优裕的家庭,他们可以为子女选择更好的学校就学,其应对策略即过去的"择校费"或"赞助费"以及目前的"学区房"(参见第十章)。以笔者所及,有经济实力的家庭,往往提前两年左右便着手为自己准备就读相应学段的孩子购买学区房,这在我们周围是司空见惯的现象。笔者熟悉的一位爷爷辈就谈及,自己一个外孙的小学和初中都是通过购买学区房得以就读的,那个所谓的"学区房"也只有可以确保孩子取得学籍的"入学价值",完全缺乏作为房子居住功能的"民居价值"。

　　而家庭收入较低的家庭则是另一番景象。诚如家庭压力模型所表明的那样,紧促的家庭经济收入常常会出现一系列的连带负面效应:家庭收入低,作为收入来源方的家长或者常常外出打工,或者常年困守于维持家庭生存的家业(Conger 和 Donnellan, 2007)。如此,家长只能全身心满足子女的缺失性需要,而很难有时间或者精力顾及子女的成长性需要。康格和唐纳兰(Conger 和 Donnellan, 2007)比较详细地刻画了家庭低收入对家庭教育资源选择的限制及其后效,见图 9-5。

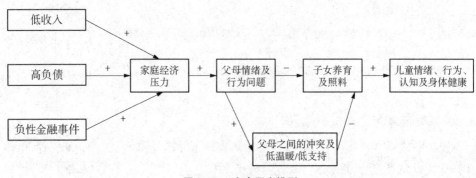

图 9-5　家庭压力模型

　　从图 9-5 可以看出,经济上的窘境因低收入、高负债以及负性金融事件(如收入及工作不稳定)而叠加,这种叠加无疑会加重家庭的经济压力,而且这种压力会在夫妻之间以有形或无形的方式传导并进而影响彼此的情绪与行为;父母的情绪焦虑与行为反应会通过两种路径——因经济压力而导致的情绪与行为问题往往会转移其对子女的关注与照料,或因为经济问题引发的情绪与行为问题影响父母之间的有效交流与沟通,从而负向影响对子女的养育与照料,最终影响子女的生理和心理健康发展。基于不同样本的研究一致发现,经济压力可以显著预测父母的情绪和行为问题,而且情绪困扰或者与积极的养育方式呈负相关,或者与消极的养育行为呈正相关(Conger 和 Donnellan,2007)。

不幸的是,与糟糕的经济状况伴随的往往是父母一方或者双方的低教育程度。身为家长的父母双方,在早年没能接受一定数量和质量的教育,他们往往过早离开学校,因而缺乏一技之长的他们在组建自己的家庭之后,即面临额外的经济支出。对于我国广大的一般民众尤其是农村青年而言,解决这一问题的途径只有两条:或者外出务工,或者就地经营自己的土地。选择前者就意味着亲子分离,不论留守还是随父母迁移,其子女所能得到的养育和教育都会受到影响;选择后者可以避免亲子分离,但就地经营自己的土地未必能有稳定的收入,尤其是对大部分的农民而言。不高的经济收入和教育程度,很难让其有较高的职业地位——他们常常置身于社会底层,由于缺乏一技之长,无论居家还是外出务工,他们所从事的职业往往劳动强度大且收入低,高强度且长时间的体力支撑性工作,使得家长之间、家长与子女之间缺少沟通与交流。民间所讲的“米面夫妻”尽管俗了些,但却饱含着血泪般的故事:让缺米少面的夫妻还能维系良好的沟通与亲子交流,要求未免脱俗了! 在令人窘迫的经济收入面前,他们在面临外部教育资源的选择上存在很大的限制,尤其是在自己生活的区域存在多样化教育资源时,选择的基本原则只能是“价廉而捷便”,更遑论课外辅导与家长参与性的教育了。马斯洛的需求层次理论告诉我们,当个体的行为旨在满足缺失性需要时,他们很难顾及孩子在学校的学业表现并就孩子的学习与教师保持及时沟通。研究发现,SES 的高低往往决定儿童进入的教育机构的质量,也影响家长与教师、家长之间相互沟通等支持性行为(肖树娟等,2009)。笔者通过对甘肃省两所高中 52 名教师的调查发现,高成绩与低成绩学生的家长在家校沟通方式、频次以及交流关注点方面都存在差异,见表 9-4。

表 9-4　高-低成绩学生家长与学校沟通方面的差异

	沟通者身份	沟通话题	关注点	沟通频次	家校配合度
低成绩学生家长	父母、祖父母	学习常规	学习习惯及纪律	少	低
高成绩学生家长	多为父母	学习成绩及偏科等	学习状态及成绩	多	高

就参与家校沟通的家长身份讲,两所学校有明显差异:一所是市级示范性普通高

中,该校高成绩学生家长为父母身份的接近100％,而低成绩学生家校沟通者以祖父母居多,达到77％;另一所是省级示范性普通高中,该校高低成绩学生父母参与家校沟通的差别并不明显(88.5％和84.6％)。经与其中一所学校校长交流得知,出现这一差异,一方面与低成绩学生家长对学生的学业认知有关;另一方面,也是主要的原因,与学校所享有的声望效应有关。高成绩学生家长关注的话题多为学生在校表现、成绩、偏科及家长如何配合学校等;低成绩学生家长更关注学生在学校的学习常规、学习习惯以及纪律等。高成绩学生家长与学校教师沟通比较频繁,配合度较高;而低成绩学生家长与学校教师沟通少且配合度低。不出所料的是,这里提及的高、低成绩学生与其家庭的 SES 高度关联。

在家长双方教育程度均不高的家庭,他们对自己孩子学校课程学习的状况往往不了解,一方面因为家长自身所接受的学校教育有限,难以技术性卷入到孩子的课程学习中,这是不能;另一方面也因为家长自身的教育经历所限,他们难有因接受教育而出现的积极的过程性体验与结果期待,即便有一定的时间或精力,也很难将孩子的课程学习辅导视为家长的职责,这是不想。笔者大量的身边观察及部分传媒报道(如 2017年 7 月 22 日 CCTV13《新闻调查》播出的"大山的留守")都可以支持这样的推论。

与低收入家庭不同,经济收入较好的家庭在养育子女方面有着明显的不同。研究发现,在经济上处于有利地位的家长更有可能与子女交谈,为子女提供丰富的学习活动,表现出对子女的关爱与尊重,并避免体罚或限制(Conger 和 Donnellan,2007)。研究发现,在许多发展中国家,如果家庭收入不足,难以让所有子女上学的话,受到影响的首先是女孩;如果有一定数量的收入可用于子女教育,家长往往会选择送儿子去上学,女儿更有可能留在家中做一些家务劳动或者照料更小的弟弟妹妹(DFID,2006)。

(二) 家长受教育程度与可利用教育资源

外部可利用的教育资源很多,选择课外或校外学业补习就是其一。父母的受教育程度直接影响子女接受课外补习的机会。调查表明,父母受教育程度越高,子女参加课外补习的比例也越高。母亲学历为大学本科及以上的学生参加课外补习的比例为75.0％,远高于母亲学历为文盲/半文盲学生的 8.1％;父亲学历对子女是否参加课外补习有显著正向影响,父亲学历越高,孩子参加课外补习的可能性也越高(薛海平,2015)。

不仅如此,因为生活地域不同,学生及其家长享有教育资源的机会也存在巨大差异,这种差异不仅限制了学生所能达到的环境助长性高度,也直接影响到学生对外部教育资源的利用。尽管我们不能以城乡这样简单的二元结构划分 SES 差异,但研究人员(薛海平,2015)发现,学生居住地的城市类型在其参加课外补习的比例上存在显著差异,直辖市/省会城市学生参加课外补习的比例最高(56.1%),地级城市学生参加课外补习的比例次高(50.9%),县城学生参加课外补习的比例较低(36.5%),农村学生参加课外补习的比例最低(13.9%)。

最早提出"影子教育"(shadow education)一词的史蒂文森和贝克(Stevenson 和 Baker,1992)指出,影子教育是发生在正规学校教育之外并旨在改善学校教育的一系列教育活动。研究人员认为,影子教育的时间、用途和形式都是由分配规则决定的,他们使用"影子"一词旨在说明分配规则和非正规学校教育之间的紧密关联。有人基于日本高中毕业班学生的追踪分析,发现来自高 SES 的学生更有可能参加影子教育,而参加某种形式的影子教育的学生更有可能上大学(Stevenson 和 Baker,1992)。

基于跨文化及不同经济背景的研究发现,母亲教育对其女儿健康的影响大于对儿子的影响,父亲教育对其儿子健康的影响大于对女儿的影响(Thomas,1994)。家庭内部资源的分配可能存在性别差异,母亲会将更多资源用于女儿,而父亲则更多用于儿子。在非洲加纳,如果妻子比其丈夫得到更好的教育,则其女儿受益更多;如果丈夫比妻子受到更好的教育,则其儿子获益更多(Thomas,1994)。

研究发现(杨赟悦等,2015),家长受教育程度越高,本体性养育目的(看重孩子的发展)越强;受教育程度较低,家长在养育孩子过程中则表现出越强的功利性养育目的(看重养育孩子派生的功能与价值)。母亲的学历越高,越关注子女的学业表现和全方面发展,而且倾向于鼓励孩子在学习中合作互助和探索问题,其子女的学习自主性也越强;父母亲的教育水平能够正向预测子女的学业投入和学业成就,且母亲的教育水平对孩子的学习具有更大的影响(张亚星,2018)。可以认为,学生的认知发展和学业成绩差异与家长的教育程度高度相关:经济状况与受教育程度常常互为因果,以当下的中国而论,低收入常常与低文化程度相伴随。相反,高收入人群大都是接受过高层次、高质量教育的群体。前已述及,SES 涉及的家庭经济水平、父母教育程度与职业地位之间存在复杂的交互关系,经济优裕且文化程度较高的家庭,与经济优裕但文化程度不高的家庭可以显著地区隔开来。前者不仅会选择高质量的教育资源并充分利用各种社会资源,也会高频度、高质量卷入到子女的教育中;后者会更多地将孩子托付于其所选择的外部教育资源,而家长却常常置身事外。也正如拉鲁(Lareau,2011,

p. 284)所指出的,在与组织机构打交道时,工人阶级家庭和贫困家庭的父母把责任移交给了专业人士。请看例证:

> 笔者熟悉的一对小夫妻经营着一家收入不菲的家具店,丈夫负责生产,妻子负责销售,小两口经济状况优裕。但年轻夫妇早出晚归,难以有时间陪伴并照料自己就读小学的儿子。他们为男孩选择了本地最好的私立学校,同时也为儿子在周末报了不少的特长班和文化课提高班。但家长明确地告诉笔者,他们的文化程度也不高,也不懂如何教育孩子,而是将孩子更多地交由学校或者校外辅导机构。有一次,笔者正好遇到女主人送孩子去辅导班,她在孩子面前也不遮掩:"将他送去辅导班,不然在家里尽看电视了!"

教育程度不同的家长在获取儿童养育所需的相关资源能力及养育方式上存在显著差异,受教育程度越高的家长,其获取卫生、健康、教育等方面信息的渠道和能力也越强(杨赟悦等,2015)。与经济优裕而文化程度不高的家长比,经济优裕且文化程度较高家长,他们不仅有能力选择高质量的教育资源,也会深度参与到孩子的教育中,他们会利用任何可用的外部条件对孩子进行渗透式的文化教育。请看下面的例证:

> 妈妈带着女儿去理发(当时笔者正在剪发),理发店内贴着这样一段告示:"因物价上涨,价格(由原来的 13 元)调至 15 元,望新老客户谅解。时间:从 10 月 1 日开始。"面对这样一条很普通的告示,这位妈妈不失时机地对自己的女儿进行识字和数学教育,识字教育指向上面告示中不认识的字,数学教育指向"由 13 元调至 15 元,涨了多少钱?"

类似的例证在生活中随处可见。母亲是儿童成长期的主要养育者,母亲在养育期与亲子的互动性语言(包括非言语信息)对儿童的影响巨大。母亲言语的数量、口语词汇的丰富性、问问题的频率以及言语长度等,这些涉及在亲子互动过程中母亲言语输入的数量和质量的因素,对儿童之后的言语能力发展有决定性影响(陈敏情等,2009)。也如拉鲁(Lareau,2011,p. 6)所说,中产阶级家庭中的谈话交流远多于工人阶级家庭和贫困家庭;而也正是谈话交流,让中产阶级家庭的孩子能够更好地发展其敏捷的口头表达能力、拥有更多的词汇量、在权威人士面前表现得更为安适自如、对抽象概念更加熟悉。

文化程度不高的家长,对子女的教育往往会表现出两极的态度:一极的家长压根意识不到教育的价值,因为自己没有受过什么教育,也从未体验过因教育带来的任何"收益",所以对子女的教育采取不过问、不干预的放任态度;另一极则完全不同,或因自己未受系统教育而吃过不少的苦头,或通过观察性经验发现受教育的益处,这类家长特别重视孩子的教育,往往将孩子接受教育看成自己未受教育的补偿。请看例证:

> 爸妈虽然没有念过多少书,但他们深知学习的重要性,尽管家里条件不好,但凡是我学习上所需要的东西,无论多贵,他们一定会眼睛都不眨地替我买下来。他们也尽自己的努力为我营造一个良好的学习环境,一开始我们与认识的叔叔阿姨合租一个房子,后来爸妈觉得不利于我学习,咬咬牙搬出去自己租了房子。爸爸又在二手市场替我买了一张价值不菲(于自家而言)的书桌,也买了一盏较贵的台灯……在家里,当我学习的时候,爸妈一点儿声音都不会发出。在这样的环境下成长的我,从小就深深地明白学习的重要性,上课时认真听讲,自觉地高质量完成作业,一切都是自主学习,不需要父母的逼迫。

拉鲁(Lareau, 2011, p. 4)将不同 SES 家庭的孩子养育分为两种截然不同的方式:协作培养与成就自然成长。她指出,中产阶级家庭父母倾向于采用这样一种教养孩子的文化逻辑,即对孩子进行协作培养;相比之下,工人阶级家庭和贫困家庭父母则趋向于采取成就自然成长的文化逻辑(p. 4)。对于这样两种不同的养育方式,拉鲁(Lareau, 2011)描述道:

> 在成就自然成长的逻辑中,孩子们体验到长时间的休闲时光、自发地嬉戏、大人与孩子之间分明的界限、每天与亲戚之间的交往。尽管承受着巨大的经济压力,工人阶级家庭和贫困家庭的孩子却常常拥有更"像孩子"的生活,没有大人的干预,他们拥有更多的自主权,对自己闲暇的时光也拥有更多的控制权。中产阶级家庭的孩子遗失了与亲戚之间的联络和自己的闲暇时间,但他们看起来却(至少是在潜能上)获得了在(教育及其他)机构中重要的优势。从协作培养的经历中,他们学到了各种对将来进入工薪世界可能会大有好处的宝贵技能。(p. 4)

教育程度高的父母会获得更多有关青少年发展的知识,在激励孩子学业和社交能力方面有着更为深刻的理解,而且在教育子女适应各种环境方面会表现得更为娴熟和有效(Conger 和 Donnellan, 2007)。受过教育的母亲更有可能将自己的孩子送到学校,其孩子在学校的表现也好于未受过教育的父母的孩子,这近乎成为良性循环发展的铁律(DFID, 2006)。

(三) 家长社会地位与可利用的社会资本

前已述及,个体拥有的一种资本形式便是社会资本,即个体所拥有的社会联系及其可利用性。处于不同社会地位的家长,在子女教育方面存在巨大的差异,也如拉鲁(Lareau,2011,p. 299)所言,经济资源和社会资源是塑造儿童教养惯行的关键;随着家长自己的社会地位发生变化,他们在教养子女上的文化信条和惯行也会发生变化。

不同经济收入的家庭及受教育程度不同的家长,其所建立起来的社会关系有着巨大的差异,而这种差异使得具有不同社会资本的个体可以分享并利用不同的社会资源。社会地位低下会限制一个人的社会关系(资本),并导致无助感和缺乏控制感,首先会降低对个人福祉潜在威胁的保护,其次会限制自己有效应对这些威胁的努力(Bradley 和 Corwyn,2002)。人们在谈及社会地位与个体面临的潜在威胁时,常常举到的例证是"泰坦尼克号"海难事故中的死亡率:头等舱乘客的溺水死亡率相对较低,二等舱乘客的溺水死亡率较高,三等舱乘客的溺水死亡率更高(Marmot,1999)。类似地,在各类灾害事故(尤其因人而发)中,死亡率最高的仍然是那些处在社会底层的普通民众。

因社会地位而拥有特权的人在很多方面占有优势,并不是因为他们的文化经历本身有内在的价值;相反,由于有特权的家庭用来教养孩子的标准与占统治地位的组织机构所确定的标准之间有着密切的兼容性,人们在家里受到的文化训练在这些组织机构中也就获得了不平等的价值(Lareau,2011,p. 415)。这种"兼容性"也得到其他研究(Parsons 等,2005,p. 246)的确认,即高社会经济地位家庭的孩子在很多方面更容易与学校文化协调一致。

就以我们当下的现实而论,那些拥有较高社会地位的人或有较高的经济收入,或受到较高程度的文化教育,或拥有支配某种资源的权力。任何有着较高社会地位的个体常常拥有上述三者中的至少一种资本,而有着一定社会地位的个体,常常更容易接触到相似地位的社会群体。换言之,处于社会上层的个体更容易获取让自己置于某种有利社会位置的资讯和资源。社会分工不仅导致了不同社会阶层之间在生活场域、资本利用方面的区隔,也严重阻滞了阶层间的信息沟通与交流。处于社会底层的社会群体,尽管生活在同一苍穹之下,但他们所处的生态位、占有的资本及生活惯习与上层社会群体是两种全然不同的天地。因此,与其说是个体所拥有的地位本身,还不如说是不同社会地位群体之间的区隔导致社会底层的个体必然性地处于社会资本选择和利用的劣势境地。

下面我们通过几个事例来说明社会地位怎样影响个体对社会资本的选择与利用。

过去在我国高考招生中实行的加分项目就是检验社会不同阶层利用社会资本的风向标。在我们的高考招生、初高中及各类与之有关的高利害选拔性考试中,为了照顾专长生或某些特殊群体考生(如烈士子女),往往在录取阶段实行加分制度。也许很少有人想到,设立高考加分制度的初衷,是为了促进公平(米艾尼等,2009)。但是这种本意不错的政策常常成为社会少数人可用的社会资本,体现为两种情况:一种是加分中的腐败事件,成为少数社会关系人非法获取社会资本的合法外衣,其中被称为"高考加分腐败第一案"的辽宁省2014届18名高中毕业生办理二级运动员证享受加分就是这样。另一种是"合规"的加分,通常是在各类考试或竞赛中通过正规考试而获得的某种资质。在对国内排名前20位的一所大学的调查发现,该校招收的体育特长生,70%来自大中城市,20%来自小城市或城镇,来自农村的仅有6%;艺术类特长生则分别为88%、11%和0%;这些特长生的父母普遍拥有较高的学历,85%的父亲和80%的母亲拥有大学本科及以上学历(任羽中,2009)。之所以如此,原因是绝大部分农村家庭难以支付高昂的"特长类"培养所需的教育资本——经济资本和人力资本。还有一点也不得不提及,加分程序中需要的"条件"或"资质"需要广泛的社会资源,非普通老百姓所能获得。

据笔者所知,为得到上述的"进阶"条件或资质,有些考生家长会采取"手段-目的"分析法:家长仔细研读某类学校的报考要求和条件(主要涉及加分项目部分的"获奖"或"称号")→不遗余力(有时是不惜代价)地为孩子"创造"相应条件→调整孩子的学业行为(如参与公益性活动或参加某种培训)→为子女创造各类高利害考试加分或参赛的资格→获得相应的学校报考条件→如意就读相关学校,采用所谓"缺什么就补什么"的策略。我国高考恢复(1977年)以来出现的高考移民(包括国内与国外移民)也都属于社会资本的政策性利用。上面提及的任何一种情形,都是社会底层民众难以获得的社会资本,原因是这些处于社会底层的人既无条件了解这些涉及高利害考试的具体资讯,更难以通过自身的行为(付诸实施需要经济资本)为自己的子女创设这些条件。拉鲁(Lareau,2011)也曾描述过这种家长为子女争取更优录取所采用的策略:

> 我与其他学生家长进行交流,他们已经带女儿参观过耶鲁大学和杜克大学了。他告诉我在参观杜克大学时,有人向负责招生的人问了这样一个问题:"如果选修微积分荣誉课程,成绩会是B;如果选修微积分普通课程,成绩会是A。那么选哪门比较好?"该负责人回答道:"最好选择微积分荣誉课程,

然后拿个 A。"(p. 337)

据笔者了解,大部分的家长——尤其是农村孩子的家长,不管他们是否在意子女的学业,都对有关的高利害考试政策一无所知,既无条件也无精力研读相关的繁杂条款。笔者在高校工作,我的许多同事对一些高利害考试的规定也只是在事关自己子女的时候才会关注,当然他们大多有这个条件和能力。但是,对于那些处于社会底层且尚在为缺失性需要奔波的家长,自然缺乏这样的信息渠道,即便有了相应的信息渠道,凭自己的教育程度和工作环境也常常难以研读并理解这些信息。

综上,家庭 SES 对学生学业成长的影响主要是通过人力资本的投入和社会资本的选择与利用实现的,这种影响越是出现在子女完成学业的"上游",其叠加效应越持久。研究发现,家庭 SES 显著正向预测学生的学业成绩,其中父母参与发挥了显著的中介作用(乔娜等,2013)。父亲的职业地位能够预测孩子的认知能力、学业成绩及社会情绪健康,而在多数情形下,母亲的职业地位则不能;父母对子女的学业能力期望和投资在父母教育与孩子的学业成绩之间起着调节作用(Conger 和 Donnellan, 2007)。

近年来,各地为争夺高层次人才而出台的一系列政策,也常常涉及惠及其子女的条款,这也是社会资本利用的另一种表现形式。例如,黑龙江省为支持本省服务外包产业发展,招徕更多优秀人才,曾规定博士子女报考省内高校时,按侨胞子女待遇,可以获得 20 分的加分投档(米艾尼等,2009)。诸如此类的政策规定在全国可以说比比皆是,不一而尽。

三、家长教养生态与家庭氛围

同任何组织氛围一样,家庭氛围也是一个可以明显感受得到但却难以言说的环境变量。对家庭氛围的研究,人们多集中于有关家庭成员之间的代际关系方面。这种代际关系可以从下面的例证明显地看出来:

初中时候我住校,每周回家后都能见到父母吵架,有时我也会被当成发泄情绪的工具,被扯进他们的争吵当中。一开始我试着接受,告诉自己过日子有争吵很正常,母亲还经常教育我说大人的事情小孩子不要管,只要管好自己的学习就行。有段时间,我在做题时就能听到父母从这个屋吵到那个屋,我很烦,也很急,却不知道该做什么,也不敢吭声。后来,我的学习压力增大,放假回家向他们诉说,他们显然缺乏倾听的耐心,并敷衍我说哪有学生没有压力的,之后就不理我了……这样的家庭环境影响到了我自身的情绪与行为:初中的我很暴躁,很容易发脾气,很容易和同学发生矛盾,经常哭,然后被教师叫去谈话……我觉得在气氛紧张、父母关系不和谐的家庭里,父亲和母亲常常是烦恼不安、性情暴躁、言语粗鲁、对长辈缺少孝敬的。

前已述及,代际支持是贯穿于家庭亲族成员一生的。毋庸讳言,存在于家庭亲族之间的这种代际支持并非对称的(图9-3),年幼个体常常会得到长辈亲族的无条件、全方位的支持,用需求层次理论的观点来讲,这些支持几乎囊括个体缺失性及成长性需要的方方面面;而当年长一代进入暮年之后,他们所能获得的代际支持多限于某些方面,如钱物等生活用度支持或日常生活起居等方面的照料。因此,从交换的角度看,家庭代际支持是最不对等的交换:父母代对子女代的支持无论数量还是质量都远超反向支持,而且这种支持循环往复且永无了结。尽管我们承认,存在于家庭中的代际支持是互惠的、双向的,但父母对子女的支持是无条件的、全方位的;而子女对年长一代的支持,尽管从法律层面讲应是无条件的,但在支持的内容方面往往存在偏失。这种偏失是普遍性的,与子女一代的社会经济地位及支持能力关系不大,子女一代的经济社会地位差异只体现在代际支持的程度上而已。有研究者(杨菊华等,2009)比较了中国大陆、日本、韩国和中国台湾在亲子同住以及代际支持上的占比情况,见图9-6。

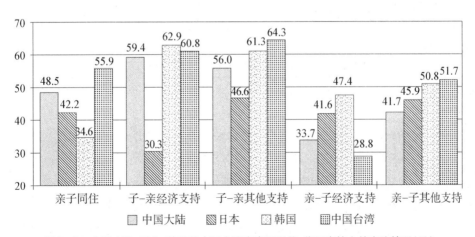

图9-6 中国大陆、日本、韩国及中国台湾在亲子同住、代际支持上的占比情况(%)

从图9-6可以看出,中国台湾在亲子同住、子女与父母双向照顾方面比例最高,表明中国传统的亲子互动及家庭亲族之间的支持在台湾地区仍很普遍;而韩国尽管在亲子同住方面比例最低,但在子女与父母双向照顾方面比较突显;日本在子女照顾父母方面比例最低;比较有意思的是,图中显示,中国大陆在父母照顾子女方面的比例在四地当中较低,这有违国人的见闻与实际感受。

拉鲁(Lareau,2011,p.37)根据社会类别的不同,将家庭分为中产阶级家庭、工人阶级家庭和贫困家庭。她通过对个体的追踪调查,发现不同家庭对孩子的培养方式迥然不同,见表9-5。

表9-5　儿童教养差别类型

	儿童教养方法	
	协作培养	成就自然成长
关键元素	家长主动培养并评估孩子的天赋、主张和技能	家长照顾孩子并允许他们自己去成长
组织日常生活	成年人互相配合为孩子精心安排多种休闲活动	小朋友"约在一起打发时间",尤其是和亲友家的孩子在一起
语言运用	讲道理/发指令 孩子反驳成年人的话 家长与孩子之间持续不断地协商讨论	发指令 孩子很少对成年人进行质疑或挑战 孩子通常都会接受所给指令
对公共教育机构的干预	代表孩子对教育机构提出批评并采取干预措施 训练孩子也承担起批评和干预的角色	依赖公共(教育)机构 无权力感和挫败感 家里与学校里的儿童教养惯行相冲突
结果	孩子出现了逐渐生成中的优越感	孩子出现了逐渐生成中的局促感

可以看出,正是不同阶层家庭的养育方式培育了不同的家庭教育生态,也正是后者造就了不同的孩子。罗伯茨等人(Roberts等,1991)提出了代际关系的六个维度:联结的(家庭成员之间交往及一起活动的频率)、情感的(家庭成员之间的亲近度与肯定度)、一致性(家庭成员之间在意见、价值观及生活方式等方面实际或感受到的协同)、功能性(家庭成员之间器物交换及经济支持)、规范性(对家庭其他成员的责任感)以及结构性(限制或提高家庭成员之间交流的地理距离等)。有人(Silverstein等,1997)基于代际关系的三个基本维度——亲缘关系、机会结构和家庭功能,将代际关系分为紧密型、社交型、亲密有间型、责任义务型和疏离型。他们声称,上述五种类型基本可以代表当代家庭的各种社会学模式。紧密型是传统大家庭最典型的特征,而疏离

型是隔离式或疏远型大家庭特有的特征。社交型和亲密有间型是变型式大家庭所具有的特征,它们都缺乏功能性交换。这种代际相处模式具有文化的惯性,基于大量样本的不完全观察,笔者根据国人养育孩子方式的差异,将家庭养育方式大体地分为疏导式、散养式以及截堵式三种类型,三种家庭的教育生态迥然有别,见表9-6。

表9-6　家庭教养方式差异

	疏导式	散养式	截堵式
规则生成	与孩子协商并制定规则或契约	没有明确规则或契约、少约束	家长单向确定规则或契约
规则执行	一旦生成规则,就按规则或契约行事,并确定底线	无约束性规则,对孩子较宽容,限制少,孩子行为任意	严格按家长确定的规则行事,过程监控的,难免唠叨和责难
沟通方式	协商式(×××怎么样?)、采择式(不错,按你的意见办)	沟通方式显得任意,无特定形式和风格,取决于具体情境	表现为家长的单向式指令,孩子无条件遵从
对学业的态度	督促的、全程参与的,并能提供良好示范与环境支持	不过问,少关注,有限参与	督促的,部分参与的,难以身示范,缺少环境支持
同伴交往与相处	鼓励与同伴(学)尤其是各方面表现良好的同伴积极健康交往	全凭孩子自身的意向与个人偏好,既不限制也少鼓励	对同伴交往有严格的条件(时间、性别等)与限制
对教师的态度	总体尊崇学校规定,维护教师权威,对孩子就学校和教师的看法"双面"引导	家长与孩子很少讨论学校及课堂中的事件,偶有涉及,也是敷衍带过	遇到与学校或教师有关的冲突,家长或简单指责孩子,或附和孩子抱怨教师和学校
对家庭作业的态度及参与方式	关注作业量及完成进度,知悉孩子作业信息,部分参与并设法提供不同形式的辅导	家长很少过问孩子的作业,认为作业就是孩子的事,无意识、精力及能力辅导作业	形式地或实质地关注孩子作业,全程监控作业进程,也能为孩子提供部分的辅导
对电视、手机等电子产品的态度	有限/条件观看电视及使用电子产品,对观看或者浏览时长与内容进行协商式约定	孩子看什么、浏览什么,家长不管不问,家长看孩子也看,互不干涉	禁绝孩子接触任何类型的电子产品,为此不惜采取断(电视、网络)线等极端做法
对校外辅导的态度	大多重视孩子的校外辅导,重视孩子自己的意见与选择并全程参与	辅导与否,家长没有态度,是否参加课外辅导由孩子自己来决定	重视辅导,但采取委任态度,交给辅导者(机构或个人),高低参与都有,但多高期待

续　表

	疏导式	散养式	截堵式
过程与结果	既重视过程性卷入和督促,也关注孩子的学习结果,对结果的解释注重过程分析	偶尔也会过问结果,对学习结果反应简单,很少关注孩子的学习过程	非卷入性关注,对学业结果的关注胜于对学业完成过程的关注
成败归因	就事论事,引导孩子合理归因,内外归因适度,鼓励孩子多从自身总结并反思经验	家长与子女很少共同分析成败缘由,对孩子学业结果的归因有随机性和情境性特征	将孩子的成功多自我归因(家长或孩子),将孩子的失败多外归因(学校或教师)

　　家长之于孩子的教育,特别是学校的课程学习,可以根据家长对学校文化课程的熟悉度和家长的干预方式,从两个维度,即熟悉-不熟悉维度与积极-消极干预维度,分为熟悉-积极干预、熟悉-消极干预、不熟悉-消极干预和不熟悉-积极干预四种类型。其中影响四种类型干预策略的主要维度是积极-消极的干预方式,换言之,家庭教育生态的总体效应更多取决于干预方式维度。从这两个维度还可以派生出多种形态的家庭教育生态,见图9-7。

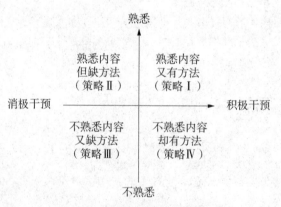

图9-7　家长对子女学业的卷入策略

　　熟悉-积极干预(策略Ⅰ)表现为,家长熟悉学生的课程学习内容,能对学生的学习进行辅导,且有好的卷入方式;熟悉-消极干预(策略Ⅱ)表现为,家长懂得孩子所学的课程学习内容,但缺乏合适有效的卷入方式;不熟悉-消极干预(策略Ⅲ)表现为,不懂得孩子所学的课程内容,但又对干预孩子学习乐此不疲,且缺乏恰当的方法;不熟悉-积极干预(策略Ⅳ)表现为,不懂得孩子所学的具体学科内容,但有适度且恰当的卷入方式。下面我们分开来探讨。

策略Ⅰ，即家长既熟悉子女学习的学校课程，又懂得适当的学习干预，这当然是最好不过，也自然最让孩子受益，是四种卷入策略中最为理想的一种，这种策略多见于一些家长是职业教师或者受过良好教育的家庭。那些表现出高自尊的孩子的父母是接纳性的，为孩子提供的是明确的可达到的标准，他们为孩子提供相当多的支持和自由度以使孩子获得能为自己服务的能力（Bandura，1997，p. 18）。客观地讲，随着学生课程门类的增多以及课程文化难度的加大，全科式家长很难寻觅，策略Ⅰ的空间也会变得越来越窄。也有的家长对孩子所学的课程内容非常熟悉，但因为自己工作忙碌或其他原因，往往不大卷入孩子的教育，而是借助外部资源或者采用资源交换的方式间接干预子女的教育。例如，笔者就知晓有在高校从事数学教育工作的父亲，给他人的孩子进行数学辅导，而将自家孩子的数学辅导交给对方来做，两位辅导教师采用错位交换的方式，理由是"子不便教"。

也有家长本身就是教师，他们阅历无数不同类型的学生及不同家庭教育卷入的生动样本，所以常常对子女较一般家长有着更高的期待，往往会高卷入子女的学习，但方法失当，即图9-7中的策略Ⅱ，效果并不一定如意，有时甚至适得其反，请看学生的报告：

> 我的父母都是优秀的教师，无论业绩还是工作态度都是值得称道的优秀水准，他们期望像成功培养出优秀学生一样培养出一个优秀的孩子。他们对我采用的最为得意的教育方式就是严格的"囚禁"——高三毕业之前我的漫长的未成年时代，都仿佛是羁押在监狱里的囚徒一般的生活。没有手机，断绝网络，交友与外出都受到严格管制。网络，对他们来说，就像是毒品一样可怕的东西。他们激进地认为，一切使我快乐的东西都是娱乐性的，而娱乐性的东西都是毒品。我第一次意识到这种禁锢的不好是在小学三年级：有一天，自己突然意识到，我在朋友中没有什么地位，原因是，我信息匮乏得可怕，对于朋友间讨论的动画、电视剧中的热点事件，我全然无知，甚至不知道他们竟然可以通过电话、网络在课后联系……

上述策略Ⅱ的实施主体不乏教师，他们懂得如何辅导或者至少具有辅导孩子文化课学习的便捷资源，他们见证并亲历过太多的学生成功或失败的生动案例，他们往往对自己的孩子恨铁不成钢，容不得当教师的自己有不成功的孩子。但毕竟教育学生的方法不一定适宜教育子女，若方法失当，往往事与愿违。

　　策略Ⅲ，即家长不懂得孩子的课程学习内容，但又乐此不疲地干预孩子的学习，是四种卷入策略中最糟糕的一种，也是最容易引发问题的一种家庭教育卷入方式。这种家长大多文化层次不高，对于自身缺乏文化教育有切肤之痛，因此也非常重视孩子的教育，希望自己的子女不要重蹈自己的生活。所以，他们便将自身的教育缺失迫不及待地转化为对其孩子的粗暴干预，高频度、形式性地卷入孩子的学习，但在孩子的具体课程学习中又无法提供实质性的辅导与帮助。其干预效果最差，衍生的教育问题也最多，从长远看，这种干预方式的教育效应不及"散养式"（表9-6）的养育方式。

　　策略Ⅳ，即家长自身不懂得孩子所学的课程内容，但却能够积极主动地与学校老师沟通和交流，也懂得尽可能地利用外部教育资源。这类家长有适度的形式性干预，但不深度卷入孩子的学习内容，不是不想，而是不能。他们对孩子的学习干预常常是非实质性的。所谓非实质性，具体表现为家长重视孩子的学习，但又难以深度卷入，所以他们对子女的学习常常是形式性边缘化卷入：今天老师布置的作业多不多？记得做完作业了再干其他事！课文背了没有？来！妈妈（或爸爸）帮你默写。但是，一旦涉及学生学习的具体内容或者作业完成质量方面的问题，家长常常表现得无能为力。请看学生的报告：

　　　　爷爷对教师这个职业的期望影响到了家里的环境。虽然他是木匠，但家里找不到一丝杂乱的木料，有的是塞满了一整个柜子的书籍；桌子上看不到木匠的工具，有的是读书人家才会有的笔墨纸砚，硬是把一个匠人之家变为书香之家。虽然是木匠，但爷爷从来不在家里做木工，不管工作有多繁重，也从不带回家中，他在家里总会读书、写字或者打扫家务。爸爸原本是贪玩、不肯学习的，但每当他回到家中看到的都是爷爷捧着一本书认真阅读，桌上放的都是爷爷记下的笔记时，爷爷的行为影响了他，他后来学习了美术，报考了美术师范专业，而他的选择又影响到了我的专业选择与学习。

　　上述四种类型是基本的家庭教育卷入策略，其实还有其他的过渡态，比如不熟悉孩子学习的具体内容，也不卷入孩子的学习，而是任其自行成长（表9-6之"散养式"）。尽管这种不管不顾的策略有可能是出于无可奈何之举，但有时也会有意外的好处，请看例证：

　　　　其实，从小到大的学习我都是比较自觉的，可能很重要的原因是我父母的文化程度都不高。如果自己不学习，也就没有什么人能管我了，而我遇到的不会的题目我爸妈肯定也不会，所以我养成了独立自主的学习习

惯。受这一习惯的影响，我学习上的很多事情都不怎么跟他们讲，平时在家里也不怎么聊学习和学校中的事。（学生 A）

　　妈妈和奶奶都跟我讲，家里没有人会教我写作业，所以只有靠自己在课堂上听懂自己回来写。她们是不能教我的，如果作业中有不会的只能先空着，等回到学校再问老师。她们的这种做法也让我养成了学习中不依赖家长的习惯，自己学习上的事自己决定。（学生 B）

因此，作为上述四种基本策略过渡态的不熟悉-不卷入策略，尽管非出于家长本意，但也会生成一种总体不错的家庭教育生态。在这种家庭教育生态中，学生家长往往受教育程度不高，完全不熟悉孩子的课程学习内容，但家长性情较好，心态平和，能以平常心对待孩子的学习结果。

毋庸讳言，四种策略中，最为糟糕的就是不熟悉-消极干预策略（策略Ⅲ）。取向这种策略的家长也很重视子女的学习，他们或者出于自身的亲历性经验（自身没能接受教育的弊害），或者出于替代性的经验（观察到他人受教育得到的好处），因而特别重视孩子的教育。但这类家长既不熟悉孩子所学的课程内容，又不懂得卷入孩子学习的适度方法，所以常常就会出现家庭教育中的瞎指挥现象。"鸡飞狗跳"式的家庭教育生态常常出现于策略Ⅲ的家庭卷入中，这种策略与表 9-6 中的"截堵式"多类同，请看例证：

　　上了小学之后，我的爸爸妈妈都要上班，而且是白天见不到人的那种，他们担心我出去玩，就把门反锁，还给我布置六张启东黄冈试卷，说晚上回来要检查。家里也没有电视，他们两人一走，我便在家里找东西玩，明明可以先写作业，但我都拖到傍晚时才开始写，实在不行就把答案翻出来，一直地抄。从那时就养成了做事爱拖拉的坏习惯。（学生 A）

　　在我幼儿时期，父亲角色一直是缺失状态（父亲一直在外地务工）的，直到小学一年级才结束这种状态，我一直不能理解我父亲对我的教育。他对我既疏于管教又常常过于苛求，并且他也不太注意身教却拿言传要求我；他不认真对待我的学习过程，不辅导我的作业，却要关注我的（学习）结果；否定我的优点，夸大我的缺点，否定我的个人爱好。他通常使用暴力比如打我来解决问题，比如犯错就要跪着写检讨这类非常损害自尊心的惩罚，我觉得这样的教育方法造成了我的自卑。（学生 B）

曾听到我国台湾学者曾仕强先生讲过这样的话：家庭中常常出现"优秀的孩子是

我的,有问题的孩子是你的"这样出现于父母之间的偏论。在日本,这种现象被称为"父性原理",该原理带有"切断区分"的特征,即将所有人与事分为主体与客体、善与恶等两个维度。父性原理强调根据孩子的能力与个性区分对待孩子,认为"只有好孩子才是我的孩子";与之不同,"母性原理"强调平等对待并培育每个孩子,认为"我的每个孩子都是好孩子"(佐藤学,1999,p. 95)。基于笔者的观察,家庭中长辈对子女的影响力主要受两个因素的影响:就影响源讲,过去的累积性经验对子女的影响巨大,即对于家庭中那些更具执行力或功能性的建议或者"命令",子女更容易采取接纳的态度;就影响内容来讲,子女更易受那些在领域内有一定发言权或者专业权威者的影响。

笔者在与学生的交流中发现,绝大多数同学在谈及家庭对自己的影响时,极少提及家庭的物理环境,可能的原因是,人具有极大的环境"亲适性",即不论幼时居住环境如何,随着时间的推延,个体往往都具有很大的自适性与调整能力,从而表现出不同程度的环境适应性和悦纳性。所以在我们的大量访谈中,学生很少将其居住环境纳入影响自己成长的因素中。

在阐释家庭影响的多种理论中,有涉及因果关系理论的两种模型(Conger 和 Donnellan,2007):第一种是家庭压力模型,该模型将社会经济劣势与家庭压力过程联系起来,认为经济困难对父母的情绪、行为和关系产生不利影响,进而负面影响父母的养育策略;第二种是家庭投资模型,该模型将父母的社会经济优势与孩子的身体、情感、认知和社会福祉联系起来,认为家庭收入、社会地位、人力资本与儿童的发展高度相关,经济资源相对丰富的家庭会将投资的重点指向子女的发展,而处境相对不利的家庭则将投资首先指向维系家庭生活所需。

亲历性及观察性的经验一致表明,在我们成长的早期,影响自己身心发展的最主要变量是家庭教育生态——家庭结构、家庭 SES、父母关系及其养育方式。从特定家庭教育生态中成长起来的我们又会有意无意地将自己深受其利或其害的教育生态模式不同程度地带到自己的新生家庭,让对方及下一代跟着受益或受损,构成颇显无赖的周期性循环!

第十章　社会教育生态

没有哪个国家因投资其国民的教育而走向破产。

——［印度］詹迪亚拉·蒂拉克（Jandhyala Tilak）

教育能让人们有尊严地生活，能够开发他们的全部能力并改善其生活质量（UNESCO，1990），还可以在促进"和平、自由及社会公正之理想"方面发挥作用（Miles 和 Singal，2010）。教育不仅有益于儿童，也有益于家庭、社区乃至整个国家；教育会改善就业机会和社会繁荣，促进公民健康和预防疾病，也是确保人们成长和经济发展的最大投资（DFID，2006）。

正因如此，全球范围内，不论国家、地区抑或国际组织，都会制定雄心勃勃的教育和发展规划。例如，在 1990 年的世界全民教育大会上，国际社会承诺确保到 2000 年普及初等教育；1995 年的联合国社会发展问题世界首脑会议承诺，到 2005 年实现普及基本教育，至少 80％ 的小学适龄儿童完成小学教育；联合国新千年发展目标则规划，到 2015 年全世界所有儿童都有学可上，而且是免费与高质量的（DFID，2006）。

一个国家或地区的社会教育生态是其政治、经济及文化的综合反映，会让生活其中的民众跟着受益或受损。探讨社会教育生态需要"高屋建瓴"的视野，着眼于"大"，着手于"微"，以"微"知"大"。基于这样的理解，本章主要探讨教育规制与教育公平、教育焦虑与影子教育、"撤点并校"政策与农村中小学教育生态。

一、教育规制与教育公平

影响教育公平的因素固然很多，但所有因素中，最具决定性的仍然是国家的教育规制。教育规制是指根据现实社会的发展需要，由国家权力机关通过立法等手段修改、规范现行各项政策，约束新的权力主体，使教育的各项权力能够得到合理划分（黄明东等，2006）。儿童接受教育是其享有的基本权利，但这种基本权利的保障与实现，除了经济发展水平,主要还是受制于国家的教育规制。因此,如果说教育机会公平是结果变量的话,那么教育规制就是重要的影响变量。

吴康宁(2010)将教育机会公平依次分为三个层次:就学机会公平("温饱水平")、就读优质学校机会公平("小康水平")和教育过程参与机会公平("发达水平")。这三个层次的教育机会公平无不与教育规制有关。结合我国的具体国情,这里需要操作性地规定,本章涉及的教育规制包括教育法规、教育方针和教育政策。在不同时期,三种形式的教育规制对教育实践的引领作用又有不同。教育规制的制定与特定时期国家的政治、经济和文化发展高度关联,但也与制定者对教育的认知与信念有关。

(一) 教育规制与教育公平

教育公平是人类追求公平的一部分,既是人类永恒的一种教育人文关怀,也是衡量教育质量发展一个重要方面。2012年,经济合作与发展组织在其《教育的平等和质量:支持弱势学生和学校》报告中,提出教育公平包含两个方面:一是公平公正(fairness),即个人或社会境遇,如性别、种族出身或家庭背景等均不应成为其实现教育潜能的障碍;二是全纳(inclusion),即教育要确保所有个体至少能达到基本的最低技能水平(OECD, 2012)。

人类追求教育公平的历史进程,可依次分为机会公平、条件公平、过程公平和结果公平四个阶段:机会公平的本质是学校向每一个人开放——有教无类;条件公平的本质是办好每一所学校——均衡发展;过程公平的本质是平等对待每一位学生——一视同仁;结果公平的本质是为每一位学生提供适合的教育——因材施教(詹姆斯·S.科尔曼等,2019)。与教育公平关联且常常为人们互换使用的两个概念是"教育平等"(equality of education)和"教育机会均等"(equal education opportunity)。教育平等指人们不受政治、经济、社会地位和民族、种族、信仰及性别差异的限制,在法律上都享有同等受教育的权利(顾明远,1992, p. 100);教育机会均等是现代社会政策和教育政策的一个目标,是指:(1)入学机会均等,或入学不受歧视;(2)在受教育过程中的机会均等;(3)取得学业成功的机会均等(顾明远,1992, p. 413)。可以看出,教育平等更多涉及法律层面的含义,指向个体享有的一种权利,是一种教育追求与理念;教育机会均等更多涉及社会政策或教育政策层面的概念,是人们对教育的一种现实追求。

有研究者(程天君,2012)以1978年召开的中共十一届三中全会为界,将中华人民共和国成立以来的教育大致分为前后两个30年:前30年间的重大教育改革多由政治所统领;后30年的重大教育改革则主要为经济所主导。本部分我们主要结合20世纪50年代以来主导我国教育活动的教育方针、教育政策和教育法规来论述教育规制及教育生态。

1. 教育方针: 教育活动的行动指南

教育方针是国家根据政治、经济与社会发展的要求提出来的总方向和总目标,是教育工作的根本指导思想(萧宗六,1997)。20世纪50年代以来,尽管称呼有所不同,或"党的教育方针",或"国家的教育方针",或"党和国家的教育方针",但教育工作基本是在这一类"教育方针"的指导下进行的。代表性的教育方针及其规定见表10-1。

表 10-1　国家不同时期的教育方针例举

时间及出处	具体内容	培养要求	培养规格	培养途径
1957年《关于正确处理人民内部矛盾的问题》	我们的教育方针,应该使受教育者在德育、智育、体育几方面都得到发展,成为有社会主义觉悟的有文化的劳动者。	—	在德育、智育、体育几方面都得到发展,成为有社会主义觉悟的有文化的劳动者。	—
1978年《中华人民共和国宪法》	教育必须为无产阶级政治服务,同生产劳动相结合,使受教育者在德育、智育、体育几方面都得到发展,成为有社会主义觉悟的有文化的劳动者。	为无产阶级政治服务。	在德育、智育、体育几方面都得到发展,成为有社会主义觉悟的有文化的劳动者。	同生产劳动相结合。
1985年《关于教育体制改革的决定》	教育必须为社会主义现代化建设服务,必须与生产劳动相结合,培养德、智、体等方面全面发展的社会主义事业的建设者和接班人。	为社会主义现代化建设服务。	培养德、智、体等方面全面发展的社会主义事业的建设者和接班人。	与生产劳动相结合。
1995年《中华人民共和国教育法》	教育必须为社会主义现代化建设服务、为人民服务,必须与生产劳动和社会实践相结合,培养德、智、体、美等方面全面发展的社会主义建设者和接班人。	为社会主义现代化建设服务、为人民服务。	培养德、智、体、美等方面全面发展的社会主义建设者和接班人。	与生产劳动和社会实践相结合。

按照萧宗六(1997)的观点,教育方针一般涉及三方面内容:一是教育工作的总任

务,即要明确教育为什么服务;二是国家培养人才的总目标,即要明确培养什么样的人;三是培养人才的基本途径,即通过什么途径培养人。依照这样的观点看,1957 年提出的教育方针缺失教育的"培养要求"和"培养途径"。由于受时代的局限,上述1957 年和1978 年的教育方针表述均存有错谬,主要集中在"使受教育者在德育、智育、体育几方面都得到发展"这一句表述中:受教育者的发展以经验引发的学习变化来说明,这些变化体现为认知、情感和动作技能等不同领域,而不能以途径(德育、智育和体育)规定学习变化。

始于 20 世纪 50 年代的教育方针尽管表述上有变化,但一致涉及三个方面:(1)教育目标,即对培养人才规格的内在规定。不同时期的人才规格集中体现在两个方面,一是对个体身心发展的规定,即个体本位论的规定,尽管不同时期有所变化,但基本指向个体的身心全面发展。二是对个体发展之社会功能的规定,即社会本位论的规定,主要指向个体发展的社会适应性。社会本位论又涉及"建设者"和"接班人"两方面,前者偏向人才培养规格的专门性——领域内适用人才,即在我国曾一度流行的"专";后者更偏向人才培养的通用性——适合不同领域的管理人才,即我国 20 世纪 50 年代到70 年代一度所讲的"红"。(2)培养要求,即对教育服务于谁的规定,多偏向人才培养的社会本位。在 20 世纪 50 年代之后的长时间内,对培养要求的规定,有时偏重"专",有时偏重"红",有时则"又红又专"和"红""专"并提。(3)培养途径,即教育通过什么样的方式或者途径来培养符合要求的人。实质上,是培养要求和培养规格内在地规定了人才培养的途径,无需离开前两者来谈什么途径。过去我们长期坚持"与生产劳动相结合"的途径,原是不错的,但却在"劳动"的内涵和外延上争执不休,即这里所称的"生产劳动"到底包含脑力劳动、体力劳动抑或两者? 现在看来,这是一个不言自明的问题,但在 20 世纪六七十年代,这仍然是一个颇具争议性的问题。

一定的教育方针会生成特定的教育生态。当人才培养高度集中于培养目标的社会本位论之时,教育的一切活动都要围绕社会实践需要来组织,即从教育内容的确定、教育方法的选择到教育途径的实施,都是社会本位的,任何个人的发展都要服务于国家建设的实际需要。

2. 教育政策: 教育活动的具体措施

教育政策是国家或政党为实现教育目标而制定的行政准则,它是根据教育面临的形势和任务确定的(萧宗六,1997)。按照教育的一般逻辑,教育政策总是基于教育方针或者教育法规制定的,是基于特定具体的教育问题提出来的,是相对下位的、临时的、流动的,因而有明确的问题指向性。教育政策有基本的教育政策和具体的教育政策之分:前者具有普遍性的指导意义;后者是前者的具体化,是针对教育工作的某一方面制定的(萧宗六,1997)。表 10-2 例举了部分 20 世纪 50 年代以来的一些重要教育政策。

表 10-2　国家不同时期的教育政策例举

时间	名称	政策要点	基本/具体
1951 年政务院	《关于学制改革的决定》	对幼儿园、小学、初级与高级中学、高等教育各阶段的教育年限作了重新修订,详见刘英杰(1993)。	具体
1978 年教育部	《全日制十年制中小学教学计划试行草案》	农村中小学的九年制可以继续实行;有条件的学校逐步过渡到十年制;有条件的地区实行六周岁或六周岁半入学(1951 年确定为 7 周岁)。	具体
1985 年中共中央	《关于教育体制改革的决定》	有步骤地实行九年制义务教育;对各学段的学制、教育结构、教育思想、教学内容及方法进行改革;调整中等教育结构,发展职业技术教育;改革高等学校招生计划和毕业生分配制度;扩大高等学校办学自主权。	基本
2001 年国务院	《关于基础教育改革与发展的决定》	完善管理体制,保障经费投入;深化教育教学改革,扎实推进素质教育;完善教师教育体系,深化人事制度改革;推进办学体制改革,促进社会力量办学健康发展。	具体
2010 年中共中央国务院	《国家中长期教育改革和发展规划纲要(2010—2020 年)》	对国家未来 10 年教育发展的总体战略、发展任务、体制改革以及保障措施分四部分(二十二章)进行了全面的部署与规划。	基本

教育政策的表现形式多种多样,在我国多为有关机关发布的决议、决定、命令、指示、通知、意见以及散见于党和国家领导人的报告、谈话、讲话中,有时还会通过党报党刊的社论形式传达教育政策(萧宗六,1997)。在我国 70 多年的教育事业发展中,党和政府以各种形式提出了广泛多样的有关教育的指示与要求,表 10-2 仅是其中的个别代表。鉴于篇幅限制,我们主要围绕表 10-2 中的两项教育政策谈谈其社会教育生态效应。

(1)《关于学制改革的决定》(1951 年)

1951 年 10 月 1 日,当时的政务院发布《关于学制改革的决定》,对我国的学制进行全面改革。该决定指出:"小学的修业年限为五年,实行一贯制,取消初、高两级的分段制,入学年龄以七足岁为标准……中学的修业年限为六年,分初、高两级,修业年限各为三年,均得单独设立。"值得一提的是,在该决定中,补充了原来没有的且与各阶段相对应的面向工农大众的各类干部学校、补习学校和训练班,提出了与当时急需各类人才相一致的"中华人民共和国学校系统"(何东昌,1998,p. 106)。这是中华人民共和国成立之后提出的第一个学校系统,对民国政府的学校系统既有继承,又有修正,是一个比较完整规范的学校系统。

到1953年,中央认为"五年一贯制"的规定实行过早,不宜推行(刘英杰,1993,p. 37)。随着20世纪50年代末"总路线"[1]的提出,教育领域的"大跃进"开始出现。进入60年代,随着"学制可以缩短""课程可以砍掉一半"(1964年)以及"学制要缩短,教育要革命"(1968年)等说法的出现,我国各级各类学校的学制开始偏离1951年的学制改革方案。1966年之后,我国中小学的学制大为缩短:14个省、自治区实行九年制(小学5年、初高中各2年);7个省、自治区、直辖市实行十年制(小学5年、初中3年、高中2年,或小学6年、中学4年);9个省、自治区的农村学校实行九年制,城市学校实行十年制(刘英杰,1993,p. 40)。可以说,这个时期的学制改革主要是围绕当时经济建设急需大量人才的社会需要,以如何缩短学制、精简内容、快出人才为教育改革的核心内容。由此,全国出现了各种形态的从小学到大学的办学形式,教学内容大量精简,办学形式采取半工半读、开门办学等形式,对教育的总体影响可以概括为"利弊兼具、弊大于利"。

(2) 中共中央《关于教育体制改革的决定》(1985年)

1985年,基于经济发展的迫切需要,在经过大量调查研究、广泛征求各方面意见并汲取国外教育改革的有益经验的基础上(胡启立,2008),中共中央颁布《关于教育体制改革的决定》,指出当时教育事业发展中存在的主要问题表现在"管理权限的划分、教育结构以及教育思想、教育内容和教育方法"等方面,明确提出"教育必须为社会主义建设服务,社会主义建设必须依靠教育"。正是该决定第一次提出"把发展基础教育的责任交给地方,有步骤地实行九年制义务教育"。我们先谈谈决定中提出的"把发展基础教育的责任交给地方","有步骤地实行九年制义务教育"在教育法规部分再讨论。

该决定指出,"基础教育管理权属于地方。除大政方针和宏观规划由中央决定外,具体政策、制度、计划的制定和实施,以及对学校的领导、管理和检查,责任和权力都交给地方""为了保证地方发展教育事业,除了国家拨款,地方机动财力中应有适当比例

---

[1] 即1958年5月中共八届二次会议提出的"鼓足干劲,力争上游,多快好省地建设社会主义"。

用于教育,乡财政收入应主要用于教育"。之所以提出这样的改革举措,是因为当时"就整个教育而言,最大的弊端,乃是在于长期计划经济体制下所形成的僵化模式。一个拥有几十个民族、十多亿人口的大国,各地情况迥异,基础各不相同,发展很不平衡,但统统实行同一种办学模式:清一色的全日制,正规化,统一招生,统一考试,统一教材,统一标准,统一学制"(胡启立,2008)。由于下放了办学方面的诸多权力,各级各类学校办学的自主性得以彰显,为教育领域办学形式的灵活多样性提供了外部保障。在激发人们办学积极性的同时,随之出现的问题也不容回避:与这种办学体制和隶属关系相适应,教育财政责任也基本上是按照办学主体来划分,地方教育财政支出占国家总量的比重一直在90%以上(宗晓华等,2015)。由于教育尤其是基础教育采取地方分级管理的办法,财政拨款也在很大程度上由地方政府各负其责,又因各地财政状况的巨大差异,所以基础教育投入呈天壤之别。

这里尤其需要提及的是教师工资拖欠问题。尽管教师工资拖欠是一个社会性问题,在该决定出台前就已存在(胡启立,2008),但是大范围的普遍性教师工资拖欠却始于该决定所提出的"教育分级管理"之后,在中西部经济财政比较落后的地区尤其严重。以笔者见闻,当时我国西部一些经济比较困难的市县,教师往往需要"赔着口粮"去学校、进课堂,等到年终的时候,地方政府会以当地的一些农产品"结算"教师的年薪:或者教师会得到上千斤的粉丝,或者收到上百瓶的地方白酒,或者收到堆满屋子的各类日用品。笔者当时也曾"购买"过教师的这类工资代用品。教师工资拖欠的负面影响成为一段时间内突出的社会问题(张克雷,2002),直到2001年,国务院颁布《关于基础教育改革与发展的决定》(表10-2),其中规定:从2001年起,将农村中小学教师工资的管理权上收到县,并按规定设立"工资资金专户",由财政部门安排教师工资性支出。这样,长期的大范围教师工资拖欠问题才得以解决。尽管到了今天,教师工资拖欠仍是一项难以根绝的社会顽疾,例如,贵州省毕节市大方县2015—2020年六年间共拖欠教师绩效工资、生活补贴、五险一金等费用4.79亿元(中国政府网,2020),但毕竟是地域性的个例事件。

3. 教育法规:教育活动的根本依据

教育法规是有关教育方面的法律、法令、条例、规程、规定、决议、决定等规范性文件的总称(萧宗六,1997)。中华人民共和国成立以来,作为根本大法的《宪法》对教育活动的有关方面都有规定,但专门性的教育立法则是20世纪80年代之后才有的事,见表10-3。

表 10－3　国家不同时期的教育法规例举

时间	名称	法规摘录	母法/子法
1986 年	《中华人民共和国义务教育法》(2006 年第十届、2015 年第十二届、2018 年第十三届全国人民代表大会修订)	国家实行九年义务教育制度(2)。国务院和地方各级人民政府用于实施义务教育财政拨款的增长比例应当高于财政经常性收入的增长比例(42)。义务教育经费投入实行国务院和地方各级人民政府根据职责共同负担……农村义务教育所需经费,由各级人民政府根据国务院的规定分项目、按比例分担(44)。	教育子法
1993 年	《中华人民共和国教师法》(2009 年第十一届全国人民代表大会修订)	教师享有一定权利(7)并履行一定义务(8)。国家实行教师资格制度(10)并要求取得教师资格需要相应的学历(11)。学校或者其他教育机构对教师的政治思想、业务水平、工作态度和工作成绩进行考核(22),考核结果是教师受聘任教、晋升工资、实施奖惩的依据(24)。教师的平均工资水平应当不低于或者高于国家公务员的平均工资水平(25)。	教育子法
1995 年	《中华人民共和国教育法》(2009 年第十一届、2015 年第十二届全国人民代表大会修订)	教育必须为社会主义现代化建设服务、为人民服务……培养德、智、体、美等方面全面发展的社会主义建设者和接班人(5)。学校及其他教育机构行使的权利(29)与履行义务(30)。受教育者享有的权利(43)与履行义务(44)。国家财政性教育经费支出占国民生产总值的比例应当随着国民经济的发展和财政收入的增长逐步提高(55)。	教育母法
1998 年	《中华人民共和国高等教育法》(2015 年第十二届、2018 年第十三届全国人民代表大会修订)	国家采取措施,帮助少数民族学生和经济困难学生接受高等教育(9)。高等学校应当面向社会,依法自主办学,实行民主管理(11)。高等学校设立的条件(25)、高等学校依法自主设置和调整学科、专业(33),以及高等学校校长的职权(41)。	教育子法
2021 年	《中华人民共和国家庭教育促进法》(2021 年第十三届全国人民代表大会常务委员会第三十一次会议通过)	国家和社会为家庭教育提供指导、支持和服务(4)。父母或者其他监护人应当树立家庭是第一个课堂、家长是第一任老师的责任意识……用正确思想、方法和行为教育未成年人养成良好思想、品行和习惯(14)。国务院应当组织有关部门制定、修订并及时颁布全国家庭教育指导大纲(24)。家庭教育指导机构应当及时向有需求的家庭提供服务(29)。	教育子法

注:法规要点括号内的数字为该规定所在条款标号。

最先颁布的两部教育法规(《中华人民共和国义务教育法》和《中华人民共和国教师法》)均为教育子法,之后才出现教育母法(《中华人民共和国教育法》)。表 10-3 例举所及的内容非常广泛,我们主要讨论其中的义务教育和教师待遇问题。

(1) 关于义务教育

实际上,"普及教育"的提法在 1978 年的《宪法》中已有提及(第五十一条),1982 年的宪法修订中明确提出"普及初等义务教育"(第十九条),1985 年 5 月中共中央颁布的《关于教育体制改革的决定》正式提出"有步骤地实行九年制义务教育",而正式以立法形式提出"国家实行九年制义务教育制度",则是 1986 年 4 月第六届全国人民代表大会第四次会议通过的《中华人民共和国义务教育法》(以下简称《义务教育法》)。

"义务教育是国家统一实施的所有适龄儿童、少年必须接受的教育,是国家必须予以保障的公益性事业"(《义务教育法》第二条)。该法第一次将适龄儿童、少年接受九年基础教育视为公民的基本权利,也是国家要依法保障的基本义务,为适龄儿童、少年接受九年制基础教育提供了法理依据。通常意义上,义务教育即强迫教育(compulsory education),而强迫教育和免费教育是同义语(陈侠,1987)。义务教育具有"强制性"和"免费性"两个本质特征,但要做到强制则首先须免费,换言之,做不到免费就难以强制。人们依据"法"调节社会秩序运行的功能强弱,将"法"分为指代正式的法律规范体系的"硬法"和相对于"硬法"的"软法"(王鹏炜,2015)。而教育法在我国常常被称为"软法"(石连海,2014),之所以如此,是因为与刑法相比,教育法缺少限制人身自由的权力。从处罚程序看,教育法缺少周密严谨的法律程序规定;从执法实践看,教育执法也缺少像其他行政部门那样的队伍(郑生明,2001)。

在《义务教育法》颁布之后的较长一段时间内,其实施效果并不尽人如意,原因很多,但主要原因是做不到免费。在《义务教育法》颁布 20 余年之后才陆续免除农村(2007 年)和城市(2008 年)九年制基础教育阶段的学杂费,从而为真正意义上的"义务教育"提供了保障。尽管从 1986 年《义务教育法》颁布实施到 2011 年实现全面普及(教育部,2020)花了 25 年时间! 确实不能说如期普及,但还是要归功于当时的政府下决心免除学生的学杂费! 从 2011 年到 2020 年,10 年又过去了,义务教育的巩固率为 95.2%(教育部,2021)。

提出"实行九年制义务教育"距今已过去了 36 年(1986—2022 年),有充足的理由认为,我国完全实现了这一目标。近年来,我们不时听到延长九年制义务教育的提法,或者延伸至高中教育,或者延伸至九年义务教育结束后的相应职业技术教育,将实行了多年的九年制义务教育延长至 12 年。为此,有人大代表也提出了延长义务教育年限的议案,这实际上是对实践层面教育发展要求的回应。事实上,有地方已经在这样做了,这些地区既有经济发展水平比较低的西部地区,也有经济发展水平较高的东南沿海地区。例如,甘肃省早在 2016 年就延长了免费义务教育,将学前教育纳入免费教育的范畴。要知道,论经济发展水平,2016 年甘肃省 GDP 总量处于全国倒数第五位,人均 GDP 处于全国倒数第一位。即便如此,当时的甘肃省委、省政府仍下决心将公办和普惠性民办学前教育全部纳入免费教育的范畴,让当年全省约 70 万适龄儿童全部接受免费的学前教育。就在同一年,作为经济发展水平较高的福建省在其"十三五"教育发展专项规划中率先提出"要高质量普及 15 年基本教育,实现高中阶段免费教育"(郑璜,2016)。但 2018 年,国务院办公厅印发了《关于进一步调整优化结构,提高教育经费使用效益的意见》,明确提出"严格执行义务教育法,坚持实行九年义务教育制度,严禁随意扩大免费教育政策实施范围"(国办发[2018]82 号)。2020 年,有全国人大代表就此问题以议案的形式提交人大,尽管教育部在其答复中提出"目前还不具备延长学制和将学前、普通高中纳入义务教育的条件"(教育部官网,2020),但人们关于进一步延长义务教育年限的讨论与尝试从来就没有停止过。事实上,就目前社会经济发展水平及综合国力而论,我国既有延长义务教育年限的迫切需要,也有足以保障延长义务教育的经济支撑条件。主要还是取决于国家政策,而政策的关键又与决策者对教育的信念与认知有关。是改革并延长执行了 36 年之久的"九年制义务教育"的时候了!

(2) 关于教育投入与教师待遇

毋庸讳言,改革开放以来,我国的教育经费绝对数逐年有所提高,教师待遇也随之改善。一个社会的教育投入与教师待遇问题,与其说取决于社会的经济发展水平——这是长期以来一些人对教育经费投入偏低的一种说辞,不如说取决于国家的教育政策,而教育政策的取向又和决策者对教育功能的认知与信念有关。

早在 1985 年,中共中央颁布的《关于教育体制改革的决定》中就明确提出:"教育必须为社会主义建设服务,社会主义建设必须依靠教育。"从社会本位论的角度讲,这一提法无疑是值得肯定的,也较为准确地反映了教育与建设之间的基本逻辑。但是,每谈到教育经费问题的时候,这一思想就不见了,即强调要在经济发展的基础上才能发展教育——教育要依靠建设,而非建设要依靠教育(陈侠,1987)。教育经费所占国民生产总值(GNP)的比重是衡量国家是否将教育置于优先地位的最佳指标。这一点得到国内外研究者的一致认同。例如,有观点认为,教育投入水平的评价指标主要有两个,一个是公共教育经费支出占 GNP 的比例,另一个是政府财政教育拨款占财政支出的比例(张新,1999)。也有观点指出,是否将教育置于优先地位,可以从教育支出占GNP 的比重、占政府总支出的比重或占国家五年计划的比重等少数几个指标上看出来(Tilak,2003)。我们还是通过数据来说话,以教育经费占 GDP[①] 的比例来说,1984年,美国和日本都超过 7％,一般国家占 5％左右,而我国当时仅超过 1％(陈侠,1987)。图 10-1 是我国与世界一些主要经济体 10 年间(2008—2017 年)教育经费投入占比的比较。

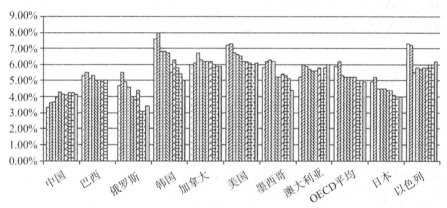

图 10-1　中国与世界部分经济体国家教育经费投入占比(GDP 占比)的比较

注:(1)选择 2008—2017 年这一时段,是因为 2018 年之后的 OECD 数据尚难以查到;(2)图中中国、巴西(2016—2017 年数据缺失)及俄罗斯均为非 OECD 国家,其他为 OECD 国家;(3)我国的教育经费投入(含所有教育机构)数据均来自教育部、国家统计局和财政部每一年度的教育经费执行情况统计公告(教育部官网);OECD 国家的数据(小学到高等教育,不含研发经费投入)来自 2011—2020 年的"教育指标概览报告"。

　　早在 1993 年,为增加教育财政投入,我国政府提出到 20 世纪末国家财政性教育经费支出占 GDP 的比例达到 4％的政策目标(宗晓华等,2015)。直到 2012 年,我国国家财政性教育经费支出占 GDP 首次突破 4％(4.28％),之后实现连续 8 年(2012—2019 年)超过 4％的教育经费投入(教育部,2020)。

[①] GDP 即"国内生产总值"(gross domestic product),它按国土原则核算,即无论本国抑或他国居民,只要在本国范围内凭财产和劳务所得收入都计算在内;与之不同,GNP 即"国民生产总值"(gross national product),它按国民原则核算,即只要是本国国民,无论在国内或国外,只要凭财产和劳务所得收入,皆算在内,自然不包括外国居民在本国所得收入。

大量的事实说明,在 GDP 定值的前提下,对其支出分配实质上取决于决策者对事关国计民生优先顺序的认知与判断。尽管我国的教育经费投入与教师工资在稳定增长——这一点有目共睹且毋庸置疑,但在世界上的相对位次——不要说与主要发达国家比(图 10-1),就是与许多发展中国家比,4%多一点的占比并不算高,也与世界第二大经济体的发展水平不相称。

我国著名思想家荀子早在两千年前就提出:"国将兴,必贵师而重傅;贵师而重傅,则法度存。国将衰,必贱师而轻傅;贱师而轻傅,则人有快;人有快则法度坏。"(《荀子·大略》)从投资效益看,收益率最高也最具长远后效的当然是教育投资。但谁都知道,教育投资的效益慢,需要数年甚至数十年才能看出来。可以说,教育投资是"利在当代,功在千秋"的政策行为,但因多方面的复杂因素,很多时候无法顾及如此长远。

(二) 教育资源配置与教育公平

与教育公平关联的一个核心问题是教育资源配置,在一个国家或地区只要存在教育资源的不足,就一定面临如何配置资源的问题。本部分我们主要讨论与教育资源配置有关的重点校与学区房问题,可以说,两者是同一问题的两种不同表现形态。

1. 重点校与教育公平

在现代社会,人们对学校教育的要求已从原来的入学平等(即无论出身,人人都有上学的权利)到待遇平等(即学校为所有学生提供相同的服务)再到结果平等(即学校能为学生提供适合其个性的教育),使得接受教育的人在特定的教育结束之时,能够掌握社会所需要的基本技能,且学生在这些基本技能方面有着同样的表现(Gorard 等,2010,p.4)。从 1986 年《义务教育法》颁布到 2005 年,花费了 20 年的时间,我国的小学入学率达 99%,初中毛入学率达 95%,义务教育阶段基本上实现了入学机会的公平(王善迈,2007)。但我国长期以来实行的"重点校"政策与人们对教育公平——尤其是"教育过程""教育条件"和"教育结果"的公平期待与追求尚存在差距。

我国的"重点校"政策起始于 20 世纪 50 年代初,而且有着政策上的连续性与稳定性,见表 10-4。

20 世纪 50 年代初,在国家经济发展水平低下、教育资源极其短缺的情形下,当时的政府"举全国之力"有选择地办好一些中小学,将有限的教育财力重点投向这些学校,旨在"快出人才""出好人才"。这当然是能够理解的,也是合乎当时社会经济发展要求的。事实上,重点校由 1953 年刚开始的 194 所(占 4.4%)到 1980 年的 4 016 所

表 10－4　我国近 70 年来"重点校"教育政策例举

时间	名称	政策要点
1953 年 教育部	《关于有重点地办好一些中学与师范学校的意见》	1953 年,根据中共中央政治局"要办重点中学"的决议,由教育部在第二次全国教育工作会议上提出,该意见确定了 194 所重点中学的建设名单,占当时全国普通中学总数的 4.4％(刘英杰《中国教育大事典》,1993, p. 341)。
1962 年 教育部	《关于有重点地办好一批全日制中、小学校的通知》	确定办好一批全日制中、小学的学校名单,由各省、自治区、直辖市教育厅(局)确定;具体措施:合理安排并稳定学校规模、加强领导力量并充实教师队伍、充实教学所必需的物质条件、适当扩大招生范围。
1978 年 教育部	《关于办好一批重点中小学的试行方案的通知》	办好一批重点中小学的目的意义、任务要求、统筹规划、招生办法及领导。
1980 年 教育部	《关于分期分批办好重点中学的决定》	重点中学是中学教育的骨干,担负着双重任务:既要为高等院校输送合格新生,又要为社会培养优良劳动后备力量;办好重点中学的基本要求、需要采取的措施及改变的一些错误做法。
1983 年 教育部	《关于进一步提高普通中学教育质量的几点意见》	从实际出发,改革教学;切实重视和办好初中;充实和提高教师队伍;正确处理重点中学与一般中学的关系;切实加强领导。
1995 年 国家教委	《关于评估验收 1000 所左右示范性普通高级中学的通知》	根据有计划、有步骤,分期分批建设的原则,国家教委将于 1997 年前后,分三批评估验收 1000 所左右示范性高中,并予以公布;示范性高中申报的条件与步骤以及评估验收的标准(21 条)。

注：(1)上述重点校的发展脉络参见王善迈(2007)的《"重点校"政策影响了教育的公平》;(2)表中的政策要点除标注的之外,其他均参见何东昌的《中华人民共和国重要教育文献(1949—1997 年)》。

(占 3.8％),不论从数量还是质量上都获得巨大发展,为社会及高一级学校培养了大量的优秀人才。既然是重点校,自然在各类教育资源配备方面都好于普通中小学校。这样,一个大家都比较关注的问题就自然出现了:重点校政策出台之后,谁有资格进重点校?以 1962 年教育部发出的《关于有重点地办好一批全日制中、小学校的通知》(表 10－4)为例,其对学生入学及重点校的选择作了如下规定:

中小学校可以在较大的地区范围内择优录取德、智、体几方面条件较好的新生。小学的招生范围在学生能够走读的条件下,可以不受学区的限制;初中可以在市、县的范围内录取新生;高中可以再适当扩大招生范围。为了使农村的优秀学生有机会进入这批中学学习,除有重点地选定和办好少数农村全日制中学外,各地还可以指定一些有条件的城市中学招收部分住宿生。

(何东昌,1998,p. 1133)

实际上,对于谁有资格进入重点校,各个时期的政策尽管都有原则性的规定,但又有差异,从"择优录取德、智、体几方面条件较好的新生"(1962 年)、"采取原学校推荐和招生考试相结合的方法,根据德、智、体全面发展衡量的原则择优录取"(1978 年)、"切实改进招生办法,德、智、体全面衡量,择优录取"(1980 年)到"高中招生仍进行升学考试,采取德、智、体择优录取的办法"(1983 年)等不一而足。要指出的是,这些政策在实际执行中都出现不同程度的偏差。例如,1980 年的《关于分期分批办好重点中学的决定》(表 10 - 4)就出现"杜绝招生工作中走后门等不正之风"的字样。以我们的经验与观察,每当政策层面出现或者强调某一点的时候,至少在实际工作中已经出现了这样的现象。所以重点校政策实行以来,招生中的"择优录取"之"优",不仅包括政策所提倡的"德智体全面发展之优",在实际执行中也出现以经济实力作为衡量标准的"金钱之优",以及个别人利用公权力谋取私利的"权力之优"。"金钱之优"主要就是所谓的择校费或者赞助费,以此获得入重点校的机会;"权力之优"主要表现为个别拥有公权力的人,利用各种各样的理由为利益相关方创造进入重点校的机会,实质上是一种腐败现象在入学机会上的表现。所以,重点校就成了政府、学校及家长在各自利益博弈中获取收益与资源的重要载体(马少兵,2009)。

尽管谁都不否认举办重点校的历史意义,但重点校在开始举办的时候,就在人为制造教育不公平,请看 1962 年《关于有重点地办好一批全日制中、小学校的通知》(表10 - 4)中的有关规定:

> 这批中、小学校要有坚强的领导核心,有合格的、足够数量的教师(各学科、各年级都要有骨干教师)……这批中、小学校应当有配套适用的校舍和图书、仪器、体育、卫生等设施,中学还应当有够用的物理、化学、生物实验室和图书阅览室……这批中、小学校的经费,要本着勤俭办学、防止浪费的原则,尽先安排好,以保证学校正常进行工作,不要与一般学校平均分配。(何东昌,1998,p. 1133)

1980 年的《关于分期分批办好重点中学的决定》(表 10 - 4)也同样重视重点校的师资和设备的配备工作:

> 教师要又红又专、能为人师表,要具有教育学、教育心理学和教学法等方面的知识……各学科至少有 1/3 比较有经验的骨干教师。要尽快配齐所缺

的主要学科的骨干教师,特别是外语教师……高等师范院校的毕业生要由省、自治区、直辖市教育厅(局)择优分配给重点中学……重点中学的骨干教师比一般学校多,今后调整工资或晋级等,比例应大于一般学校。(何东昌,1998,p.1861)

可以看出,不论"重点校"政策当初出于多么良好的愿望和正当的理由,但从上述规定可以看出,重点校政策从客观上制造并加剧了教育的不公平。政府动员国家力量在公立学校之间的资源投入、教育条件、教育质量等方面进行不均衡投入,与政府公平地分配公共教育资源、提供均等化教育服务的基本职能相违背,这是基础教育群体间入学机会不公平,尤其是接受优质教育不公平的制度原因(王善迈,2007)。也有研究者(金生鈜,2000)针对政府控制优质教育资源的分配与流向,指出其对社会正义、教育公平、学生发展以及学校和家长的消极后效。而杨东平(2005)则直言,重点校制度是反教育的,理由是:第一,重点校之间的生源竞争导致了基础教育阶段的"择校热";第二,重点校之间的师资竞争加剧了基础教育的城乡和地区差距;第三,重点校制度成为复制并凝固社会差距的制度;第四,豪华、昂贵的重点校误导学校建设、异化学校教育功能、加剧了民众的教育费用,并成为教育腐败的温床。正因如此,20世纪80年代中期开始,重点校政策开始受到人们的广泛批评,并呼吁取消重点中学(傅禄建,1994)。政府层面也开始回应这种批评,将教育的关注点从少数重点校转向普通学校。例如,早在1981年,上海市区即取消重点小学制度,改设中心小学及辅导区制度,以便办好所有小学(刘英杰,1993,p.333);1986年上海市率先宣布将不再设立重点初中,并将投资重点从重点中学转向办学条件困难的学校(傅禄建,1994)。随着九年制义务教育的实施,义务教育阶段的重点校开始逐渐被取消,而高中阶段的重点校则继续发展。20世纪90年代中期之后,一些地方开始以示范性高中取代重点高中,一些地方用星级学校代替重点校(马少兵,2009),它们只是名称上的变化,并无实质上的不同。现在我们熟知的各类星级中学即20世纪50年代以来推行的"重点校"政策的另一种存在而已。

尽管从民众到政府都认识到重点校政策的各种弊害,但由于优质教育资源供给的不充分,人们对其需求又日渐提高,加上各种利益博弈主体缠沾其中,所以重点校政策直到21世纪20年代的今天,仍然是人们必须面对的教育不公平之现实。

2. 学区房与教育公平

2006年,在《义务教育法》颁布20年之后的修订中进一步强调了"就近入学"的原则。有学者认为,"学区房"概念的真正兴起是在2006年(张敏,2020)。与"重点校"不同,学区房是老百姓应对教育资源稀缺的无奈之举,是"自下而上"的应对策略;而重点校则是政府面临教育资源稀缺、社会经济发展又亟需各类人才之时的临时应对举措,是"自上而下"的办学策略。我国的优质教育资源非常稀缺,就像北京这样的一线城市,其重点小学数量占所有小学的比例不足 10%,好学校和一般学校的教学质量存在很大差距(胡婉旸等,2014)。

学区房的出现还是源于政府的教育政策。早在 1983 年,教育部在《关于进一步提高普通中学教育质量的几点意见》(表 10-4)中就提出,"初中招生原则上采取划片就近入学的办法,以利于把小学生从过重的负担和压力下解放出来"(何东昌,1998,p. 2114)。1986 年颁布实施的《义务教育法》第十二条明确规定:"地方各级人民政府应当保障适龄儿童、少年在户籍所在地学校就近入学。"但这一政策并未得到有效实施,"择校热"成为老百姓争夺稀缺教育资源的不二选择,且这种争夺之势近年来愈演愈烈。面对这样的态势,2014 年之后,教育部进一步升级"就近入学"政策,要求北京、天津、上海等 19 个大城市推行"就近免试入学"政策,并在 2015 年实现 100%划片"就近入学",其中小学 100%,中学 90%(于涛等,2017)。到 2016 年,教育部又下发《关于做好 2016 年城市义务教育招生入学工作的通知》,其中提出:"在目前教育资源配置不均衡、择校冲动强烈的地方,要根据实际情况,积极稳妥采取多校划片,将热点小学、初中分散至每个片区,确保各片区之间大致均衡。"(教育部,2016)对于如何划分学生就近入学片区才算比较"均衡",上述通知也提出了原则性的要求:"区(县)教育行政部门要在上级教育行政部门指导统筹下,根据适龄学生人数、学校分布、所在社区、学校规模、交通状况等因素,按照确保公平和就近入学原则依街道、路段、门牌号、村组等,为每所义务教育学校科学划定片区范围。"(教育部,2016)下面,我们就来讨论"划片就近入学"政策的教育效应。

(1)"划片就近入学"政策催生了大量的"学区房"。

当时所强调的"就近入学"实际上是以大多数城市执行的"单校划片"为政策依据的。单校划片是指一个小区对应一所小学及初中,学校不选择学生,学生也不能选择学校(娄元元等,2018)。优质资源稀缺且分布不均,是我国从基础教育到高等教育发展态势的一个基本现状。"学区房"即出现在这种"就近入学"的"单校划片"政策之后。我国基础教育实行"就近入学"政策的主要依据是孩子户口的所在地,而户口往往又和家庭的房屋所有权挂钩(韩璇等,2020)。"就近入学"政策下,优质教育资源的稀缺性和不均衡性倒逼大众"以房择校"(于涛等,2017)。在这一政策未落实之前,老百姓对优质教育资源的主要争夺方式就是跨地域择校,高额的教育成本主要以"择校费"或者"赞助费"的形式转嫁;而在政府强力实施"就近入学"政策之后,愈演愈烈的"择校热"在很大程度上得以遏制,但对优质教育资源的争夺开始转移到对学区房的购买上。但谁都清楚,这一政策限制了的是普通的底层民众,而对于那些有着较高 SES 的民众来讲,他们受到的规制有限。于是,对于自己所在片区优质教育资源缺乏或者不够理想的一些民众而言,便只有一个办法:让自己落户于优质教育资源的片区内,这就倒逼其购买学区房。下面是一位学区房购买者的自述:

> 我在小孩升入幼儿园中班的时候,也即进入小学前两年便着手购买学区房了。房子不大,只有 60 多平米,但价格奇高。关键是,房子就只有这样一个可以确保孩子入学资格审核的功能,房子比较老旧,完全没有居住功能。现在,孩子已经进入了原初想要进的重点学校,虽然购买的房子距离学校较近,但没办法居住,所以还得远距离接送孩子。

以北京为例,很多学区房属于"老破小",居住条件不佳,价格却十分高昂(张敏,2020),这种总体上属于"老破小"的学区房平均房龄超过 22 年,比普通学区房龄高 5 年(韩璇等,2020)。为了应对这种仅具"入学资格"而无"居住功能"的尴尬处境,很多家庭选择"买小租大"的方式,即购买一套小户型学区房用于落户并占据学位,然后在同一小区租一套大房子用于生活(张敏,2020)。为应对各种乱象,管理部门或学校有时也会出台各式各样的奇招,如山东省菏泽市某实验小学,要求入学申请者的房产"套内面积要大于 60 平"![1]

家长购买学区房,往往会有"双倍"的收益:对孩子来讲,无论选择名校还是选择有较高升学率的名校分校,都意味着孩子较高的升学机会;对家长来讲,因为学区房的区位优势,所以购买学区房有着明显的"投资溢价"效应,是"只赚不赔"的买卖。

(2) 学区房催生了另一种形式的教育不公平。

尽管"就近入学"等一系列政策旨在促进教育公平,但逐年攀升的教育溢价却反映入学机会不公平这一问题并未得到妥善解决,反而存在愈演愈烈之势(韩璇,2020)。之所以这样讲,首先,学生能否进入优质学校,与孩子自身的教育潜能和学力完全无关,实际上比拼的是孩子家长的购买能力,这与原来以赞助形式取得入学机会的做法别无二致。而"以房择校"带来的高昂学区房价格使得优质教育资源向高收入阶层倾

---

[1]　腾讯网(2021 - 09 - 03),https://new.qq.com/rain/a/20210903A04E0000。

斜，从而造成教育资源和教育机会的不公平分配（张昕，2020）。研究人员认为，政策图景在人们持续关注某个问题的过程中形成，可分为正面政策图景和负面政策图景：如果公众以正面的眼光来看待政策，则属于正面政策图景；反之，则是负面的政策图景（朱春奎等，2012）。在我国，经常出现"政策"效应的"自缚"现象——旨在解决问题的政策并未有效解决本想解决的问题，却常常引发了一些新的问题。这不能不引发人们对顶层设计及政策制定程序的质疑。例如，学区房的出现使得我国实施的就近入学政策，其实现教育公平的初衷和作用被减弱，进一步加剧了教育成本的上升，并导致教育资本向房地产转移（王永超等，2020）。原本家庭用于子女教育的投入，开始转向房产的购买，教育资本出现异化，显然出乎政策制定者当初的构想，也非健康教育生态之应有图景。

其次，学区房的出现导致学校表现万千的生存境遇，也导致学校之间的恶性竞争。托布勒（Tobler，1970）在研究城市人口的基础上发现，一切事物之间彼此存在关联，而且距离近的事物间的关联度超过距离远的事物，即所谓的地理学第一定律。生态学的研究也发现，两个物种的种群之间，就其相互作用的基本性质讲，有中性的、正向的和消极的，三种不同组合形式就会出现物种不同种群间的不同作用模式（参见第一章）。

如果在相邻局域内，存在两所及两所以上的优质教育资源（幼儿园、中小学）组合，那么不仅邻近局域内的资源"捕食者"会出现对优质资源利用的竞争，教育资源机构本身为维持自己的生存机会，也会出现"资源利用性竞争"（－－），即在争夺相对有限的资源时，彼此之间出现竞争性的抑制现象：对受教育者而言，实际上表现为对有限优质资源的争夺；对优质教育机构而言，则体现在对优质人力资源的争夺。假若在相邻的空间内，存在质量差异悬殊的教育资源分布，即明显的优质资源学校和一般资源学校，那么这些相邻的教育资源之间就会出现明显的"偏利"或"偏害"作用（＋－）：对优质资源学校出现利好、对一般资源学校出现偏害。

（3）教育资本化了的"学区房"助长了大中城市的房价外溢。

学校的办学质量直接影响居民的购房选择与学校周边的房价，这一点能够得到国内外研究的支持，且国内教育溢价普遍高于国外教育溢价，折射中国城市家庭对优质教育资源的高度需求（韩璇等，2020）。具体而言，中学教学质量（以高考"一本上线率"衡量）会正向影响周边住宅的价格（黄滨茹，2010），教育设施对住宅价格具有正向的资本化效应：小学和初中质量每提高 1 个等级，就会给其学区内的住宅价格带来 2.3％或 2.6％的增幅（温海珍等，2013）；重点小学的学区房会比普通小学的非学区房的价格高出 8.3％（王筱欣等,2017）；2011 年北京市重点小学学区房的溢价约为 8.1％（胡婉旸等,2014），而 2013—2016 年北京市前 59 所优质小学学区房平均溢价约为 10.5％（韩璇等,2020）。

地方政府供给优质教育资源会吸引对教育有较强偏好且具有较高购买力的家庭流入,这样,优质教育服务会以资本化的形式体现在房价之中,从而形成学区房溢价（黄斌等,2019）。菲格里奥等人（Figlio 等,2004）研究发现,学校的办学质量等级会直接影响到家庭对住宅的选择及其周围的房价。胡婉旸等人（2014）报告,地理位置紧邻、年代基本类似的北京市海淀区住宅楼,仅仅因是否为中关村第一小学学区房,2007 年学区房与非学区房的价格差了 0.6 万元/m²,前者价格的年增速（39％）是后者（26％）的 1.5 倍；在北京的一些相同地段,学区房售价可能比非学区房高出 50％（张敏,2020）；2013—2016 年期间,这一差距进一步拉大,优质学区房均价（6.38 万元/m²）要高出普通学区房均价（4.25 万元/m²）2 万多（韩璇等,2020）；到 2020 年,北京市海淀区中关村三小的某小户型学区房,挂牌价已经高达 12 万元/m²（张敏,2020）！政府有关部门在处理"学区房"的划分边界时,需要全盘考虑,尤其不能排除非教育因素,其中就包括房地产因素。学区房的出现,不仅加剧了城乡教育资源的分配不均衡,影响了教育的公平性,也引发了一些社会矛盾和贪污腐败等问题（史国梁,2020）。

研究表明,消费者更愿意选择到相关配套最能满足其一系列偏好的社区居住,而且社区数量越多,社区之间的差异越大,消费者就越能充分认识到自己的偏好（Tiebout,1956）。学区房的房价外溢效应可从学校的声望效应和升学效应两方面来说明：前者通过大多数人对学校过往办学质量的评价来判断；后者则通过学校师资、硬件设施、学生成绩、升学率等投入或产出等显性指标来评判（黄斌等,2019）。研究人员利用特征价格模型发现,教育因素导致的学区房溢价明显：获取一个单学区资格,学区房单价溢价 18％,获取一个双学区资格则溢价 44％（王永超等,2020）。小学名校及其分校的学区房溢价分别为 19.7％和 3.6％,而且学校升学率每增加一个百分点,便能产生 4.0％的学区房溢价（黄斌等,2019）。

为了抑制因择校而出现的学区房购买热,有地方开始探索实行"多校划片"入学政策。多校划片即一个小区对应两所及两所以上小学、初中的学位资源（其中包括优质资源）,根据个人需求和志愿进行统一公平分配。显然,"多校划片"是明确指向学区房中的问题,是通过模糊住宅与学校之间确定的一一对应关系,增加住宅对应学校的不确定性,从而降低人们对学区房的过度追逐和需求,以促进不同收入水平的民众在获得优质教育资源时有均等的机会(张昕,2020)。毋庸置疑,多校划片政策的出发点在于解决学区房中的问题,更为合理地配置教育资源。有研究者偏向教育效益的角度,认为"多校划片"具有促进教育机会公平、解决相对就近入学以及有效缓解学区房热等政策价值(娄元元等,2018);也有研究者主要通过对需求者的决策行为分析,认为"多校划片"政策会使教育资源比较均衡的学区整体性地提高住宅的价格水平,而教育资源不均衡的学区住宅价格则会逐渐趋同(张昕,2020)。但正如前面已经提及的,教育政策直接关乎百姓的切身利益,且常常会产生后溢效应的"自缚"现象,"上有政策"式的设计往往会引发"下有对策"式的政策图景。例如,有研究者就"多校划片"政策本身指出,择校会变成择区、利益相关人共同治理缺失以及政策实施操作性差等问题(娄元元等,2018)。"多校划片"政策的实际后效如何,还有待进一步观察。

2015 年,著名学者钱理群先生在接受采访时表示:"教育的问题,不是教育方法的问题,而是(教育背后)利益链条的问题,不仅行政官员被卷入,甚至学生、家长也被卷入其中。这个利益链条不斩断,中国教育是毫无希望的。"

二、教育焦虑与影子教育

我们所熟知的课外补习,即学生在主流教育之外参加的培优补差活动,因其补习内容基本上类似于学校课程,故而也被称为"影子教育"(shadow education)。"影子教育"这一概念最初由史蒂文森和贝克(Stevenson 和 Baker, 1992)提出,指的是发生在正规学校之外的一系列教育活动,旨在提高学生的课堂学业成绩。而之所以将课外补习称为"影子教育",理由是:第一,课外辅导因主流教育的存在而存在;第二,课外辅导随主流教育规模和形态的变化而变化;第三,在几乎所有的社会中,公众注意力更多地集中在主流教育而非影子教育上;第四,影子教育的特征不及主流教育那样明显(Bray, 2007, p. 17)。下面是国人极为熟悉的图景:

> 对于全世界数以百万计的孩子来说,学校铃声响起并不意味着学习时间的结束。许多孩子离开学校后,稍事歇息或没有任何歇息,便要继续接受某种形式的课外辅导。有些人可能就在自己所在的学校接受教师的辅导,甚至可能在同一间教室接受同一位教师的辅导。许多孩子在周末以及节假日接受各种形式的课外辅导。(Bray, 2007, p. 17)

影子教育无所不在,"影子经济"随之而生。中国教育学会的数据显示,2016 年我国中小学课外辅导行业市场规模超过 8 000 亿元,参加学生规模超过 1.37 亿人次(钟焦平,2018)。若按我国人口平均计算,相当于国人人均支出 550 多元;若按我国基础教育阶段在学人数测算,人均达到 2 800 多元;若按上述参加学生规模计算,则人均5 800 多元! 有调查显示,全国基础教育阶段家庭教育支出总规模约 19 042.6 亿元,占我国 2016 年 GDP 的比重达 2.48%,全国基础教育阶段生均家庭教育支出为 8 143 元;2016 年,我国财政性教育经费支出刚超过 3 万亿元,而家庭教育支出已经近 2 万亿元(钟焦平,2018)。

(一)影子教育的社会根源

我国基础教育阶段学生参加课外补习已是普遍现象,这其中有深刻的政治、经济、文化和教育原因。从文化原因来看,我国深受儒家文化的影响,儒家重视子女教育的文化观念显然对我国学生的课外补习行为有重要影响(薛海平,2015)。从教育原因来看,课外补习可能更加普遍地存在于那些通过投资课外补习就能容易地取得考试成功的教育体系中,在那些以教师为中心而非以学生为中心的以及不容忍差生的教育体系中,课外补习也会显得尤为重要(Buchmann,2002)。

从政治原因来看,拉夫特里和豪特(Raftery 和 Hout,1993)的 MMI(maximally maintained inequality,即最大化维持不平等)理论与卢卡斯(Lucas,2001)的 EMI(effectively maintained inequality,即有效维持不平等)理论提供了很好的解释。根据 MMI 理论,除非因入学人数增加而改变,否则个体在其社会出身和教育转型之间的转换率与优势比在同龄人之间保持不变(Raftery 和 Hout,1993)。因此,当义务教育没有普及时,不同阶层家庭子女所获得的义务教育入学机会是有差异的,这时义务教育竞争的核心在于能否获得入学机会(薛海平,2015)。而根据 EMI 理论,只要存在可能的公共利益,在社会经济方面处于优势地位者就会为自己及其子女争取一定程度的利益:如果这种利益主要表现为数量上的差异,处境有利者将获得数量优势;如果这种利益表现为质量上的差异,处境有利者则会获得质量优势(Lucas,2001)。因此,当义务教育已普及时,由于我国义务教育发展不平衡,城乡和校际教育质量的差距比较大,竞争的核心围绕着教育的质量而出现,择校就是这种竞争的具体表现(薛海平,2015)。当政府采取措施控制择校与缩小城乡、校际教育质量差距时,为了有效地维持教育不平等,不同阶层家庭教育竞争的核心就从学校教育转向了影子教育。影子教育将使优势阶层子女获得更多数量和更高质量的教育,这些都可以帮助其子女在未来的升学和就业竞争中取得成功。

概言之,在尚未普及义务教育时,不同阶层的教育竞争在于获得教育机会;当普及了义务教育后,阶层间对教育资源的竞争则表现为择校与择班;而当政府通过外部规约限制择校与择班时,不同阶层对教育资源的竞争就表现为课外或校外教育资源——所谓"影子教育"的竞争;而当家长纷纷投向影子教育的时候,阶层间的教育竞争又表现为对影子教育质量及辅导形式(如"一对一"或"一对多")的竞争。请看学生的报告:

> 经济条件优越的家庭会为孩子选择更优秀的辅导班,甚至请家教做一对一辅导;而经济条件一般的家庭只能负担一两门培训班的费用,也无法选择师资较好的培训班,这就在学生间产生了对比:谁辅导班上得多,谁辅导班上得好,谁就是高素质的学生。我的家庭无法负担过多的辅导班费用,我也从来没有参加过特长类的辅导班,所以上了大学之后我发现身边的同学或多或少有才艺傍身,而自己"一无特长",这无疑影响了我参与一些活动的自信心与机会,从而产生一些莫名的自卑心理。

调查发现,广州 2012 年中学学生补习参与率在 51.7％～73.1％之间,上海 2014 年小学和初中学生的课外补习参与率分别在 48.9％～58.1％、66.8％～74.4％之间,北京 2015 年小学五年级和初三学生的课外补习参与率分别为 60.5％和 58.4％(李佳丽,2019)。对江苏省盐城市两所中学的调查发现,初一到初三学生的课外补习参与率分别是 69.5％、65.8％和 90.8％;高一到高三学生的课外补习参与率分别为 86.8％、94.8％和 75.5％(周楠,2020)。高三学生的课外补习参与率之所以相对下降,可能的原因是,学校安排的学习密度明显加大,学生难以分身。

以笔者所在的城市和居住区域而言,尽管最近两年随着政策调整力度的加大,明目张胆的各类补习学校有所隐匿,但漫步街头,给人留下的深刻印象是辅导机构多、房产中介多。笔者曾做过不完全的调查,发现在 40～50 人的班级当中,从小学到中学没有参加过校外辅导的学生可以说是凤毛麟角。在一次涉及 40 多人的小学教育专业研究生层面的调查中,当有一位同学报告自己从未参加过任何形式的校外补习时,其余学生不约而同地发出惊叹之声!

总而言之,家庭对教育资源的占有程度深受其 SES 高低的影响,而低 SES 家庭在这种竞争中始终处于落败的态势(见第九章)。正如布雷(Bray, 2007, p. 61)所指出的,大多数类型的课外辅导维持或扩大了社会不平等,因为与低收入家庭相比,高收入家庭能够更从容地购买数量更多、质量更高的课外辅导。

从积极层面讲,课外辅导可以让学习者拓展其学习并获得额外的人力资本,这不仅让学习者自身也让社会受益;课外辅导也有助于减轻教师的工作负荷,帮助学生理解他们在学校里已经学过或将要学习的内容。但从消极层面讲,课外辅导常常会造成并延续社会不公,消耗人力和财力资源,而这些资源或许可以更适当地用于其他活动;而且,课外辅导会扭曲主流教育体系的课程,扰乱教师计划的学习顺序,加剧课堂的多样性(Bray,2007,p.18)。通过对家长的访谈发现,认为课外补习能使孩子更加优秀的例子少之又少,家长对课外补习的支出甚至会超过对学校教育的支出,却往往收不到预期的效果。2021年4月,发生在重庆的学生家长与培训机构间的纠纷就是一例,一名高三的孩子从当年3月开始,两个月内家长为其先后花费21万元辅导数学,结果孩子在最近的一次数学摸底考试中只考了59分!家长认为培训机构欺骗了自己,而培训机构则认为将孩子由开始的20多分补到59分已经是很大进步(付迪西,2021)。

研究发现,学生接受的课外补习在城乡间、区域间、校际间、家庭间、个体间存在明显差异(薛海平,2015)。就城乡而言,就读于城市学校的学生参与补习的比例远高于乡村学校的学生;就地域而言,参与课外补习的学生比例从东部、中部到西部依次降低;就校际而言,高质量学校的学生参加课外补习的比例要明显高于一般和较差学校的学生(薛海平,2015)。而且,城乡间的这种差异具有普遍性,农村地区的学生课外补习参与率几乎是城镇地区的一半,而兴趣班参与率仅为城镇地区的五分之一(魏易等,2019)。

(二) 影子教育造成并固化社会不公

影子教育的存在会对社会公平产生威胁,它可能成为维持和扩大社会不平等的机制(胡咏梅等,2015)。但也有研究者(Stevenson 和 Baker,1992)持相反的观点,认为影子教育主要为在学校教育中难以达到正规学术标准的学生所称道,参加影子教育并非一种补救策略,而是一种积极主动的策略,影子教育为家长提供了一种可提高其子女在教育分配竞赛中获得机会的途径。

学生卷入到影子教育,多因自身或外部因素使其学习需求未能得到及时而有效的满足,这是其参与影子教育的源起。需求指向获知,但满足这种需求的途径比拼的却是家庭经济实力与父母的文化水平(参见第九章)。这样,问题就从学习缺失转化为家庭的 SES,这就是学生面临的不公!这种不公既表现为结果,更表现为过程:从结果看,因为处于不同学习结果表现的链条上,所以学习者接受后继教育和占有派生性资源的机会不同;因为面对不同学习结果的处理与应对过程不同,处境不利者常常置身于不断"自损"的境遇。对日本高中生的追踪分析数据表明,来自较高 SES 家庭的学生更有可能参加影子教育,而参加某种形式课外补习的学生更有可能考上大学(Stevenson 和 Baker,1992)。请看学生的报告:

> 老师上课不认真教学,把原本应该课上传授的知识点挪到课后(辅导班)
> 讲授,但一部分家庭经济条件不好的学生没有机会参加课后的教师补习。相
> 反,那些经济条件比较好的学生,却可以花费更多的钱财、精力来提升自己的
> 知识储备和学习能力。不仅如此,在课外参加辅导的这些学生除了学习成绩
> 方面的明显进步,还能在课堂上得到教师的更多肯定与青睐,这一点尤其让
> 那些没能参加课外辅导的学生感到沮丧和不公!

如此,则会形成并固化社会不公,表现在:第一,因为学生的起点能力差异,他们在课堂学习中获得成功的可能性就有差异;第二,因为学习新知识所需要的基础不同,他们在课堂上的互动机会及卷入程度有别;第三,因为家庭因素的影响,学生弥补课内学习缺失的条件和境遇不同;第四,因为是否参加了课外补习(尤其是任课教师的辅导),学生在课堂学习过程中的卷入和受关注的程度有别;第五,因为学习结果差异,学生在后续学习及许多教育和社会资本的获得方面出现巨大差异。

(三) 影子教育的科目变化特征

1. 影子教育的科目变化

关于课外补习,存在这样几种普遍性的变化趋势:随着学生年级的升高,学生参与补习的比例逐渐提高;随着学生年龄的增长,其课外补习由早期的兴趣类科目逐渐转向学科类科目。基于对学生的访谈,并结合对课外补习的观察,笔者发现学生的补习课程与内容方面呈现规律性阶段变化,即在学龄前及小学中低年级,辅导内容多以培养学生特长的艺术类科目为主,到了小学高年级之后,特长类的学习开始逐渐让位于文化课程补习;到了初中三年级及高中阶段,学生的补习科目与内容则紧紧围绕各类考试的要求与变化来调整,这种变化可以通过图 10-2 来表现。

这种变化趋势也得到研究人员的证实。例如,随着学段的升高,课外补习参与率逐渐上升,小学、初中和高中阶段分别为 35%、41% 和 43%;而兴趣班的参与率则在下降,小学、初中和高中阶段分别为 27%、15% 和 14%(魏易等,2019)。对小学与初中参加课外补习的比较研究发现,初中生参加课外补习的比例为 30.5%,显著高于

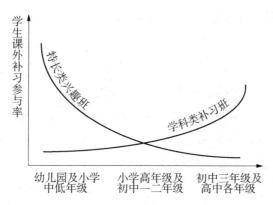

图 10-2　学生补习科目在学段间的变化趋势

小学生参加课外补习 22.6％的比例(薛海平,2015)。对学生的访谈也能支持这种变化趋势:

> 我参与辅导班的历程大致可分为两个阶段:5~8 岁,参加过珠心算、拉丁舞、英语班、中国舞、绘画班、钢琴班;10~16 岁,参加过书法班、奥数班、吉他班、素描班、英语班、数学班及物理班。整体来说,个人的(课外辅导)经历是一个从家长决定到自主学习、从以兴趣特长为主转向深入的学科学习的过程。

2. 影子教育的"补差"与"培优"

如果从学习进度看,影子教育大体可以分为两类:同步辅导与异步辅导,前者多涉及"补差",后者则往往指向"培优"。

同步辅导的学生往往与学校学习的内容进度保持一致,这类学生往往难以理解、消化当下教师教学的内容,需要通过课外查漏补缺式辅导,尽可能"跟上"教师的教学进度,所以我们称之为"补差"辅导。与之不同,表现为"异步"的"培优"辅导往往是超前性的辅导:让幼儿园的孩子学小学的课程内容,让小学生学初中的课程内容(董少校,2012)。现在的孩子幼儿园刚结业,也即那个准备上小学的暑假就成为他们参加文化课补习的开始。笔者的一位同事,在其儿子幼儿园结业之际,幼儿园即着手宣传暑假"幼小衔接"补习班报名事宜,全班除了同事的孩子,全部报了该园组织的辅导班。让我们听听这样的鼓动与宣传:"一定要让孩子上拼音识字班,现在小学里不学拼音,一年级上学期的语文教材就 45 篇课文,孩子进去之后,跟不上的!以后小孩要用拼音打电脑,小时候学不好,可要受苦一辈子。你可以听听看,我们的课对幼小衔接很有帮助。"(董少校，2012)下面是学生自己的经历：

> 我自己所在家乡的教育极为严格，小学报名的一个条件就是受过系统的学前教育。开学第一天学校就要组织一场面向所有新生的考试：100以内的加减法。那些数字简直就是魔鬼符号，我自己并没有学过，怎么可能做得出来！开始上数学课的时候，我感到分外困难，因为班上的大部分同学都已学过这部分内容，所以教师开始的讲课是简略的、快速的。每次考试，数学成绩垫底的就是我……没有办法，外公外婆比谁都焦急，于是他们和母亲沟通后为我请了一名家教。

我们大都有这样的经验：每到暑假，孩子升学到高年级，就迫不及待地通过各种渠道借高年级的全套教材，家长辅导或通过系统的课外补习，超前学习开学之后方要学习的课程内容——目的只有一个，不想让自己的孩子输在"起跑线"上！你家孩子上小学前能识200个字，我家孩子要识300个；你家孩子上了语文、数学两个辅导班，我家孩子还要多上英语班、钢琴班(董少校，2012)。

我国义务教育阶段在校生课外补习呈现"培优"和"补差"两种类型并存的状态，但占主导地位的可能还是"培优"类型的课外补习(薛海平，2015)。不经意的观察者会认为，接受辅导的主要群体是那些学习成绩差的学生，但事实正好相反：参加课外补习的更多是那些学习成绩已经很好，且想要继续保持其竞争优势的学生(Bray，2007，p. 42)。

(四) 何以影子教育成为不二选择?

和大多数的孩子家长一样，笔者也曾带孩子参加过各类影子教育：早期主要是体育、美术及乐器类，在小学阶段尚能"抵抗"各类课外辅导的宣传，到了中学阶段就不得不被裹挟到文化课的补习大军中。站在家长的角度，让孩子参加各类课外辅导何以成为其不二选择?

第一，参加过特长类辅导的孩子在学校有更多的表现机会。我们都有体会，学校不仅有学业类活动，也有各种各样的文艺类活动。前者是全体学生必须参与的，后者是部分学生参与的。教育的当事方都发现，在早期通过各类辅导机构拥有"一技之长"的学生往往有更多参与活动的机会，因而就有各种表现的机会。这些机会不仅影响师生对学生的评价，也影响学生后继参与各类学业和非学业活动的机会与条件，出现叠加效应。

第二,提早接受课外辅导或培训的学生能够"多快好省"地融入当下的学习活动,提升自我效能感。如笔者认识的一位从事汉语言文学教学的教师,在孩子上小学之前,就已经系统地对其进行识字教育,在进入小学之际,孩子的识字量已经达到甚至超过小学一年级的识字量;一位从事英语教学的家长,在其孩子接触英语教学之前,就在系统地辅导孩子学习《新概念英语》。试想想,这样的孩子在语文与英语阅读课上,与那些"零基础"的孩子比,自然在开始的学业活动中会更轻松、更顺畅地"进入轨道"。关键是,前一类学生因此会得到教师的肯定与鼓励,体验到更多的愉悦感与聪慧感;后者常常因为"跟不上"教学的一般进度而受到教师的消极反馈,体验到更多的挫败感与笨拙感!请看学生自己的言说:

> 存在这样一种现象:学生本身的成绩越好,或就读的学校质量越高,反而更有可能参加教育补习。他们利用寒暑假提前学习下学期的内容,从而在教师开学后的讲授中显得从容不迫、游刃有余。不可否认的是,课外补习的确对培养学生的自信感、成就感有一定的作用。补习也能帮助学生重拾对薄弱学科的信心,建立起对知识学习、学习方法以及自身学习能力的自信……补习还能让他们更高效地完成新课学习任务,收获一种超越他人的积极体验。

第三,学生特长或某种"考级"往往会成为一些学校选拔学生的起点条件。毋庸讳言,从幼儿园、中小学到大学,或有意或无意地存在招生方面的"马太效应"①:越是参加了各类辅导并拥有一技之长的学生,其进入各类优质教育机构的机会越大。例如,在上海,办学条件较好的民办学校可以挑选学生,面对蜂拥而来的报名者,这些民办学校不仅祭起高收费的大旗,而且通过举办考试、查看竞赛成绩和获奖证书的办法,对学生展开选拔(董少校,2012)。大学何尝不是如此呢? 2003 年从国家层面开始的大学自主招生制度,其本意在于扩大高校的招生自主权,"不拘一格选人才",但选拔过程中涉及的一项重要内容就是对学生参加各类比赛、竞赛获奖及特长的考核,而各类大赛成绩或获奖证书也许正是学生能参加这类考核的筛选条件!

第四,高利害考试是家长让孩子参加各类课外辅导的根本原因。前已述及,我国的教育资源特别是优质教育资源分布严重不均,这种不均衡不仅体现在中西部这样的

---

① 源自《圣经》中《新约·马太福音》第二十章的寓言故事,"凡有的,还要加给他,叫他有余;没有的,连他所有的也要夺过来"。此即"马太效应"(Mathew effect),反映社会各领域的"赢家通吃"现象。

地域之间,也体现在市(县)域之内,孩子要享受到这些优质教育资源,家长手里需要有一定的教育资本(见第九章),孩子则需要学科成绩优秀。面对这样的教育生态,家长始终充满着一种莫名的"教育焦虑"!即在孩子准备进入幼儿园之前,家长就不得不考虑这样两个基本问题:一是孩子在哪所学校上学——伴生的问题是要不要购买"学区房"或租房?二是孩子报何种类型的课外辅导班——随之而来的问题就是孩子节假日的消失、家庭教育成本的增加及学生学业负担的层层加码!请看例证:

> 我从小学开始就报名参加各式各样的兴趣班和补习班,一放学就奔波于不同的辅导机构,听着各位老师念经一般的授课,痛苦着并逐渐变得麻木。好像我天生没有傍晚,天生不能拥有周末。在这样枯燥的课外教辅的灌注之下,我从一个兴致高昂的学习者渐渐成为一个麻木的旁听者,我失去了对不同文本材料的热情,我的兴致被日复一日的无趣课程磨灭了。我开始敷衍学习,时常走神,从一个积极参与课堂的学生转变为一个木讷的呆子!

第五,上述因素综合导致的"剧场效应"①也是原因之一。开始只是一小部分学生参与校外培训,因为教育焦虑,也因为校外培训机构的诱导,更多的人加入到校外培训的辅导中来。结果是,学校教育的秩序因此被打乱,最后本不愿意参加的人也被"绑架"着加入其中(钟焦平,2018)。我们看看一位学生家长的说法:

> 我自己从事出租车运营工作,妻子从事营销工作,是收入并不高的那一类。尽管如此,我们倾尽所有,为孩子上小学买了学区房,也为孩子报了各类辅导班。并不是我们家长一定要在课外为孩子报辅导班,而是班上人人都在上辅导班,你不参加就意味着掉队!而且,我们家长在接送孩子的时候,彼此总会聊起来,"我的孩子参加×××辅导班,辅导效果还挺不错"。这样聊着,你就更稳不住神了!没有办法,不参加课外辅导满是心慌与忐忑,参加了效果如何,那是另一回事!

上述家长的选择即"剧场效应"在课外辅导中的典型表现。深陷"剧场效应"的家长群体受到他人行为的"感染",不顾子女的实际情况,把他们所有的课余时间安排得

---

① 最先由法国思想家卢梭提出,他认为当时的巴黎宛若一个大剧院,所有市民既是观众也是演员,既主动观剧,也被动演剧。后指在剧场观看演出的时候,每个人本有各自的座位,但若个别前排观众为了看得更清楚或因其他原因站了起来,周围人既没办法阻止,剧场工作人员又疏于管理,那么后排观众为了看到演出,也只得站起来观看。其结果是,所有观众都从坐着观剧变成了站着观剧。在站着观剧的情形下,观众并没有比坐着观剧看得更清楚、看起来更舒服,反而更累、代价更大,这种情形被称为"剧场效应"(theater effect)。

满满当当：别的孩子报，自己的孩子也得报；别的孩子上什么兴趣班，自己的孩子也得去上（张悦等，2021）。甚至出现竞相攀比的景象：你报三门课，我报五门课；你报多对一，我报一对一。参加辅导班或者是家长未征求孩子意愿的单向决定，或者是出于孩子个人的意愿。下面是家长单方面为孩子报班的情况：

> 很多学生并非出于自己的意愿参加一些辅导班，而是不情不愿地被家长所"安排"。家长们为了提高孩子的竞争实力，攀比式地给自己的孩子报了很多他们并不喜欢的辅导班，却很少事先征求他们的意见，这导致学生对辅导班产生抵制情绪。从我的亲身经历来说，因为周围的朋友都在学习素描，于是我的父母也送我去学。不论我怎么解释我真的对素描不感兴趣都无济于事，因此，每次上素描课就成了煎熬。带着厌烦之情，我无法集中注意力静下心来画画，每次都调皮捣蛋盼望着下课赶紧逃离素描课堂，这导致我的素描在接受辅导的一年内毫无进步，直到现在，我也能想起那段被逼迫着上素描课的不快乐的日子。

在我国，校外补习已现这样的怪相：谁都可以办辅导班，不明就里的家长往往成为被动参与者。据记者在江西、安徽、江苏等地的调查，许多大学生瞄准暑假补课的商机，商品房、幼儿园、职业院校教室都成为他们租房办学的场地，几个熟悉的同学合伙搭台，临时合租场所来办辅导班，名校大学生的"招牌"和"实惠"的价格，会吸引不少的家长（周畅等，2015）。缺乏教学经验且不熟悉学生课程体系的大学生，无任何资质，也没有任何核验机构，只需几个人找一个固定的场所，就可以搭台成为一个堂而皇之的校外辅导机构！许多家长完全不明白这些路边招生摊位有何资质，任凭"招生"海报的宣传或个别家长的鼓动，"他们都是名牌大学的学生，肯定在学习方法上有自己独到的经验，我陪儿子也听过几次课，感觉很不错"（周畅等，2015）。

经验告诉我们，禁止性规定指向哪里，乱象往往发生在哪里。有时规定因乱象而出，有时因出台规定而引发了乱象。课外辅导就是这样一个政策"年年出"，但问题"日日新"的领域。近年来，国家层面针对课外辅导乱象出台过不少的指导意见和规定，例如2015年教育部出台《严禁中小学校和在职中小学教师有偿补课的规定》，其中指出，对于在课堂上故意不完成教育教学任务、课上不讲课后讲并收取补课费的，以及打击报复不参与有偿补课学生等严重违纪、败坏师德的行为要重点查办，实行"零容忍"；2018年国务院颁布《关于规范校外培训机构发展的意见》，从依法规范、分类管理、综合施策和协同治理几方面对校外培训机构提出指导意见。2021年，国家整顿校外培训的力度可谓史无前例,表现在:当年 6 月,教育部专门设立"校外教育培训监管司";7 月,中共中央办公厅、国务院办公厅印发《关于进一步减轻义务教育阶段学生作业负担和校外培训负担的意见》(简称"双减"),指出"着眼建设高质量教育体系,强化学校教育主阵地作用,深化校外培训机构治理,有效缓解家长焦虑情绪,坚决防止侵害群众利益行为,构建教育良好生态,促进学生全面发展、健康成长"(教育部,2021)。

根据以往经验,这些政策的出台对遏制日益失范的课外补习,尤其是在职教师有偿课外补习会产生一定效用。例如,就笔者见闻,迫于外部的宣传和严厉监管,有些教师通过微信群建立起来的学生课外辅导班开始隐匿;明目张胆的教师兼职课外辅导有所收敛;校外辅导机构面临重新洗牌的态势。可以认为,2021 年国家层面的校外培训机构整治决心和力度不可谓不大,但政策图景如何,尚有待观察。

三、"撤点并校"政策与农村中小学教育生态

20 世纪 90 年代,我国实施的国家义务教育工程,为农村学校建设投入了巨额资金……90 年代初,共青团中央发起并实施"希望工程"项目,共募集资金 53 亿元,在农村建设希望小学 15 444 所,到 90 年代中期,我国基本实现了"一村一校",保证了农村孩子有学上、有书读(万明钢,2009)。不久,国家开始对农村教育布局进行调整,并于20 世纪 90 年代末开始实施大规模的"撤点并校"运动。其本意是撤销、合并分散办学条件下小、弱、贫的学校,开办大规模、高质量的学校,改善基层中小学生学习环境,防止不同学校间因资源差距较大而导致教育质量差异(丁冬等,2015)。2001 年,国务院颁布《关于基础教育改革与发展的决定》,其中第十三条规定"因地制宜调整农村义务教育学校布局",并明确指出,按照小学就近入学、初中相对集中、优化教育资源配置的原则,合理规划和调整学校布局。农村小学和教学点要在方便学生就近入学的前提下适当合并,在交通不便的地区仍需保留必要的教学点,防止因布局调整造成学生辍学(国务院,2001)。之后,大量农村中小学校被裁撤,出现了不少的农村"空心"学校。2012 年,国务院紧急发文,叫停执行了 10 余年的"撤点并校"政策;2018 年,国务院办公厅在《关于全面加强乡村小规模学校和乡镇寄宿制学校建设的指导意见》中提出,农村学校布局既要有利于为学生提供公平、有质量的教育,又要尊重未成年人身心发展规律、方便学生就近入学;既要防止过急过快撤并学校导致学生过于集中,又要避免出

现新的"空心校"(国务院,2018)。

客观而言,"撤点并校"政策对重新布局、调整乡镇一级的中小学教育,优化教育资源产生过一定的积极作用。"各地对农村义务教育学校进行了布局调整和撤并,改善了办学条件,优化了教师队伍配置,提高了办学效益和办学质量"(国务院,2012)。地方教育官员对此举也不无肯定与支持:"什么事情都可能有利有弊,但要看利弊大小,'撤点并校'利大于弊,是一件政府、学校和学生三赢的事情,因此我们一定要坚持。"(万明钢,2009)政策效应有滞后性,没有一定的时间往往难以言说政策之图景。在该项政策实施之初,人们对其有着比较美好的期待与愿景:一所所"空壳"学校、"麻雀"学校被撤并,随之而来的是集中办学后功能更为齐备、师资水平更高的中小学;很多地方的农村孩子走出了乡村,成了城里学校的寄宿生;偏远学校的老师,得以在集中办学后的学校里更好地发挥专长(李欣瑶,2011)。

在该政策实施 20 年后的今天看,"撤点并校"政策带来不少问题:交通与饮食不安全、营养欠缺、情感不能满足、本土文化认同断裂、文化与科技更难普及、家庭负担过重、超大班额出现、乡村原有教育资源的闲置浪费以及学生辍学等(储朝晖,2012)。由于来自各个层面的强烈反映,2012 年 9 月,国务院发布《关于规范农村义务教育布局调整的意见》,叫停持续了 10 余年的"撤点并校"运动,认为 10 余年的"撤点并校"导致了农村义务教育学校大幅减少,部分学生上学路途变远、交通安全隐患增加,学生家庭经济负担加重,并带来农村寄宿制学校不足、一些城镇学校班额过大等问题(国务院,2012)。可以认为,"撤点并校"政策引发的问题比当初试图要解决的问题还多还严重。

(一) 对农村教育布局的整体影响

就全国而言,"撤点并校"政策导致的小学及教学点数量减少可以说令人惊悚,有两组数据可以说明:一组数据来自 21 世纪教育研究院于 2012 年发布的《农村教育布局调整十年评价报告》,其中提到 2000—2010 年的 10 年间,我国农村平均每一天就要消失 63 所小学、30 个教学点、3 所初中,几乎每过 1 小时,就要消失 4 所农村学校(社会科学报,2012)。另一组数据来自《中国教育统计年鉴》(1999—2012 年),1999—2012 年的 13 年间,我国农村小学由 468 527 所减少至 155 008 所,减幅达 66.9%;农村教学点由 165 374 所减至 62 544 所,减幅达 62.2%(王路芳等,2015)。"撤点并校"之后,尽管一些地区表面上保留了村小和教学点,但后继投入与建设明显不足,学校建设的重点被放在了乡镇以上学校,结果导致村小和教学点破败不堪、教学质量低下,严重影响了村民对村小和教学点的信心,甚至走上了被迫择校的高成本求学之路(邬志辉,2012)。持续 10 年之久的"撤点并校"政策,致使乡村教育出现"城挤、乡弱、村空"的局面,出现"上学远、上学难、上学贵"的问题(杨东平,2013)。"撤点并校"政策的不当执行,一方面导致一些边缘山区儿童上学远、上学难;另一方面因裁撤留下来的乡村小学或教学点得不到基本的经费投入和建设,逼迫一些尚有余力的农村家庭考虑"弃村奔城",图 10-3 是这种农村学校"空心化"的缩影。

图 10-3   西部某贫困县一村小六年级毕业合影

据报道,2000—2010 年 10 年间,我国的小学减少了一半,从 55 万所减少到 26 万所;但同期全国 6~14 岁义务教育阶段学龄人口从 2000 年的 2.05 亿减少到 2010 年的 1.58 亿,只减少了四分之一(叶铁桥,2012)。小学数量减少是学生减少数的 2.3 倍,这就意味着学生可能的两种去向:一是向更远的乡镇小学集中,形成乡镇或县市小学的大班化;二是学生辍学,前已提及,"撤点并校"政策导致义务教育阶段的辍学率有所提高。

从决策的角度看,政策的大规模变迁,不是来自偏好的改变,就是来源于注意力的改变(朱春奎等,2012)。农村学校布局的调整也不例外。当初,对学校布局的调整是出于"一村一校"的低效与分散,政策图景非常鲜亮:让城乡教育均衡发展,实现孩子从"有学上"到"上好学"(李欣瑶,2011)。下面我们就以甘肃省为例说明中小学布局调整及其教育生态效应。

　　2001 年,甘肃省制定实施了《中小学布局调整实施方案》,决定在"河西"①的酒泉市、"河东"的庆阳市开展农村寄宿制学校建设、中小学布局调整试点工作。2004 年,酒泉市率先展开教育布局结构调整,该市采取分类实施的原则,初步形成以金塔县、瓜州县为代表的"大集中"模式,以玉门市为代表的"适当集中"模式,以肃北县、阿克塞县为代表的高中"异地办学"模式。2007 年,庆阳市大规模开展以"撤、并、挂、建"为主要措施的布局结构调整,学校数量从 2 158 所减少到 1 714 所,实现了全市 47 万名学生中有一半以上在城镇学校就读(李欣瑶,2011)。而天水市在 2009 年之后的 5 年内,继续采取"撤、并、挂、建"措施,实现分散低效型向教育集中高效型转变,由当时的 2 249 所减少到 1 000 多所,中小学校总数减少 54%(万明钢,2009)。在多年学校布局调整试点及论证的基础上,甘肃省确定了中小学布局调整的"四集中"原则,即高中向城区集中,初中向城镇集中,小学向乡镇集中,教学点向行政村集中(李欣瑶,2011)。据《甘肃日报》报道,2001—2010 年的 10 年间,该省小学减少了 5 895 所,初中校均规模由766.4 人增加到 872.7 人,"四集中"使教育资源得到优化整合,促进了城乡义务教育的均衡发展(李欣瑶,2011)。

　　表 10-5 是基于甘肃省 M 县 18 个乡镇及县城 2019—2020 年中小学布局的详细数据,尽管一县之数据不足以准确反映国家 10 年"撤点并校"政策对农村中小学布局的巨大冲击,但"以管窥豹",通过该县 2019—2020 年的数据统计还是可以看出这一政策对西部农村学校布局产生的巨大而深远的影响的。

　　从表 10-5 可以看到,2019—2020 年这两年,"撤点并校"政策对该县乡村教育布局的影响:

　　(1)县域内学生分布。包括县城在内的 18 个乡镇,2019 年和 2020 年的学生分别为 17 119 人和 18 385 人,而集中到县城(表中的 M₁)6 所学校(其中 2 所九年一贯制学校)的学生分别是 8 799 人和 10 533 人,占比分别为 51.4% 与 57.3%。

　　(2)县域内毕业生。县城 6 所学校两年的毕业生分别为 1 079 人(占比 40.3%)和1 023 人(55.7%),而同期 18 个乡镇 59 所学校(另含 93/85 个教学点)的毕业生分别是1 598 人(59.7%)和 814 人(44.3%)。

---

① 所谓的"河西""河东"是一种地方性的称谓,非地理意义上的概念。即当地人习惯上以流经兰州的黄河为界,将其西北方向的武威、金昌、张掖、酒泉和嘉峪关称为"河西"地区;而将其东南方向的定西、天水、平凉、庆阳、陇南等称为"河东"地区。

表 10-5　甘肃省 M 县 2019—2020 年农村中小学在读学生及任教教师一览表（单位：人）①

	M₁[小学 4 所，九年一贯制（后称"一贯制"）2 所，教学点 0 个]				M₂（小学 3 所，一贯制 4 所，教学点 14 个）				M₃（小学 3/2 所，一贯制 1/2 所，教学点 5 个）				M₄（小学 1 所，一贯制 1 所，教学点 6 个）				M₅（小学 3 所，一贯制 3 所，教学点 6 个）			
	学生	教师	师生比	毕业生	学生	教师	师生比	毕业生	学生	教师	师生比	毕业生	学生	教师	师生比	毕业生	学生	教师	师生比	毕业生
2019	8799	628	1:14.01	1079	757	123	1:6.16	179	561	79	1:7.10	120	248	89	1:2.79	55	579	106	1:5.46	113
2020	10533	709	1:14.86	1023	641	117	1:5.48	90	509	91	1:5.59	9	246	51	1:4.82	38	491	103	1:4.77	77

	M₆（小学 1 所，一贯制 1 所，教学点 4/2 个）				M₇（小学 1 所，一贯制 2 所，教学点 7/6 个）				M₈（小学 2/1 所，一贯制 1/2 所，教学点 2 个）				M₉（小学 3/2 所，一贯制 0/1 所，教学点 1 个）				M₁₀（小学 1/0 所，一贯制 0/1 所，教学点 2 个）			
	学生	教师	师生比	毕业生	学生	教师	师生比	毕业生	学生	教师	师生比	毕业生	学生	教师	师生比	毕业生	学生	教师	师生比	毕业生
2019	307	54	1:5.69	71	360	59	1:6.10	69	280	67	1:4.18	59	227	64	1:3.55	45	322	38	1:8.47	73
2020	316	58	1:5.45	34	353	66	1:5.35	56	279	46	1:6.07	4	212	52	1:4.08	10	280	43	1:6.51	0

① 表中数据来源于该县权威教育部门。表中：（1）M_1 系县城 6 所中小学的师生数据，M_2—M_{19} 分别指代该县 18 个乡镇的相应数据；（2）表中涉及的中学仅指九年一贯制学校，分别是 30 所（2019 年）和 36 所（2020 年）；（3）其中的"教学点"指不成建制的小规模小学，分别是 93 个（2019 年）和 85 个（2020 年），教学点出现于 20 世纪 90 年代末"撤点并校"政策；（4）凡乡镇小学、九年一贯制小学和教学点分别指 2019 年和 2020 年，其前后数据分别指 2019 年和 2020 年，没有"/"表示 2019—2020 年没有变化。

续　表

学校	年份	学生	教师	师生比	毕业生
M₁₁（小学0所，一贯制2所，教学点4/3个）	2019	209	56	1：3.73	45
	2020	157	35	1：4.49	21
M₁₂（小学0所，一贯制1所，教学点2/3个）	2019	267	54	1：4.94	46
	2020	268	62	1：4.32	35
M₁₃（小学6所，一贯制3所，教学点12/11个）	2019	1419	195	1：7.28	221
	2020	1397	204	1：6.85	143
M₁₄（小学0所，一贯制4所，教学点3个）	2019	315	78	1：4.04	70
	2020	316	78	1：4.05	38
M₁₅（小学1/2所，一贯制1所，教学点4个）	2019	652	73	1：8.93	113
	2020	658	67	1：9.82	82
M₁₆（小学2/1所，一贯制0/1所，教学点5个）	2019	542	65	1：8.34	62
	2020	518	66	1：7.85	63
M₁₇（小学1所，一贯制2所，教学点7个）	2019	293	86	1：3.41	66
	2020	278	91	1：3.06	29
M₁₈（小学0所，一贯制1所，教学点4个）	2019	182	42	1：4.33	44
	2020	180	31	1：5.81	27
M₁₉（小学2/1所，一贯制1/2所，教学点4个）	2019	699	95	1：7.36	126
	2020	649	106	1：6.12	33
合计（小学35/29，一贯制30/36，教学点93/85）	2019	17119	2078	1：8.24	2677
	2020	18385	2094	1：8.78	1837

（3）县域内师生比。县城 6 所学校 2019—2020 年的平均师生比为 1∶14.46,18 个乡镇学校的平均师生比为 1∶5.79! 换言之,该县分布于 18 个乡镇的拥有全县 66.1%～69.8%的教师(1 400 名左右)的 59 所学校(含 30 多所一贯制学校以及 90 所左右的教学点)仅承担着该县不足一半学生的教育教学任务。以笔者当年就读的 N 县某小学为例,这所创建于 1950 年、覆盖方圆 3～4 公里的小学,是自中华人民共和国成立以来周围几十个农村村队孩子上学的一所建制完整的学校,2019 年这所小学的在校生只有 10 人(少于 20 人即撤并为教学点),2020—2021 年连续两年在校生仅有 6 人,教师 6 人,成为一名学生配备一位教师的教学点!

对于中国的乡村教育而言,2000—2010 年这 10 年间,可能没有一项政策性调整能比"撤点并校"影响得更为深远(叶铁桥,2012)。出现这样的局面,尽管原因极为复杂,但不少研究者认为,是国家层面的出发点与地方政府的意图出现了偏离(丁冬等,2015;单丽卿,2016):前者旨在整合并优化农村教育资源配置,而后者则搭了国家政策的"顺风车",在执行中偏向"减少教育投入"。令人欣慰的是,2012 年之后,针对"撤点并校"政策执行过程中出现的问题,从国家到地方陆续开始纠错(叶铁桥,2012)。这种纠错有国家层面的,如前述国务院办公厅发布的《关于规范农村义务教育学校布局调整的意见》(2012 年 9 月)就明确指出,坚决制止盲目撤并农村义务教育学校,办好村小学和教学点;有地方政府层面的,如 2012 年初,江苏省徐州市开始重新调整农村中小学布局规划,预计投资约 5.7 亿元,新建、改扩建学校 121 所,解决 12 987 名家校距离 5 公里以上学生的上学远问题(叶铁桥,2012);还有老百姓自发组织起来的"用脚投票"式纠错,如有村民联合起来出资聘请代课教师,他们宁肯放弃较远乡镇学校的免费教育,而更乐意集资聘请教师在自家门口让孩子接受教育。

就近入学,方便儿童接受规定年限的义务教育,这是现代化中国应予保证的、儿童享有的最为基本的教育权。不论出于何种理由,任何地方政府或者个人均不能剥夺儿童的这一权利,否则就构成对儿童的犯罪,对未来国家发展和民族振兴的犯罪! 正如有研究者(储朝晖,2012)所言,就近入学这一政策具有积极的政策价值,是今后相当长的一段时期内必须坚持的原则,孩子们上学的路途不应漫长而遥远,孩子们在上学的路上实在伤不起,青春年少时光也不应过多耗费在上学的路上。

(二)"撤点并校"政策的教育生态效应

大量乡村中小学校的撤并,导致学生"上学远、上学贵和上学难"。

1. 上学远

对 10 省农村中小学的抽样调查显示,农村小学生学校离家的平均距离为 5.4 公里,农村初中生离家的平均距离为 17.5 公里(社会科学报,2012)。上学远伴生的问题是因其所致的流失辍学及隐性流失辍学率提高。我国小学辍学率在 1990—2000 年间大幅下降,2001—2006 年处于波动期,但在 2007 年之后全国小学辍学率大幅度回升,从 2008 年的 5.99‰ 上升到 2011 年的 8.22‰,意味着每年约有 80 万~90 万农村小学生辍学(社会科学报,2012)。2012 年 5—8 月,根据国务院的部署,审计署统一对 27 省所辖的 1 185 个县自 2006 年以来义务教育阶段农村中小学布局调整情况进行了专项审计。结果发现,因为上学远和负担重的双重影响,一些地区学生的实际辍学人数上升幅度较大(主要集中在初中学校),在重点核实的 1 155 所学校中,辍学人数由 2006 年的 3 963 人上升到 2011 年的 8 352 人,增加了 1.1 倍(徐秀菊,2013)。个案性的调查结果也类似:贵州省晴隆县江心布依族村与中心学校实际距离 10 公里,在 168 名适龄儿童中,有 116 名(69%)辍学;在这些辍学儿童中,61 名儿童(53%)是因为家庭困难,55 名儿童(47%)是由于求学距离过远(徐玉斌等,2014)。

2. 上学贵

上学贵以多种形式表现出来。首先,由于上学距离远,上学的交通成本增加。例如,2011 年 9 月,广东省乐昌市坪石镇天堂村小学被撤,村里 180 多个孩子要到 20 公里外的坪石镇上学,图 10-4 即为某个星期天下午,小货车满载着孩子们沿山路开往镇里的学校(黄巍俊,2011)。

图 10-4 远距离搭载"校车"去求学的孩子们

以图 10-4 这样的"校车"为例,每个孩子收费 5 元,大人 6 元,一般货车会载 20—30 个孩子,以时速 60 公里的速度沿着山路开往镇里的学校,有些调皮的男生途中还直接爬上货车后边的车厢挡板边上嬉闹,让人看得胆战心惊(黄巍俊,2011)。许多家庭出于减少成本的考虑而组团包车,而一些不法商家为了降低成本,在有限空间不断加塞学生人数,学生安全存在极大隐患。2010 年前后发生在全国范围的校车安全事故无不与之有关。

其次,寄宿学生大量增加,教育成本负担加重。家庭因寄宿增加额外的费用,据 21 世纪教育研究院 2008 年对山西、河南、四川、江西、云南、广西等地 23 所农村寄宿制学校的调查,中部省区的教育成本每学期增加 657.3 元,西部省区每学期增加 787.8 元(社会科学报,2012)。而这些费用尚不包含家长看望孩子以及接送物品所花的费用。

再次,学校所在地出现不少陪读的家长及由此派生的租房客或买房户。为了自己的孩子能够在教学条件较好的乡镇或者县市接受教育,有些家长不惜血本,在学校所在地或租房、或买房来陪伴远在异地的孩子。由于孩子幼小,出于对其生活安全的担忧,不少的农村家长不得不进城陪读。调查显示,农村学生家长陪读的比例平均为 22.7%,重庆小学陪读的比例更是高达 38.4%(社会科学报,2012)。不论家庭原本的经济条件如何,异地或租住或购买住房的陪读方式无疑都加重了农村家庭教育的资本投入和人力投入。在一些西部边远地区,只要存在相比农村学校较好的中小学,陪读的家长便会选择这些学校,学校周围的租住房与商品房不愁没有租客或买主。与之不同的农村则是别样的景象:撤点并校、集中办学迫使农村留守的老人和孩子也进入了城镇,农村则是房屋上锁、田地撂荒,一片凋敝景象(万明钢,2009)。

3. 上学难

对大部分的农村边远儿童及其家庭来讲,选择继续上学要么寄宿学校,这样无论学生的日常生活料理还是日常起居都是令家长犯难的事;要么选择走读,或者租用交通工具,或者来回步行。不论作何选择,家长都面临孩子人身安全及教育成本增加这样的叠加问题,因此上学显得很难。

社会教育生态是社会生态的主要方面,是考察社会发展水平的核心指标,也是衡量社会健康发展的有效指标。经济合作与发展组织教育主任暨国际学生评估项目(the program for international student assessment, PISA)负责人(Schleicher, 2015)指出,即便是社会地位背景相仿的儿童,也会表现出大不相同的教育水准,这往往取决于他们所上的学校或者他们所生活的国家。PISA 的测验结果表明,表现优异的孩子所在的国家,往往会把教育投资投入到最能产生效益的地方:将最优秀的教师和校长吸引到最具挑战性的课堂与处境最为不利的学校,联手提升教学品质和教育环境。而这一切都有赖于一国家或一地区的教育政策与教育制度,如同家长投资其子女教育一样,国家投资其国民教育永远是"只赚不赔"的买卖。正如蒂拉克(Tilak,2003)所指出的,"没有哪个国家因投资其国民的教育而走向破产"。

参考文献

中文部分（期刊报纸）

1. 蔡建基.论统考制度的弊端[J].江西社会科学,2000(1)：148-150.
2. 蔡敏.学生评价应坚守伦理规范[J].教育测量与评价,2017(10)：卷首语.
3. 岑健林,胡铁生.微课：数字化教学资源新形式[J].教育信息技术,2013(4)：19-21.
4. 常树丽,张蕙.深圳市宝安区124所中小学校卫生状况调查[J].现代预防医学,2016,43(14)：2668-2671.
5. 陈冲,陈晓声.家庭背景对高考成绩影响的二维路径分析[J].中国青年研究,2015(1)：107-110.
6. 陈富,王嘉毅.大学教学中PPT应用效果研究[J].电化教育研究,2015(1)：29-37.
7. 陈皆明.投资与赡养——关于城市居民代际交换的因果分析[J].中国社会科学,1998(6)：131-145.
8. 陈羚.国内外有关教师课堂提问的研究综述[J].基础教育研究,2006(9)：17-20.
9. 陈敏倩,冯晓霞,肖树娟,等.不同社会经济地位家庭儿童的入学语言准备状况比较[J].学前教育研究,2009(4)：3-8+18.
10. 陈琦.关于计算机辅助教学的几点思考[J].北京师范大学学报(社会科学版),1994(5)：92-98.
11. 陈琦,张建伟.信息时代的整合性学习模型——信息技术整合于教学的生态观诠释[J].北京大学教育评论,2003(3)：90-96.
12. 陈泉,李长庚,陈志涛,等.基于自然采光的教室光环境研究[J].照明工程学报,2016,16(6)：28-32.
13. 陈慰冰."满堂问"剖析——一种语文教学方法的思考[J].上海教育科研,1990(2)：60-62.
14. 陈侠.关于施行"义务教育法"的断想[J].教育评论,1987(1)：3-5.
15. 陈小琴,姚加飞.重庆市部分中小学校教室光环境调查与分析[J].照明工程学报,2011,22(2)：25-30.
16. 程华.数学合作学习中师生态度的调查研究[J].天津师范大学学报(基础教育版),2010,11(1)：52-55.
17. 程天君.教育改革的转型与教育政策的调整——基于新中国教育60年来的基本经验[J].北京大学教育评论,2012,10(4)：33-49.
18. 储朝晖.坚持就近入学原则,尊重儿童基本权利[N].中国教育报,2012-01-04(1).
19. 褚远辉.教师威信问题研究综述[J].上海教育科研,1995(8)：11-14.
20. 邓长明,陈光虎,石淑华.隔代带养儿童心理行为问题对比分析[J].中国心理卫生杂志,2003,17(3)：196.
21. 丁冬,郑风田.撤点并校：整合教育资源还是减少教育投入——基于1996—2009年的省级面板数据分析[J]. 经济学(季刊),2015,14(2):603-622.

22. 丁伟. 校训雷同缺乏感染力[N]. 人民日报,2004-09-17(11).

23. 董少校. 当心孩子跌倒在辅导班里——上海市幼儿及小学生超前补课现象透视[N]. 中国教育报,2012-04-09(3).

24. 杜爱慧. 学生知觉到的物理教师期望与其学习成绩的关系研究[J]. 中学物理教学参考,2016,45(5):2-6.

25. 杜韡夏,吕广大,吴炳胜. 关于教室采光照明两个问题的商榷[J]. 医学动物防制,2005,21(2):145-146.

26. 段宝军,王映学. 大学生课堂空间形态偏好实证研究[J]. 现代教育科学,2015(7):69-72.

27. 段成荣,吕利丹,郭静,等. 我国农村留守儿童生存和发展基本状况——基于第六次人口普查数据的分析[J]. 人口学刊,2013,35(3):37-49.

28. 范丽恒. 国外教师期望研究综述[J]. 心理科学,2006,29(3):646-648.

29. 范丽恒,金盛华. 教师期望对初中生心理特点的影响[J]. 心理发展与教育,2008(3):48-52.

30. 冯芳. 从生师比和平均班额看我国中小学教育现状[J]. 教学与管理,2014(30):35-37.

31. 付迪西. 2个月花21万元补数学却只考了59分,学生家长讨说法[N]. 重庆晨报,2021-04-21(1).

32. 付云. 学校文化简论[J]. 现代中小学教育,2006(4):4-6.

33. 傅禄建. 对我国重点中学发展历史的考察[J]. 教育评论,1994(4):28-31.

34. 高晓雁,李玉梅. 提高教育"亲和力"的心理学理论与方法[J]. 教育理论与实践,2008,28(35):30-31.

35. GB7793-2010,中小学校教室采光和照明卫生标准[S]. 北京:中国标准出版社,2018.

36. GB9669-1996,图书馆、博物馆、美术馆、展览馆卫生标准[S]. 北京:中国标准出版社,2005.

37. GB/T17225-2017,中小学校采暖教室微小气候卫生要求[S]. 北京:中国标准出版社,2018.

38. GB/T17226-2017,中小学校教室换气卫生要求[S]. 北京:中国标准出版社,2018.

39. GB/T18204.22-2000,公共场所噪声测定方法[S]. 北京:中国标准出版社,2000.

40. GB/T18204.24-2000,公共场所空气中二氧化碳测定方法[S]. 北京:中国标准出版社,2000.

41. GB/T18205-2012,学校卫生综合评价[S]. 北京:中国标准出版社,2013.

42. GB/T18883-2002,室内空气质量标准[S]. 北京:中国标准出版社,2002.

43. 葛江涛,庄雪雅. 还原高考加分真相:牵扯政府多部门利益博弈——高考加分路线图[J]. 瞭望东方周刊,2009(30):10-14.

44. 顾昉,章荣华,邹艳,等. 浙江省2015—2017年中小学校教室采光和照明卫生监测结果[J]. 中国学校卫生,2018,39(6):888-889+893.

45. 关丹丹,韩宁. 基于条件得分的分析技术在考试质量评价中的若干应用[J]. 中国考试,2019(11):30-35.

46. 郭元,李明姜,彭莹子,等. 2015年攀枝花市中小学教学环境卫生学监测结果分析[J]. 预防医学情报杂志,2017,33(3):227-231.

47. 国务院批转教育部关于一九八〇年全国高等学校招生工作会议的报告[J]. 中华人民共和国国务院公报,1980(1):158-166.

48. 韩璇,沈艳,赵波. 房价中的优质教育溢价评估——以北京市为例[J]. 经济学(季刊),2020,20(5):257-276.

49. 郝雪. 中学课堂教学中小组合作学习的现状与反思[J]. 西北师范大学学报(社会科学版),2016,53(3):87-93.

50. 何克抗. 多媒体课件及网络课程在教学中的运用[J]. 中国大学教学,2007(5):74-81.

51. 何克抗. 关于 MOOCs 的"热追捧"与"冷思考"[J]. 北京大学教育评论,2015,13(3):110-129.

52. 何伦发,郭艳,何彬洪. 中山市 2011—2012 年学校教学环境监测情况分析[J]. 中国学校卫生,2014,35(9):1378-1379.

53. 何声清. 新手、专家型教师课堂提问行为评价框架及实证分析[J]. 教育测量与评价(理论版),2015(6):30-33+17.

54. 洪松舟,卢正芝. 中学教师课堂提问的社会学分析[J]. 课程·教材·教法,2010,30(1):20-24.

55. 洪岩璧,赵延东. 从资本到惯习:中国城市家庭教育模式的阶层分化[J]. 社会学研究,2014,29(4):73-93+243.

56. 胡明道,刘晓红,朱圣权,等. "合作学习"教学理念及策略探讨[J]. 中学语文教学,2008(5):71-73.

57. 胡启立. 《中共中央关于教育体制改革的决定》出台前后[J]. 炎黄春秋,2008(12):1-6.

58. 胡铁生. "微课":区域教育信息资源发展的新趋势[J]. 电化教育研究,2011(10):61-65.

59. 胡婉旸,郑思齐,王锐. 学区房的溢价究竟有多大:利用"租买不同权"和配对回归的实证估计[J]. 经济学(季刊),2014,13(3):1195-1214.

60. 胡小勇. 边际效用:教育资源怎么整[N]. 中国电脑教育报/中国教育信息化版,2006-11-20(Z6-Z7).

61. 胡咏梅,范文凤,丁维莉. 影子教育是否扩大教育结果的不均等——基于 PISA2012 上海数据的经验研究[J]. 北京大学教育评论,2015,13(3):29-46.

62. 黄斌,云如先,范雯. 名校及其分校质量对学区房的溢价效应:声望效应与升学效应[J]. 北京大学教育评论,2019,17(4):138-159.

63. 黄滨茹. 中学教学质量对周边住宅价格的影响——以西安市碑林区的中学为例[J]. 中国商界(下半月),2010(3):156-158.

64. 黄均钧. 合作学习活动参与者的语言社会化——基于一位"敢发言"学生的个案研究[J]. 外语教育研究前沿,2019,2(4):70-79.

65. 黄明东,冯惠敏,郭梅. 谈谈我国现行教育规制中的几个问题[J]. 华中师范大学学报(人文社会科学版),2006,45(5):137-140.

66. 黄晓燕,李晶华,张秀敏,等. 吉林省城市中小学校教室照明现况[J]. 中国学校卫生,2014,35(4):628-630.

67. 贾积有,张必兰,颜泽忠,等. 在线数学教学系统设计及其应用效果研究[J]. 中国远程教育,2017(3):37-44.

68. 江山野. 教师的"学生观"和学生的"两重性"(上)[J]. 教育研究,1981(1):85-88.

69. 江旭峰,沈彬. 高中化学合作学习有效性调研报告[J]. 化学教育,2008(11):49-51+58.

70. 姜佳将,张帆. 半脱嵌的成长:家庭结构与青少年发展的性别差异——基于"母权制病理学"假设的审视与反思[J]. 浙江学刊,2020(4):142-153.

71. 蒋婧,王登甲,刘艳峰,等. 冬季中小学生学习效率与室内温度关系实验研究[J]. 暖通空调HV & AC,2019,49(5):99-105+85.

72. 金生鈜. 精英主义教育体制与重点学校[J]. 教育研究与实验,2000(4):18-21.

73. 金艳伶,郑雪梅,贾予平,等. 北京市城区两所学校教室内二氧化碳浓度监测结果与分析[J]. 中国卫生法制,2015,23(6):62-67.

74. 孔云.教师期待与学生学业成绩：基于班级层面的研究[J].全球教育展望,2011,40(5)：40－44＋81.

75. 寇冬泉,陈尚楠,舒鉴皓.亲子沟通对留守初中生前瞻适应的影响：社会智力的中介作用[J].教育导刊,2019(4)：51－56.

76. 劳凯声.还原高考加分真相：牵扯政府多部门利益博弈——要考试,也要加分[J].瞭望东方周刊,2009(30)：21.

77. 黎祖交."生态环境"的提法值得商榷[J].浙江林业,2003(4)：8－10.

78. 李宝敏,宫玲玲.合作学习对学生学习成效的影响研究——基于国内外54项实验研究和准实验研究的元分析[J].教育发展研究,2019(24)：39－47.

79. 李春会,郭仰峰,苏颖殷,等.广州市中小学教室采光照明现状分析[J].中国学校卫生,2008,29(5)：461－462.

80. 李洪曾.幼儿的祖辈主要教养人与隔代教育的研究[J].上海教育科研,2005(6)：28－30.

81. 李洪曾.祖辈主要教养人的特点与隔代教育[J].上海教育科研,2006(11)：27－30＋71.

82. 李佳丽."替代"还是"补充"：从影子教育发展审视学校教育质量——基于PISA2015中国四省市数据的分析[J].北京社会科学,2019(5)：57－68.

83. 李建波.警惕校训同质化[N].中国教育报,2008－01－01(7).

84. 李勉,张平平,葛兴蕾,等.班额对教师教学行为与学生成绩、学习兴趣关系的调节——来自大样本研究的证据[J].教育学报,2020,16(6)：108－116.

85. 李森.论课堂的生态本质、特征及功能[J].教育研究,2005(10)：55－60＋79.

86. 李婷,刘涛,刘嘉杰,等.三代直系家庭分布影响因素的空间分析——基于2015年1‰人口抽样调查数据[J].人口研究,2020,44(6)：3－19.

87. 李文,吴祥恩,王以宁,等.MOOCs学习空间在线临场感的社会网络分析[J].远程教育杂志,2018(2)：96－104.

88. 李雯婧,张嘉生,崔玲玲,等.海淀区2017年中小学校教室环境卫生学评价[J].中国学校卫生,2018,39(7)：1114－1116.

89. 李欣瑶.甘肃调整布局推动教育均衡发展[N].甘肃日报,2011－10－30(1).

90. 李振霞,沈天行.多媒体教室的光环境实测调查[J].照明工程学报,2009(2)：46－50.

91. 林革.试论数学小组合作学习中的误区与对策[J].数学教育学报,2004,13(3)：99－101.

92. 林李楠,杜晓丹.教师课堂有效提问策略分析[J].沈阳师范大学学报(社会科学版),2015(5)：138－141.

93. 刘焕芳.2015年—2016年原平市中小学校教学环境卫生监测评价[J].临床医药实践,2019,28(8)：615－616＋629.

94. 刘健.校园文化也需"精装修"[N].江苏教育报,2019－12－20(3).

95. 刘丽红,姚清如.教师期望对学生学业成绩的影响[J].心理科学,1996,19(6)：348－350.

96. 刘丽珍,高天明.我国中小学课堂有效提问研究述评[J].教育科学论坛,2016(9)：75－77.

97. 刘铁川,戴海琦,赵玉.现代测量理论观点下的测验偏差评价[J].中国临床心理学杂志,2012,20(3)：346－349.

98. 刘延金,温思涵.基于学生视角的合作学习质性研究[J].中小学教师培训,2016(2)：38－43.

99. 刘燕飞,王坦.论合作学习实践中的情感缺失[J].中国教育学刊,2016(2)：70－73＋95.

100. 刘阳.大学校训,为何似曾相识[N].人民日报,2007－07－25(11).

101. 刘云杉.教学空间的塑造[J].教育科学研究,2004(6)：10－12.

102. 娄元元,倪娟. 多校划片政策存在的问题及对策研究[J]. 当代教育科学,2018(7):41-45.

103. 卢富荣,宋煜静,刘路培,等. 隔代教育对孙辈和祖辈的影响:双刃剑效应[J]. 心理科学进展,2020,28(10):1733-1741.

104. 芦丹,郭红侠,刘晓培,等. 北京市昌平区2014—2016学年中小学校教学环境卫生学监测结果分析[J]. 实用预防医学,2017,24(12):1516-1519.

105. 鲁志鲲. 教师期望的认知研究[J]. 心理发展与教育,1998(2):36-38.

106. 雒永信. 管理幅度的理论探讨[J]. 上海企业,2006(8):68-70.

107. 马莉蓉,黄剑辉,秦媛. 北京市东城区中小学教室卫生现状分析[J]. 现代预防医学,2013,40(12):2206-2208.

108. 马少兵. 重点高中相关利益主体博弈分析[J]. 教学与管理,2009(4):5-7.

109. 马振予. 冬季教室的温度、湿度与通风换气[J]. 人民教育,1987(12):33.

110. 马忠,原霞霞. 思想政治理论课教学中的文本分析法探究[J]. 思想理论教育,2016(11):67-72.

111. 米艾尼,许路阳. 还原高考加分真相:牵扯政府多部门利益博弈——高考加分政策源流[J]. 瞭望东方周刊,2009(30):18-19.

112. 南国农. 从视听教育到信息化教育——我国电化教育25年[J]. 中国电化教育,2003(9):22-25.

113. 南国农. 怎样理解信息技术及其教师素养形成[J]. 现代远程教育研究,2013(1):3-6.

114. 皮磊,闫振荣. 教师期望对数学学习中习得性无助感的影响[J]. 数学教育学报,2010,19(1):44-47.

115. 亓玉慧,王飞,张莉. 课堂教学"边缘人"现象价值审视及应对[J]. 中国教育学刊,2015(9):83-87.

116. 钱理群. 教育局部改变有希望,但根本改变绝无可能[DB/OL]. 2015年钱理群教授接受《博客天下》杂志采访,(2015-06-20). https://www.sohu.com/a/19617678_101813.

117. 钱正英,沈国舫,刘昌明. 建议逐步改正"生态环境建设"一词的提法[J]. 科技术语研究,2005(2):20-21.

118. 乔娜,张景焕,刘桂荣,等. 家庭社会经济地位、父母参与对初中生学业成绩的影响:教师支持的调节作用[J]. 心理发展与教育,2013,29(5):507-514.

119. 全国妇联课题组. 全国农村留守儿童、城乡流动儿童状况研究报告[J]. 中国妇运,2013(6):30-34.

120. 任羽中. 还原高考加分真相:牵扯政府多部门利益博弈——为了农民子弟,建议"裸考"[J]. 瞭望东方周刊,2009(30):20.

121. 桑国元,王新宇. 人工智能教师何以重塑学校文化[J]. 电化教育研究,2020(9):21-26+47.

122. 山旭. 还原高考加分真相:牵扯政府多部门利益博弈——"二级运动员"的自救之路[J]. 瞭望东方周刊,2009(30):15-17.

123. 单丽卿. "强制撤并"抑或"自然消亡"——中西部农村"撤点并校"的政策过程分析[J]. 河北学刊,2016,36(1):171-176.

124. 申继亮,李茵. 教师课堂提问行为的心理功能和评价[J]. 上海教育科研,1998(6):40-43.

125. 沈贵鹏,戴斌荣,宋素珍. 初中课堂口头言语互动研究[J]. 教育理论与实践,1994,14(1):48-50.

126. 石连海. 抓住依法治教的牛鼻子:从"软"法走向"硬"法[J]. 人民教育,2014(24):12-13.

127. 史国梁. 从公共资源说学区房[N]. 中国财经报,2020 - 11 - 26(7).

128. 苏焰,赵锋辉,李文婷,等. 张掖市甘州区 2016 年学校环境卫生监测结果分析[J]. 甘肃科技纵横,2017,46(6)：58 - 60.

129. 隋学敏,刘琪,李蒙蒙,等. 采暖季西安市大学教室空气品质现状分析[J]. 节能,2019,38(6)：153 - 158.

130. 孙芙蓉. 试论课堂生态研究的几个基本问题[J]. 教育研究,2011(12)：59 - 63.

131. 孙妍,林树明,邢春冰. 迁移、男孩偏好与教育机会[J]. 经济学(季刊),2019,19(1)：189 - 208.

132. 田群艳. 合作学习中的"搭便车"现象及其防范[J]. 教学与管理,2015(24)：29 - 31.

133. 万明钢. 以促进教育公平和教育均衡发展的名义——我国农村"撤点并校"带来的隐忧[J]. 教育科学研究,2009(10)：19 - 20.

134. 汪琼,罗淑芳,江婧婧. 翻转课堂本土化实践模式的文本分析[J]. 电化教育研究,2018(2)：5 - 12 + 20.

135. 汪文义,张华华. 统计测量视角下考试公平推动教育公平的对策[J]. 江西师范大学学报(自然科学版),2017,41(4)：383 - 393.

136. 汪霞. 我们的课堂生态了吗[J]. 全球教育展望,2005,34(5)：17 - 22.

137. 汪霞. 一种后现代课堂观：关注课堂生态[J]. 全球教育展望,2001(10)：51 - 54.

138. 王本陆. 教育伦理建设：教育现代化的跨世纪课题[J]. 中国教育学刊,1999(2)：10 - 13.

139. 王红英,李胜,刘应焱,等. 隔代照顾对中国儿童健康状况的影响[J]. 中国学校卫生,2021,42(1)：46 - 49.

140. 王洪才. E 时代大学教学面临的挑战与回应[J]. 复旦教育论坛,2010,8(2)：16 - 20.

141. 王家源,赵秀红. 亿万中小学生居家学习取得积极成效[N]. 中国教育报,2020 - 5 - 15(1).

142. 王静. 合作学习的适用性及在培养学生创造力中的优势——基于多层线性模型的分析[J]. 教育科学研究,2016(4)：39 - 45.

143. 王凯,聂俊. 合作学习中常见问题的分析与对策[J]. 北京教育(普教版),2003(10)：37 - 38.

144. 王路芳,张旭. "后撤点并校"时代农村小规模学校教师队伍建设研究——基于对 46 个国家级贫困县的调查[J]. 上海教育科研,2015(7)：10 - 14.

145. 王梅,温煦,吕燕,等. 家庭结构对于青少年健康行为的影响[J]. 体育科学,2012,32(5)：34 - 41.

146. 王牧华,靳玉乐. 论促进教师教学方式转变的课堂环境建设策略[J]. 课程·教材·教法,2011,31(5)：22 - 26 + 81.

147. 王鹏炜. 教育"软法"现象分析[J]. 中国教育法制评论,2015(13)：48 - 56.

148. 王萍,王静,连亚伟,等. 几辈同堂更幸福？农村老年人家庭结构变动后果分析[J]. 人口研究,2018,42(4)：51 - 65.

149. 王善迈. "重点校"政策影响了教育的公平[N]. 中国教育报,2007 - 03 - 08(9).

150. 王世敬. 课堂提问教学的研究[J]. 石油大学学报(社会科学版),2003,19(6)：111 - 113.

151. 王素琴. 谈课堂设问、提问策略[J]. 教育实践与研究,2015(29)：21 - 22.

152. 王伟群. 我为孩子讨说法[J]. 山东教育,1998(11)：72 - 76.

153. 王筱欣,何晓斐. 二手学区房价格溢价研究——以重庆市沙坪坝区为例[J]. 重庆理工大学学报(社会科学),2017,31(6)：44 - 49.

154. 王笑晨,徐忆青,陈欣怡. 小学墙报文化现状调查[J]. 基础教育研究,2020(11)：13 - 15 + 19.

155. 王亚男. 初中生课堂教学"边缘人"及其转化策略[J]. 内蒙古教育,2018(2):8-10.

156. 王尧. 大力加强中小学校园文化建设,提升学校发展内涵[J]. 宁夏教育,2008(11):9-11.

157. 王旖旎. 教育测评中的不公正问题——项目功能差异[J]. 中国电大教育,1999(8):39-41.

158. 王颖,陈旭东. 2015年信阳市中小学教学环境现况调查[J]. 河南预防医学杂志,2017,28(2):147-149.

159. 王映学. 基于教学理论的教案设计探析[J]. 扬州大学学报(高教研究版),2013,17(1):79-83.

160. 王映学. 论情境性道德学习与育德情境的创建[J]. 江西教育科研,2006(7):20-23.

161. 王映学. 也谈"高分低能":认知领域学习分类的视野[J]. 课程·教材·教法,2016,36(10):46-51.

162. 王映学,段宝军,张晓州. 大学生课堂座位选择与学业成绩的关系研究[J]. 重庆高教研究,2017,5(3):65-72.

163. 王映学,米加德. 论课堂教学中学生面临的不平等现象[J]. 当代教育科学,2006(3):29-31+36.

164. 王映学,孙颖美. 试论知识之功能:生态心理学的视角[J]. 教育理论与实践,2020,40(4):3-8.

165. 王永超,王光宇,董丽晶. 教育资本化背景下学区房溢价水平和价格空间集聚特征研究——以沈阳市中心城区为例[J]. 人口与发展,2020,26(1):108-117.

166. 王跃生. 城乡家户、家庭规模及其结构比较分析[J]. 江苏社会科学,2020(6):11-24.

167. 魏易,薛海平. 我国基础教育阶段家庭校外培训的消费行为研究——基于2017中国教育财政家庭调查的分析[J]. 教育学报,2019,15(6):68-81.

168. 温海珍,杨尚,秦中伏. 城市教育配套对住宅价格的影响:基于公共品资本化视角的实证分析[J]. 中国土地科学,2013,27(1):34-40.

169. 邬志辉. 农村校布局调整应注重后续建设[N]. 中国教育报,2012-01-02(1).

170. 吴德芳,夏玉兰. 教师提问的八大策略[J]. 教学与管理,2002(19):50-51.

171. 吴放. 幼儿园的隐性课程:教室环境创设[J]. 学前教育,1999(11):7-11.

172. 吴康宁. 教育机会公平的三个层次[N]. 中国教育报,2010-05-04(4).

173. 吴晓宁,陶佳. 义务教育阶段课堂师生问答现状的实证研究——以贵阳市为例[J]. 教学与管理,2015(4):28-30.

174. 吴愈晓,王鹏,杜思佳. 变迁中的中国家庭结构与青少年发展[J]. 中国社会科学,2018(2):98-120+206.

175. 武丽丽,张大均,程刚,等. 家庭社会经济地位对小学生学业成绩的影响:心理素质全局因子的中介作用[J]. 西南大学学报(自然科学版),2018,40(6):56-62.

176. 消失中的乡村学校——21世纪教育研究院发布《农村教育布局调整十年评价报告》[N]. 社会科学报,2012-11-29(3).

177. 萧宗六. 教育方针、教育政策和教育法规[J]. 人民教育,1997(11):35-36.

178. 肖树娟,冯晓霞,成丽媛,等. 不同社会经济地位家庭儿童的入学数学准备状况比较[J]. 学前教育研究,2009(3):3-9+13.

179. 谢东虹,段成荣. 迁徙中国视野下流动儿童和留守儿童发展与乡村振兴[J]. 中国民族教育,2021(12):20-23.

180. 谢翌,徐锦莉. 教室环境:一种被忽视的课程——课程开发视野中的教室环境布置[J]. 教育理论与实践,2008,28(11):41-44.

181. 辛继湘. 教育评价者的伦理责任[J]. 教育测量与评价(理论版),2014(4):卷首语.

182. 辛文. 什么是"亲和力"[J]. 新闻与写作,2006(8):21.

183. 熊梅. 教师提问与学生思维的发展[J]. 课程·教材·教法,1992(12):1-4.

184. 徐秀菊. 农村中小学布局调整大事记[J]. 瞭望,2013(24):21.

185. 徐玉斌,詹美娜. 加强教学点建设,提高农村义务教育质量[J]. 河南教育(基教版),2014(6):7-8.

186. 徐正黄. 合作学习的三种组织方法[J]. 物理教学,2009,31(11):25-27.

187. 薛海平. 从学校教育到影子教育:教育竞争与社会再生产[J]. 北京大学教育评论,2015,13(3):47-69.

188. 闫昱洁. 警惕课堂合作学习中的虚假合作[J]. 教学与管理,2015(28):38-41.

189. 阳锡叶. 高中办学理念何以如此趋同[N]. 中国教育报,2013-4-12(1).

190. 杨东平. 新型城镇化道路对教育的挑战[N]. 中国教育报,2013-06-21(6).

191. 杨东平. 重新审视重点学校制度[J]. 群言,2005(4):20-24.

192. 杨菊华. 父母流动、家庭资源与高中教育机会[J]. 学海,2011(2):19-33.

193. 杨菊华,段成荣. 农村地区流动儿童、留守儿童和其他儿童教育机会比较研究[J]. 人口研究,2008,32(1):11-21.

194. 杨菊华,李路路. 代际互动与家庭凝聚力——东亚国家和地区比较研究[J]. 社会学研究,2009,24(3):26-53+243.

195. 杨胜慧,叶裕民. 2000—2010年中国城乡家庭结构变动分析[J]. 南通大学学报(社会科学版),2015,31(2):114-119.

196. 杨勇. 让童心栖息与飞扬:清林小学的六个教育细节[J]. 中小学管理,2011(8):45-46.

197. 杨赟悦,易进. 家庭结构变迁背景下的儿童养育相关因素研究[J]. 河北师范大学学报(教育科学版),2015,17(1):48-55.

198. 杨祚挺. 论校长的影响力[J]. 零陵学院学报,2004,25(2):188-190.

199. 么飞. 天津市东丽区2016年学校环境卫生监测结果分析[J]. 中国城乡企业卫生,2017,32(4):144-146.

200. 叶浩生. 量化研究与质化研究:对立及其超越[J]. 自然辩证法研究,2008,24(9):7-11.

201. 叶华,吴晓刚. 生育率下降与中国男女教育的平等化趋势[J]. 社会学研究,2011,26(5):153-177+245.

202. 叶铁桥. 乡村教育公共政策正在理性回归[N]. 中国青年报,2012-12-28(3).

203. 易云. "隔代教育"困扰家长[DB/OL]. 中国教育与科研计算机网,(2002-09-27). http://www.edu.cn/zhong_guo_jiao_yu/xue_qian/xue_qian_news/200603/t20060323_60781.shtml.

204. 应享频,黄晓明. 浦江县中小学校教学环境卫生监测结果分析[J]. 预防医学,2017,29(10):1047-1050.

205. 应小明. 关于"小组合作学习"的再思考[J]. 现代教育科学,2007(1):22-26.

206. 于涛,于静静. "就近入学"下的住宅价格分析——学区房中的教育资本化问题[J]. 中国房地产,2017(6):3-13.

207. 余夕梅,韦加梅,尤俊,等. 2014—2015年南京市浦口区学校教学环境监测结果分析[J]. 中国校医,2016,30(6):422-423.

208. 袁景玉,任全,关高庆. 多媒体教室的天然采光优化分析研究[J]. 照明工程学报,2016,27(6):43-47+69.

209. 曾国华,于莉莉. 专访佐藤学:"学习是相遇与对话"[J]. 中小学管理,2013(1):23-25.

210. 曾妮,田晓红. 国内课堂合作学习研究文献综述[J]. 教学与管理,2014(6):20-24.

211. 曾毅,李伟,梁志武. 中国家庭结构的现状、区域差异及变动趋势[J]. 中国人口科学,1992(2):1-12+22.

212. 翟金霞,张前龙,胡琼. 某地区高校教室内空气污染状况的研究[J]. 安徽医科大学学报,2004,39(3):231-232.

213. 张厚粲,郑日昌,车宏生,等. 对高考试题的统计分析[J]. 北京师范大学学报,1981(5):65-73+81.

214. 张厚粲. 教育测量学:高考科学化的技术保障[J]. 中国考试,2017(8):4-7.

215. 张克雷. 拖欠教师工作问题的成因及其法治研究[J]. 教育评论,2002(4):29-31.

216. 张丽霞,续向党. 走出合作学习的误区——中小学信息技术课程中的合作学习过程分析[J]. 电化教育研究,2007(8):71-75.

217. 张森,郑友训. 从生态课堂视角论课堂教学中"边缘人"的转化[J]. 当代教育科学,2016(6):61-64.

218. 张敏. 北京学区房简史[N]. 21世纪经济报道,2020-05-25(8).

219. 张萍,DING Lin,张文硕. 翻转课堂的理念、演变与有效性研究[J]. 教育学报,2017,13(1):46-55.

220. 张守坤,王阳. 必要时国家可以对家庭教育进行干预[N]. 法制日报,2021-02-11(4).

221. 张婉莉. 从教师反思透视合作学习的教师专业发展路径[J]. 教育研究与实验,2015(5):89-96.

222. 张婉莉. 透视教师教学行为冲突对合作学习的阻抗与消解[J]. 中国教育学刊,2015(11):73-77.

223. 张昕. "多校划片"政策对学区房价格影响研究[J]. 价格理论与实践,2020(5):17-20.

224. 张新. 我国教育经费占GNP比重问题的研究[J]. 中国财政,1999(5):44-46.

225. 张亚星. 自主·合作·探究:学生学习方式的转变[J]. 华东师范大学学报(教育科学版),2018(1):22-28+160.

226. 张悦,田友谊. 突破"剧场效应":儿童创造性培养的可能之路[J]. 教学研究,2021,44(1):80-86.

227. 赵融,强梅,王艳红,等. 温暖地区夏季中小学校教室温度标准的研究[J]. 中国学校卫生,1996,17(1):13-15+80.

228. 赵秀红,王家源. 在实践中创造高校在线教学新高峰[N]. 中国教育报,2020-5-15(1).

229. 郑璜. 实行高中免费教育,启动高考综合改革[N]. 福建日报,2016-05-13(1).

230. 郑强. 校训与学校文化建设[N]. 中国教育报,2005-08-23(6).

231. 郑清芬. 师生关系"亲和力"对教学工作的作用[J]. 职业技术教育,2000(1):57-58.

232. 郑日昌,等. 对近几年来高考试卷的分析研究[J]. 教育研究,1983(6):50-57.

233. 郑生明. 走出认识误区,加大教育行政执法力度[J]. 福建财会管理干部学院学报,2001(2):29-30.

234. 中国政府网. 关于贵州省毕节市大方县拖欠教师工资补贴、挤占挪用教育经费等问题的督查情况通报[EB/OL]. (2020-09-04). http://www.gov.cn/hudong/ducha/2020-09/04/content_5540680.htm.

235. 中华人民共和国国家统计局. 第七次全国人口普查公报(第六号)[N]. 中国信息报,2021-05-12(4).

236. 中华人民共和国国务院办公厅. 关于规范农村义务教育学校布局调整的意见[J]. 中华人民共和国国务院公报,2012(26)：54－56.

237. 中华人民共和国国务院办公厅. 关于进一步调整优化结构,提高教育经费使用效益的意见[J]. 中华人民共和国国务院公报,2018(25)：15－19.

238. 中华人民共和国国务院办公厅. 关于全面加强乡村小规模学校和乡镇寄宿制学校建设的指导意见[J]. 中华人民共和国国务院公报,2018(14)：13－18.

239. 中华人民共和国国务院办公厅. 国务院关于基础教育改革与发展的决定[J]. 人民教育,2001(7)：4－9.

240. 中华人民共和国教育部. 2020 年全国教育事业统计主要结果[EB/OL]. (2021－03－01). http://www. moe. gov. cn/jyb_xwfb/gzdt_gzdt/s5987/202103/t20210301_516062. html.

241. 中华人民共和国教育部. 对十三届全国人大三次会议第 4849 号建议的答复[EB/OL]. (2020－10－28). http://www. Moe. gov. cn/jyb_xxgk/xxgk_jyta/jyta_jijiaosi/202012/t20201202_502931. html.

242. 中华人民共和国教育部. 甘肃省从今年起免除全省学前教育阶段幼儿保教费[EB/OL]. (2016－02－05). http://www. moe. gov. cn/jyb_xwfb/s5147/201602/t20160205_229518. html.

243. 中华人民共和国教育部. 教育部办公厅关于做好 2016 年城市义务教育招生入学工作的通知[EB/OL]. (2016－01－27). http://www. moe. gov. cn/srcsite/A06/s3321/201602/t20160219_229803. html.

244. 中华人民共和国教育部. 连续 8 年超 4%！"十三五"教育经费"账单"来了[EB/OL]. (2020－12－02). http://www. moe. gov. cn/fbh/live/2020/52692/mtbd/202012/t20201203_503264. html.

245. 中华人民共和国教育部. 中共中央办公厅、国务院办公厅印发《关于进一步减轻义务教育阶段学生作业负担和校外培训负担的意见》[EB/OL]. (2021－07－24). http://www. moe. gov. cn/jyb_xxgk/moe_1777/moe_1778/202107/t20210724_546576. html.

246. 中华人民共和国教育部. 中国教育概况——2016 年全国教育事业发展情况[EB/OL]. (2017－11－10). http://www. moe. gov. cn/jyb_sjzl/s5990/201711/t20171110_318862. html.

247. 钟焦平. 校外教育须警惕"剧场效应"[N]. 中国教育报,2018－01－08(1).

248. 钟启泉. 田园将芜胡不归——"微课"的诱惑与"课堂研究"的主旋律[J]. 教育发展研究,2015(2)：1－5.

249. 钟启泉. 知识社会与学校文化的重塑[J]. 教育发展研究,2002(1)：5－9.

250. 周畅,邹慧颖,聂可. 大学生暑期瞅准补课商机,合伙招生办辅导班——"新老师"缘何游走在"灰色办学地带"[N]. 中国教育报,2015－08－07(1).

251. 周福林. 我国家庭结构变迁的社会影响与政策建议[J]. 中州学刊,2014(9)：83－86.

252. 周楠. 个体与环境双向交互决定理论调查研究——以江苏省盐城市教育为例(未发表,2020).

253. 周详,张泽宇,曾晖. 长期合作学习小组中的集体智慧及其影响因素研究[J]. 心理与行为研究,2018,16(2)：231－237.

254. 朱春奎,严敏,陆娇丽. 公共预算决策中的间断均衡模型[J]. 公共管理与政策评论,2012,1(1)：78－89.

255. 朱丽. 技术与伦理：学生评价发展的两条路径[J]. 上海教育评估研究,2018(4)：11－14＋19.

256. 朱四倍."最美家庭"不拒绝隔代教育[N].北京日报,2015-12-16(19).

257. 朱文辉,靳玉乐.校长非权力影响力:原因探析、功能解析与进路分析[J].教育科学,2016, 32(1):7-12.

258. 朱永新.用文化为学校立魂[N].中国教育报,2011-12-05(2).

259. 宗晓华,陈静漪."新常态"下中国教育财政投入的可持续性与制度转型[J].复旦教育论坛, 2015,13(6):5-11.

中文部分(著作及学位论文)

1. [美]Agnes,M.韦氏新世界大学词典(英语版,第四版)[M].沈阳:辽宁教育出版社,2001 年英文版.

2. [美]阿尔伯特·班杜拉.思想和行动的社会基础——社会认知论[M].林颖,等,译.上海:华东师范大学出版社,2001年版.

3. [美]阿尔伯特·班杜拉.自我效能:控制的实施[M].缪小春,等,译.上海:华东师范大学出版社,2003年版.

4. [美]安妮特·拉鲁.不平等的童年——阶级、种族与家庭生活(第2版)[M].宋爽,张旭,译.北京:北京大学出版社,2018年版.

5. [美]B·S·布卢姆,等.教育目标分类学(认知领域)[M].罗黎辉,等,译.上海:华东师范大学出版社,1986年版.

6. [美]B·S·布卢姆,等.教育评价[M].邱渊,等,译.上海:华东师范大学出版社,1986年版.

7. [美]Brookfield,S.D.批判反思型教师 ABC[M].张伟,译.北京:中国轻工业出版社,2002年版.

8. [巴西]保罗·弗莱雷.被压迫者教育学(修订版)[M].顾建新,等,译.上海:华东师范大学出版社,2014年版.

9. [美]布鲁斯·乔伊斯,玛莎·韦尔,艾米莉·卡尔霍恩.教学模式[M].兰英,等,译.北京:中国人民大学出版社,2014年版.

10. 陈敏学.环境卫生学[M].北京:人民卫生出版社,2002年版.

11. 陈琦,刘儒德.教育心理学(第2版)[M].北京:高等教育出版社,2005年版.

12. 陈小琴.中小学校教室光环境的调查与研究[D].重庆:重庆大学,2011.

13. 成侨林.小学生感知教师期望与学业成绩:学业自我效能感的中介作用与团体辅导研究[D].武汉:华中师范大学,2019.

14. [美]Dantonio,M.,Beisenherz,P.C.教师怎样提问才有效——课堂提问的艺术[M].宋玲,译.北京:中国轻工业出版社,2015年版.

15. [美]D.P.奥苏伯尔,等.教育心理学——认知观点[M].佘星南,宋钧,译.北京:人民教育出版社,1994年版.

16. [美]戴维·迈尔斯.社会心理学(第11版)[M].侯玉波,等,译.北京:人民邮电出版社,2016年版.

17. [德]恩格斯.家庭、私有制和国家的起源[M].北京:人民出版社,2018年版.

18. 范国睿.教育生态学[M].北京:人民教育出版社,2000年版.

19. 费孝通.生育制度[M].北京:中信出版社,2019年版.

20. ［美］G·H·鲍尔，E·R·希尔加德.学习论——学习活动的规律探索［M］.邵瑞珍，等，译.上海：上海教育出版社，1987年版.

21. ［美］Good，T.L.，Brophy，J.E.透视课堂（第十版）［M］.陶志琼，译.北京：中国轻工业出版社，2010年版.

22. ［英］Gorard，S.，Smith，E.，Greger，D.，等.教育公平：基于学生视角的国际比较研究［M］.窦卫霖，等，译.上海：华东师范大学出版社，2018年版.

23. 高鸿业.西方经济学（微观部分·第七版）［M］.北京：中国人民大学出版社，2018年版.

24. 顾泠沅，易凌峰，聂必凯.寻找中间地带——国际数学教育改革大趋势［M］.上海：上海教育出版社，2003年版.

25. 顾明远.教育大辞典·教育社会学卷［M］.上海：上海教育出版社，1992年版.

26. 顾明远.教育大辞典·教育哲学卷［M］.上海：上海教育出版社，1992年版.

27. 关颖.家庭教育社会学［M］.北京：教育科学出版社，2014年版.

28. 郭成.课堂教学设计［M］.北京：人民教育出版社，2006年版.

29. 郭华.教学社会性之研究［M］.北京：教育科学出版社，2002年版.

30. 何东昌.中华人民共和国重要教育文献（1949—1997）［Z］.海口：海南出版社，1998年版.

31. ［美］简妮·E·奥姆罗德.学习心理学（第6版）［M］.汪玲，等，译.北京：中国人民大学出版社，2015年版.

32. 江光荣.班级社会生态环境研究［M］.武汉：华中师范大学出版社，2002年版.

33. 蒋勋.蒋勋说红楼梦（第一辑）［M］.上海：上海三联书店，2014年版.

34. ［美］卡尔·罗杰斯，杰罗姆·弗赖伯格.自由学习［M］.王烨晖，译.北京：人民邮电出版社，2015年版.

35. ［德］库尔特·勒温.拓扑心理学原理［M］.高觉敷，译.北京：商务印书馆，2003年版.

36. ［德］库尔特·卢因.社会科学中的场论（英文版）［M］.北京：中国传媒大学出版社，2016年英文版.

37. ［美］L·W·安德森，等.学习、教学和评估的分类学（布卢姆教育目标分类学修订版）［M］.皮连生，等，译.上海：华东师范大学出版社，2008年版.

38. 乐正克.学记［M］.高时良，译注.北京：人民教育出版社，2016年版.

39. 李晶.课堂物理环境透视及其教育意蕴探析——以长春市宽城区N小学为例［D］.长春：东北师范大学，2013.

40. 李露露.多媒体辅助教学中信息过载问题研究［D］.开封：河南大学，2019.

41. 李森，王牧华，张家军.课堂生态论：和谐与创造［M］.北京：人民教育出版社，2011年版.

42. 李振基，陈小麟，郑海雷.生态学（第四版）［M］.北京：科学出版社，2000年版.

43. ［美］里德，贝格曼.课堂观察、参与和反思（第5版）［M］.伍新春，等，译.北京：教育科学出版社，2009年版.

44. 刘英杰.中国教育大事典（1949—1990）［M］.杭州：浙江教育出版社，1993年版.

45. ［法］卢梭.爱弥儿［M］.李平沤，译.北京：商务印书馆，1978年版.

46. 鲁迅.鲁迅全集（第一卷）［M］.北京：光明日报出版社，2015年版.

47. 路遥.平凡的世界（第二部）［M］.北京：中国文联出版社，1988年版.

48. ［美］罗伯特·索尔所，奥托·麦克林，金伯利·麦克林.认知心理学（第8版）［M］.邵志芳，等，译.上海：上海人民出版社，2008年版.

49. ［美］罗森塔尔，雅各布森.课堂中的皮格马利翁——教师期望与学生智力发展［M］.唐晓杰，崔允漷，译.北京：人民教育出版社，2003年版.

50. ［美］洛雷塔·A·马兰德罗,拉里·巴克. 非言语交流［M］. 孟小平,等,译. 北京：北京语言学院出版社,1991 年版.

51. 南国农,李运林. 教育传播学(第二版)［M］. 北京：高等教育出版社,2005 年版.

52. ［美］M·L·霍夫曼. 移情与道德发展：关爱和公正的内涵［M］. 杨韶刚,万明,译. 哈尔滨：黑龙江人民出版社,2003 年版.

53. ［美］Odum, E. P. , Barrett, G. W. 生态学基础(第五版)［M］. 陆健健,王伟,等,译. 北京：高等教育出版社,2009 年版.

54. ［美］Parsons, R. D. , Hinson, S. L. , Sardo-Brown, D. 教育心理学——教育的行动研究［M］. 温明丽,等,译. 台北：洪叶文化事业有限公司,2005 年版.

55. 彭聃龄. 普通心理学［M］. 北京：北京师范大学出版社,2004 年版.

56. 皮连生. 学与教的心理学(第五版)［M］. 上海：华东师范大学出版社,2009 年版.

57. 皮连生. 学与教的心理学(修订本)［M］. 上海：华东师范大学出版社,1997 年版.

58. 皮连生. 智育心理学(第二版)［M］. 北京：人民教育出版社,2008 年版.

59. 皮连生. 智育心理学［M］. 北京：人民教育出版社,1996 年版.

60. ［瑞士］皮亚杰. 发生认识论原理［M］. 王宪钿,等,译. 北京：商务印书馆,2011 年版.

61. 钱理群. 我的精神自传［M］. 北京：生活·读书·新知三联书店,2016 年版.

62. ［美］乔纳森·伯格曼,亚伦·萨姆斯. 翻转课堂与慕课教学：一场正在到来的教育变革［M］. 宋伟,译. 北京：中国青年出版社,2014 年版.

63. ［美］乔纳森·伯格曼. 翻转课堂与深度学习：人工智能时代,以学生为中心的智慧学习［M］. 杨洋,译. 北京：中国青年出版社,2018 年版.

64. ［美］R·M·加涅,W·W·韦杰,K·C·戈勒斯,等. 教学设计原理(第五版修订本)［M］. 王小明,等,译. 上海：华东师范大学出版社,2018 年版.

65. 施良方,崔允漷. 教学理论：课堂教学的原理、策略与研究［M］. 上海：华东师范大学出版社,1999 年版.

66. 舒新城. 辞海［Z］. 上海：中华书局出版社,1999 年版.

67. ［苏］苏霍姆林斯基. 帕夫雷什中学［M］. 赵玮,等,译. 北京：教育科学出版社,1983 年版.

68. 孙隆基. 中国文化的深层结构［M］. 北京：中信出版社,2015 年版.

69. 孙儒泳. 动物生态学原理(第 3 版)［M］. 北京：北京师范大学出版社,2001 年版.

70. 田慧生. 教学环境论［M］. 南昌：江西教育出版社,1996 年版.

71. 田倩情. 教师期望对学生课堂学习行为影响的案例研究［D］. 兰州：西北师范大学,2016.

72. ［美］托尔·布什. 当代西方教育管理模式［M］. 强海燕,等,译. 南京：南京师范大学出版社,1998 年版.

73. ［美］Thorndike, R. M. , Thorndike-Christ, T. 教育评价：教育和心理学中的测量与评估［M］. 方群,等,译. 北京：商务印书馆,2018 年版.

74. ［美］Walsh, J. A. , Sattes, B. D. 优质提问教学法［M］. 刘彦,译. 北京：中国轻工业出版社,2017 年版.

75. 汪天文. 社会时间研究［M］. 北京：中国社会科学出版社,2004 年版.

76. 王锋青. 教学活动若干环境因子的研究［D］. 金华：浙江师范大学,2004.

77. 王磊. 组织管理心理学(第二版)［M］. 北京：北京大学出版社,2020 年版.

78. 王如松,周鸿. 人与生态学［M］. 昆明：云南人民出版社,2004 年版.

79. 王映学,张大均. 认知技能获得研究［M］. 北京：科学出版社,2013 年版.

80. 王映学,章晓璇. 知识分类与教学设计［M］. 兰州：甘肃教育出版社,2008 年版.

81. ［美］威尔·杜兰特.哲学的故事［M］.蒋剑峰,张程程,译.杭州:浙江大学出版社,2015年版.

82. 吴红耘,皮连生.学与教的心理学(第六版)［M］.上海:华东师范大学出版社,2020年版.

83. 吴建平,侯振虎.环境与生态心理学［M］.合肥:安徽人民出版社,2011年版.

84. 吴康宁.教育社会学［M］.北京:人民教育出版社,1998年版.

85. 阳丽.小学校园墙面文化建设研究——以长沙市部分小学为例［D］.长沙:湖南师范大学,2013.

86. 杨立军.伊顿公学的经典法则［M］.上海:学林出版社,2008年版.

87. 杨琳.中学生课堂空间形态偏好与场所认同的关系研究［D］.扬州:扬州大学,2014.

88. 叶学良.教育美学［M］.成都:四川人民出版社,1989年版.

89. 袁笛.威权领导对下属印象管理行为的影响研究［D］.成都:电子科技大学,2018.

90. ［美］詹姆斯·S.科尔曼,等.科尔曼报告:教育机会公平［M］.汪幼枫,译.上海:华东师范大学出版社,2019年版.

91. 张春兴.教育心理学——三化取向的理论与实践［M］.杭州:浙江教育出版社,1998年版.

92. 张春兴.张氏心理学辞典［M］.上海:上海辞书出版社,1992年版.

93. 张大均.教与学的策略［M］.北京:人民教育出版社,2003年版.

94. 张大均.教育心理学［M］.北京:人民教育出版社,2015年版.

95. 张东娇.学校文化管理［M］.北京:教育科学出版社,2013年版.

96. 张新仁.班级经营［M］.台北:五南图书出版股份有限公司,1999年版.

97. 赵中建.学校文化［M］.上海:华东师范大学出版社,2004年版.

98. 中国社会科学院语言研究所词典编辑室.现代汉语词典(第5版)［M］.北京:商务印书馆,2005年版.

99. 中华人民共和国全国人民代表大会.中华人民共和国家庭教育促进法［M］.北京:中国法制出版社,2021年版.

100. 中华人民共和国全国人民代表大会.中华人民共和国义务教育法(2015年修订)［M］.北京:中国法制出版社,2015年版.

101. 周福林.我国留守家庭研究［M］.北京:中国农业出版社,2006年版.

102. 周双.小学语文课堂中教师的有效提问研究［D］.武汉:华中师范大学,2011.

103. 周序.应试主义教育的规训及其逻辑［D］.北京:北京师范大学,2012.

104. ［美］朱迪斯·约旦.关系文化治疗［M］.徐萍萍,郭本禹,译.合肥:安徽人民出版社,2012年版.

105. ［日本］佐藤学.学习革命的愿景［M］.黄郁伦,译.台北:远见天下文化出版股份有限公司,2014年版.

英文部分

1. Abeysekera, L., & Dawson, P. (2015). Motivation and cognitive load in the flipped Classroom: Definition, rationale and a call for research. *Higher Education Research & Development*, 34(1), 1-14.

2. Airasian, P. W. (1988). Measurement driven instruction: A closer look. *Educational Measurement: Issues and Practice*, 7(4), 6-11.

3. Akçayır, G. , & Akçayır, M. (2018). The flipped classroom: A review of its advantages and challenges. *Computers & Education*, *126*,334 – 345.

4. Alderman, G. (2011). Classroom climate. *Encyclopedia of Child Behavior and Development*, *1*(A – D), 367 – 370.

5. Allalouf, A. , & Abramzon, A. (2008). Constructing better second language assessments based on differential item functioning analysis. *Language Assessment Quarterly*, *5*(2),120 – 141.

6. Alvidrez, J. , & Weinstein, R. S. (1999). Early teacher perceptions and later student academic achievement. *Journal of Educational Psychology*, *91*(4),731 – 746.

7. Amare, N. (2006). To slideware or not to slideware: Students' experiences with Powerpoint VS. Lecture. *Journal of Technical Writing and Communication*, *36*(3),297 – 308.

8. American Educational Research Association, American Psychological Association, National Council on Measurement in Education. (2014). *Standards for Educational and Psychological Testing*. Washington DC: American Educational Research Association.

9. Anderson, A. , Hamilton, R. J. , & Hattie, J. (2004). Classroom climate and motivated behaviour in secondary schools. *Learning Environments Research*, *7*(3),211 – 225.

10. Anderson, C. S. (1982). The search for school climate: A review of the research. *Review of Educational Research*, *52*(3),368 – 420.

11. Arganbright, J. L. (1983). Teacher expectations — A critical factor for student achievement. *National Association of Secondary School Principals*, *67*(464),93 – 95.

12. Ash, K. (2012). Educators view 'flipped' model with a more critical eye: Benefits and drawbacks seen in replacing lectures with on-demand video. *Education Week*, *32*(20),6 – 8.

13. Babad, E. Y. , Inbar, J. , & Rosenthal, R. (1982). Pygmalion, Galatea, and the Golem: Investigations of biased and unbiased teachers. *Journal of Educational Psychology*, *74*(4), 459 – 474.

14. Barksdale-Ladd, M. A. , & Thomas, K. F. (2000). What's at stake in high-stakes testing. *Journal of Teacher Education*, *51*(5),384 – 397.

15. Bar-Tal, D. , & Saxe, L. (1979). Teachers' information processing: Effect of information about pupils on teachers' expectations and affect. *Psychological Reports*, *44*(2), 599 – 602.

16. Barth, R. S. (2002). The culture builder. *Educational Leadership*, *59*(8),6 – 11.

17. Basch, M. F. (1983). Empathic understanding: A review of the concept and some theoretical considerations. *Journal of the American Psychoanalytic Association*, *31*(1),101 – 126.

18. Bassili, J. N. (2008). Media richness and social norms in the choice to attend lectures or to watch them online. *Journal of Educational Multimedia and Hypermedia*, *17*(4),453 – 475.

19. Batson, C. D. , Early, S. , & Salvarani, G. (1997). Perspective taking: Imagining how another feels versus imaging how you would feel. *Personality and Social Psychology Bulletin*, *23*(7),751 – 758.

20. Becker, F. D. , Sommer, R. , Bee, J. , & Oxley, B. (1973). College classroom ecology. *Sociometry*, *36*(4),514 – 525.

21. Becker, G. A. , & Tomes, N. (1986). Human capital and the rise and fall of families.

Journal of Labor Economics, 4(3),S1 – S39.

22. Bell, R. A. , & Daly, J. A. (1984). The affinity-seeking function of communication. *Communication Monographs*, 51(2),91 – 115.

23. Benedict, M. E. , & Hoag, J. (2004). Seating location in large lectures: Are seating preferences or location related to course performance? *The journal of economic education*, 35(3), 215 – 231.

24. Bennett, N. (1996). Class size in primary schools: Perceptions of headteachers, chairs of governors, teachers and parents. *British Educational Research Journal*, 22(1),33 – 55.

25. Benz, C. R. , Pfeiffer, I. , & Newman, I. (1981). Sex role expectations of classroom teachers, grades 1 – 12. *American Educational Research Journal*, 18(3),289 – 302.

26. Bialystok, L. , & Kukar, P. (2017). Authenticity and empathy in education. *Theory and Research in Education*, 16(1),23 – 39.

27. Blake, J. (1989). *Family size and achievement*. University of California Press, Berkeley.

28. Blanchard, F. A. , Adelman, L. , & Cook, S. W. (1975). Effect of group success and failure upon interpersonal attraction in cooperating interracial groups. *Journal of Personality and Social Psychology*, 31(6),1020 – 1030.

29. Boella, L. (2018). From empathy to empathies: Towards a paradigm change. *Rivista Internazionale di Filosofia e Psicologia*, 9(1),1 – 13.

30. Bozkurt, T. , & Ozden, M. S. (2010). The relationship between empathetic classroom climate and students' success. *Procedia Social and Behavioral Sciences*, 5, 231 – 234.

31. Brackett, M. A. , Mayer, J. D. , & Warner, R. M. (2004). Emotional intelligence and its relation to everyday behaviour. *Personality and Individual Differences*, 36(6),1387 – 1402.

32. Bradley, R. H. , & Corwyn, R. F. (2002). Socioeconomic status and child development. *Annual Review of Psychology*, 53,371 – 399.

33. Brattesani, K. A. , Weinstein, R. S. , & Marshall, H. H. (1984). Student perceptions of differential teacher treatment as moderators of teacher expectation effects. *Journal of Educational Psychology*, 76(2),236 – 247.

34. Bray, M. (2007). *The shadow education system: Private tutoring and its implications for planners (2nd ed)*. Paris: IIEP (International Institute for Educational Planning) of UNESCO.

35. Bronfenbrenner, U. (1979). *The ecology of human development: Experiments by nature and design*. Cambridge, Massachusetts: Harvard University Press.

36. Bronfenbrenner, U. (2005). *Making human beings HUMAN: Bioecological perspectives on human development*. Thousand Oaks, California: Sage Publications, Inc.

37. Brookhart, S. M. (2009). *Grading (2nd ed)*. Pearson Education, Inc.

38. Brookover, W. B. , Schweitzer, J. H. , Schneider, J. M. , Beady, C. H. , Flood, P. K. , & Wisenbaker, J. M. (1978). Elementary school social climate and school achievement. *American Educational Research Journal*, 15(2),301 – 318.

39. Brophy, J. E. (1983). Research on the self-fulfilling prophecy and teacher expectations. *Journal of Educational Psychology*, 75(5),631 – 661.

40. Brophy, J. E. , & Good, T. L. (1970). Teachers' communication of differential expectations

for children's classroom performance: Some behavioral data. *Journal of Educational Psychology*, *61*(5),365 – 374.

41. Brousseau, B. A. , Book, C. , & Byers, J. L. (1988). Teacher beliefs and the cultures of teaching. *Journal of Teacher Education*, *39*(6),33 – 39.

42. Buchmann, C. (2002). Getting ahead in Kenya: Social capital, shadow education, and achievement. *Schooling and Social Capital in Diverse Cultures*, *13*,133 – 159.

43. Bush, T. (2006). Theories of educational management. https://cnx. org/contents/ vpgP7Zig@1/Theories-of-Educational-Management.

44. Bush, T. , & Glover, D. (2002). *School leadership: Concepts and evidence*. Nottingham: National College for School Leadership.

45. Calderhead, J. , & Robson, M. (1991). Images of teaching: Student teachers' early conceptions of classroom practice. *Teaching & Teacher Education*, *7*(1),1 – 8.

46. Chaikin, A. L. , Sigler, E. , & Derlega, V. J. (1974). Nonverbal mediators of teacher expectancy effects. *Journal of Personality and Social Psychology*, *30*(1),144 – 149.

47. Clandinin, J. , & Connelly, F. M. (1987). Teachers' personal knowledge: What counts as 'personal' in studies of the personal. *Journal of Curriculum Studies*, *19*(6),487 – 500.

48. Clark, R. E. (1983). Reconsidering research on learning from media. *Review of Educational Research*, *53*(4),445 – 459.

49. Clark, R. E. (1994). Media will never influence learning. *Educational Technology Research and Development*, *42*(2),21 – 29.

50. Cleveland-Innes, M. , & Campbell, P. (2012). Emotional presence, learning, and the online learning environment. *The International Review of Research in Open and Distributed Learning*, *13*(4),269 – 292.

51. Conger, R. D. , & Donnellan, M. B. (2007). An interactionist perspective on the socioeconomic context of human development. *Annual Review of Psychology*, *58*(1),175 – 199.

52. Cook, B. G. (2004). Inclusive teachers' attitudes toward their students with disabilities: A replication and extension. *Elementary School Journal*, *104*(4),307 – 320.

53. Cooper, B. (2004). Empathy, interaction and caring: Teachers' roles in a constrained environment. *Pastoral Care in Education*, *22*(3),12 – 21.

54. Cooper, H. (1979). Pygmalion grows up: A model for teacher expectation communication and performance influence. *Review of Educational Research*, *49*(3),389 – 410.

55. Cornelius-White, J. (2007). Learner-centered teacher-student relationships are effective: A meta-analysis. *Review of Educational Research*, *77* (1), 113 – 143.

56. Cotton, J. L. , & Cook, M. S. (1982). Meta-analyses and the effects of various reward systems: Some different conclusions from Johnson et al. *Psychological Bulletin*, *92*(1),176 – 183.

57. Cox, D. (1987). Motives for private transfers. *Journal of Political Economy*, *95*(3),508 – 546.

58. Craig, R. J. , & Amernic, J. H. (2006). PowerPoint presentation technology and the dynamics of teaching. *Innovative Higher Education*, *31*(3),147 – 160.

59. Creed, T. (1997). PowerPoint, No! Cyberspace, Yes. *The National Teaching and Learning Forum*, *6* (4),1 – 4.

60. Cuban, L. (1988). *The managerial imperative and the practice of leadership in schools*. Albany, NY: State University of New York Press.

61. Cuban, L. (2001). *Oversold and underused: Computers in the classroom*. Harvard University Press, Cambridge, Massachusetts.

62. Cui, W., Cao, G., Park, J. H., Yang, O., & Zhu, Y. (2013). Influence of indoor air temperature on human thermal comfort, motivation and performance. *Building and Environment*, *68*, 114 – 122.

63. Darley, J., & Fazio, R. (1980). Expectancy confirmation processes arising in the social interaction sequence. *American Psychologist*, *35*(10), 867 – 881.

64. Decety, J., & Jackson, P. L. (2004). The functional architecture of human empathy. *Behavioral and Cognitive Neuroscience Reviews*, *3*(2), 71 – 100.

65. Department for International Development (DFID)/H. M. Treasury (2006). *Keeping our promises: Delivering education for all*. Norwich: HMSO.

66. Dimmock, C. (1999). Principals and school restructuring: Conceptualising challenges as dilemmas. *Journal of Educational Administration*, *37*(5), 441 – 462.

67. Donohue, K. M., Perry, K. E., & Weinstein, R. S. (2003). Teachers' classroom practices and children's rejection by their peers. *Journal of Applied Developmental Psychology*, *24*(1), 91 – 118.

68. Doyle, W., & Ponder, G. (1975). Classroom ecology: Some concerns about a neglected dimension of research on teaching. *A Contemporary Education*, *46*(3), 183 – 188.

69. Dusek, J. B. (1975). Do teachers bias children's learning? *Review of Educational Research*, *45*(4), 661 – 684.

70. Dykman, B. M., & Reis, H. T. (1979). Personality correlates of classroom seating position. *Journal of Educational Psychology*, *71*(3), 346 – 354.

71. Educational Testing Service (ETS) (2014). *ETS standards for quality and fairness*. Princeton, NJ: Educational Testing Service.

72. Eilers, A. M., & Camacho, A. (2007). School culture change in the making: Leadership factors that matter. *Urban Education*, *42*(6), 616 – 637.

73. Eisenberg, N. (2000). Emotion, regulation, and moral development. *Annual Review of Psychology*, *51*(1), 665 – 697.

74. Eisenberg, N., & Lennon, R. (1983). Sex differences in empathy and related capacities. *Psychological Bulletin*, *94*(1), 100 – 131.

75. Elden, S. (2009). Space I. *International Encyclopedia of Human Geography*, 262 – 267.

76. Ellis, T. L. (1988). School climate. *Research Roundup*, *4*(2), 3 – 6.

77. Ellison, C. M., Boykin, A. W., Towns, D. P., & Stokes, A. (2000). *Classroom cultural ecology: The dynamics of classroom life in schools serving low-income African American children*. Washington, DC: Office of Educational Research and Improvement.

78. Emmer, E. T., & Gerwels, M. C. (2002). Cooperative learning in elementary classrooms: Teaching practices and lesson characteristics. *The Elementary School Journal*, *103*(1), 75 – 91.

79. Enfield, J. (2013). Looking at the impact of the flipped classroom model of instruction on undergraduate multimedia students at CSUN. *TechTrends*, *57*(6), 14 – 27.

80. Euler, H. A., Hoier, S., & Rohde, P. A. (2001). Relationship-specific closeness of intergenerational family ties: Findings from evolutionary psychology and implications for models of cultural transmission. *Journal of Cross-Cultural Psychology*, *32* (2),147 - 158.

81. Evans, G. W., & Maxwell, L. (1997). Chronic noise exposure and reading deficits: The mediating effects of language acquisition. *Environment and Behavior*, *29*(5),638 - 656.

82. Farnsworth, P. R. (1933). Seat preference in the classroom. *The Journal of Social Psychology*, *4*(3),373 - 376.

83. Figlio, D. N., & Lucas, M. E. (2004). What's in a grade? School report cards and the housing market. *American Economic Review*, *94*(3),591 - 604.

84. Finn, J. D., Pannozzo, G. M., & Achilles, C. M. (2003). The 'why's' of class size: Student behavior in small classes. *Review of Educational Research*, *73*(3),321 - 368.

85. Flanders, N. A. (1970). *Analyzing teaching behaviour*. Philippines: Addison-Wesley Publishing Company, Inc.

86. Fletcher, A. (2015). School culture and classroom climate. In Bosworth, K. (Eds.), *Prevention Science in School Settings: Complex Relationships and Processes* (Chapter 13, pp. 273 - 285). New York Heidelberg Dordrecht London: Springer.

87. Flowers, L. (2014). Unleashing empathy: How teachers transform classrooms with emotional learning, YES! MAG. (Apr. 4, 2014), http://www. yesmagazine. org/issues/Education-uprising/raise-your-hand-if-you-know-how-it-feels.

88. Fluckiger, J. (2004). Teaching for learning or teaching for testing: Classroom teachers' moral and ethical dilemma. *The Delta Kappa Gamma Bulletin*, *70*(4),41 - 44.

89. Franzese, P. A. (2017). The power of empathy in the classroom. *Seton Hall Law Review*, *47*(3), 693 - 716.

90. Fraser, B. J. (2015). Classroom climate. *International Encyclopedia of the Social & Behavioral Sciences*, *3*, 825 - 832.

91. Frazier, S. L., Mehta, T. G., Atkins, M. S., Glisson, C., Green, P. D., Gibbons, R. D., & Ogle, R. R. (2015). The social context of urban classrooms measuring student psychological climate. *The Journal of Early Adolescence*, *35*(5 - 6),759 - 789.

92. Friedrich, A., Flunger, B., Nagengast, B., Jonkmann, K., & Trautwein, U. (2015). Pygmalion effects in the classroom: Teacher expectancy effects on students' math achievement. *Contemporary Educational Psychology*, *41*,1 - 12.

93. Gall, M. D. (1970). The use of questions in teaching. *Review of Educational Research*, *40* (5),707 - 721.

94. Garrison, D. R., Anderson, T., & Archer, W. (1999). Critical inquiry in a text-based environment: Computer conferencing in higher education. *The Internet and Higher Education*, *2*(2),87 - 105.

95. Gilbert, D. T., Pelham, B. W., Krull, D. S. (1988). On cognitive busyness: When person perceivers meet persons perceived. *Journal of Personality and Social Psychology*, *54*, 733 - 740.

96. Gipps, C. V. (1994). *Beyond testing: Towards a theory of educational assessment*. London: The Falmer Press, Taylor & Francis Inc.

97. Glaser, R. & Resnick, L. B. (1972). Instructional Psychology. *Annual Review of*

Psychology, 207 – 263.

98. Glass, G. V., & Smith, M. L. (1979). Meta-analysis of research on class size and achievement. *Educational Evaluation and Policy Analysis*, *1*(1),2 – 16.

99. Good, T. L. (1987). Two decades of research on teacher expectations: Findings and future directions. *Journal of Teacher Education*, *38*(4),32 – 47.

100. Good, T. L., & Nichols, S. L. (2001). Expectancy effects in the classroom: A special focus on improving the reading performance of minority students in first-grade classrooms. *Educational Psychologist*, *36*(2),113 – 126.

101. Gordon, S. P., & Reese M. (1997). High-stakes testing: Worth the price? *Journal of School Leadership*, *7*(4),345 – 368.

102. Gorham, J., Kelley, D. H., & McCroskey, J. C. (1989). The affinity-seeking of classroom teachers: A second perspective. *Communication Quarterly*, *37*(1),16 – 26.

103. Graue, E., & Rauscher, E. (2009). Researcher perspectives on class size reduction. *Education Policy Analysis Archives*, *17*(9),1 – 22.

104. Green, S. K., Johnson, R. L., Kim, Do-Hong, & Pope, N. S. (2007). Ethics in classroom assessment practices: Issues and attitudes. *Teaching and Teacher Education*, *23*(7),999 – 1011.

105. Griffith, C. R. (1921). A comment upon the psychology of the audience. *Psychological Monographs*, *30*(3),36 – 47.

106. Gudmundsdottir, S. (1990). Values in pedagogical content knowledge. *Journal of Teacher Education*, *41*(3),44 – 52.

107. Guilford, J. P. (1959). Three faces of intellect American. *Psychologist*, *14*(8),469 – 479.

108. Haladyna, T., Nolen, S., & Haas, N. (1991). Raising standardised achievement test scores and the origins of test score pollution. *Educational Researcher*, *20*(5),2 – 7.

109. Harfitt, G. J. (2015). *Class Size Reduction — Key Insights from Secondary School Classroom*. Singapore: Springer.

110. Hartnett, N., Römcke, J., & Yap, C. (2003). Recognizing the importance of instruction style to students' performance: Some observations from laboratory research — a research note. *Accounting Education*, *12*(3),313 – 331.

111. Hattie, J. (2005). The paradox of reducing class size and improving learning outcomes. *International Journal of Educational Research*, *43*,387 – 425.

112. Heeter, C. (1992). Being there: The subjective experience of presence. *Presence: Teleoperators & Virtual Environments*, *1*(2),262 – 271.

113. Hodges, S. D., & Klein, K. J. K. (2001). Regulating the costs of empathy: The price of being human. *The Journal of Socio-Economics*, *30*(5),437 – 452.

114. Hoy, W. K., & Hannum, J. W. (1997). Middle school climate: An empirical assessment of organizational health and student achievement. *Educational Administration Quarterly*, *33*(3),290 – 311.

115. Hoy, W. K., Hoffman, J., Sabo, D., & Bliss, J. (1996). The organizational climate of middle schools. *Journal of Educational Administration*, *34*(1),41 – 59.

116. Hoyle, E. (1982). Micropolitics of educational organizations. *Educational Management and Administration*, *10*,87 – 98.

117. Hygge, S. , & Knez, I. (2001). Effects of noise, heat, and indoor lighting on cognitive performance and self reported affect. *Journal of Environmental Psychology*, *21*(3),291 – 299.

118. IJsselsteijn, W. A. , deRidder, H. , Freeman, J. & Avons, S. E. (2000). Presence: Concept, determinants, and measurement. *Proceedings Volume 3959*, *Human Vision and Electronic Imaging V*. https://doi. org/10. 1117/12. 387188.

119. Johnson, D. W. , & Johnson, R. T. (2009). An educational psychology success story: Social interdependence theory and cooperative learning. *Educational Researcher*, *38*(5), 365 – 379.

120. Johnson, D. W. & Johnson, R. T. (2017). Cooperative learning. *Innovación Educación*, 2 – 5.

121. Johnson, D. W. , Johnson, R. T. & Beth, M. (2000). Cooperative Learning Methods: A Meta-Analysis. https://www. lcps. org/cms/lib4/VA01000195/Centricity/Domain/124/ Cooperative%20Learning%20Methods%20A%20Meta-Analysis. pdf.

122. Johnson, D. W. , Maruyama, G. , Johnson, R. , Nelson, D. , & Skon, L. (1981). Effects of cooperative, competitive, and individualistic goal structures on achievement: A meta-analysis. *Psychological Bulletin*, *89*(1),47 – 62.

123. Johnson, R. T. , & Johnson, D. W. (1981). Building friendships between handicapped and nonhandicapped students: Effects of cooperative and individualistic instruction. *American Educational Research Journal*, *18*(4),415 – 423.

124. Johnson, R. T. , & Johnson, D. W. (2009). An overview of cooperative learning. http:// www. Co-operation. org/pages/overviewpaper. html.

125. Johnston, R. (1976). The concept of the"Marginal Man": A refinement of the term. *Journal of Sociology*, *12*(2),145 – 147.

126. Joint Committee on Testing Practices(JCTP). (2005). Code of fair testing practices in education (Revised). *Educational Measurement: Issues and Practice*, *24*(1),23 – 26.

127. Jonassen, D. H. (2009). Technology as cognitive tools: Learners as designers. IT Forum Paper 1. http://it. coe. uga. edu/itforum/paper1/paper1. html.

128. Jordan, J. V. & Schwartz, H. L. (2018). Radical empathy in teaching. *New Directions for Teaching and Learning*, *153*, 25 – 35.

129. Jussim, L. , Eccles, J. , & Madon, S. (1996). Social perception, social stereotypes, and teacher expectations: Accuracy and the quest for the powerful self-fulfilling prophecy. *Advances in Experimental Social Psychology*,*28*,281 – 388.

130. Jussim, L. , & Harber, K. D. (2005). Teacher expectations and self-fulfilling prophecies: Knowns and unknowns, resolved and unresolved controversies. *Personality and Social Psychology Review*, *9*(2),131 – 155.

131. Kagan, D. M. (1992). Implication of research on teacher belief. *Educational Psychologist*, *27*(1),65 – 90.

132. Kerman, S. (1979). Teacher expectations and student achievement. *The Phi Delta Kappan*, *60*(10),716 – 718.

133. Kim, M. (2001). Detecting DIF across the different language groups in a speaking test. *Language Testing*, *18*(1),89 – 114.

134. Knowles, E. S. (1982). A comment on the study of classroom ecology: A lament for the

good old days. *Personality and Social Psychology Bulletin*, 8(2),357 - 361.

135. Kohut, L. M. (2014). *The impact of teacher expectations on student achievement*. ProQuest LLC, D. Ed. Dissertation, Indiana University of Pennsylvania.

136. Koneya, M. (1976). Location and interaction in row-and-column seating arrangements. *Environmental Psychology and Nonverbal Behavior*, 8(2),265 - 282.

137. Kraut, A. S. et al. (2019). The flipped classroom: A critical appraisal. *Western Journal of Emergency Medicine*, 20(3),527 - 236.

138. Kuklinski, M. R. , & Weinstein, R. S. (2001). Classroom and developmental differences in a path model of teacher expectancy effects. *Child Development*, 72(5),1554 - 1578.

139. Kulik C. -L. C. , & Kulik, J. A. (1991). Effectiveness of computer-based instruction: An updated analysis. *Computers in Human Behavior*, 7(1 - 2),75 - 94.

140. Kulik, J. A. , & Kulik, C. -L. C. (1987). Review of recent research literature on computer-based instruction. *Contemporary Educational Psychology*, 12(3),222 - 230.

141. Kuo, Hsiang-Hui D. , & Hauser, R. M. (1997). How does size of sibship matter family configuration and family effects on educational attainment. *Social Science Research*, 26(1),69 - 94.

142. Lang, D. C. (2002). *Teacher interaction with the physical environment: How teachers alter their space and/or routines because of classroom character*. Doctoral Dissertation, University of Washington, USA.

143. Lee, S. C. , & Chang, M. (2000). Indoor and outdoor air quality investigation at schools in Hong Kong. *Chemosphere*, 41(1 - 2),109 - 113.

144. Levine, D. , O'Neal, E. G. , Garwood, S. G. , & McDonald, P. J. (1980). Classroom ecology: The effects of seating position on grades and participation. *Personality and Social Psychology Bulletin*, 6,409 - 412.

145. Lin, C. T. , & Chuang, S. S. (2018). The role of empathy between functional competence diversity and competence acquisition: A case study of interdisciplinary teams. *Quality & Quantity*, 52(6),2535 - 2556.

146. Lombard, M. & Ditton, T. (1997). At the heart of it all: The concept of presence. *Journal of Computer-Mediated Communication*, 3(2),46.

147. Love, B. , Hodge, A. , Grandgenett, N. , & Swift, A. W. (2013). Student learning and perceptions in a flipped linear algebra course. *International Journal of Mathematical Education in Science and Technology*, 45(3),317 - 324.

148. Lucas, S. R. (2001). Effectively maintained inequality: Education transitions, track mobility, and social background effects. *American Journal of Sociology*, 106(6),1642 - 1690.

149. Macgregor, J. (1990). Collaborative learning: Shared inquiry as a process of reform. *New Directions for Teaching and Learning*, 42,19 - 30.

150. MacKiewicz, J. (2008). Comparing PowerPoint experts' and university students' opinions about PowerPoint presentations. *Journal of Technical Writing and Communication*, 38(2),149 - 165.

151. Madaus, G. , & Russell, M. (2010). Paradoxes of high-stakes testing. *Journal of Education*, 190(1 - 2),21 - 30.

152. Main, A., Walle, E. A., Kho, C., & Halpern, J. (2017). The interpersonal functions of empathy: A relational perspective. *Emotion Review*, 9(4),358 - 366.

153. Marchand, G. C., Nardi, N. M., Reynolds, D., & Pamoukov, S. (2014). The impact of the classroom built environment on student perceptions and learning. *Journal of Environmental Psychology*, 40,187 - 197.

154. Marks, G., & Miller, N. (1987). Ten years of research on the false-consensus effect: An empirical and theoretical review. *Psychological Bulletin*, 102(1),72 - 90.

155. Marks, G. N. (2006). Family size, family type and student achievement: Cross-national differences and the role of socioeconomic and school factors. *Journal of Comparative Family Studies*, 37(1),1 - 24.

156. Marmot, M. (1999). Epidemiology of socioeconomic status and health: Are determinants within countries the same as between countries? *Annals of the New York Academy of Sciences*, 896(1),16 - 29.

157. Matthews, M. (1992). Gifted students talk about cooperative learning. *Educational Leadership*, 50(2),48 - 50.

158. McAllister, G., & Irvine, J. J. (2002). The role of empathy in teaching culturally diverse students. *Journal of Teacher Education*, 53(5),433 - 443.

159. McCroskey, J. C., & McCroskey, L. L. (1986). The affinity-seeking of classroom teachers. *Communication Research Reports*, 3(1),158 - 167.

160. McDonald, K. (2004). Examining PowerPointlessness. *Cell Biology Education*, 3,160 - 161.

161. McFedries, P. (2001). The word spy. https://wordspy.com/index.php? Word = powerpointlessness.

162. McGlynn, R. P. (1982). A comment on the meta-analysis of goal structures. *Psychological Bulletin*, 92(1),184 - 185.

163. McMillan, J. H. (2001). *Classroom assessment: Principles and practice for effective teaching (2nd ed)*. Allyn & Bacon: A Pearson Education Company.

164. Mehrabian, A. (1971). *Silent messages (2nd ed)*. Belmont, California: Wadsworth Publishing Company, Inc.

165. Mehrens, W., & Kaminski, J. (1989). Methods for improving standardized test scores: Fruitful, fruitless or fraudulent? *Educational Measurement: Issues and Practice*, 8(1), 14 - 22.

166. Meyers, S., Rowell, K., Wells, M., & Smith, B. C. (2019). Teacher empathy: A model of empathy for teaching for student success. *College Teaching*, 67(3),160 - 168.

167. Miles, S., & Singal, N. (2010). The education for all and inclusive education debate: Conflict, contradiction or opportunity? *International Journal of Inclusive Education*, 14 (1),1 - 15.

168. Miller, Jr, G. T. (1999). *Environmental science (7th ed)*. Belmont, CA: Wadsworth Publishing Company.

169. Moore, D. W., & Glynn, T. (1984). Variations in question rate as a function of position in the classroom. *Educational Psychology*, 4(3),233 - 248.

170. Morrison, S. B., & Oxford, R. L. (1978). *Classroom ecology and kindergarten students'*

task-related behaviors: An exploratory study. Paper presented at the Annual Meeting of the American Educational Research Association(Toronto, Canada, March 27 - 31,1978).

171. Murray-Tiedge, D. (2012). A review of the research literature on classroom spaces. *DIG Classroom Design Workshop*, NAEA National Convention.

172. Myers, S. A. (1995). Student perceptions of teacher affinity-seeking and classroom climate. *Communication Research Reports*, 12(2),192 - 199.

173. National School Climate Council (NSCC) (2007). Retrieved from https://www.schoolclimate.org/about/our-approach/what-is-school-climate.

174. Nespor, J. (1987). The role of beliefs in the practice of teaching. *Journal of Curriculum Studies*, 19(4),317 - 328.

175. Nouri, J. (2016). The flipped classroom: For active, effective and increased earning-especially for low achievers. *International Journal of Educational Technology in Higher Education*, 13(33),1 - 10.

176. Nuttall, D. L. (1992). Performance assessment: The message from England. *Educational Leadership*, 49(8),54 - 57.

177. Odden, A. (1990). Class size and student achievement: Research-based policy alternatives. *Educational Evaluation and Policy Analysis*, 12(2),213 - 227.

178. Organization for Economic Co-operation and Development (OECD) (2009). Creating effective teaching and learning environments: First results from TALIS. OECD Publishing. https://xueshu.baidu.com/usercenter/paper/show? paperid = da24eef5c05d1cafabf8f0 315fa1357a.

179. Organization for Economic Co-operation and Development (OECD) (2012). Equity and quality in education: Supporting disadvantaged students and schools. OECD Publishing. http://dx.doi.org/10.1787/9789264130852-en.

180. Ormrod, J. E. (2000). *Educational Psychology: Developing Learners(3rd ed)*. Prentice-Hall: Pearson Education, Inc.

181. Owston, R., Lupshenyuk, D., & Wideman, H. (2011). Lecture capture in large undergraduate classes: Student perceptions and academic performance. *The Internet and Higher Education*, 14(4),262 - 268.

182. Pajares, M. F. (1992). Teachers' beliefs and educational research: Cleaning up a messy construct. *Review of Educational Research*, 62(3),307 - 332.

183. Pansardi, P. (2012). Power to and power over: Two distinct concepts of power? *Journal of Political Power*, 5(1),73 - 89.

184. Park, R. E. (1928). Human migration and the marginal man. *The American Journal of Sociology*, 33(6),881 - 893.

185. Pate, R. T., & Bremer, N. H. (1967). Guiding learning through skillful questioning. *Elementary School Journal*, 67,417 - 422.

186. Pedder, D. (2006). Are small classes better? Understanding relationships between class size, classroom processes and pupils' learning. *Oxford Review of Education*, 32(2),213 - 234.

187. Peterson, D., Kromrey, J., & Smith, D. C. (1990). Research-based teacher evaluation: A response to Scriven. *Journal of Personnel Evaluation in Education*, 4(1),7 - 17.

188. Pichierri, M., & Guido, G. (2016). When the row predicts the grade: Differences in

marketing students' performance as a function of seating location. *Learning and Individual Differences*, *49*, 437 – 441.

189. Popham, W. J. (1987). The merits of measurement-driven instruction. *The Phi Delta Kappan*, *68*(9),679 – 682.

190. Popham, W. J. (2017). *Classroom assessment: What teachers need to know (8th ed)*. Pearson Education, Inc.

191. Postman, N. (1993). *Technopoly: The surrender of culture to technology*. New York, NY: Random House.

192. Prisbell, M. (1994). Students' perceptions of teachers' use of affinity-seeking and its relationship to teachers' competence. *Perceptual and Motor Skills*, *78*(2),641 – 642.

193. Raftery, A. E. , & Hout, M. (1993). Maximally maintained inequality: Expansion, reform, and opportunity in Irish education, 1921 – 75. *Sociology of Education*, *66*(1), 41 – 62.

194. Randall, V. (1999). Cooperative learning: Abused and overused? *Gifted Child Today*, *22*(2),14 – 16.

195. Ready, D. D. , & Wright, D. L. (2011). Accuracy and inaccuracy in teachers' perceptions of young children's cognitive abilities: The role of child background and classroom context. *American Educational Research Journal*, *48*(2),335 – 360.

196. Redfield, D. L. , & Rousseau, E. W. (1981). A meta-analysis of experimental research on teacher questioning behavior. *Review of Educational Research*, *51*(2),237 – 245.

197. Resnick, L. B. (1987). Learning in school and out. *Educational Researcher*, *16*(9),13 – 20.

198. Riley, T. & Ungerleider, C. (2012). Self-fulfilling prophecy: How teachers' attributions, expectations, and stereotypes influence the learning opportunities afforded aboriginal students. *Canadian Journal of Education*, *35*(2),303 – 333.

199. Roberts, R. E. L. , Richards, L. N. , & Bengtson, V. L. (1991). Intergenerational solidarity in families: Untangling the ties that bind. *Marriage & Family Review*, *16*(1 – 2),11 – 46.

200. Robinson, A. (1990). Cooperation or exploitation? The argument against cooperative earning for talented students. *Journal for the Education of the Gifted*, *14*,9 – 27.

201. Roehler, L. R. , Duffy, G. G. , Herrmann, B. A. , Conley, M. , & Johnson, J. (1988). Knowledge structures as evidence of the 'personal': Bridging the gap from thought to practice. *Journal of Curriculum Studies*, *20*(2),159 – 165.

202. Rogan, J. M. (1988). Development of a conceptual framework of heat. *Science Education*, *72*(1),103 – 113.

203. Rosenberg, P. M. (1998). The presence of an absence: Issues of race in teacher education at a predominantly White college campus. In Dilworth, M(Eds.), *Being responsive to cultural differences: How teachers learn*(pp. 3 – 20). Thousand Oaks, Calif: Cowin Press.

204. Rosenfield, P. , Lambert, N. M. , & Black, A. (1985). Desk arrangement effects on pupil classroom behavior. *Journal of Educational Psychology*, *77*(1),101 – 108.

205. Rosenshine, B. (1976). Recent research on teaching behaviors and student achievement. *Journal of Teacher Education*, *27*(1),61 – 64.

206. Rosenthal, R. (2003). Covert communication in laboratories, classrooms, and the truly real world. *Current Directions in Psychological Science*, *12*(5), 151 - 154.

207. Rosenthal, R., & Fode, K. L. (1996). Dull rats and bright rats. *Introducing Psychological Research*, 402 - 407. [注：该文系后来刊载，最初出版信息：Rosenthal, R., & Fode, K. L. (1963). The effect of experimenter bias on the performance of the albino rat. *Behavioral Science*, *8*, 183 - 189.]

208. Rosenthal, R., & Jacobson, L. (1966). Teachers' expectancies: Determinants of pupils' IQ gains. *Psychological Reports*, *19*(1), 115 - 118.

209. Rosenthal, R., & Rubin, D. B. (1978). Issues in summarizing the first 345 studies of interpersonal expectancy effects. *Behavioral and Brain Sciences*, *1*(3), 377 - 415.

210. Rothkopf, E. Z. (1972). Variable adjunct question schedules, interpersonal interaction, and incidental learning from written material. *Journal of Educational Psychology*, *63*(2), 87 - 92.

211. Rowe, W. G., & O'Brien, J. (2002). The role of Golem, Pygmalion, and Galatea effects on opportunistic behavior in the classroom. *Journal of Management Education*, *26*(6), 612 - 628.

212. Sapon-Shevin, M., Ayres, B. J. & Duncan, J. (2009). Cooperative learning and inclusion. http://www.co-operation.org/pages/overviewpaper.html.

213. Schleicher, A. (2015). Seven big myths about top-performing school systems. https://www.linkedin.com/pulse/seven-big-myths-top-performing-school-systems-yu-hsuan-tien.

214. Schofield, J. W. (2011). Ability grouping. *Encyclopedia of Child Behavior and Development*, *1*(A - D), 3 - 5.

215. Schwandt, T. A. (2018). Acting together in determining value: A professional ethical responsibility of evaluators. *Evaluation*, *24*(3), 306 - 317.

216. Seaver, W. B. (1973). Effects of naturally induced teacher expectancies. *Journal of Personality & Social Psychology*, *28*(3), 333 - 342.

217. Seppänen, O., Fisk, W. J., & Faulkner, D. (2003). Cost benefit analysis of the night-time ventilative cooling in office building. https://escholarship.org/uc/item/3j82f642.

218. Sharan, S. (1980). Cooperative learning in small groups: Recent methods and effects on achievement, attitudes, and ethnic relations. *Review of Educational Research*, *50*(2), 241 - 271.

219. Shaw, L. L., Batson, C. D., Todd, R. M. (1994). Empathy avoidance: Forestalling feeling for another in order to escape the motivational consequences. *Journal of Personality and Social Psychology*, *67*(5), 879 - 887.

220. Shepard, L. (1991). Will national tests improve student learning? *The Phi Delta Kappan*, *73*(3), 232 - 238.

221. Shohamy, E. (1997). Testing methods, testing consequences: Are they ethical? Are they fair? *Language Testing*, *14*(3), 340 - 349.

222. Silverstein, M., & Bengtson, V. L. (1997). Intergenerational solidarity and the structure of adult child-parent relationships in American families. *American Journal of Sociology*, *103*(2), 429 - 460.

223. Simons, T. (2004). Does PowerPoint make you STUPID? *Presentations*, *18*(3), 24 - 31.

224. Simpson, J. A. , Ickes, W. , & Blackstone, T. (1995). When the head protects the heart: Empathic accuracy in dating relationships. *Journal of Personality and Social Psychology*, 69(4),629-641.

225. Simsova, S. (1974). The marginal man. *Journal of Librarianship and Information Science*, 6(1),46-53.

226. Slavin, R. E. (1980). Cooperative Learning. *Review of Educational Research*, 50(2),315-342.

227. Slavin, R. E. (1983). When does cooperative learning increase student achievement? *Psychological Bulletin*, 94(3),429-445.

228. Slee, P. T. , & Skrzypiec, G. (2016). School and classroom climate and well-being. *Positive Education*, 95-107.

229. Smith, K. D. , Keating, J. P. , & Stotland, E. (1989). Altruism reconsidered: The effect of denying feedback on a victim's status to empathic witnesses. *Journal of Personality and Social Psychology*, 57(4),641-650.

230. Smith, M. L. (1991). Meanings of test preparation. *American Educational Research Journal*, 28(3),521-542.

231. Somech, A. (2005). Teachers' personal and team empowerment and their relations to organizational outcomes: Contradictory or compatible construction. *Educational Administration Quarterly*, 41(2),237-266.

232. Sommer, R. R. (1967). Classroom ecology. *Journal of Applied Behavioral Science*, 3(4),489-503.

233. Speer, N. M. (2005). Issues of methods and theory in the study of mathematics teachers' professed and attributed beliefs. *Educational Studies in Mathematics*, 58, 361-391.

234. Spilerman, S. (1971). Raising academic motivation in lower class adolescents: A convergence of two research traditions. *Sociology of Education*, 44(1),103-118.

235. Spolsky, B. (1997). The ethics of gatekeeping tests: What have we learned in a hundred years? *Language Testing*, 14(3),242-247.

236. Spruce R. , & Bol, L. (2015). Teacher beliefs, knowledge, and practice of self-regulated learning. *Metacognition Learning*, 10(2),245-277.

237. Stayrook, N. G. , Corno, L. & Winne, P. H. (1978). Path analyses relating student perceptions of teacher behavior to student achievement. *Journal of Teacher Education*, 29(2),51-56.

238. Stevens, S. S. (1946). On the theory of scales of measurement. *Science*, 103(2684),677-680.

239. Stevenson, D. L. , & Baker, D. P. (1992). Shadow education and allocation in formal schooling: Transition to university in Japan. *American Journal of Sociology*, 97(6),1639-1657.

240. Stires, L. (1980). Classroom seating location, student grades, and attitudes: Environment or selection? *Environment and behavior*, 12(2), 241-254.

241. Stotland, E. (1969). Exploratory investigations of empathy. *Advances in Experimental Social Psychology*, 4, 271-314.

242. Strayer, J. F. (2007). *The effects of the classroom flip on the learning environment: A*

comparison of learning activity in a traditional classroom and a flip classroom that used an intelligent tutoring system. Dissertation Presented in Partial Fulfillment of the Requirements for the Degree Doctor of Philosophy in the Graduate School of The Ohio State University.

243. Stufflebeam, D. L. (1971). *The relevance of the CIPP evaluation model for educational accountability.* Paper presented at the annual meeting of the American Association of School Administrators(Atlantic City, N. J. , February 24,1971).

244. Stufflebeam, D. L. (1983). The CIPP model for program evaluation. In Madaus, G. F. , Scriven, M. , & Stufflebeam D. L. (Eds.), *Evaluation models: Viewpoints on educational and human services evaluations* (pp. 117 - 141). Boston, MA: Kluwer Academic.

245. Stufflebeam, D. L. (2003). The CIPP model for evaluation. In Kellaghan, T. , & Stufflebeam D. L. (Eds.), *International Handbook of Educational Evaluation* (pp. 31 - 62). Dordrecht: Kluwer Academic Publishers.

246. Stufflebeam, D. L. , Madaus, G. F. , & Kellaghan, T. (2002). *Evaluations models: Viewpoints on educational and human services evaluation (2nd ed).* Kluwer Academic Publishers.

247. Susan, S. (1980). The evaluator as an agent of change. *New Directions for Program Evaluation*, 7,1 - 9.

248. Swann, W. B. , & Snyder, M. (1980). On translating beliefs into action: Theories of ability and their application in an instructional setting. *Journal of Personality and Social Psychology*, 38(6),879 - 888.

249. Sweetland, S. R. , & Hoy, W. K. (2000). School characteristics and educational outcomes: Toward an organizational model of student achievement in middle schools. *Educational Administration Quarterly*, 36(5),703 - 729.

250. Szabo, A. , & Hastings, N. (2000). Using IT in the undergraduate classroom: Should we replace the blackboard with PowerPoint? *Computers & Education*, 35(3),175 - 187.

251. Szparagowski, R. (2014). The effectiveness of the flipped classroom. *Honors Projects*, 127. https://scholarworks. bgsu. edu/honorsprojects/127.

252. Tal, Z. , & Babad, E. (1989). The 'teacher's pet' phenomenon as viewed by Israeli teachers and students. *Elementary School Journal*, 90(1),96 - 108.

253. Tal, Z. , & Babad, E. (1990). The teacher's pet phenomenon: Rate of occurrence, correlates, and psychological costs. *Journal of Educational Psychology*, 82(4),637 - 645.

254. Tamim, R. M. , Bernard, R. M. , Borokhovski, E. , Abrami, P. C. , & Schmid, R. F. (2011). What forty years of research says about the impact of technology on learning: A second-order meta-analysis and validation study. *Review of Educational Research*, 81(1), 4 - 28.

255. Thakral, P. (2017). Cooperative learning: An innovative strategy to classroom instruction. *Learning Community*, 8(1),17 - 22.

256. Thiele, D. M. , & Whelan, T. A. (2006). The nature and dimensions of the grandparent role. *Marriage & Family Review*, 40(1),93 - 108.

257. Thomas, D. (1994). Like father, like son; like mother, like daughter: Parental resources and child height. *The Journal of Human Resources*, 29(4),950 - 988.

258. Thompson, C. (2003). PowerPoint makes you dumb. *New York Times Magazine*, *153* (52697),88.

259. Thorndike, R. L. (1968). Review of R. Rosenthal and L. Jacobson's pygmalion in the classroom. *American Educational Research Journal*, *5*(4), 708 - 711.

260. Tiebout, C. M. (1956). A pure theory of local expenditures. *Journal of Political Economy*, *64*(5),416 - 424.

261. Tilak, J. B. G. (2003). Public expenditure on education in India: A review of trends and emerging issues. In Tilak, J. B. G. (Eds.). *Financing education in India: Current issues and changing perspectives*(pp. 1 - 50). New Delhi: Ravi.

262. Timmermans, A. C. , Kuyper, H. , & van der Werf, G. (2015). Accurate, inaccurate, or biased teacher expectations: Do Dutch teachers differ in their expectations at the end of primary education? *British Journal of Educational Psychology*, *85*(4),459 - 478.

263. Timmermans, A. C. , van der Werf, G. , & Rubie-Davies, C. M. (2019). The interpersonal character of teacher expectations: The perceived teacher-student relationship as an antecedent of teachers' track recommendations. *Journal of School Psychology*, *73*, 114 - 130.

264. Tobler, W. R. (1970). A computer movie simulating urban growth in the Detroit region. *Economic Geography*, *46* (2),234 - 240.

265. Tufte, E. R. (2003). *The cognitive style of PowerPoint*. Cheshire, Connecticut: Graphics Press.

266. Tyler, R. W. (1942). General statement on evaluation. *The Journal of Educational Research*, *35*(7),492 - 501.

267. United Nations Educational, Scientific and Cultural Organization (UNESCO) (1990). *World declaration on education for all — meeting basic learning needs* (Thailand, UNESCO).

268. Urdan, T. C. , & Paris, S. G. (1994). Teachers' perceptions of standardized achievement tests. *Educational Policy*, *8*(2),137 - 156.

269. Van Horn, M. L. (2003). Assessing the unit of measurement for school climate through psychometric and outcome analyses of the school climate survey. *Educational and Psychological Measurement*, *63*(6),1002 - 1019.

270. Walker, K. (1993). Values, ethics, and ethical decision-making. *Adult Learning*, *5*(2), 13 - 27.

271. Waller, W. (1932). *The sociology of teaching*. New York: John Wiley & Sons, Inc.

272. Warren, C. A. (2014). Towards a pedagogy for the application of empathy in culturally diverse classrooms. *The Urban Review*, *46*(3), 395 - 419.

273. Waxman, H. C. (1983). Effect of teachers' empathy on students' motivation. *Psychological Report*, *53*, 489 - 490.

274. Weinstein, C. (1979). The physical environment of the school: A review of the research. *Review of Educational Research*, *49*(4),577 - 610.

275. Weinstein, R. , Marshall, H. , Sharp, L. , & Botkin, M. (1987). Pygmalion and the students: Age and classroom differences in children's awareness of teacher expectations. *Child Development*, *58*, 1079 - 1093.

276. Weinstein, R. S. (1976). Reading group membership in first grade: Teacher behaviors and pupil experience over time. *Journal of Educational Psychology*, *68*(1),103 - 116.

277. Wilen, W. W. (1982). *Questioning Skills, for Teachers*. Washington, D. C: National Education Association.

278. Williams, N. C. (2002). The relationship of home environment and kindergarten readiness. *Electronic Theses and Dissertations*, 705. https://dc.etsu.edu/etd/705.

279. Winfield, L. F. (1986). Teacher beliefs toward academically at risk students in inner urban schools. *The Urban Review*, *18*(4),253 - 268.

280. Winne, P. H. (1979). Experiments relating teachers' use of higher cognitive questions to student achievement. *Educational Research Review*, *49*(1),13 - 49.

281. Wispé, L. (1986). The distinction between sympathy and empathy: To call forth a concept, a word is needed. *Journal of Personality and Social Psychology*, *50*(2),314 - 321.

282. Wittrock, M. C. , & Lumsdaine, A. A. (1977). Instructional Psychology. *Annual Review of Psychology*, *28*,417 - 459.

283. Wubbels, T. , Brekelmans, M. , & Hooymayers, H. P. (1992). Do teacher ideals distort the self-reports of their interpersonal behavior? *Teaching and Teacher Education*, *8*(1), 47 - 58.

284. Xi, X. M. (2010). How do we go about investigating test fairness? *Language Testing*, *27* (2),147 - 170.

285. Xu, L. , & Chi, I. (2011). Life satisfaction among rural Chinese grandparents: The roles of intergenerational family relationship and support exchange with grandchildren. *International Journal of Social Welfare*, *20*,S148 - S159.

286. Young, J. R. (2008). The lectures are recorded, so why go to class? *Chronicle of Higher Education*, *54*(36),A1.

287. Zacharias, N. T. (2007). Teacher and student attitudes toward teacher feedback. *RELC Journal*, *38*(1),38 - 52.

288. Zahavi, D. (2012). Empathy and mirroring: Husserl and Gallese. *Phaenomenologica*, *201*,217 - 254.

289. Zahavi, D. & Rochat, P. (2015). Empathy ≠ Sharing: Perspectives from phenomenology and developmental psychology. *Consciousness and Cognition*, *36*, 543 - 553.

290. Zimring, C. (1981). Stress and the designed environment. *Journal of Social Issues*, *37* (1),145 - 171.

后　记

完成这部书花费了我5年多的时间,不管怎样说,这不能算是有效率的!但要说明的一点是,在完成过程中本人做到了最大程度的诚实:一是,凡涉及的参考文献,尤其是英文文献,基本来源于原文献,实在找不到的个别文献,方参引二次文献;二是,书中有关的测量与调查数据,力求精益求精,均是在反复核对的基础上确定的。尽管如此,我仍然深信,现在呈现在大家面前的本书仍然是完成中的!

以生态学的视野或者生态的方法思考教学问题,于我将近有15年的时间了,而真正着手研究则是在2016年获得教育部人文社科基金一般项目的资助之后。

坦率地讲,完成这样一部涉及多学科跨领域的著述,超出了我个人的心力。现在看来,当初关注并申报这一课题,更多是基于个人的学术志趣和偏好,而对面临的困难确实估计不足。第一,因为涉及教学生态,所以需要高频出入中小学课堂,同时要查阅大量的学校教学管理制度及师生教学文本,这在工作程序上并非容易的事;第二,由于研究工具及测量手段的缺失,一些身临其境的变量信息能够明显感受得到,但未能采集到确切的测量值,这成为本书的缺憾之一;第三,教学生态研究是多学科融合而出现的一新的研究领域,涉及的领域研究成果丰富多样,需要从更为宏大的立体化视角来审视教学,由于受学科视野的限制,这对本人构成不小的挑战。

在研究过程中,我的同事、朋友、学生及一些学校所提供的支持与帮助是不可或缺的,特此致谢!他们是:

段宝军博士(河西学院)和师五喜教授(天津工业大学)在个别绘图、美国肯特州立大学(Kent State University)的威廉·威伦(William W. Wilen)教授在提供自己的研究资料、许邦兴校长(甘肃省陇南市第一中学)和张世威副校长(甘肃省陇西县文峰中学)在教师调查、杨映川主任(秦皇岛市教育科学研究所)在农村中小学教育布局现状调查方面所提供的帮助。

扬州大学教育科学学院的刘久成、徐建星两位教授,李海龙、潘婉茹(现江苏理工学院)、夏剑、翟楠、张华和赵明玉6位博士,以及部分小学教育专业的本科生在涉及学校教室社会密度的测量方面提供了帮助。

在撰写本书过程中，潘洪建、寇冬泉两位教授就一些具体学术问题提供了有益的建议。

我的学生李荣、吴田、胡秋晨、王嘉伟等在协助调查、概念澄清及绘图编辑方面提供了帮助，俞滢滢、赵雪晴两位同学分别校阅了部分书稿！贯穿于本书中的不少访谈资料来自扬州大学教师教育专业的一些本科生及教育科学学院的部分研究生。

本书得以成稿，我要特别感谢江苏省扬州市及其他省市的50多所中小学校领导及部分师生提供的便利，书中的不少素材或来自对这些学校的现场观察，或取样于对这些学校的调查统计。

因为本书的出版事宜，我的恩师——80多岁高龄的华东师范大学教授皮连生先生率先阅读了我的部分书稿，并就书稿的结构及一些具体问题提出了若干修改建议，特别感谢皮老师！

教学生态研究得到教育部人文社科基金一般项目（16YJA880049）的支持，本书出版得到扬州大学出版基金、扬州大学教育科学学院出版基金的资助。书稿最终能与读者见面，还要感谢华东师范大学出版社教育心理分社彭呈军社长和王丹丹编辑所做的精致工作！

我要感谢我的夫人——扬州大学图书馆的王军花女士。为了我完成本书的撰写，她做了两件有益的工作：一是承担了几乎所有的家务，为我集中精力完成本书提供了可能；二是她给我推荐了一个非常强大有效的外文文献服务平台，我完成写作参引的大部分外文文献是通过这一平台获得的。

最后，我要将这部书献给已去世12年的父亲！